历代中医名家传记选录释译

陈守聪　欧阳继林　编著

云南出版集团
云南美术出版社

图书在版编目（CIP）数据

历代中医名家传记选录释译 / 陈守聪，欧阳继林编著. -- 昆明 : 云南美术出版社，2019.7

ISBN 978-7-5489-3872-9

Ⅰ. ①历… Ⅱ. ①陈… ②欧… Ⅲ. ①中医师－列传－中国 Ⅳ. ①K826.2

中国版本图书馆CIP数据核字(2019)第146043号

出 版 人：李　维　刘大伟
责任编辑：汤　彦　王飞虎　孙雨亮　赵异宝
装帧设计：曾玉婷
责任校对：孙雨亮　胡国泉

历代中医名家传记选录释译

陈守聪　欧阳继林　编著

出版发行：云南出版集团
　　　　　云南美术出版社（昆明市环城西路609号）
印　　制：昆明频安印务有限公司
开　　本：787mm×1092mm　1/16
印　　张：15.75
字　　数：360千
版　　次：2020年5月第1版
印　　次：2020年5月第1次印刷
ISBN 978-7-5489-3872-9
定　　价：86.00元

序

中医药植根于博大精深的中国传统文化土壤,在其长达5000多年发展史上,为中华民族的繁衍昌盛做出了不可磨灭的贡献。伴随着中医药发展史，涌现出一大批中医药名家，他们犹如夜晚空中的璀璨群星，用光芒指引着中华民族在这个星球上谱写了不断进步的文明史。这些大家历经岁月洗礼和时间冲刷，不仅没有被后人忘记，反而越发清晰夺目。他们高尚的医德、精湛的医术，为后世树立了不朽的楷模。研读这些名医大家传记，不仅有利于我们探究中医药发展史，而且有利于我们进一步掌握中医药学理论精髓、疾病流行及防治、先贤识药用药以及临床诊疗经验、一些疑难重症的治疗，更为重要的是可以学习古代医家高尚医德医风。总而言之，学习、研读名医传记是我们学习中医药文化的一条捷径。

人物传记是中国记述历史的重要载体。所谓文化，就是人类在社会历史发展过程中所创造的物质财富和精神财富的总和。历史唯物主义认为——人民，只有人民，才是创造世界历史的动力。从这个意义上讲，一部中医药文化史就是一部“人”的历史，它是由同属于中华民族的56个民族人民共同创造的。但一谈到人民，就往往使人感到模糊、游离和无从辨别，因为人民创造文化也好，创造历史也好，是通过集体的力量；而“杰出人物”因其在某些领域内非常优秀或出色，或者做出杰出贡献而被历史记载下来。这不难理解，因为在漫长的时间长河中，我们每一个具体的人都如同海滩上的一颗细微沙粒一样微不足道，而“杰出人物”尽管属于人民群众的一员，他对历史和文化的作用尽管不如人民群众，但就个体而言，肯定比个体的“人民”作用大得多。岁月沉沙、时过境迁，作为后人的我们要回顾和认识历史文化，没有别的办法，只能通过历史文物或者“杰出人物”所留下的经典文献来认识和把握。中国自古以来就非常重视历史的记述，自司马迁开创以“传记记述历史”的先河后，“纪传体”便成为中国历代正史的标准文体，也成为各种“野史”的重要组成部分。而这种“纪传体”因为“真实”和“生动”两个特点，使它既成为“信史”的一部分，又成为传诵千载“文学”的一部分。

研读名医传记是我们把握传统中医药文化发展脉搏的重要途径。作为中国传统文化的重要组成部分和瑰宝，中医药文化自古以来也得到了官方、社会和知识分子的推崇和参与。在长达5000多年的中医药史上，留存下来大量医学文献、经典著作，可谓汗牛充栋，就能充分说明这一点。但在其中，鲜有较为公认、完整的中医学史。因此，我们要真正把握中医药学发展线索、中华民族繁衍生息过程中的疾病发展演变史，没有其他办法，只有通过大量文献来检索，但往往事倍功半。在这种情况下，研读散存于史书的医家传记便成为我们的重要选择。大量散见于史书中的著名医家传记，详细真实记载了当时社会生活场景、地方流行疾病、黎民百姓的悲欢离合、各种民族医药流派的交流共融。研读这些人物传记，还能使我们进一步掌握每一个时代医家的处境际遇、风习时尚、高尚气节、至真品德和博大胸襟；最重要的是阅读这些传记，可以让我们进一步感受中华民族艰辛历史、光荣传统和民族风韵。另外，研读这些人物传记不仅使读者可以较为轻松地把握传统中医药文化发展脉搏、探究中医药文化发展的根系，加强中医药史研究，而且对我们进行中国古代政治、经济、文化史的研究，无疑都具有很高的学术价值。

研读名医传记有助于我们进一步学习掌握经典文献。说实话，由于时代变迁和话语体系的变化，加之中医经典言简理奥，我们今天要真正掌握中医经典著作的微言大义的确很难。在这种情况下，那些散见于史书中的名家传记，由于语言生动、朗朗上口、情节曲折跌宕，非常具有吸引力，因此我们在研读过程中，就可以通过学习掌握医家姓名字号、身世谱系、成长经历、生平事迹、活动轨迹，发掘他们学术思想的积累、沉淀、深化等过程，尤其是在他们行医过程中的心路历程以及在疾病诊治、药物使用过程中做出的创造性发现，对我们学习掌握中医经典将起到重要启发指引作用。研读这些传记还能使我们与这些医家同呼吸共命运，通过了解其身世沉浮，能更深刻更准确掌握他在医药学史上的伟大成就、精深的理论体系、丰富有效的实践经验。

研读名医传记有助于我们学习领会传统医德。在历代名医名家传记中，蕴含着丰富的历史、文学、哲学、美学等人文知识，更蕴含了这些名医名家之所以为人民广为传颂的高尚情操、至真医德和为人风范。这些人文精神不仅是我们学医行医、为人处世的基础，更是深化医疗体制改革、推进中医药事业发展、构建和谐医患关系的关键所在。

第一，仁爱救人、赤诚济世的爱民胸怀。在中国传统文化中，一直推崇儒家“修齐治平”和“不为良相，便为良医”的做人理念，抛去他们为维护封建正统的方面不讲，其深沉的爱民情怀的确值得我们学习。东汉著名医学家、后人尊为“医圣”的张仲景，深刻洞察时局的艰辛和百姓的不易，“感往昔之沦丧，伤横夭之莫救”，使他年轻时就在深重的忧患意识和强烈的道德情感的驱使下，自觉自愿承担起行医济世的责任，并自觉践行“先发大慈恻隐之心，誓愿普救含灵之苦”行医信念；唐代著名医学家孙思邈，在数十年的行医中，坚持“若有疾厄来求救者，不得问其贵贱贫富，长幼妍媸，怨亲善友，华裔愚智，普同一等，皆如至亲之想”；北宋大文豪、著名医家范仲淹在“先天下之忧而忧、后天下之乐而乐”的人生信念指引下，面对挫折，立下“不为良相，便为良医”誓言，作为其人生追求的最高目标，进则为官、安邦治国、平定天下，退则行医、救死扶伤、造福黎民。相医并论，可见医者在人们心目中的地位之崇高。这样的例子不胜枚举，都告诉了我们学医行医的应具备的最基本的理想信念和道德操守。

第二，矢志不渝、精益求精的敬业精神。古代医家普遍重视矢志不渝、精益求精的敬业精神。比如张仲景目击东汉末年瘟疫流行的社会惨状，决心学医，立志做个能解除人民疾苦的医生。在这一精神感召下，他“精究方术”“勤求古训”“博采众方”，完成巨著《伤寒杂病论》。东晋著名医学家葛洪特别强调“学之广，在于不倦，不倦在于固志，志苟不固，则贫贱者汲汲于营生，富贵者沉沦于逸乐”。孙思邈勤于学习，“白首之年，未尝释卷”，他认为，医学是一门“至微至精”的学问，关乎人的性命，在技术上应精益求精，“极变探幽”，以达“精超绝代之巧”。他除孜孜不倦研读唐以前的医药书籍之外，还广泛收集民间方术、方法，“凡一事长于己者，不远千里，服膺取决”。明代大药物学家李时珍为能学医立下了“至死不怕难”的誓愿，既“读万卷书”，又“行万里路”，既“搜罗百氏”，又“采访四方”，而且远涉深山旷野，观察和收集药物标本，最终完成药物巨著《本草纲目》。总之，历代医家心系桑梓、情系杏林，怀着对专业的热忱和执着，在医学道路上不畏任何艰难险阻，刻苦钻研，锲而不舍，精益求精，最终在医学上做出了重大贡献。

第三，立德行医、清廉为民的人格修养。古代医家将医德修养放在十分重要的位置，不仅自己具备和践行高尚医德，还为后人做出了榜样。纵观他们的一生，都有几个共同特点：一是不重名利、正直清廉。张仲景指出学医不能“竞逐荣势，企踵权豪，孜孜汲汲，惟名利是务”。葛洪强调医生不能“有名无实，但养虚声，以图财利。寒白退士，所不得使，使之者乃多误人，未若自闲其要，胜于所迎无知之医。医又不可卒得，得之又不肯即为人使，使腠理之微疾，成膏肓之深祸，乃至不救。且暴急之病，而远行借问，率多枉死矣”。二是人命至重、有贵千金。孙思邈明确指出医生的主要责任是“济命扶危”，他反复强调“人命至重，有贵千金”。基于这一责任和观点，他倡导一心赴救、无欲无求的献身精神，他要求医者面对病人的求治，“不得瞻前顾后，自虑吉凶，护惜身命”，要“勿避睑巇，昼夜寒暑，饥渴疲劳，一心赴救”。三是注重医风、讲求礼仪。行医者也需要注意仪容仪表。医圣孙思邈要求医生在患者面前“不得多语调笑，谈谑喧哗”，到病患家出诊要做到“纵绮罗满目，勿左右顾盼；丝竹凑耳，无得似有所娱；珍馐迭荐，食如无味；醽醁兼陈，看有若无”。实际上，上述著名医家不仅要求后学者要做到为医之仪容仪表、医德医风，他们在其长达数十年的医学科研、教学和实践中，始终也遵循了上述规矩，率先垂范，为后世做出了榜样。类似的例子不胜枚举，都是我们学之不尽、取之不竭的道德力量。

基于上述认识，本书遴选了中国古代五十个医家的传记，进行校注、翻译、评析，供中医药爱好者和从业者，以及其他从事中国古代经济、政治、民族和文化研究的学者参考。同时，借机促进中医药文化的宣传推广，希望激发并帮助中医药爱好者和从业者更好地继承中医传统，弘扬并践行中国优秀传统医德，进而助推中医药事业改革和发展。

谨此为序。

编著者

2020 年 1 月

编撰说明

一、本书所指“历代”，仅指先秦至清代（1911年）。

二、为确保传记来源权威性，所遴选的五十位著名医家传记除三人外，均摘录于正史。三人传记来源分别是：张机（仲景）传，选用清陆懋修《世补斋医书·张机传》；王叔和传，选用北宋李昉《太平御览》；兰茂传，选用民国周钟岳、赵式铭《新纂云南通志·兰茂传》。五十名著名医家传记出处均作详细备注。

三、在所释译的五十位著名医家中，尽量用传主原名立传。但个别名家以字号、法号行于世者，从俗以字号、法名立传。此类医家涉及三人，分别是：扁鹊，本名秦缓，字越人，由于医术高明，人们用上古名医“扁鹊”称呼他，而他原名反而不被人记住，故秦缓用“扁鹊”为其立传；张仲景，本名张机，字仲景，故以其字号“张仲景”为其立传；王叔和，原名王熙，字叔和，故以其字号“王叔和”为其立传。

四、在释译过程中，一是在传记原文后标注传记出处；二是对传记逐句、逐词校注；三是传记校注后，对每一个传记进行白话文翻译；四是在最后对传主作人物评析，进一步补充传主的生平、事迹、成就，以帮助读者了解他们在中医药学发展过程中所做出的成就。

五、在释译过程中，以普通读者能读懂为原则进行校注，除了重点词句注释外，对一些生僻、不常见的字词还注以拼音。

六、一些词语，不仅重见于不同文章，也重见于同一文章的不同段落，对重复词句均进行注释。

目　　录

扁鹊传

扁鹊者①，勃海郡郑人也，姓秦氏，名越人。少时为人舍长②，舍客长桑君过③，扁鹊独奇之，常谨遇之，长桑君亦知扁鹊非常人也。出入十余年，乃呼扁鹊私坐④，间与语曰："我有禁方，年老，欲传与公，公毋泄。"扁鹊曰："敬诺。"乃出其怀中药与扁鹊："饮是以上池之水三十日⑤，当知物矣⑥。"乃悉取其禁方书尽与扁鹊，忽然不见，殆非人也。扁鹊以其言饮药三十日，视见垣一方人⑦。以此视病，尽见五藏症结，特以诊脉为名耳⑧。为医或在齐，或在赵，在赵者名扁鹊。

当晋昭公时⑨，诸大夫强而公族弱。赵简子⑩为大夫，专国事⑪。简子疾，五日不知人⑫，大夫皆惧，于是召扁鹊。扁鹊入，视病，出。董安于问扁鹊⑬，扁鹊曰："血脉治也⑭，而何怪⑮！昔秦穆公尝如此，七日而寤⑯。今主君之病

---

① 扁鹊：传说是上古时候的一个名医。因秦越人医术高超，被当时广大老百姓奉为神医，并且借用上古名医——"扁鹊"的名号来称呼，以表示对于秦越人的崇敬，后世讲"扁鹊"，若非特指，一般指的是秦越人。

② 舍长：守护旅馆的负责人。

③ 舍客：住宿旅馆的客人。长桑君：战国时医学家。生卒履贯不详，精于医道，集有医书医方甚多。传说中扁鹊与之交往甚密，事之唯谨，乃以禁方传扁鹊，又出药使扁鹊饮服，忽然不见。于是扁鹊视病尽见五脏症结，遂以精通医术闻名当世。

④ 私坐：私下留坐。意思是指（长桑君把扁鹊）喊进自己房间内关上门，叫扁鹊坐下。

⑤ 用上池之水送服此药三十天。上池之水，未至地之水，指草木上的露水。

⑥ 知物：就能洞察隐微的事物了。

⑦ 就可隔着墙看见墙后边的人。

⑧ 只是用诊脉作为名义罢了。诊脉是通过按触人体不同部位的脉搏，以体察脉象变化的切诊，临床上主要掌握脉诊的时间、病人的体位，医生的指法和指力轻重，每次按脉时间，以每侧脉搏跳动不少于 50 次为限，同时要了解健康人脉象的变化情况，才能正确地进行脉诊。

⑨ 晋昭公：即晋侯夷（？—前 526），姬姓，晋氏，名夷，按先秦贵族礼制，男子用氏不用姓，昭公自称晋夷。晋平公之子。公元前 531 年至公元前 526 年在位。

⑩ 赵简子（？—前 476），春秋时期晋国赵氏的领袖，原名赵鞅，又名志父，亦称赵孟。晋昭公时，公族弱，大夫势力强，赵简子为大夫，专国事，致力于改革，为后世魏文侯李悝变法、秦孝公商鞅变法和赵武灵王改革首开先河。他是杰出的政治家、军事家、外交家、改革家。战国时代赵国基业的开创者，郡县制社会改革的积极推动者，先秦法家思想的实践者，对春秋战国的历史发展起了推波助澜的作用，与其子赵无恤（即赵襄子）并称"简襄之烈"。

⑪ 独断着国家大事。

⑫ 五天仍不醒来。

⑬ 董安于：赵简子的家臣，生卒事迹不详。

⑭ 血脉正常。

⑮ 有什么大惊小怪的呢?

⑯ 寤：苏醒。

与之同，不出三日必见。”居二日半，简子寤。

其后扁鹊过虢①，虢太子死。扁鹊至虢宫门下，问中庶子喜方者曰②：“太子何病，国中治穰过于众事③？”中庶子曰：“太子病血气不时④，交错而不得泄⑤，暴发于外，则为中害⑥。精神不能止邪气，邪气畜积而不得泄，是以阳缓而阴急⑦，故暴蹷而死⑧。”扁鹊曰：“其死何如时？”曰：“鸡鸣至今。”曰：“收乎⑨？”曰：“未也，其死未能半日也。”“言臣齐勃海秦越人也⑩，家在于郑，未尝得望精光⑪，侍谒于前也。闻太子不幸而死，臣能生之。”中庶子曰：“先生得无诞之乎⑫？何以言太子可生也？臣闻上古之时，医有俞跗⑬，治病不以汤液醴洒、镵石挢引、案扤毒熨⑭，一拨见病之应，因五藏之输，乃割皮解肌，诀脉结筋，搦髓脑⑮，揲荒爪幕⑯，湔浣肠胃，漱涤五藏，练精易形。先生之方

① 虢（guó）：即虢国，是西周初期的重要诸侯封国。周武王灭商后，周文王的两个弟弟分别被封为东、西虢国国君，虢仲封东虢（今河南荥阳市汜水镇），虢叔封西虢（今陕西宝鸡市东），两虢起着周王室东西两面屏障的作用。西周晚期周宣王初年，东虢灭亡，其后裔虢序西迁至山西平陆，并改称郭国。故此处虢太子应指郭太子。

② 向喜好方术的中庶子问道。中庶子，官名。战国时国君、太子、相国的侍从之臣。秦、汉为太子侍从官。历代沿置。北齐领门下坊。后惟元代有此官。

③ 京城里举办治穰这么热闹呢？治穰（ráng），犹祈祷。穰，通“禳”。

④ 太子患了气血不能按时运行的病。

⑤ 而导致的郁结又不能宣散。

⑥ 就造成了内脏的损害。

⑦ 因此使得阳气虚衰，阴邪旺盛。

⑧ 所以突然昏厥而死去了。蹷（jué）。

⑨ 入殓了吗？

⑩ 请转告虢君，说我是齐国勃海郡的秦越人。

⑪ 从来没有能够见到虢君的风采。

⑫ 先生该不是在欺骗我吧？

⑬ 俞跗，又作俞跗、逾跗、臾跗。上古名医、黄帝臣。相传俞跗医道非常高明，特别擅长外科手术，在外科手术方面很有经验，几乎已到达现代医学的水准和境界。据《韩诗外传》载，俞为医可使“死者复生”。相传俞治病多采用外科手术，除体表切割手术之外，尚可做腹部手术。西汉时期三位文史学家都记述了秦越人所论之上古医生俞跗的事迹。韩婴，曾任文帝时博士，约生活于公元前二世纪中，他在《韩诗外传》卷 10 写道：“中蔗子曰：吾闻中古之为医者，曰俞跗，俞跗之为医也，梱木为脑。芷草为躯，吹窍定脑，死者更生”。史学家司马迁（约前 145—？）在《史记·扁鹊仓公列传》中指出：“医有俞跗，治病不以汤液鱧洒，镵石挢引，案扤毒熨，一拨见病之应，因五脏之输，乃割皮解肌，诀脉结筋，搦髓脑，揲荒爪幕，湔浣肠胃，漱涤五脏，练精易形。”因此，二人关于俞跗医疗事迹之论述，应同出一源。稍晚于二人的目录学家、文学家刘向，在其所撰的《说苑·辩物》中记述，则与韩氏基本一致。相传，在俞跗晚年的时候，黄帝派仓颉、雷公、岐伯三人，用了很长时间，把俞跗的医术整理出来，纂成卷目。然而，还没有来得及公布于众，仓颉就去世了。后来，俞跗的儿子俞执，把这本书带回来交给父亲修订。不幸全家遭到了大火，房屋、医书和俞跗、俞执全家人一起化为灰烬。这也许是《黄帝外经》失传，至今没有找到的原因。可以说，俞跗是中医外科的奠基者。

⑭ 治病时不用汤剂药酒、石针导引、按摩药敷。醴（lǐ），镵（chán），扤（wù）。

⑮ 按治髓脑。搦（nuò）。

⑯ 割治膏肓的病邪，疏理膈膜。揲（shé）。

能若是，则太子可生也；不能若是，而欲生之，曾不可以告咳婴之儿[①]。”终日，扁鹊仰天叹曰：“夫子之为方也，若以管窥天，以郄视文[②]。越人之为方也，不待切脉、望色、听声、写形，言病之所在。闻病之阳，论得其阴；闻病之阴，论得其阳。病应见于大表，不出千里[③]，决者至众[④]，不可曲止也[⑤]。子以吾言为不诚，试入诊太子，当闻其耳鸣而鼻张，循其两股，以至于阴，当尚温也。”

中庶子闻扁鹊言，目眩然而不瞚[⑥]，舌挢然而不下，乃以扁鹊言入报虢君。虢君闻之大惊，出见扁鹊于中阙，曰：“窃闻高义之日久矣[⑦]，然未尝得拜谒于前也。先生过小国，幸而举之，偏国寡臣幸甚。有先生则活，无先生则弃捐填沟壑，长终而不得反[⑧]。”言未卒[⑨]，因嘘唏服臆[⑩]，魂精泄横，流涕长潸，忽忽承睫[⑪]，悲不能自止，容貌变更。扁鹊曰：“若太子病，所谓尸厥者也[⑫]。夫以阳入阴中[⑬]，动胃缠缘[⑭]，中经维络[⑮]，别下于三焦，膀胱，是以阳脉下遂，阴脉上争，会气闭而不通，阴上而阳内行，下内鼓而不起，上外绝而不为使[⑯]，上有绝阳之络，下有破阴之纽，破阴绝阳，色废脉乱，故形静如死状。太子未死也。夫以阳入阴支阑藏者生[⑰]，以阴入阳支阑藏者死[⑱]。凡此数事，皆五脏蹷中之时暴作也[⑲]。良公取之[⑳]，拙者疑殆[㉑]。”

---

① 简直不能把方才的话告诉刚刚会笑的婴儿！
② 从缝隙里看纹饰。郄（xì）。
③ 病人只要不在千里之外。
④ 我决断病情的方法很多。
⑤ 不能一一详尽。
⑥ 吃惊得两眼圆睁、不能眨动。瞚（shùn）。
⑦ 我听说先生高尚义行的时间已经很久了。
⑧ 永远死去而不能回生了。
⑨ 话没有说完。
⑩ 就抽泣不已，悲伤得气满于胸。
⑪ 挂在睫毛上。睞（jié）。
⑫ 其实就是人们所说的“尸厥”。尸厥，突然昏倒不省人事。状如昏死，患者呼吸微弱，脉象极细，或毫不应指，故乍看似死。
⑬ 阳气下陷入阴。
⑭ 阴脉阳脉互相乘袭，扰动并缠绕胃脉。
⑮ 经脉受损伤，络脉被阻塞。
⑯ 在身体上部向外被隔绝而不能被遣使。
⑰ 因阳气侵入阴分而阻隔了脏气的病人，是可以救活的。阑（lán）。
⑱ 因阴气侵入阳分而阻隔脏气的病人，是死症。
⑲ 都是五脏被逆气上攻所损害之时所暴发的。蹷（cù）。
⑳ 医术精湛的医生能够做到色脉诊断相符合。
㉑ 医术拙劣的医生就疑惑。

扁鹊乃使弟子子阳砺针砥石[①]，以取外三阳五会。有间太子苏。乃使子豹为五分之熨，以八减之齐和煮之，以更熨两胁下。太子起坐。更适阴阳[②]，但服汤二旬而复故。故天下尽以扁鹊为能生死人。扁鹊曰："越人非能生死人也。此自当生者，越人能使之起耳。"

扁鹊过齐，齐桓侯[③]客之。入朝见，曰："君有疾在腠理[④]，不治将深。"桓侯曰："寡人无疾。"扁鹊出，桓侯谓左右曰："医之好利也，欲以不疾者为功。"后五日，扁鹊复见，曰："君有疾在血脉，不治恐深。"桓侯曰："寡人无疾。"扁鹊出，桓侯不悦。后五日，扁鹊复见，曰："君有疾在肠胃间，不治将深。"桓侯不应。扁鹊出，桓侯不悦。后五日，扁鹊复见，望见桓侯而退走。桓侯使人问其故。扁鹊曰："疾之居腠理也，汤熨之所及也[⑤]；在血脉，针石之所及也；其在肠胃，酒醪[⑥]之所及也；其在骨髓，虽司命无奈之何[⑦]！今在骨髓，臣是以无请也。"后五日，桓侯体病，使人召扁鹊，扁鹊已逃去，桓侯遂死。

使圣人预知微[⑧]，能使良医得蚤从事，则疾可已，身可活也。人之所病，病疾多；而医之所病[⑨]，病道少[⑩]。故病有六不治：骄恣不论于理，一不治也；轻身重财，二不治也；衣食不能适，三不治也；阴阳并，藏气不定，四不治也；形羸不能服药，五不治也；信巫不信医，六不治也。有此一者，则重难治也。

扁鹊名闻天下。过邯郸，闻贵妇人，即为带下医[⑪]；过雒阳，闻周人爱老人，即为耳目痹医；来入咸阳，闻秦人爱小儿，即为小儿医：随俗为变。秦太医令

---

① 扁鹊就让徒弟子阳研磨针具。子阳、子豹，均为战国时针灸家，扁鹊的弟子。据《韩诗外传》《史记》《说苑》等古书记载，虢国太子患尸厥症，处于假死的休克状态。扁鹊经诊治，教其徒弟子明、子同、子阳、子容用厉针砭石，子豹用熨法，子游用按摩法共同救治痊愈。

② 再进一步调适阴阳。

③ 齐桓侯：即蔡桓公，战国时期田氏代齐以后的第三位齐国国君，谥号为"齐桓公"，史称"田齐桓公"或"齐桓公午"。本名田午，史载他"弑其君及孺子喜而为公"，意思是说他杀了齐废公田剡而自立。在位时曾创建稷下学宫，招揽天下贤士，聚徒讲学，著书立说，一时人才荟萃，彬彬大盛。相传名医扁鹊曾为他看病，在起病由轻到重衍变时连劝了三次，田午因为讳疾忌医而不听，后来扁鹊再来时，见其已病入膏肓，无法医疗。扁鹊只得转身而退，并连夜逃往秦国，不久田午就病发而去世了。

④ 您有病，在皮肉之间。腠（còu）。

⑤ 汤药、热敷就能治愈。

⑥ 醪（láo）：药酒，醇酒。

⑦ 如果进入骨髓，即使是掌管生命的神也不能把它怎么样了。

⑧ 假使身居高位的人在疾患还没有显示征兆的时候，就预先知道染上了病邪。

⑨ 而医生担忧的事情。

⑩ 是担忧治病的方法少。

⑪ 就做起了妇科医生。

李醯自知伎不如扁鹊也[1]，使人刺杀之。至今天下言脉者，由扁鹊也。

——西汉·司马迁·史记卷一百五·扁鹊仓公列传第四十五

译文

扁鹊，勃海郡郑地（今河北任丘市）人，姓秦，名越人。秦越人年轻时为别人管理一家旅店。一位名叫长桑君的旅客经常路过郑地，他总是入住秦越人管理的旅店。其他人都只把长桑君视为普通旅客，而秦越人却觉得长桑君很不寻常。因此，只要长桑君一入住旅店，秦越人总是对他恭敬有加，并小心服侍。长桑君也因此觉得秦越人不同寻常。两人就这样认识并相处十多年。

一天，长桑君招呼秦越人来到他房间，并请秦越人入座，然后悄悄对秦越人说："我是一名医生，如今年纪大了。我拥有很多秘方，一直想找个能继承我医术的传人，却一直没有找到称心如意的人。这几年，我一直暗中观察您，觉得您很不错，我想把我的秘方传给您。您愿意吗？"秦越人听到这话，非常激动，连连表示愿意。长桑君又对秦越人讲："希望您不要把我的秘方泄露出去，您能做到吗？"秦越人恭敬地答道："能！"长桑君于是从怀中取出一包药递给秦越人说："您用上池之水引服这药，三十天后，您就知道这药的功效了。"长桑君还把他珍藏的上古医家流传下来的秘方医籍全部赠给秦越人。秦越人一时不知道如何感谢，正当他发愣的功夫，长桑君忽然不见了。秦越人觉得不可思议，他越发觉得长桑君不是一般凡人。随后，秦越人就照长桑君的话服药三十天，发现自己能隔墙看人。通过刻苦学习，并凭借自己透视功能，秦越人开始为人治病。因为他能看到病人五脏六腑病变位置，所以诊断很精准、疗效也很显著。只不过，秦越人将自己特殊诊病功能以"脉诊"作为名义罢了。秦越人到处行医，有时在齐国，有时又到了赵国。在赵国时，人们都称呼他为"扁鹊"。

① 李醯（xī）：时任秦国太医令，生卒事迹不详。据传，秦武王与武士们举行举鼎比赛，不觉伤了腰部，疼痛难忍，吃了太医李醯的药，也不见好转，并且更加严重。有人将神医扁鹊已来到秦国的事告诉了武王，武王传令扁鹊入宫。扁鹊看了武王的神态，按了按他的脉搏，用力在他的腰间推拿了几下，又让武王自己活动几下，武王立刻感觉好了许多。接着又给武王服了一剂汤药，其病状就完全消失。武王大喜，想封扁鹊为太医令。李醯知道后，担心扁鹊日后超过他，便在武王面前极力阻挠，称扁鹊不过是"草莽游医"，武王半信半疑，但没有打消重用扁鹊的念头。李醯决定除掉扁鹊这个心腹之患。

晋昭公的时候，众大夫的势力强盛而国君宗族的势力衰弱。当时，赵简子做卿相，独揽国家政事。有一次，赵简子病了，五天不省人事，其他大夫们都很害怕，于是就派人去请扁鹊前来诊治。扁鹊进来看了简子的病情就走开了。家臣董安于向扁鹊询问。扁鹊说："简子血脉流通正常，你惊慌什么？以前秦穆公也得过类似的病，七天后就醒过来了。您主公的病情和秦穆公类似。我预计不超过三天，他就会苏醒。"过了两天半，赵简子果然苏醒过来。

后来，扁鹊路过虢国，时遇虢太子死亡。扁鹊来到虢国宫门下，向一位喜欢医学的中庶子询问："太子得什么病？以至于城中举行这么隆重的祈祷消灾仪式？"中庶子回答道："太子的病是血气运行不正常所致，气血错乱不能够正常疏泄，突然向外发作，造成体内的病害。体内正气不能遏制邪气，邪气聚积而不能泄除，因此阳气衰微而阴邪盛实，最终突然昏厥而死。"扁鹊接着问道："太子死了多长时间了？"中庶子回答道："从鸡鸣时辰到现在。"扁鹊又问："殓葬了吗？"中庶子回答说："还没有。太子去世还未超过半天。"扁鹊对中庶子说："您快去报告您的国君，就说我是齐国渤海郡的秦越人，家住在郑地。我很仰慕国君的风采，可惜过去一直没有机会。今天我刚好路过贵国，碰见贵国太子不幸去世，我能使太子复活。"中庶子回答说："先生该不是哄骗我吧？您凭什么说太子能复活呢？我听说上古时期有个名医叫俞跗。他医术高明，治病时不用汤剂、针石、导引、按摩、热敷等方法，只要一诊察就能知道病位，依循五脏的腧穴，剖开肌肤疏通脉络，束扎筋腱，按治髓脑，触动膏肓，疏理膈膜，清洗肠胃，洗涤五脏，修炼精气，矫正形体。先生的医术若能达到俞跗的水平，那太子就可以救活了。如果先生医术达不到俞跗的水平，却说能救活太子，您这话未免也太大了吧！我简直不能把您方才的话告诉刚刚会笑的婴儿！"中庶子因不信扁鹊的话而无动于衷。良久，扁鹊对他感叹道："先生您运用医术，犹如用竹管看天空，从缝隙里看纹饰。我治病救人，用不着切脉、望色、听声和审察病人的体征，就能讲出病证的关键所在，只要听到疾病的外在症状，我就能推知其内在病机；只要知道疾病的内在病机，我就能推知其外在症状。疾病表现在人的体表，只要病人不在千里之外，我决断病情的方法很多，不能一一详尽。您要是认为我的话不可信，那就请您试验一下。您进宫去观察太子，一定会听见他耳中在响，看到他的鼻翼在翕动。您顺着他的两条大腿往上摸，直到阴部，就会发现他的身体仍然是温热的。”

中庶子听完扁鹊的话，吃惊得两眼圆睁、不能眨动，舌头翘起、不能放下。于是他赶紧进宫将扁鹊所言向虢君报告。虢君听到报告也很吃惊，急忙出宫迎接扁鹊，并对扁鹊说：“我早就听说过先生的高尚义行，但从来没有机会当面拜访。今天，先生来到我们这个小国，使我幸运地得到了援救。我们这个偏僻小国的太子真是幸运得很！有先生在他就能复活，没有先生他就会被扔进山沟，永远死去而不能回生了。”他的话还未说完，就抽泣不已，悲伤得气满郁结、精神恍惚，鼻涕眼泪止不住往下流，悲痛得连容貌都变了样。扁鹊说：“太子的病，就是人们所说的‘尸厥’。其实，太子并没有死。太子的病是因为阳气下陷于阴，阴脉阳脉互相乘袭，扰动并缠绕胃脉；经脉受损伤，络脉被阻塞；阳气下陷进入三焦、膀胱，而阴气上升，就会导致阴气与阳气交汇的地方闭塞不通。阳气向内运行，在身体下部对内鼓动而不能上升，在身体上部对外被隔绝而不能被遣使。这种阴气被破坏、阳脉被阻断的情形，就会使病人体色改变、脉搏混乱，严重者形体僵硬如同死去。所以我判断太子还没有死，是可以救活的。医术精湛的医生能够做到色脉诊断相符合，医术拙劣的医生就会感到疑惑不解”。

于是，扁鹊就叫徒弟子阳在石上磨针，用其刺太子的三阳五会之穴。一会儿，太子就苏醒了过来。扁鹊又让另一个徒弟子豹准备能使药气进入体内五分的熨药，用八减方的药剂调和起来煎煮，用来交替热敷于太子两胁下。太子起身坐了起来。扁鹊再进一步为他调适阴阳之气，使之归于平衡。如此，太子服药二十天就恢复了健康。由此天下人都认为扁鹊能使死人复生。扁鹊说：“我不能使死人复生。虢太子的病本就应当能救活的，我不过是使他康复罢了。”

扁鹊路过齐国，齐桓侯邀请他做客。扁鹊入朝拜见齐桓侯。他对齐桓侯说道：“君王身体有病，此病在您的肌肤之间，如不抓紧治疗，病情会加重。”齐桓侯说：“寡人没有病。”扁鹊退出后。齐桓侯对身边的近臣说：“医生贪图财利，想拿没病之人当作病人治疗以贪图利益。”五天后，扁鹊又去拜见齐桓侯，说：“君王有病，已发展到血脉，不治疗，病情恐怕会加深。”齐桓侯回答说：“寡人没有病。”扁鹊退出后，齐桓侯不高兴。又过了五日，扁鹊再一次拜见齐桓侯，说：“君王有病，已发展到肠胃，如不治疗，病情将会加深。”齐桓侯没有回答扁鹊的话。又过了五天，扁鹊再次拜见齐桓侯，他远远看见齐桓侯就转身跑了。齐桓侯就派人去询问扁鹊转身就跑的原因。扁鹊说："疾病处在肌肤之间的时候，汤药、热敷就能治愈；处在血脉之中的时候，针刺能够治愈；如果处在肠胃之中，酒剂能够治愈；如果进入骨髓，即使是掌管生命的神也不能把它怎么样了。如今桓侯的病已经进入骨髓，因此我不再请求给他治疗了。"五天后，齐桓侯病重，派人去请扁鹊。扁鹊已经逃走了，桓侯也就病死了。

假使圣人能预先知道尚未显露症状的疾病，让高明的医生尽早治疗，那么疾病就能痊愈，也就可以存活。人们所担心的是身体疾病多，而医生担心的是治病方法少。所以扁鹊提出有六种情况的病人不能治疗：骄横放纵、不讲道理，这是第一种不能治疗的情况；轻视身体、注重钱财，这是第二种不能治疗的情况；穿衣吃饭、不合时节，这是第三种不能治疗的情况；气血错乱、脏气不合，这是第四种不能治疗的情况；形体瘦弱、不胜药力，这是第五种不能治疗的情况；相信巫术、不信医学，这是第六种不能治疗的情况。病人有这些情况之一，就很难治疗了。

扁鹊的名声传遍了天下。到了邯郸，听说赵国人尊重妇女，他就做起了妇科医生；到了洛阳，听说周国人孝敬老人，他就做起了老年病科医生；到了咸阳，听说秦国人爱小孩，他就做起了儿科医生。扁鹊总能随着各地风俗不同而改变自己行医科目。秦国的太医令李酰，自知医术不如扁鹊，就派人刺杀了扁鹊。直到现在，天下人谈论脉学，都是从扁鹊的理论得到启发的。

评 析

扁鹊（前407—前310），生于春秋战国时期，姓秦，名缓，字越人，又号卢医，尊称扁鹊，因医术高超，被当时广大老百姓尊称神医并且借用上古神话——黄帝中的神医"扁鹊"的名号来称呼他。他少时学医于长桑君，尽传其医术禁方。扁鹊在长期医疗实践中，刻苦钻研，努力总结前人的经验，大胆创新，成为一个学识渊博、医术高明的医学大家。他擅长各科，在赵为妇科，在周为五官科，在秦为儿科，名闻天下。秦太医李醯术不如而嫉之，乃使人刺杀之。相传中医四大经典之一的《难经》即为其所著。

扁鹊在医学上的成就主要有四个方面：第一，在诊断方面，扁鹊创立了望、闻、问、切四诊法，尤其擅长的是望诊和切诊。他被认为是中医脉学的创始者，对后世中医诊断学发展产生了重大影响。司马迁在《史记》中称赞道："至今天下言脉者，由扁鹊也。"第二，在经络藏象方面，扁鹊提出病邪沿经络循行，由表及里的传变理论。第三，在治疗方法方面，扁鹊提出辨证论治与综合治疗结合。从史籍记载中，我们看出扁鹊已经熟练掌握了砭石、针灸、汤液、按摩、手术、吹耳、导引等方法，将其灵活兼用于具体病案之中，综合治疗。第四，在科学预防方面，扁鹊提出了6种病人不能治。即"骄恣不论于理，一不治也；轻身重财，二不治也；衣食不能适，三不治也；阴阳并，藏气不定，四不治也；形羸不能服药，五不治也；信巫不信医，六不治也。"其中不治"信巫不信医"，反映出扁鹊朴素的唯物主义思想。

综上所述，扁鹊是中国医学史上一位继往开来的大医学家，他奠定了我国传统医学诊断的基础，他对我国传统医学的贡献将永载史册。后世把扁鹊尊为我国古代医学的祖师，说他是"中国的医圣""古代医学的奠基者"。

淳于意传

太仓公者[①]，齐太仓长，临菑人也，姓淳于氏，名意。少而喜医方术。高后八年[②]，更受师同郡元里公乘阳庆[③]。庆年七十馀，无子，使意尽去其故方[④]，更悉以禁方予之，传黄帝、扁鹊之脉书，五色诊病，知人死生，决嫌疑，定可治，及药论，甚精。受之三年，为人治病，决死生多验。然左右行游诸侯，不以家为家，或不为人治病，病家多怨之者。

文帝四年中[⑤]，人上书言意[⑥]，以刑罪当传西之长安。意有五女，随而泣。意怒，骂曰："生子不生男，缓急无可使者[⑦]！"于是少女缇萦伤父之言，乃随父西。上书曰："妾父为吏，齐中称其廉平，今坐法当刑。妾切痛死者不可复生而刑者不可复续[⑧]，虽欲改过自新，其道莫由[⑨]，终不可得。妾愿入身为官婢，以赎父刑罪，使得改行自新也。"书闻[⑩]，上悲其意，此岁中亦除肉刑法[⑪]。

意家居，诏召问所为治病死生验者几何人也，主名为谁。诏问故太仓长臣意："方伎所长，及所能治病者？有其书无有？皆安受学？受学几何岁？尝有所验，何县里人也？何病？医药已，其病之状皆何如？具悉而对。"

臣意对曰：自意少时，喜医药，医药方试之多不验者。至高后八年，得见师临菑元里公乘阳庆。庆年七十馀，意得见事之。谓意曰："尽去而方书，非

---

① 太仓：秦汉的国家粮仓。秦始置，储藏各地调运的谷物。设于京城的太仓由治粟内史所属太仓令经管。西汉前期，各诸侯王国都亦有设置，任命太仓长管理。

② 公元前 180 年。

③ 公乘阳庆：西汉医学家，姓阳名庆，亦作杨庆，字中倩。临菑人，精经典，重实践，医术精湛，著有《黄帝扁鹊脉书》，为中医脉案之宗，是淄博有文献记载的第一代名医。

④ 让淳于意把从前学的医方全部抛开。

⑤ 公元前 176 年。

⑥ 有人上书朝廷控告淳于意。

⑦ 到紧要关头就没有可用的人！

⑧ 被处肉刑者，肢体或器官毁损断裂，其伤残处不可重生和再次连接。

⑨ 也无路可行。

⑩ 汉文帝看了缇萦的上书。

⑪ 《汉书·刑法志》载文帝十三年废除三种肉刑，即黥（刀刻囚面，再涂以墨）、劓（割鼻）、刖（斩掉）左右趾。

是也[①]。庆有古先道遗传黄帝、扁鹊之脉书，五色诊病、知人生死、决嫌疑、定可治及药论书，甚精。我家给富，心爱公[②]，欲尽以我禁方书悉教公。”臣意即曰：“幸甚，非意之所敢望也。”臣意即避席再拜谒[③]，受其脉书、上下经、五色诊、奇咳术、揆度阴阳外变、药论、石神、接阴阳禁书，受读解验之，可一年所[④]。明岁即验之，有验，然尚未精也。要事之三年所，即尝已为人治，诊病决死生，有验，精良。今庆已死十年所，臣意年尽三年[⑤]，年三十九岁也。

齐侍御史成自言病头痛，臣意诊其脉，告曰：“君之病恶，不可言也[⑥]。”即出，独告成弟昌曰：“此病疽也[⑦]，内发于肠胃之间，后五日当臃肿，后八日呕脓死。”成之病得之饮酒且内[⑧]。成即如期死。所以知成之病者，臣意切其脉，得肝气。肝气浊而静，此内关之病也。脉法曰“脉长而弦[⑨]，不得代四时者[⑩]，其病主在于肝。和即经主病也[⑪]，代则络脉有过[⑫]”。经主病和者，其病得之筋髓里。其代绝而脉贲者，病得之酒且内。所以知其后五日而臃肿，八日呕脓死者，切其脉时，少阳初代[⑬]。代者经病，病去过人，人则去[⑭]。络脉主病，当其时，少阳初关一分[⑮]，故中热而脓未发也，及五分，则至少阳之界[⑯]，及八日，则呕脓死，故上二分而脓发，至界而臃肿，尽泄而死。热上则熏阳明，烂流络[⑰]，流络动则脉结发，脉结发则烂解[⑱]，故络交[⑲]。热气已上行，至头而动，故头痛。

① 全部抛开你学过的医书，这些都不正确。
② 只因我心里喜欢你。
③ 说完我就离开座席再次拜谢老师。
④ 这样用了约一年时间。
⑤ 我曾向他学习三年。
⑥ 您的病情严重，不能一下子说清。
⑦ 这是疽病。病疽：发于脏腑或胸腹腔内的痈肿。
⑧ 成的病是由于酗酒后行房事而得的。
⑨ 脉长而且像弓弦一样挺直。
⑩ 正常的脉搏应随四季的交替而有变化，反之则有病疾干扰。
⑪ 脉虽长而直硬却均匀和谐，是肝的经脉有病。
⑫ “代”指“代脉”脉象，脉来缓弱而又出现有规则的停顿间歇。“络脉有过”，指与足厥阴肝经为表里的足少阳胆经出现代脉后，所属络脉亦生病变。如少阳脉气不能与肝经脉气协调，时而停顿，时而阳气内闭，“太过”或“不及”，都将损伤肝经赖以为本的胃气。
⑬ 发现少阳经络出现了代脉的脉象。
⑭ 病情发展遍及全身，人就会死去。
⑮ 在左手关部一分处出现代脉。
⑯ 就到了少阳经脉的边界。
⑰ 当初内热就熏灼着阳明经脉，并灼伤络脉的分支。
⑱ 经脉郁结发肿其后就会糜烂离解。
⑲ 所以络脉之间交互阻塞。

齐王中子诸婴儿小子病，召臣意诊切其脉，告曰：“气鬲病①。病使人烦懑，食不下，时呕沫。病得之心忧，数忔食饮②。”臣意即为之作下气汤以饮之，一日气下，二日能食，三日即病愈。所以知小子之病者，诊其脉，心气也，浊躁而经也，此络阳病也。脉法曰“脉来数疾去难而不一者，病主在心③”。周身热，脉盛者，为重阳。重阳者，逿心主④。故烦懑食不下则络脉有过，络脉有过则血上出⑤，血上出者死。此悲心所生也，病得之忧也。

齐郎中令循病，众医皆以为蹷入中⑥，而刺之。臣意诊之，曰：“涌疝也⑦，令人不得前后溲⑧。”循曰：“不得前后溲三日矣。”臣意饮以火齐汤⑨，一饮得前后溲，再饮大溲，三饮而疾愈。病得之内⑩。所以知循病者，切其脉时，右口气急，脉无五藏气⑪，右口脉大而数。数者中下热而涌，左为下，右为上⑫，皆无五藏应，故曰涌疝。中热，故溺赤也⑬。

齐中御府长信病，臣意入诊其脉，告曰：“热病气也。然暑汗，脉少衰，不死⑭。”曰：“此病得之当浴流水而寒甚，已则热⑮。”信曰：“唯，然！往冬时，为王使于楚，至莒县阳周水，而莒桥梁颇坏，信则擥车辕未欲渡也⑯，马惊，即堕，信身入水中，几死，吏即来救信，出之水中，衣尽濡，有间而身寒，已热如火，至今不可以见寒。”臣意即为之液汤火齐逐热，一饮汗尽，再饮热去，三饮病已。即使服药，出入二十日，身无病者。所以知信之病者，切其脉时，

---

① 鬲（gé）：通“膈”，也通“隔”。
② 常常厌食的缘故。忔（yì）：心不欲，厌烦。
③ 脉来时急促，去时有为难状，乃阳邪干扰心脉之象，病在心脏。
④ 热气上行冲击心脏。逿（dàng），冲击，通“荡”。
⑤ 所以病人心中烦闷吃不下东西，就会络脉有病，络脉有病就会血从上出。
⑥ 许多医生都认为是逆气从下厥起，向上逆行入腹胸之中。蹷（cù），紧迫，收缩。
⑦ 冲疝，亦有大小便秘结的症状。疝（shàn）。
⑧ 这种病使人不能大小便。溲（sōu），大小便，特指小便。
⑨ 火齐（jì）汤：“齐”同“剂”，方剂名。主治：一切实热火毒，三焦热盛之证。大热烦躁，口燥咽干，错语，不眠；或热病吐血、衄血；或热甚发斑，身热下痢，湿热黄疸；外科痈疽疔毒，小便赤黄，舌红苔黄，脉数有力。本方常用于败血症、脓毒血症、痢疾、肺炎、泌尿系感染、流行性脑脊髓膜炎、乙型脑炎以及感染性炎症等属热毒为患者。
⑩ 他的病是因房事造成的。
⑪ 脉象反映不出五脏患有病症。考涌疝之症，病在督脉，亦在任脉。任督二脉属奇经八脉，故切脉不见五藏之应。
⑫ 他的左手脉快是热邪往下流，右手脉快是热邪上涌。
⑬ 患者因房事耗伤真阴，心肾不交，故心火亢盛，小便黄赤。
⑭ 然而暑热多汗，脉稍衰，不至于死。
⑮ 得这种病，是因为他曾在天气严寒时还在河水中洗浴，洗浴后身体就发热了。
⑯ 我就揽住车辕不想过河。

并阴[①]。脉法曰“热病阴阳交者死”。切之不交，并阴。并阴者，脉顺清而愈，其热虽未尽，犹活也。肾气有时间浊，在太阴脉口而希[②]，是水气也[③]。肾固主水，故以此知之。失治一时，即转为寒热。

齐王太后病，召臣意入诊脉，曰：“风瘅客脬[④]，难于大小溲，溺赤。”臣意饮以火齐汤，一饮即前后溲，再饮病已，溺如故。病得之流汗出滫[⑤]。滫者，去衣而汗晞也[⑥]。所以知齐王太后病者，臣意诊其脉，切其太阴之口，湿然风气也。脉法曰“沈之而大坚[⑦]，浮之而大紧者[⑧]，病主在肾”。肾切之而相反也，脉大而躁。大者，膀胱气也；躁者，中有热而溺赤。

齐章武里曹山跗病，臣意诊其脉，曰：“肺消瘅也[⑨]，加以寒热。”即告其人曰：“死，不治。适其共养[⑩]，此不当医治。”法曰“后三日而当狂，妄起行[⑪]，欲走[⑫]；后五日死”。即如期死。山跗病得之盛怒而以接内[⑬]。所以知山跗之病者，臣意切其脉，肺气热也。脉法曰“不平不鼓，形弊[⑭]”。此五藏高之远数以经病也[⑮]，故切之时不平而代。不平者，血不居其处；代者，时参击并至，乍躁乍大也。此两络脉绝，故死不治。所以加寒热者，言其人尸夺[⑯]。尸夺者，形弊；形弊者，不当关灸镵石及饮毒药也[⑰]。臣意未往诊时，齐太医先诊山跗病，灸其足少阳脉口，而饮之半夏丸，病者即泄注，腹中虚；又灸其少阴脉，是坏肝刚绝深，如是重损病者气，以故加寒热。所以后三日而当狂者，肝一络连属结绝乳下阳明，故络绝，开阳明脉，阳明脉伤，即当狂走。后五日死者，肝与

---

① 发现他的脉象属于热邪归并身体内里的“并阴脉”。
② 我在太阴寸口依稀能切到这种情形。
③ 肾为水脏，主津液，肾脉之气稀而间浊，是其功能受削弱，故有寒邪之水气客于太阴肺经、少阴肾经。
④ 是风热侵袭膀胱。瘅（dān），热症；脬（pāo），膀胱。
⑤ 这是出汗时解小便得的病。滫（xún）：尿。
⑥ 病是脱掉衣服而汗被吹干得的。晞（xī）：干，干燥。
⑦ 用力切脉时脉象宏大而坚实有力。
⑧ 轻轻切脉时大而紧张有力。
⑨ 消瘅：邪热内伏，炽灼津液，多饮食而肌肉日渐消瘦的病症。
⑩ 你们就满足病人的要求，去供养他。
⑪ 乱走。
⑫ 乱跑。
⑬ 曹山跗的病，是因为大怒后行房事得的。
⑭ 脉搏的搏动时起时伏，搏动无力，身形羸弱。弊（bì）：身体困疲至极而倒仆。
⑮ 这是肺、肝两脏多次患病的结果。五藏高之远：据《素问·至真要大论》“多则九之，少则二之”。王冰注：“心肺为近，肾肝为远，脾胃居中”之说，心肺为五藏中高者，肝肾为其远者。
⑯ 我所以说“加以寒热”，是因为他精神涣散躯体如尸。
⑰ 不能用针灸的方法，也不能服药性猛烈的药。

心相去五分[①]，故曰五日尽，尽即死矣。

齐中尉潘满如病少腹痛，臣意诊其脉，曰："遗积瘕也[②]。"臣意即谓齐太仆臣饶、内史臣繇曰："中尉不复自止于内，则三十日死。"后二十馀日，溲血死。病得之酒且内[③]。所以知潘满如病者，臣意切其脉深小弱，其卒然合合也[④]，是脾气也。右脉口气至紧小，见瘕气也。以次相乘[⑤]，故三十日死。三阴俱抟者[⑥]，如法[⑦]；不俱抟者，决在急期；一抟一代者，近也。故其三阴抟，溲血如前止。

阳虚侯相赵章病，召臣意。众医皆以为寒中[⑧]，臣意诊其脉曰："迵风[⑨]。"迵风者，饮食下嗌而辄出不留。法曰"五日死"，而后十日乃死。病得之酒。所以知赵章之病者，臣意切其脉，脉来滑，是内风气[⑩]也。饮食下嗌而辄出不留者，法五日死，皆为前分界法[⑪]。后十日乃死，所以过期者，其人嗜粥，故中藏实，中藏实故过期。师言曰"安谷者过期，不安谷者不及期[⑫]"。

济北王病，召臣意诊其脉，曰："风蹶胸满[⑬]。"即为药酒，尽三石[⑭]，病已。得之汗出伏地[⑮]。所以知济北王病者，臣意切其脉时，风气也，心脉浊。病法"过入其阳[⑯]，阳气尽而阴气入"。阴气入张，则寒气上而热气下，故胸满[⑰]。汗出

① 是因肝心两脉相隔五分。中医诊脉法，左右手桡骨茎突处称"关"，"关"前为"寸"，"关"后为"尺"。左手关部可得肝病脉象，左手寸部可得心病脉象。

② 这是腹中的气体遗留，积聚成了"瘕症"。瘕（jiǎ）：腹中生长寄生虫。

③ 他的病是因酗酒后行房而得。

④ 这三种情形合在一起。

⑤ 两气互相制约影响。中医学说认为，五脏之间有着相生相克的关系，如相互克制太过，叫作相乘，这里潘满如的病是脾乘肾，肾乘心，心乘肺，肺乘肝，肝乘脾。

⑥ 指少阴、厥阴、太阴三阴之脉。抟（tuán）：聚结，环绕而上。这里"三阴俱抟"，指三阴脉纠结而乱，为脉绝死候。

⑦ 符合三十天内必死的医学规律。

⑧ 寒中：寒气入侵于内里。

⑨ 迵（dòng）风：中医谓饮酒过多引起的一种风疾。《史记·扁鹊仓公列传》："诊其脉曰：'迵风。'迵风者，饮食下嗌而辄出不留……病得之酒。"司马贞索隐："是风疾洞彻五藏，故曰迵风。"清唐甄《潜书·病获》："饮酒过多，晨兴呕沫，惧其驯为迵风也，於是止饮。"

⑩ 内风气：内风病的脉气，这种脉象是因体内脏腑功能失调而形成。

⑪ 前分界法：殆指前文曹山跗诊籍所说预测死期之法，五脏之间由高至远依次恶变，脉气亡绝，以两脏"相去五分"，传变需五日，为一分界。

⑫ 胃能容留消化食物就能超过预定死的时间，不能容留消化食物就拖不到预定的死的时间。

⑬ 风蹶（jué）："蹶"通"厥"，古病名，《素问·评热病论》："有病身热，汗出烦满，烦满不为汗解。汗出而身热者风也，汗出而烦满不解者厥也，病名曰风厥。"

⑭ "石"应为"日"。

⑮ 他的病是因出汗时伏卧地上而得。

⑯ 病邪入侵体表。

⑰ 就使人胸中胀满。

伏地者，切其脉，气阴。阴气者，病必入中，出及瀺水也①。

齐北宫司空命妇出於病，众医皆以为风入中，病主在肺，刺其足少阳脉。臣意诊其脉，曰："病气疝②，客于膀胱，难于前后溲，而溺赤。病见寒气则遗溺，使人腹肿。"出於病得之欲溺不得，因以接内。所以知出于病者，切其脉大而实，其来难③，是蹶阴之动也④。脉来难者，疝气之客于膀胱也。腹之所以肿者，言蹶阴之络结小腹也。蹶阴有过则脉结动，动则腹肿。臣意即灸其足蹶阴之脉，左右各一所，即不遗溺而溲清，小腹痛止。即更为火齐汤以饮之，三日而疝气散，即愈。

故济北王阿母自言足热而懑⑤，臣意告曰："热蹶⑥也。"则刺其足心各三所，案之无出血，病旋已。病得之饮酒大醉。

济北王召臣意诊脉诸女子侍者，至女子竖，竖无病。臣意告永巷长曰："竖伤脾，不可劳，法当春呕血死⑦。"臣意言王曰："才人女子竖何能？"王曰："是好为方，多伎⑧能，为所是案法新⑨，往年市之民所⑩，四百七十万，曹偶四人⑪。"王曰："得毋有病乎？"臣意对曰："竖病重，在死法中。"王召视之，其颜色不变，以为不然，不卖诸侯所。至春，竖奉剑从王之厕，王去，竖后，王令人召之，即仆于厕，呕血死。病得之流汗。流汗者，法病内重⑫，毛发而色泽，脉不衰，此亦内关之病也。

---

① 治疗时就应使阴寒随着汗液淋漓流出。出及瀺（chán）水：病邪随着淋漓汗液流出。及：随着。瀺：手足及身体所出的汗液。汗出时腠理疏开，易受风寒二邪侵袭。此句前后疑有脱文。

② 气疝：即疝气病。《素问·长刺节论》："病在少腹，腹痛不得大小便，病名曰疝，得之寒。"

③ 但脉来艰难。

④ 这是因为她足厥阴肝经被外邪扰动所致。蹶阴：经脉名。

⑤ 足心发热胸中郁闷。

⑥ 热蹶：古病名，因受邪热，阻碍阳气运行，而使手足厥冷的病。《素问·厥论》："热厥之为热也，必起于足下者，阳气起于足五指之表，阴脉集于足下而聚于足心，故阳气胜则足下热也。"

⑦ 按医学法则及中医五行理论讲，脾属土，肝属木，《灵枢·本神》有脾病死于春之说。张介宾注："土衰畏木，故死于春。"《素问·玉机真藏论》亦说五脏"病之且死，必行传行至其所不胜，病乃死。""脾受气于肺，传之于肾，气舍于心，至肝而死"。春为肝家王，故"法当春死"。

⑧ 伎：通"技"。

⑨ 能在旧方技上创出新意来。《史记索隐》认为此句是"谓于旧方技能生新意也"。案，通"按"，查考。法，旧例，过去的方法。新，指新方法，新花样。

⑩ 她是我去年从民间购买的。

⑪ 包括竖在内，一样的共四人。曹偶：侪辈，同类，指同样的人。

⑫ 依病理说是病重在内里。

齐中大夫病龋齿，臣意灸其左大阳明脉[①]，即为苦参汤[②]，日嗽三升，出入五六日，病已。得之风，及卧开口，食而不嗽[③]。

菑川王美人怀子而不乳，来召臣意。臣意往，饮以莨药一撮[④]，以酒饮之，旋乳。臣意复诊其脉，而脉躁。躁者有馀病[⑤]，即饮以消石[⑥]一齐，出血，血如豆比五六枚。

齐丞相舍人奴从朝入宫，臣意见之食闺门外，望其色有病气。臣意即告宦者平。平好为脉，学臣意所，臣意即示之舍人奴病，告之曰："此伤脾气也，当至春鬲塞不通[⑦]，不能食饮，法至夏泄血死。"宦者平即往告相曰："君之舍人奴有病，病重，死期有日。"相君曰："卿何以知之？"曰："君朝时入宫，君之舍人奴尽食闺门外，平与仓公立，即示平曰，病如是者死。"相即召舍人而谓之曰："公奴有病不？"舍人曰："奴无病，身无痛者。"至春果病，至四月，泄血死。所以知奴病者，脾气周乘五藏[⑧]，伤部而交[⑨]，故伤脾之色也，望之杀然黄[⑩]，察之如死青之兹。众医不知，以为大虫，不知伤脾。所以至春死病者，胃气黄，黄者土气也，土不胜木[⑪]，故至春死。所以至夏死者，脉法曰"病重而脉顺清者曰内关"，内关之病，人不知其所痛，心急然无苦。若加以一病，死中春[⑫]；一愈顺，及一时[⑬]。其所以四月死者，诊其人时愈顺。愈顺者，人尚肥。奴之病得之流汗数出，炙于火而以出见大风也[⑭]。

---

① 左大阳明脉：即左手阳明大肠经，其循行路线经牙齿。

② 苦参汤：《本草纲目》卷十三，李时珍指出苦参性味苦寒，"能补肾，盖取其苦燥湿，寒除热也。热生风，湿生虫，故又能治风杀虫"，"淳于意医齐大夫病龋齿，灸左手阳明脉，以苦参汤日漱三升，出入慎风，五六日愈，此亦取其去风气湿热杀虫之义。"

③ 他的病得自风邪入侵以及睡觉时张口，饭后不漱口。

④ 我用莨菪药末一撮。莨：即"莨菪"，药性苦寒、有毒，服少量可以有解痉、镇静作用。《名医别录》卷三："莨菪子，味甘，有毒。主治癫狂风痫，癫倒拘挛。一名横唐。生海滨及雍州。五月采子。"一撮：古代用药计量单位之一，则相当于今之二点四克至四克左右。

⑤ 脉急说明她还有其他的病。

⑥ 消石：药名。《神农本草经》称其"味苦，寒。主五藏积热，胃胀闭，涤去蓄结饮食，推陈致新，除邪气……一名芒消，生山谷"。

⑦ 到明年春天，此人胸膈会阻塞不通。

⑧ 观察他的脸色，知道他的脾气传到五脏。

⑨ 脾受伤就会在脸上某一部位显示相应的病色。

⑩ 看上去他的脸色枯黄。

⑪ 中医五行学说认为，脾属土，肝属木，肝在春天时功能最强，于是患病的脾脏难以耐受，故说"土不胜木"。

⑫ 他就会死在仲春的二月。

⑬ 但如果病人精神愉快、顺天养性，还能够再延长一个季节才死。

⑭ 烤火后又外出受到风邪侵袭而得。

菑川王病，召臣意诊，曰："蹶上为重[①]，头痛身热，使人烦懑。"臣意即以寒水拊其头，刺足阳明脉，左右各三所，病旋已。病得之沐发未干而卧[②]。诊如前，所以蹶，头热至肩。

齐王黄姬兄黄长卿家有酒召客，召臣意。诸客坐，未上食。臣意望见王后弟宋建，告曰："君有病，往四五日，君要胁痛不可俯仰，又不得小溲。不亟治，病即入濡肾。及其未舍五藏，急治之。病方今客肾濡[③]，此所谓'肾痹'[④]也。"宋建曰："然，建故有要脊痛。往四五日，天雨，黄氏诸倩见建家京下方石[⑤]，即弄之，建亦欲效之，效之不能起，即复置之。暮，要脊痛，不得溺，至今不愈。"建病得之好持重。所以知建病者，臣意见其色，太阳色干[⑥]，肾部上及界要以下者枯四分所[⑦]，故以往四五日知其发也。臣意即为柔汤使[⑧]服之，十八日所而病愈。

济北王侍者韩女病要背痛，寒热，众医皆以为寒热也。臣意诊脉，曰："内寒，月事不下也。"即窜以药[⑨]，旋下，病已。病得之欲男子而不可得也[⑩]。所以知韩女之病者，诊其脉时，切之，肾脉也，啬而不属[⑪]。啬而不属者，其来难，坚[⑫]，故曰月不下。肝脉弦，出左口[⑬]，故曰欲男子不可得也。

临菑氾里女子薄吾病甚，众医皆以为寒热笃[⑭]，当死，不治。臣意诊其脉，曰:

---

① 这是热邪逆侵，上部症状严重的"蹶"病。

② 他的病是因洗完头发，没擦干去睡觉引起的。此即首风症。《素问·风论》:"新沐中风，则为首风。""首风之状，头面多汗恶风，当先风前一日则病甚，头痛不可出内，至其风日则病少愈。"

③ 现在你的病情只是病邪刚刚侵入并肾脏。今客肾濡：上文言病犹未入五脏，此句所客之"肾濡"当为六腑之膀胱，"肾合膀胱"，经肾气化后的小便下行膀胱，"膀胱主藏水液"，故称"肾濡"，且与本诊籍患者"不得小溲"症状相符。

④ 肾痹：古病名，因肾病变而导致腰背偻曲不能伸、下肢挛曲、小便困难等症状。

⑤ 一个黄姓人家的女婿们到我家里，看到了我家谷仓墙下的一块方石。

⑥ 在太阳穴处皮肤色泽枯干。

⑦ 脸部两颊专显肾脏及腰以下身体是否有病的皮肤区域，如果有四分的面积色泽干枯。

⑧ 柔汤：即药性温和的汤剂。

⑨ 随即，我用药为她熏灸。

⑩ 她的病是因想得到男人却不能够得到引起的。

⑪ 脉象涩滞不连续。啬（sè），通"涩"。

⑫ 表现在脉象出现得很艰难，出来后又坚实有力。

⑬ 超出左手寸口的位置。这是肝气郁盛的表现。

⑭ 许多医生都认为是严重的寒热病。

"蛲瘕[①]。"蛲瘕为病，腹大，上肤黄粗，循之戚戚然[②]。臣意饮以芫华[③]一撮，即出蛲可数升，病已，三十日如故。病蛲得之于寒湿，寒湿气宛笃不发，化为虫。臣意所以知薄吾病者，切其脉，循其尺，其尺索刺粗[④]，而毛美奉发[⑤]，是虫气也。其色泽者，中藏无邪气及重病。

齐淳于司马病，臣意切其脉，告曰："当病迵风。迵风之状，饮食下嗌辄后之[⑥]。病得之饱食而疾走。"淳于司马曰："我之王家食马肝，食饱甚，见酒来，即走去，驱疾至舍，即泄数十出。"臣意告曰："为火齐米汁[⑦]饮之，七八日而当愈。"时医秦信在旁，臣意去，信谓左右阁都尉曰："意以淳于司马病为何？"曰："以为迵风，可治。"信即笑曰："是不知也。淳于司马病，法当后九日死。"即后九日不死，其家复召臣意。臣意往问之，尽如意诊。臣即为一火齐米汁，使服之，七八日病已。所以知之者，诊其脉时，切之，尽如法。其病顺，故不死。

齐中郎破石病，臣意诊其脉，告曰："肺伤，不治，当后十日丁亥溲血死。"即后十一日，溲血而死。破石之病，得之堕马僵石上。所以知破石之病者，切其脉，得肺阴气[⑧]，其来散，数道至而不一也。色又乘之[⑨]。所以知其堕马者，切之得番阴脉[⑩]。番阴脉入虚里，乘肺脉[⑪]。肺脉散者，固色变也乘也[⑫]。所以不中期死者，师言曰："病者安谷即过期，不安谷则不及期。"其人嗜黍，黍主肺，故过期。所以溲血者，诊脉法曰"病养喜阴处者顺死，养喜阳处者逆死[⑬]"。

---

① 蛲瘕（náo jiǎ）：古病名。《诸病源候论·九虫病候·蛲虫候》："蛲虫犹是九虫内之一虫也。形甚小，如今之蜗虫状。亦因腑脏虚弱而致。发动甚者，则能成痔、瘘、疥、癣、癞、痈、疽、诸疮。蛲虫是人体虚极重者。故为蛲虫，因动作无所不为也。"蛲虫在腹内造成邪气积结，形成腹内积块，故名"蛲瘕"。

② 用手轻轻触摸，病人都会感觉到很难受。

③ 芫（yuán）华：中药名，落叶灌木。叶小椭圆形，花小色紫，可供观赏。花蕾含芫花素，可供药用。《神农本草经》称此药可治"疝瘕痈肿，杀虫鱼"，与仓公用意驱虫相合。

④ 其尺部皮肤粗糙如刺。

⑤ 此句疑误，据《医说》引文作"毛焦拳发"。即毛发枯焦蜷曲，为营血失养所致。

⑥ 就是饭后即泄、完全不消化。

⑦ 火齐米汁：本诊籍患者为阴病、寒泄，治宜温中，故用火剂。"米汁"养脾胃，陈仓米汁更有"涩肠胃""暖脾""止痢"之功，见《本草纲目》卷二十五。《鲍氏方》治中满洞泄，以厚朴、干姜为丸，"米饮下"。《濒湖集简方》治老小滑泻，以白术黄土炒过、炒山药为丸，"米汤服"。皆得仓公火剂米汁遗意。

⑧ 肺阴气：肺阴脉，这是肺的败脉，是死的证候。

⑨ 而且脸上又出现心克伐肺的容色。乘：指五行学说之相胜、相克太过，中医主张脉色合参，脉象与面色相合为正常，反则为病。此句言心火又克肺金，面呈赤色。

⑩ 番阴脉：即反阴脉，据中医理论，心属阳脏，肺属阴脏，散脉是心脏的病脉，在肺的脉部切到散脉，这是阳脉占据阴位，称反阴脉。

⑪ 然后侵袭肺脉。

⑫ 按道理，他的脸色应该是白色，但他却显示脸色赤红。这是心脉侵袭肺脉的表现。

⑬ 病人在调养时喜欢安静，就会气血下行而死，好动就会气血上逆而死。

其人喜自静，不躁，又久安坐，伏几而寐，故血下泄。

齐王侍医遂病，自练五石服之[①]。臣意往过，遂谓意曰："不肖有病，幸诊遂也[②]。"臣意即诊之，告曰："公病中热。论曰'中热不溲者，不可服五石'。石之为药精悍，公服之不得数溲[③]，亟勿服。色将发臃[④]。"遂曰："扁鹊曰'阴石以治阴病，阳石以治阳病'[⑤]。夫药石者有阴阳水火之齐，故中热，即为阴石柔齐治之；中寒，即为阳石刚齐治之。"臣意曰："公所论远矣。扁鹊虽言若是，然必审诊，起度量，立规矩，称权衡[⑥]，合色脉表里有馀不足顺逆之法[⑦]，参其人动静与息相应，乃可以论。论曰'阳疾处内，阴形应外者，不加悍药及镵石'。夫悍药入中，则邪气辟矣，而宛气愈深。诊法曰'二阴应外[⑧]，一阳接内者[⑨]，不可以刚药'。刚药入则动阳，阴病益衰，阳病益箸，邪气流行，为重困于俞[⑩]，忿发为疽[⑪]。"意告之后百馀日，果为疽发乳上，入缺盆[⑫]，死。此谓论之大体也，必有经纪。拙工有一不习[⑬]，文理阴阳失矣。

齐王故为阳虚侯时，病甚，众医皆以为蹶[⑭]。臣意诊脉，以为痹[⑮]，根在右

---

① 练五石：炼五石散。练，通"炼"。五石，把五种矿石药放到一起炼制，称作五石散，据记载五石散配方不尽相同。

② 我有病，希望您为我诊治。

③ 不得数溲：为服食五石散后病症之一。巢元方曰："夫服散石者，石势归于肾，而内生热，热结小肠，胞内否涩，故小便不通。"

④ 从您的面色推断，您将痈疽发作。臃（yōng）同"痈"。"疽"，恶性痈疮。凡结成块状的毒疮，浮浅者称"痈"，深厚者为"疽"。

⑤ 此句有讹误，据下文言热病阴治、寒病阳治之治则，此句当作"阴石以治阳病，阳石以治阴病"。

⑥ 确立标准，订立规矩，斟酌权衡。

⑦ 依据色脉表里、盛衰、顺逆的原则。

⑧ 二阴应外：指手少阴心经和足少阴肾经应付外邪。二阴，少阴经，此指少阴病，多寒。

⑨ 一阳接内：指手少阳三焦经和足少阳胆经承接热邪入腑内。这种状况下用峻烈的刚药，将使心肾二阴经大受虚损而更衰，三焦和胆经为阳邪所居而热病更重。一阳，少阳经，此指少阳病，多热。此两句意为表寒里热，即假寒真热。

⑩ 俞（shù）：通"腧"，腧穴，人体穴位的总称。这里指全身经络穴位都处于困境，气血不通。

⑪ "忿"，指服五石散后患病者肝火旺，故多狂躁怨怒。"疽"，恶性痈疮。凡结成块状的毒疮，浮浅者称"痈"，深厚者为"疽"。

⑫ "缺盆"即锁骨上窝，从疽发位置来看，此即一阳所生危症，六腑之一为胆，少阳胆经其主干入缺盆，其一支脉与主干在缺盆会合后，进入胸腹腔，贯穿膈肌，络肝，归属于胆，疽发两部位正与少阳胆经循行部位合。

⑬ 平庸的医生如有一处没能深入学习理解。

⑭ 蹶（jué）：憋气休克。

⑮ 痹，即痹阻不通。痹症是指人体机表、经络因感受风、寒、湿、热等引起的以肢体关节及肌肉酸痛、麻木、重着、屈伸不利，甚或关节肿大灼热等为主症的一类病证。临床上有渐进性或反复发作性的特点。主要病机是气血痹阻不通，筋脉关节失于濡养所致。古代痹证的概念比较广泛，包括内脏痹和肢体痹。

胁下，大如覆杯，令人喘，逆气不能食。臣意即以火齐粥[①]且饮，六日气下；即令更服丸药，出入六日，病已。病得之内[②]。诊之时不能识其经解[③]，大识其病所在[④]。

臣意尝诊安阳武都里成开方，开方自言以为不病，臣意谓之病苦沓风[⑤]，三岁四支不能自用，使人瘖[⑥]，瘖即死。今闻其四支不能用，瘖而未死也。病得之数饮酒以见大风气[⑦]。所以知成开方病者，诊之，其脉法奇咳言曰“藏气相反者死”[⑧]。切之，得肾反肺[⑨]，法曰“三岁死”也。

安陵阪里公乘项处病，臣意诊脉，曰：“牡疝[⑩]。”牡疝在鬲下，上连肺。病得之内。臣意谓之：“慎毋为劳力事，为劳力事则必呕血死。”处后蹴踘[⑪]，要蹶寒，汗出多，即呕血。臣意复诊之，曰：“当旦日日夕死。”即死。病得之内。所以知项处病者，切其脉得番阳[⑫]。番阳入虚里，处旦日死。一番一络者，牡疝也。

臣意曰：他所诊期决死生及所治已病众多，久颇忘之，不能尽识，不敢以对。

问臣意：“所诊治病，病名多同而诊异，或死或不死，何也？”对曰：“病名多相类，不可知，故古圣人为之脉法，以起度量，立规矩，县权衡，案绳墨[⑬]，调阴阳，别人之脉各名之，与天地相应，参合于人，故乃别百病以异之，有数者能异之，无数者同之。然脉法不可胜验，诊疾人以度异之，乃可别同名，

---

① 火齐粥：古代治痹症的汤药名。中国的粥在四千年前主要为食用，2500 年前始作药用，《史记·扁鹊仓公列传》载有西汉名医淳于意（仓公）用“火齐粥”治齐王病，谓粥可实五脏六腑之气，且能逐热，一饮汗尽，二饮热去，三饮病已；东汉末年，医圣张仲景《伤寒论》述：“桂枝汤，服已须臾，啜热稀粥一升余”，以助药力，便是有力例证。

② 他的病是由于房事不当而引发的。

③ 我为他诊脉时，不能识辨哪一经脉有了病。

④ 此病传变复杂，所以仓公亦坦言诊断时未详是何经脉发生病变，不得其解，只知病症所在。

⑤ 沓（tà）风：古病名，疲沓不举。

⑥ 瘖（yīn）：哑；声微，发声不成语。“瘖”同“暗”，失声，不能说话。

⑦ 他的病是多次喝酒之后受了风邪引起的。经常饮酒者，生湿化热，湿郁热蒸，腠理开疏，骤中大风之邪，则脾胃气伤，筋脉痹阻，故四肢痿弱不用。

⑧ 一般而言，脏气相反的人必死。中医脉学认为，五脏各有其相应的脉气，即肝脉弦，心脉洪，脾脉缓，肺脉浮，肾脉沉，如果脉气与此相反或出现错位，就标志着该脏病变或危绝。

⑨ 肾反肺：在肺的脉位切到反映肾情况的脉，这是肾病影响到肺的表现，中医称为“肾反肺”。

⑩ 牡疝：阳疝。疝病多发生在腹腔内，腹属阴。项处腹痛牵连到胸，胸属阳，故称牡疝。牡，指雄性禽兽。

⑪ 蹴踘（cù jū）：古代一种类似于现代足球的体育运动。

⑫ 番阳：即反阳脉。疝病多与肾脏有关，此病在肺部切到肾病的脉象，在阳部见到阴脉，故称反阳脉。

⑬ 案，通“按”，按照，依照。绳墨，木工画线取直的工具，此指法度、规则。

命病主在所居。今臣意所诊者，皆有诊籍[①]。所以别之者，臣意所受师方适成，师死，以故表籍所诊，期决死生，观所失所得者合脉法，以故至今知之。”

问臣意曰：“所期病决死生，或不应期，何故？”对曰：“此皆饮食喜怒不节，或不当饮药，或不当针灸，以故不中期死也。”

问臣意：“意方能知病死生，论药用所宜，诸侯王大臣有尝问意者不？及文王[②]病时，不求意诊治，何故？”对曰：“赵王、胶西王、济南王、吴王皆使人来召臣意，臣意不敢往。文王病时，臣意家贫，欲为人治病，诚恐吏以除拘臣意也[③]，故移名数，左右不修家生[④]，出行游国中，问善为方数者事之久矣[⑤]，见事数师，悉受其要事，尽其方书意，及解论之。身居阳虚侯国，因事侯。侯入朝，臣意从之长安，以故得诊安陵项处等病也[⑥]。”

问臣意：“知文王所以得病不起之状？”臣意对曰：“不见文王病，然窃闻文王病喘，头痛，目不明。臣意心论之[⑦]，以为非病也。以为肥而蓄精[⑧]，身体不得摇，骨肉不相任[⑨]，故喘，不当医治。脉法曰‘年二十脉气当趋[⑩]，年三十当疾步，年四十当安坐，年五十当安卧，年六十已上气当大董[⑪]。文王年未满二十，方脉气之趋也而徐之[⑫]，不应天道四时。后闻医灸之即笃[⑬]，此论病之过也。臣意论之，以为神气争而邪气入，非年少所能复之也，以故死。所谓气者，当调饮食，择晏日，车步广志，以适筋骨肉血脉，以泻气[⑭]。故年

① 诊籍：病历、医案。是对病人姓名、性别、里居、职业、疾病、诊断、治疗、效验及预后等情况的记录。

② 文王：指齐文王刘则，为齐哀王刘襄之子，襄殁，于汉文帝二年（前178）即位，文帝十四年（前166）病殁。

③ 我当时实在担心去为他诊治后，会被官府委任为侍医而受到束缚。除拘：以授予官职的方式控制和拘束之。当时各侯国有自行授职之权，故淳于意有此顾虑。

④ 不在家料理家事。

⑤ 长期寻访医术精妙的人并向他们请教。

⑥ 因为这个缘故，我才有机会给安陵的项处等人看过病。

⑦ 心论：心中分析，主观分析。

⑧ 身体肥胖而聚积了大量精气。

⑨ 意指文王得病不起非外邪侵袭，而是由于养尊处优，食则膏粱肥浓，出则乘车代步，四体不勤，血气郁闭而造成的。

⑩ 二十岁的人其脉气正旺，应该做跑步的运动。趋：快跑。

⑪ 六十岁以上时，应该使元气深藏。董：深藏。

⑫ 脉气正旺应该多跑动，但他却懒于运动。

⑬ 后来听说有的医生用灸法为他治疗，马上病情就重起来。

⑭ 疏泄体内的郁积的旺气。甘肥贵人，气常有余，根据“补不足而泻有余”的治则，泻有余之气，有利于防止气血凝滞阻塞。

二十，是谓‘易智’①。法不当砭灸，砭灸至气逐。”

问臣意：“师庆安受之②？闻于齐诸侯不？”对曰：“不知庆所师受。庆家富，善为医，不肯为人治病，当以此故不闻③。庆又告臣意曰：‘慎毋令我子孙知若学我方也。’”问臣意：“师庆何见于意而爱意，欲悉教意方？”对曰：“臣意不闻师庆为方善也④。意所以知庆者，意少时好诸方事，臣意试其方，皆多验，精良。臣意闻菑川唐里公孙光⑤善为古传方，臣意即往谒之。得见事之，受方化阴阳及传语法，臣意悉受书之。臣意欲尽受他精方，公孙光曰：‘吾方尽矣，不为爱公所⑥。吾身已衰，无所复事之。是吾年少所受妙方也，悉与公，毋以教人。’臣意曰：‘得见事侍公前，悉得禁方，幸甚。意死不敢妄传人。’居有闲，公孙光闲处，臣意深论方，见言百世为之精也⑦。师光喜曰：‘公必为国工⑧。吾有所善者皆疏，同产处临菑⑨，善为方，吾不若，其方甚奇，非世之所闻也。吾年中时，尝欲受其方，杨中倩不肯，曰“若非其人也”。胥与公往见之⑩，当知公喜方也。其人亦老矣，其家给富。’时者未往⑪，会庆子男殷来献马，因师光奏马王所⑫，意以故得与殷善。光又属意于殷⑬曰：‘意好数，公必谨遇之，其人圣儒。’即为书以意属阳庆，以故知庆。臣意事庆谨，以故爱意也。”

问臣意曰：“吏民尝有事学意方，及毕尽得意方不？何县里人？”对曰：

---

① 易智（yuān）：就是人们说的“气血质实”的时期。“智”，当为“菀”，意为郁结、菀闭。《礼记·曲礼上》：“二十曰弱。”血气犹未盛壮，最忌血气郁结不通而“菀槁不荣”（语出《素问·四气调神大论》），故称“易菀”。文王即病于此。

② 你的老师公乘阳庆是跟谁学习的？

③ 因为这样的缘故，他才不出名。

④ 我本来不知老师公乘阳庆的医术精妙。

⑤ 公孙光：西汉时医家。生卒不详，菑川（今山东寿光市）人，医术精明，西汉名医淳于意（仓公）以之为师，得其各种疗法之传授，遂以医名。

⑥ 我的医方已尽数传给了你，绝不会在医术上对你隐藏和吝惜的。

⑦ 他认为我对历代医家医方的评论很精准。

⑧ 国工：国医，国家第一流医师。

⑨ 我还有一个同胞兄弟名叫杨中倩（阳庆）住在临菑。同产：同胞兄弟。杨中倩，即公乘阳庆、阳庆，西汉名医，公孙光的同母异父兄弟，后成为淳于意的另一个师父。

⑩ 我必须陪你去拜见他。胥：通“须”，必须。

⑪ 我和师父公孙光正在策划去拜见杨中倩（阳庆），还没有起程。

⑫ 他通过我的老师公孙光顺利将马进献给了齐王。

⑬ 公孙光又把我托付给阳殷。

"临菑人宋邑。邑学，臣意教以五诊[①]，岁馀。济北王遣太医高期、王禹[②]学，臣意教以经脉高下及奇络结[③]，当论俞所居[④]，及气当上下出入邪正逆顺，以宜镵石[⑤]，定砭灸处，岁馀。菑川王时遣太仓马长冯信[⑥]正方[⑦]，臣意教以案法逆顺，论药法，定五味及和齐汤法。高永侯家丞杜信[⑧]，喜脉，来学，臣意教以上下经脉五诊，二岁馀。临菑召里唐安来学，臣意教以五诊上下经脉，奇咳，四时应阴阳重，未成，除为齐王侍医[⑨]。"

问臣意："诊病决死生，能全无失乎？"臣意对曰："意治病人，必先切其脉，乃治之。败逆者不可治，其顺者乃治之。心不精脉[⑩]，所期死生视可治，时时失之[⑪]，臣意不能全也。"

太史公[⑫]曰：女无美恶，居宫见妒；士无贤不肖，入朝见疑。故扁鹊以其伎见殃[⑬]，仓公乃匿迹自隐而当刑[⑭]。缇萦通尺牍，父得以后宁[⑮]。故老子曰"美

---

① 五诊：即五色诊，从脸色诊病。

② 高期：西汉医家。生卒不详，和王禹同为济北王太医令，并学医于淳于意门下。王禹：汉代医家。生卒籍贯不详，系济北王府太医，受王之遣，拜名医淳于意为师学医，尤精于镵石针砭之术，精于经络理论。

③ 我教给他俩经脉上下分布的情形和异常脉络的连结位置。经脉高下：指十二经络循行全身的状况，终始之所，分留之处，出入之空，浅深之状，高下所至，等等。奇络结：指异常脉络连结之处。

④ 俞所居：《医说》引作"俞穴所在"。此指研究经络各穴位位置。

⑤ 怎样针对病症选定治疗所需砭石。

⑥ 冯信：西汉医家。生卒不详，临菑（今属山东）人。尝任齐太仓长（一说为太仓马长），其性好喜方。齐王尝令其就淳于意学，淳于教以按法、逆顺、论药法、定五味及和剂汤法等。医术名噪一时。

⑦ 指求教医方。

⑧ 杜信：西汉医家。生卒籍贯不详，系名医淳于意之弟子，原为高永侯之家丞，其性温恭，因有病而专心医药，历时二载与淳于意学，得其所授之《上经》《下经》及五诊之法，后果以医术有名于世。

⑨ 唐安：西汉医家。生卒不详，临菑（今山东淄博）人。淳于意弟子，曾为齐王侍医。四时应阴阳：内容相当于今本《素问》中《四气调神大论》《阴阳应象大论》诸篇所述医理。因含义深奥，唐安学而未成。

⑩ 精脉：精心切脉。参看《灵枢·经脉》："黄帝曰：经脉者，所以能决死生，处百病，调虚实，不可不通。"

⑪ 也往往会出现差错。

⑫ 太史公：即司马迁（前 145—前 90），字子长，夏阳（今陕西韩城南）人，一说龙门（今山西河津）人。中国西汉伟大的史学家、文学家、思想家。司马谈之子，任太史令，因替李陵败降之事辩解而受宫刑，后任中书令。发奋继续完成所著史籍，被后世尊称为史迁、太史公、历史之父。司马迁早年受学于孔安国、董仲舒，漫游各地，了解风俗，采集传闻。初任郎中，奉使西南。元封三年（前 108）任太史令，继承父业，著述历史。他以其"究天人之际，通古今之变，成一家之言"的史识创作了中国第一部纪传体通史《史记》（原名《太史公书》），被公认为是中国史书的典范，该书记载了从上古传说中的黄帝时期到汉武帝元狩元年，长达 3000 多年的历史，是"二十五史"之首，被鲁迅誉为"史家之绝唱，无韵之离骚"。

⑬ 所以扁鹊因为他的医术遭殃。

⑭ 太仓公于是自隐形迹还被判处刑罚。

⑮ 缇萦上书皇帝，她的父亲才得到后来的平安。

好者不祥之器[①]”，岂谓扁鹊等邪？若仓公者，可谓近之矣[②]。

——西汉·司马迁·史记卷一百五·扁鹊仓公列传第四十五

译 文

太仓公，就是齐国的太仓长，临菑（即今山东省淄博市）人，姓淳于，名意。淳于意很小就喜欢钻研医术，但医术一般。高后八年，他又拜同乡名医公乘阳庆为师。当时，阳庆已七十多岁，由于没有可以继承其医术的子嗣，同时觉得淳于意聪明刻苦，便收其为徒。阳庆对淳于意说：“你要向我学习，就必须把你以前所学的医术全部抛弃忘记，因为它们都没有什么用处。”淳于意非常高兴，答应师父的要求。阳庆于是把自己所珍藏的上古流传下来的医学典籍、秘方等全部传授给淳于意。就这样，淳于意向师父阳庆学习三年后，开始为人治病、决断生死，非常灵验。阳庆师父去世后，淳于意便游学四方，拜访名医、强化学习。他长期不在家里，有时甚至还不愿为别人治病，对此，不少病人对他很有怨言。

汉文帝四年中，有人上书朝廷举报淳于意。淳于意因此获罪被官府捉拿，即将被押送至西边的长安。淳于意有五个女儿，她们跟随在押解父亲的囚车后，边跑边伤心哭泣。淳于意见此很是恼怒，骂道：“生孩子不生男孩儿，到紧要关头没有可以依靠之人。”淳于意的小女儿缇萦，听了父亲的话更是伤感。于是她就跟随父亲来到长安，还上书至朝廷鸣冤。在诉状中，缇萦表示：“妾父身为官府之人，他老人家为人为官都很好，齐地百姓都称颂他廉洁公平。如今，他因为触犯法律而要被判处肉刑。我非常痛心。那些被处以肉刑之人，其肢体或器官会遭到毁损断裂，伤残不可重生和再次连接。受刑后，即使犯人想悔过自新也无路可走，所以始终不能改过。我情愿置身于官府为奴，来替父亲赎罪，使他能够改过自新。”汉文帝看到缇萦诉状后，被其孝行所感动，因而赦免了淳于意，并在这一年废除了肉刑。

---

① 原文作“夫兵者不祥之器”，见《老子》三十一章。

② 也和这句话所说的意思很接近啊。

淳于意被免刑后居住在家中。皇帝下诏书询问他为人治病、决断死生，应验的有多少人？这些人都叫什么名字？诏书所问的具体内容是：“你的医术有什么专长？能治愈什么病？有没有医学专著？你都是向谁学医的？向师父学了几年？曾治好哪些人？这些病人都是什么地方的人？这些病人得的是什么病？你给他们治疗用药后，他们的病情怎样？这些问题都要全部详细回答。”淳于意根据诏令回答道：

微臣我自年少时，就喜欢医术。然而，我用所学的医术给别人治病，大多数疗效却并不显著。高后八年时，我又拜我的同乡公乘阳庆为师。当时，阳庆师父已七十多岁了。我拜他为师后，他对我说：“你真要向我学习的话，你首先必须要把你过去所学的医方医术全部抛弃，你以前所学的那些东西都没有什么用！我这里收藏有古代名医，包括黄帝、扁鹊的脉书，还有五色诊病、预测人生死、决断疑难杂症、判定可否医治以及药论等方面的书籍，它们都非常精妙。”师父还对我说：“我的家境比较富足，我收你为徒并不是图你学费，只是觉得你很合我的心意，因此，想把我全部秘传的方书、医术传授给你。”我听到阳庆师父的话后，很感动，当即离开座席，再次向他举行跪拜之礼。同时说道：“能够拜您为师，我已经感到非常幸运了！您能够把您全部医学传授给我，这是我以前不敢奢望的啊！”由此，我得到了师父传授给我的诸如黄帝和扁鹊的《脉书》《上经》《下经》《五色诊》《奇咳术》《揆度阴阳外变》《药论》《石神》《接阴阳》等秘书。得到这些书后，我仔细阅读理解，并用我过去的医疗实践加以验证，领会其中的奥秘。就这样，我在师父身边学习了大约一年时间后，开始尝试着用所学秘方给病人治病，的确很有效果。但这时，我的医术还远远没有达到精妙的地步。我一共向师父学习了三年时间。三年后，我开始运用所学医术为人诊治疾病、决断生死，非常灵验，我的医术也随之更加精妙了。如今，我师父阳庆已去世十多年，我也已经三十九岁了。

齐国有个名叫成的侍御史找我治病，成自述得了头疼病。我为其诊脉后告诉他说：“您的病情严重，不能一下子说清。”走出他的卧室后，我把其病情单独告诉他的弟弟昌：“您哥哥患了疽病，病灶在肠胃之间。五天后您哥哥身体就会肿胀，之后再过八天他就会吐脓血而死。”成的病是由于酗酒后行房。后来，成果然如我预期的那样死亡。我能判定他的病情，就是因为我为其切脉时，诊到他肝脏有病的脉气。脉气重浊而平静，显示他患有严重内关病。《脉法》说：“脉长而弦，不能顺应四时变化而变化，其病主要在肝上。和脉是经脉主病，代脉则是络脉有病。”肝经主病而现和脉者，他的病得之于疲劳伤筋、房劳伤髓。脉代，动而中止并大而沸起，其病来源于醉酒后行房事。我所以知道他过了五天后会出现疽肿，八天后吐脓血而死，是因为我切他的脉时，发现其少阳脉开始出现代脉。代脉就是经脉主病，病情发展遍及全身，人就会死去。络脉出现病症的时候，在左手寸关尺的关部出现代脉，这是热积郁体中而脓血未出，到了关上五分处，就到了少阳经脉的边界，到八天后会吐脓血而死，所以到了关上二分处会产生脓血，到了少阳经脉的边界就会肿胀，其后疮破脓泄而死。当初内热熏灼着阳明经脉，并灼伤络脉的分支，络脉病变，就会经脉郁结发肿，经脉郁结发肿，其后就会糜烂离解。所以络脉之间交互阻塞，就使热邪上侵头部，头部受到侵扰，因此头疼。

齐王次子的小孩生病，召我去切脉诊治，我告诉他：“这是气膈病，这种病使人心中烦闷，吃不下东西，时常呕出胃液。这种病是因为内心忧郁，常常厌食的缘故。”我当即调制下气汤让其服下。服药后只一天膈气下消，又过了两天就能吃东西，三天后病就痊愈了。我所以知道他的病，因为我切脉时，诊到心有病的脉象。其脉象浊重急躁，这是阳络病。《脉法》说：“脉达于手指时壮盛迅速，离开指下时艰涩而前后不一，病在心脏。”全身发热，脉气壮盛，称作重阳。重阳就会热气上行冲击心脏，所以病人心中烦闷吃不下东西，就会导致络脉有病，络脉有病就会血从上出，血从上出的人定会死亡。这是内心悲伤所得的病，病得之于忧郁。

齐国名叫循的郎中令生病，许多医生都认为他是逆气从下厥起，向上逆行入腹胸之中，因而用针刺法为其治疗。我诊视后，说：“这是涌疝，这种病会使人不能大小便。”循回答说：“我已经三天不能大小便了。”我给他服用火剂汤，服一剂他就能大小便，服第二剂后他大小便非常通畅，服完第三剂他的病就痊愈了。他的病是因房事造成的。我所以能知道他的病情，是因我在为他切脉时，发现他右手寸口的脉象急迫，脉象反映不出五脏患有病症，右手寸口脉象壮盛而快。脉快是中焦、下焦热邪涌动。他的左手脉快是热邪往下流，右手脉快是热邪上涌，都没有五脏病气的反应，所以说是“涌疝”。中焦积热，所以尿是赤红色的。

齐国名叫信的中御府长病了，我去他家诊治，切脉后告诉他说：“您这是热病的脉象。然而暑热多汗，尽管脉稍微有些衰，但不至于死。”我又告诉他说：“您得这种病，是因您曾在天气严寒时用流水洗浴而受寒，很快就开始发热。”他说：“嗯，真是这样！去年冬天，我为齐王出使楚国，走到莒县阳周水边，看到莒桥坏得很厉害，我就揽住车辕不想过河。马突然受惊，将我摔进河里，我因此差点被淹死。随从官吏马上跑来救我，将我从水中救出。然而我的衣服也全湿了。当时我感到浑身发冷，一会儿又热得像火一样。至今我的身子都见不得凉。”我立即为他调制液汤火剂来驱除他的热邪。他服一剂药便不再出汗，服两剂药热邪就祛除了，服三剂药他的病症就消失了。我又让他继续服药，大约二十天后，他的身体健康，如同没有病一样。我所以知道他的病，是因为我为他切脉时，发现他有“并阴脉”的证候。《脉法》上说：“热病而阴阳错乱的就救不活了。”我切他的脉时，没有发现他有阴阳错乱的脉象，而是出现并阴的脉象。并阴脉，是与症相适应的脉象，热邪虽未尽去，还是可以救活的。他的肾气有时重浊，在太阴寸口上依稀能切到这种情况，这是水气。肾本主水。所以我由此知道他的病情。此病如果一时失治，就会变为寒热往来症。

齐王太后有病，召我去诊脉，我告诉她说：“您这是风热之邪侵袭您的膀胱，导致大小便困难、小便赤红。”我用火剂汤给她服下。她服完一剂就能大小便了，服用第二剂病就祛除了。她的小便颜色恢复正常。她得这个病，是由于身体出汗后着凉，也就是她出汗后脱掉衣服，而汗被吹干。我之所以知道齐王太后的病，是因为我替她切脉时，发现她太阴寸口湿润，这是受风的脉气。《脉法》上说：“重按时脉象大而坚，轻按时脉象大而紧，这是肾脏有病的症状。”但我切她的肾脉，情况却恰恰相反，脉象粗大躁动。粗大的脉象显示膀胱有病；躁动的脉象显示中焦有热，而尿色赤红。

齐国章武里的曹山跗生病，我诊脉后说：“这是肺消瘅，加上寒热病邪的伤害。”我告诉他的家人说：“这种病必死，不能治愈。你们就顺着病人的意思供养他吧，不必再治了。”医书说：“这种病三天后会发狂，乱走乱跑，五天后就死。”后来，曹山跗果然如我预期的那样死了。山跗的病，是因为大发脾气后就行房事。我所以知道山跗的病，是因为我为他切脉，从脉象发现他有肺气热。《脉法》讲："脉来不平稳不鼓动的，身形羸弱。"这是肺、肝两脏多次患病的结果。所以我为他切脉时，发现他的脉象呈现不平稳而且有代脉的现象。不平，是说血气运行不畅无法归藏于肝；代，是说脉来参差不齐，忽躁忽大。说明他的肝、肺两络脉断绝，所以我断定这是不治之症。我之所以说"加以寒热"，是说病人已经"尸夺"。什么是"尸夺"？就是身体异常瘦弱。此类病人，不能用针灸的方法，也不能服药性猛烈的药。我没有为他诊治前，齐国太医已先诊治他的病，在他的足少阳脉口施灸，而且让他服用半夏丸，病人当即下泄、腹中空虚；并且又在他的少阴脉施灸，这就进一步重伤了他的肝阳。如此一再损伤病人的元气。我之所以断定他"三天以后会发狂"，是因为我为他切脉时，发现他的厥阴肝经的一个络脉与乳下阳明胃络连属之处阻塞不通，所以络脉止绝，并延及阳明胃经。阳明胃经一再受到伤害，病人便弃衣奔跑。我断定他"五日后尽"，是因为肝脏与心脏相距五分，所以说"五日后尽"，"尽"就是死的意思。

齐国的中尉潘满如患小腹疼的病，我切他的脉后说："这是腹中的气体遗留，积聚成了'瘕症'。"我当即告诉齐国的太仆臣饶、内史臣繇说："中尉如不能停止房事，他就会三十天内死去。"过了二十多天，他就尿血死去。他的病是因酗酒后行房而得。我所以能知道他的病，是因给他切脉，发现他的脉象深沉、细微、微弱，这三种情形最终合在一起，是脾有病的脉气。而且他的右手寸口脉来紧小，显现了瘕病的脉象。两气互相制约影响，所以三十天内会死。太阴、少阴、厥阴三阴脉一齐出现，按照常理三十天内死。三阴脉不一起出现，我决断他死期会更短。所以他的三阴脉同时出现，就像前边说的那样三十天内死亡。

阳虚侯的宰相赵章生病，召我去，许多医生都认为是腹中虚寒。我诊完脉断定说："这是迴风病。"洞风的病症，是饮食咽下，总又吐出来，食物不能容留在胃中。依医理说："五天会死。"结果他过了十天才死。其病因酗酒而生。我所以能知道赵章的病，是因为切他的脉时，发现他的脉象很"滑"。这种脉象显示其体内有风气。咽下食物总又吐出，胃中不能容纳，按医理说五天会死，这是按照前面说的预定死期的分界法。他之所以过了十天才死，是因为他喜欢喝粥，所以胃气充实。由于胃气充实，所以超过了我预期的日子。我的老师说过：

“胃能容留水谷，其死亡就会超过预定的日期，不能容纳水谷的就熬不过预定的日期。”

济北王病了，召我去诊治，我切脉后说：“这是风厥胸满之证。”我当即为他调制了药酒，他喝了三天病就痊愈了。他的病是因出汗时伏卧在地上而得。我所以知道济北王的病因，是因为他的脉象反映有风邪，心脉重浊。从病理上看“病邪入侵体表，导致体表的阳气耗尽，阴气就会侵入。”阴气入侵嚣张，就会使寒气上逆而热气下流，就使人胸中胀满。出汗时伏卧在地的人，其脉气阴寒。脉气阴寒的人，病邪必然会侵入内里，治疗时就应使阴寒随着汗液淋漓流出。

齐国北宫司空的夫人出於病了，许多医生都认为是风邪入侵体内，病情主要在肺脏。于是这些医生就针刺其足少阳经脉。我为其诊脉后，告诉她说：“您患的是疝气病，疝气影响膀胱，大小便困难，尿色赤红。这种病遇到寒气就会遗尿，使人小腹肿胀。”她的病，是因为想解小便又不能解，然后行房事才得的。我之所以知道她的病症，是因为我在为她切脉时，发现她的脉象大而有力，但脉来艰难，那是厥阴经躁动。脉来艰难，那是疝气影响膀胱。小腹所以肿胀，是因厥阴络脉结聚在小腹。厥阴脉有病，和它相连的部位也会发生变化，这种变化就使得小腹肿胀。我就在她的足厥阴肝经施灸，左右各灸一穴，她就不再遗尿而尿色清澈了，小腹也止住了疼。我随后再用火剂汤给她服用。三天后，她的疝气消散，病也就痊愈了。

从前济北王的奶妈说自己的足心发热、心中郁闷，我告诉她：“这是热厥病。”便在她左右足心各刺三穴，出针后用力按住穴孔，不让血流出。她的病很快就好了。她的病是因为喝酒大醉而得。

济北王召我给他的侍女们诊病，有一名叫竖的侍女，看起来没病，诊脉后我告诉永巷长说：“竖伤了脾脏，不能太劳累。依病理看，她到了春天会吐血而死。”我问济北王：“这个人有什么才能？”济北王说：“她喜好方技，有多种技能，能在旧方技中创出新意来。她是我去年从民间买的。和她同样的（连她在内）共有四个人，共花去我四百七十万钱。”济北王问我：“她该不是有病吧？”我回答道：“竖病得很重，按病理看她会死去。”济北王重新叫来竖让我再次为她诊视。济北王看她的脸色没有变化，因此认为我说的不对，也就没有把她再卖给其他诸侯。到了第二年春天，竖捧剑跟随济北王入厕，济北王上完厕所出来了，可竖并没有跟着出来。济北王派人进入厕所呼唤她，却发现竖已经面朝下倒在厕所里、呕血而死。竖的病是因流汗引起。而流汗从医理上说又是病重在内里，只不过其毛发、面色光泽没有变化，而且脉气也不衰，这也是内关病。

齐国中大夫患龋齿病，我灸他左手阳明脉，又立即为他调制苦参汤，每天用三升漱口，经过五六天，病就好了。他的病是由于风气以及睡觉时张口、饭后不漱口而造成的。

菑川王的嫔妃怀孕难产，召我诊治。我去了后，给她一撮莨菪药末，让她用酒送服。她很快就生产了。产后我又为其诊脉，发现其脉象急躁，断定她还有其他病患，就让她服用一剂消石。服药后，她的阴部流出血块来。血块如黄豆般大小，有五六颗。

齐国丞相门客的奴仆，跟随丞相上朝进入王宫。我看到他在闺门外吃东西，容颜带有病色，我当即把此事告诉一个名叫平的宦官。平因喜好诊脉而向我学习。我就用这个奴仆做例子指导他："此人的容色显示他脾脏受伤。估计到明年春天，他的胸膈会阻塞不通，不能吃东西。按病理讲，他到了夏天将会泄血而死。"平就将此事禀报给丞相说："您门客的奴仆有病，病得很重，死期不远了。"丞相问平："你怎么知道的？"平回答说："您上早朝时进宫，您门客的奴仆就在闺门外吃东西。当时，我和仓公就站在不远处，仓公通过观察告诉我说，像他这样的病是要死的。"丞相就把门客召来询问："你的奴仆有病吗？"门客说："我的奴仆没有病啊，他身体也没有疼痛的地方。"到了第二年春天，那个奴仆果然病了。进入四月，奴仆果然泄血而死。我之所以知道他的病，是因为他的脾气遍袭五脏，伤害的部位交错而现其症，脾受伤害就会在脸上某一部位显示相应的病色。一眼望去，他的脸色是暗黄色的，仔细观察却发现是青中透灰的死草色。许多医生不知这种情形，认为是体内有寄生虫，不知是伤害了脾。这个人之所以到春天病重而死，是因为胃色黄。黄色在五行中属土，脾土不能胜肝木，所以到了肝木强盛的春天就会患病。至于他到夏天而死的原因，如同《脉法》所讲"病情严重，而脉象正常的是内关病"。患了内关病，病人不会感到疼痛，好像没有一点儿痛苦。此时，如果再增添任何一种病，病人就会死在仲春二月；如果病人能精神愉快顺天养性，还能够拖延一段时间才死。这个奴仆之所以四月死，是因为我通过观察，发现他丰满肥腴、精神愉快，能顺天养性。这个奴仆的病就是因为流汗太多，用火烤后又外出受到风寒。

菑川王患病，召我去诊脉，我告诉他说："这是热邪逆侵上部，较为严重的'蹶'病。此病会头疼身热，感到烦闷。"我当即用冷水拍击他头部，并针刺其足阳明脉，左右各刺三穴，他很快就痊愈了。他的病是因刚洗完澡、头发未干就去睡觉引起的。我的诊断和前面一样，出现"厥症"的原因，是头部发热一直延及肩部。

齐王黄姬的哥哥黄长卿在家设酒席请客，也邀请了我。客人们都入座了，还没有上菜。这时我见王后的弟弟宋建容色异常，就告诉他："您有病，四五天前您腰脊疼痛不能俯仰，还不能小便。不赶快医治，病邪就会浸染肾脏。趁它还没侵入到五脏，赶快治疗它。您现在病邪正要侵入肾脏，这就是人们说的'肾痹'。"宋建说："您说对了，我确实曾腰脊疼过。就在四五天前，天空正在下雨。黄家的女婿们来我家玩，看到了我家粮仓下面有块方石，他们就想把它举起。我也想学他们的样子举起方石，却做不到，于是我就把方石放在了地上。当天傍晚，我就感到腰脊疼痛，不能小便，到现在也没有痊愈。"宋建的病是因其喜好举重物引起。我之所以知道他的病情，是由于我看到他的脸上，太阳穴处色泽枯干，两颊显示肾脏病变部位的边缘色泽干枯四分多，继而我断定他的疾病是在四五天前发作的。我当即调制柔汤给他服用，大约十八天后他就痊愈了。

济北王一个姓韩的侍女腰背疼，恶寒发热，许多医生都认为是寒热病。我诊脉后说："这是内寒，月经不通。"我当即用药为她熏灸，过一会儿，她的月经就来了，病也就好了。她的病是因想得到男人却得不到引起的。我之所以知道她的病，是由于我在为她切脉时，发现她的肾脏脉象涩滞不连续。这种脉象出现得艰涩而又充实有力，导致了月经不通。她的肝脉硬直而长，像弓弦一样，超出左手寸口位置，所以说病是想要得到男人却得不到造成的。

临菑汜里一个叫薄吾的女人病得很重，许多医生都认为是严重的寒热病，必死，不能医治了。我为她诊脉后说："这是'蛲瘕病'。"蛲瘕这种病，使人肚子很大，腹部皮肤黄而粗糙，用手触摸有一种难受的感觉。我让病人用水送服一撮芫花，她随即泄出好几升的蛲虫，病也就好了。三十天后她完全恢复了健康。蛲瘕病来自寒湿气，寒湿气郁积太多，不能发散，变化为虫。我所以知道她的病，是因为我切脉时，循按其尺部脉位，脉象紧而粗大，并且她的毛发枯焦，这是有虫的病状。她的脸色之所以还有光泽，是其内脏没有受到邪气侵扰、病情也不重的缘故。

齐国姓淳于的司马病了，我诊脉后说："您患的应该是洞风。洞风的症状是饮食咽下后很快就排泄出来。得这种病的原因，是由于饱饭后急速奔跑。"他回答说："您说得对极了。前几天，我到君王家吃马肝，吃得很饱。当我看见酒送上来，我就跑开。后来我又骑着快马回家，一到家我就下泄几十次。"我告诉他说："可以服用火剂米汤，七八天后就会痊愈。"当时有个名叫秦信的医生就在旁边，我离开后，他问左右阁都尉："仓公认为司马患的是什么病？"左右阁都尉回答说："仓公认为是洞风病，能够治愈。"秦信就笑着说："仓公不懂。司马的病，按病理九天后死。"然而，司马经过九天并没有死。后来司马家又召请我去诊疗。我去后询问病情，完全如我判断。我就为他调制火剂米汤，他服用七八天后病就好了。我所以能知道他的病，是因为我通过诊脉，发现他的脉象完全符合法则，脉象和病情一致，所以不会死。

齐国的中郎破石患病，我给他诊脉后告诉他说："您的肺脏受伤，不能医治了，您会在十天后的丁亥日尿血而死。"过了十一天，他果然尿血而死。他的病，是因为他从马背上摔下、砸到坚硬的石头上造成的。我所以能知道他的病，是因为我为他切脉，发现他的肺阴脉象浮散，如同从几条脉道而来，而且又都不一致。同时他的面色赤红，这是其心脉压肺脉的表现。我之所以知道他是从马背上摔下来的，是因为我切到他有反阴脉。反阴脉进入胃经的大络，又乘袭肺脉。脉象散乱，脸上本来的白色也变成红色，这是相乘的症状。他之所以超过我预期的十日内死，就如我的老师说过："病人能吃东西喝水就能拖过死期，吃不下饭喝不下水会死得更早。"破石此人喜欢吃黍米，黍能补肺气，所以就超过原定的死期。他尿血的原因，正如《脉法》所讲："病人养病时，喜欢安静居养而死的叫顺死，喜欢躁动居养而死的叫逆死。"破石此人喜欢安静，性格不急躁，又能长时间地安静坐着，伏在几案上睡觉，所以血向下排泄。

齐王的侍医遂生病，自己炼五石散服用。我去探望他，他对我说："我有病，希望您能为我诊治。”我立即为他诊脉，告诉他：“您得的是内脏有热邪的病。病理说‘内脏有热邪而不能小便的，不能服用五石散’。石药药力猛烈，您服后小便次数减少，赶紧停止服用。看您的脸色，您要生肿疮。”他说：“从前扁鹊说过‘阴石可以治阴虚有热的病，阳石可以治阳虚有寒的病’。药物有阴、阳、寒、热的分别，所以内脏有热的，就用阴石柔剂医治；内脏有寒的，就用阳石刚剂医治。”我说：“您的观点不对。扁鹊虽然说过这样的话，然而必须审慎诊断，确立标准、订立规矩、斟酌权衡。依据并参照五色与脉象、体表和内脏、邪气正气的盛与衰、病情的顺与逆等情况，还要参照病人的举动以及呼吸是否顺畅，才可以下结论。就医理而言，‘体内是热证而反映在外是寒的，就不能用性味猛烈的药和针石治疗。’因为强猛的药进入体内，就会使邪气聚集不散、更加恣肆，郁气结积愈深。诊法上说‘外寒多于内热的病，不能用猛烈的药’。因猛烈的药进入体内就会催动阳气，阴虚病症就会更严重，阳气更加强盛，邪气到处流动行走，就会重重积聚在腧穴，最后激发为疽。”我向他说了这些话后一百多天，他果然乳上长疽，后蔓延到锁骨上窝，最终死了。这就是说理论只是概括大体情形，提出大体的原则。平庸的医生如有一处没能深入学习理解，在识辨阴阳条理的时候就会出现差错。

齐王当初担任阳虚侯时，病得很重，许多医生都认为他得的是蹶病。我为他诊脉，认为是他得的是痹症，病根在右胁下部，大小像倒扣的杯子，使人气喘，逆气上升吃不下东西。我就用火剂粥给他服用，过了六天气就顺下去了。我再让他改服丸药，大约又过了六天，病就好了。他的病是房事不当而得。我为他诊脉时，当时不能识辨是哪一经的病，只是大体知道疾病所在部位。

我曾经为安阳武都里名叫成开方的人治过病。他声称自己没有病，我告诉他说他将会患上沓风病，三年后四肢不能活动自如，还会失声，失声后人就会死去。现在听说他的四肢已不能动了，虽喑哑却还没有死。他的病是多次喝酒之后受了风邪引起的。我所以知道他的病，是因为我在给他切脉时，发现他的脉象符合《奇咳术》所讲：“脏气相反的病人会死。”我切他的脉，得到肾气反冲肺气的脉象，按常理讲是三年死。

安陵坂里的公乘项处患病，我为他诊脉后说：“您患的是牡疝病。”牡疝在胸膈下面，向上连到肺脏。他得病是因为房事不节制所致。我对他说：“千万不能做强度太大的体力运动，否则您就会吐血而死。”项处没听我的劝告，去踢蹴踘，结果腰部寒冷，出了许多汗，当即吐血。我再次为他诊脉后说：“您将会明天晚上去世。”果然第二天他就死了。他的病是因房事不节制所得，我之所以知道他的病，是切到他有反阳脉，反阳的脉气进入胃的大络，项处第二天便死了。一反一结的脉象，就是牡疝。

淳于意向皇上报告说，除上述这些病例外，自己还有很多能准确诊治、决断生死的病例。因为时间长了，不能完全记住，所以不敢用那些记忆不全的病例来回答皇上。

皇上问淳于意：“你所诊治的病例，病名大多相同而诊断却不相同，有的是不治之症，有的是可治之症，这是为什么呢？”淳于意回答说：“从前病名大多是类似的，不能以病名来了解病情。所以古代的圣人为诊病而创立脉法，以此确定医学诊疗的法度、订立规矩、斟酌权衡，后人按照这个准绳测量阴阳，然后根据病人的脉象的不同分别称呼疾病名称。在诊疗过程中，还需要注意与自然变化的对应，并参照个体差异，进而区别各种疾病，使它们名称各不相同。医术高明的人能看出各种疾病之间的区别，医术不高明的医生却认为它们相同。即便是脉法也不能全部应验，诊治病人要用分度脉的方法，才能区别名称相同而致病因素不同的疾病，说出病因在什么地方。现在我诊治病人，都制作有诊籍。我为何要制作诊籍以区别疾病，是因为我从师学艺刚刚学成，我的老师就去世了，我也就无法及时向师父请教。因此我将诊病的情况详细记载在诊籍上，希望能针对以往诊断的死生情况，看一看哪些是误诊的，哪些是成功的，符合脉法的。因为有了诊籍，所以我到现在还能清楚记得我诊疗过的病例。”

皇上又问淳于意：“你诊断疾病、决断生死，有时也不应验，这是为什么？”淳于意回答说：“这都是因为病人饮食、喜怒不加节制，或者因为不恰当地服药，或者不恰当地用针灸治疗，所以病人没在我预测之内死掉。”

皇上又问淳于意：“你的医术能够预知病人的死生，论说药物的使用也恰到好处，诸侯大臣中有向你请教的吗？至于齐文王生病时，却没有请你去诊治，这是因为什么呢？”淳于意回答说：“赵王、胶西王、济南王、吴王都曾派人召请我，我不敢前往。齐文王生病时，我家中贫穷，要为人治病谋生，当时我实在担心被官吏委任为侍医而受到束缚，所以我把户籍迁到亲戚邻居等人名下。

我甚至连家务事都不处理，只想到处行医游学，寻访名医并求教于他们。这其中，我曾拜访过几位名医，他们主要的本领我都学到了，也得到了他们全部的医方医书。我专门对这些秘方医术进行过深入研究。我住在阳虚侯的封国，专门侍奉过阳虚侯，他上朝廷来，我才能跟随他来到长安。因此，我才能给安陵的项处等人诊疗疾病。”

皇上问淳于意：“你知道齐文王生病不起的原因吗？”淳于意回答说：“我没有亲眼看到齐文王的病。不过我听说齐文王有气喘、头疼、视力差等症状。我推想，文王不是患病，而是因为他身体肥胖、蓄积脂肪，身体得不到活动，骨骼不能支撑肉躯，所以才气喘。这用不着治疗。《脉法》上说：‘二十岁时人的脉气正旺，所以应该做跑步的运动；三十岁时，应该快步行走；四十岁时，应该安坐；五十岁时，应该安卧；六十岁以上时，应该使元气深藏。’文王年龄不满二十岁，正是脉气旺盛，所以应该多跑步，但他却懒于运动，这是不顺应自然规律的表现。后来听说有的医生用灸法为他治疗，就使得他的病情马上严重起来。这是医生分析判断错误导致的。根据我的推论，应该看作是精气上争而邪气乘虚而入，这不是一个少年所能承受得住的，所以导致他的死亡。所谓气，应当调试饮食，选择晴朗天气，或者是乘车或者是步行，到外边开阔一下胸怀，从而调试其筋骨、肌肉、血脉，疏泄体内郁气。所以二十岁的年龄，正是‘形气变易’的时期，按医理不应当用砭灸的治疗方法，使用这种方法就会导致病人气血奔逐、不可控制。”

皇上又问淳于意：“你的老师阳庆是跟谁学医的？齐国的诸侯是否知道他？”淳于意回答说：“我不知道师父阳庆的老师是谁？阳庆家中非常富有，他精通医术，却不肯为人治病，也许因为这样他才不出名。阳庆还告诉我说‘千万别使我的子孙后代知道你曾向我学习医术’。”

皇上又问淳于意：“你的老师阳庆是怎么看中并喜爱你的？怎么会把全部秘方医术传授给你？”淳于意回答说：“一开始我并不知老师阳庆的医术精妙。我之所以知道师父阳庆，是因为我年轻时喜欢各家的医术医方，我曾用这些医方医术为别人治病，大多有效，而且精妙。我听说菑川唐里一个名叫公孙光的人，擅长使用古代流传秘方。我就去拜他为师，从他那里学到调适阴阳的医方以及口传心授的诊疗方法，这些我都全部记下来了。我还想进一步学到他的全部精妙医术。公孙光却告诉我说：‘我的秘方医术全部传给你了，我不会对你有所吝惜，我已经年老体衰，没什么可以再传授给你的了。我传授给你的这些医方医术，都是我年轻时学到的，已经全部教给你了，你不要再教给别人。’我对他说：‘能拜您为师，在您跟前侍奉您，获得您全部秘方，我已是幸运之至。我就是死了也不敢随便传给别人。’过了些日子，公孙光闲着没事，就和我深入分析论说医方，他认为我对历代医方的论说是高明的。他高兴地对我说：‘将来你一定会成为国医。我所结交的朋友医术都很一般，不过我有一个同胞兄弟名叫阳庆，就住在临菑。他精通医学，我比不上他，他的医方非常奇妙，很多是世间都没有听说过的。我中年时曾想向他学习。但他不同意，告诉我说我不是适合学医的那种人。’公孙光说到兴奋处，还说他必须和我一起去拜访阳庆，只有这样阳庆才会知道我是一个怎样喜爱医术的人。公孙光还向我介绍阳庆的其他情况，年纪很大、家境富裕等等。当时因为其他原因我俩一直没有前往拜访阳庆。正在此时，阳庆的儿子阳殷正好来齐国，想通过公孙光引荐向齐王献马。因为这个原因，我就结识了阳殷。公孙光把我托付给阳殷说：‘淳于意喜好医术，你一定要好好礼待他，他是一个倾慕圣人之道的人。’公孙光当即写信把我推荐给阳庆。就这样，我就认识了阳庆。我随即拜阳庆为师，恭谨侍奉他，所以师父阳庆才喜欢上我。”

皇上又问淳于意：“官吏或百姓是否曾有人向你学医并全部掌握你的医术吗？他们都是哪里人？”淳于意回答说：“临菑人宋邑向我学医，我教给他五色诊法，他在我这儿学了一年多。济北王派太医高期、王禹向我学医，我教给他俩经脉上下分布的情形和异常脉络的连结位置，并向他俩讲解腧穴所处的方位，以及气的上下、出入、邪正、逆顺等，还有怎样选取适宜砭石、针灸施治的部位。他们也向我学习一年多的时间。菑川王曾派太仓长冯信来，让我指正他的医术。我教他按摩的逆顺手法、论述用药的方法以及判定药的性味和配伍调制汤剂的方法。高永侯的家丞杜信喜好脉学，向我求教，我把经脉的上下走向、《五色诊》教给了他，他在我这儿学了两年多的时间。临菑召里的唐安向我求学，我教给他《五色诊》、经脉的走向、《奇咳术》以及脉证与四时的相应等，他还没有学成，就被任命做了齐王的侍医。”

皇上又问淳于意：“你为人诊治疾病、决断生死，能做到完全没有失误吗？”

淳于意回答说："我为病人治病，首先一定要为他切脉，然后再为他治病。脉象败逆的为不治之症，脉象顺应的为可治之症。如果不能精心切脉，所断定能否治愈或决断死生，往往会出现差错，我不能做到完全没有失误。"

太史公说："女人无论美与丑，住进宫中就会被人嫉妒；士人无论贤与不贤，进入朝廷就会遭人疑忌。所以扁鹊因为他高超的医术而遭殃，仓公隐藏自己的踪迹而被判刑。缇萦上书皇帝，她的父亲才得到后半生的安宁。所以老子说'美好的东西，都是不吉祥之物'，哪里说的只是扁鹊这样的人呢？像太仓公这样的人，也很接近这句话的意思啊。"

评析

淳于意（约前215—约前140），西汉著名医学家，临菑（今山东淄博）人，因曾任齐国的太仓长（一说太仓令），人称仓公。年轻时喜钻研医术，拜公孙光为师，学习古典医籍和治病经验。公孙光又将淳于意推荐给临菑的公乘阳庆。当时公乘阳庆已年过六十，收下淳于意为徒，将自己珍藏的黄帝、扁鹊脉书、根据五色诊断疾病、判断病人预后的方法以及药物方剂等书传给他。三年后仓公出师四处行医，足迹遍及山东，曾为齐国的侍御史、齐王的孙子、齐国的中御府长、郎中令、中尉、中大夫、齐王的侍医遂等诊治过疾病。当齐王刘将闾为阳虚侯时（前176—前164），淳于意曾为其治愈了关节炎一类疾病，还随从将闾来过长安（今陕西西安），并为安陵（今咸阳东北）阪里的项处诊治牡疝病。

淳于意在医学上的最大贡献是首创诊籍。随着时间的流逝，淳于意看过的病人越来越多，许多过去他看过的病人，再遇到病又来找他，他已经记不清以前是怎样的诊断和开出什么药方了。还有些疑难病症过去看过，可当时的方剂并没有保留，现在又要重新做起。这样往往重复做类似的和相同的工作，事倍功半，更重要的是不利于积累和总结经验。怎么解决这个问题呢？淳于意于是开始着意在诊断时随时记录病人的情况，并保存起来。从此他所诊治的病人，都留有病案，内容涉及患者的姓名、职业、居处、病名、脉象、病因、治疗、用药、疗效等。他把这些病案装订成册，起名叫"诊籍"。这些病案，《史记》

记录下了二十五例，成为我国最早见于文献记载的医案。其体例，则为后世病例医案的创始。

淳于意在医学上的第二大贡献是发展了扁鹊的医学理论。如在脉诊中，淳于意对各种脉象进行了界定，能够根据脉象诊出病源、病灶、疾病的转化和预后。根据淳于意所引《脉法》，提出的脉象概念有长、弦、和、代、数、急、沉、浮等，其中许多为后世脉学所采用。对经络在人体中的分布部位，淳于意也已经形成了明确的认识。在对病人进行诊断时，已经能根据经络理论进行脉诊，并以这一理论分析病因、病情和预后。

淳于意在医学上的第三大贡献是改变了医术的传授方式。古代传播医术是非常神秘的单传方式，是不能公开收徒的，这样很不利于医术的传播。淳于意不计较个人得失，敢于打破传统旧俗，把原来十分神秘的医学传播方式变为公开的带徒教授方式，避免了医术的失传，有利于医学队伍的扩大。淳于意曾先后向宋邑、高期、王禹、冯信、杜信、唐安传授医术，可谓是桃李满天下，带出了一大批优秀的医生，在当时临菑、菑川、济北一带形成了一个初具规模的齐派医学群体。

医圣张仲景对淳于意给予了很高评价，他在《伤寒杂病论》序文中说：“上古有神农、黄帝、岐伯；中古有长桑、扁鹊；汉有公乘阳庆、仓公；下此以往，未之闻也。”由此可见淳于意在医学史上的地位。

张仲景传

张机，字仲景，南郡涅阳①人也。灵帝②时，举孝廉③，在家仁孝，以廉能称；建安④中，官至长沙太守，在郡亦有治迹。博通群书，潜乐道术。学医于同郡张伯祖⑤，尽得其传。总角⑥时，同郡何永⑦称之，许为良医，果精经方。

有《寒食散论》《解寒食散》⑧。寒食药者，世莫知焉，或言华佗，或曰仲景；考之于实，佗之精微方类单省，而仲景有侯氏黑散、紫石英方⑨，皆数种相出入，节度略同；然则寒食、草石二方⑩，出自仲景，非佗也。且佗之为治，或刳⑪断肠胃，涤洗五藏，不纯任方也。仲景虽精不及于佗，至于审方物之候⑫，论草木之宜，亦妙绝众医。昔神农尝草而作《本经》⑬，为开天明道之圣人，仲景、

① 涅（niè）阳：古地名，今属河南省南阳市。

② 灵帝：汉灵帝刘宏（157—189），168年即位，在位22年。去世时谥号为孝灵皇帝，故名。

③ 举孝廉：汉朝一种由下向上推选人才为官的制度，孝廉是察举制的主要科目之一。被举人的资历，大多为州郡属吏或通晓经书的儒生。孝廉，即孝子廉吏。举孝察廉原为察举二科，汉武帝元光元年初令郡国举孝廉各一人，即举孝举廉各一人。在两汉通常的情况下，孝廉则往往连称而混同为一科。孝廉一科，在汉代属于清流之目，为官吏晋升的正途，汉武帝以后，迄于东汉，不少名公巨卿都是孝廉出身，对汉代政治影响很大。

④ 建安：东汉末年汉献帝刘协的年号，公元196—219年，共23年。

⑤ 张伯祖：名初，字品济，东汉医家。南郡涅阳（今河南南阳）人，笃好医方，精明脉证。其疗病每有奇效，传世《七柳品济清口方》。张仲景闻其名而拜为师，尽得其传，为医中之圣。

⑥ 总角：古代未成年的人把头发扎成髻，头上有两个发型组成的角。也可表示童年的意思。

⑦ 何永：即何颙（yóng），字伯求，南阳襄乡人。东汉末年的士大夫，作为与宦官主权作斗争的党人之一，数度为宦官陷害，亡命四方，后来与诸人谋诛董卓，未成而先亡。

⑧ 《隋书·经籍志》载有《寒食散论》二卷、《解寒食散方》二卷、《解寒食散论》二卷。

⑨ 侯氏黑散：传统中药方之一，为祛风之剂。《金匮要略中风历节病脉证并治第五》对此剂作了详细记载：菊花四十分，白术十分，细辛三分，茯苓三分，牡蛎三分，桔梗八分，防风十分，人参三分，矾石三分，黄芩三分，当归三分，干姜三分，芎䓖三分，桂枝三分；上十四味，杵为散，酒服方寸匕，日一服。初服二十日，温酒调服，禁一切鱼肉大蒜，常宜冷食，六十日止，即药积在腹中不下也，熟食即下，冷食自能助药力。

⑩ 即“侯氏黑散”（亦称“草方”）和“紫石寒食散”（亦称“石方”）两个方剂。

⑪ 刳（kū）：剖开。

⑫ 方物：土产。

⑬ 《本经》：即《神农本草经》，又称《本草经》，中医药学四大经典著作之一，相传此书源于神农，但非一人所著，而是上古、先秦、秦汉时期众多医学家搜集、总结、整理当时药物学经验成果的专著，在东汉时期集结整理成书。全书共载药365种，以三品分类法，分上、中、下三品，文字简练古朴，成为中药理论精髓。

元化起而述之，故仲景黄素①，元化绿帙②，并有名称。而仲景论广伊尹《汤液》③为数十卷，用之多验。

既至京师④，为名医，于当时称上手⑤。见侍中王仲宣⑥，时年二十余，曰："君有病，四十当眉落，半年而死。"令服五石汤⑦可免。仲宣嫌其言忤，受汤勿服。居三日，见仲宣，渭曰："眼汤否？"仲宣曰："已服。"仲景曰："色候固非服汤之诊⑧，何轻命也！"仲宣犹不信。后二十年果眉落，一百八十七日

① 指张仲景所著的方书。素，白绢，古人用辛味、苦味之物染绢写书以防虫蚀，绢色黄，故称"黄素"。

② 元化绿帙：即华佗（字元化）所著的方书。华佗（约2世纪—3世纪初），字元化，一名旉，沛国谯（即今安徽省亳州）人。他在年轻时，曾到徐州一带访师求学，"兼通数经，晓养性之术"。沛相陈珪推荐他为孝廉、太尉黄琬请他去做官，都被他一一谢绝。他学问渊博，游学于各地，对医学尤有精深的钻研和成就。他行医四方，足迹与声誉遍及安徽、江苏、山东、河南等省。史书记载，华佗因不服曹操之命为其专职保健，后竟遭杀害。其记载之医著有《枕中灸刺经》《内事》《观形察色并三部脉经》《华佗方》等，均未见传世，据载均于华氏临刑前烧毁。后世流传之《中藏经》，署华氏所著，实为伪托之作。绿帙，古人装书的布套子，这里作书的代称。

③ 伊尹《汤液》：即商代伊尹所著《汤液经法》。伊尹（前1649—前1549），上古著名政治家、思想家、医学家。原名伊挚。夏朝末年生于空桑，因其母居伊水之上，故以伊为氏。伊尹是商代第一大巫师，上古巫、史、医合一，巫师本身多兼有医的功能。著有《汤液经法》，提高了药物功效，后世对其评价极高。晋代皇甫谧就认为："伊尹以亚圣之才，撰用《神农本草》以为《汤液》。……仲景论广伊尹《汤液》为数十卷，用之多验。"南朝梁陶弘景在列数古代医哲先贤时也不忘伊尹的功绩："昔神农氏之王天下也，画易卦以通鬼神之情；造耕种，以省煞害之弊；宣药疗疾，以拯夭伤之命。此三道者，历群圣而滋彰。文王、孔子，彖象繇辞，幽赞人天；后稷、伊尹，播厥百谷，惠被生民。岐皇彭扁，振扬辅导，恩流含气。并岁逾三千，民到于今赖之。"明李梴评价道："伊尹，殷时圣人。制《汤液本草》，后世多祖其法。"元代王好古撰有《汤液本草》一书，他坚信汤液就是伊尹所创立的，指出："神农尝百草，立九候，以正阴阳之变化，以救性命之昏札，以为万世法，既简且要。殷之伊尹宗之，倍于神农，得立法之要，则不害为汤液。"元代建造的三皇庙中，伊尹已列配享，与上古传说的医家进入医家朝拜的殿堂。清代陆以湉记载了京师先医庙的沿革情况，在先医庙诸位名医中，伊尹赫然在位："京师先医庙，始于明嘉靖间。本朝因之，中奉伏羲，左神农，右黄帝，均南面，句芝、风后，东位西向，祝融、力牧，西位东向，东庑僦贷季、天师、岐伯、伯高、少师、太乙、雷公、伊尹、仓公淳于意、华佗、皇甫谧、巢元方、药王韦慈藏、钱乙、刘宗素、李杲，皆西向，西庑鬼臾区、俞跗、少俞、桐君、马师皇、神应王、扁鹊、张仲景、王叔和、抱朴子葛洪、真人孙思邈、启元子王冰、朱肱、张元素、朱彦修，皆东向，以北为上，岁以春冬仲月上甲，遣官致祭。"还有人将黄帝、神农和伊尹并称为"三圣人"的说法："隐医医之为道，由来尚矣。原百病之起愈，本乎黄帝；辨百药之味性，本乎神农；汤液则本乎伊尹。此三圣人者，拯黎元之疾苦，赞天地之生育，其有功于万世大矣。万世之下，深于此道者，是亦圣人之徒也。贾谊曰：古之至人，不居朝廷，必隐于医卜。孰谓方技之士岂无豪杰者哉？"伊尹的《汤液经》在宋代时民间还有残存，如《普济本事方》在大柴胡汤方的最后一味药大黄后即以小字说明："伊尹《汤液论》大柴胡同姜枣共八味，今监本无，脱之也。"伊尹厨艺高超，被称为中华厨祖。

④ 京师：东汉国都洛阳。

⑤ 上手：好手，高手。

⑥ 侍中：古代官职。秦始置，是列侯以下至郎中的加官，没有定员，为丞相之属吏，以其往来东厢奏事，故谓之侍中。两汉沿置，为正规官职外的加官之一。因侍从皇帝左右，出入宫廷，与闻朝政，逐渐变为亲信贵重之职。晋以后，曾相当于宰相。是汉朝皇帝宫禁中掌管车驾、服饰和统领近卫军的官员。王仲宣：即王粲（177—217），字仲宣。山阳郡高平县（今山东微山两城镇）人。东汉末年文学家，"建安七子"之一。建安十八年（213），魏王国建立，王粲任侍中。建安二十二年（216），王粲随曹操南征孙权，于北还途中病逝，终年四十一岁。

⑦ 五石汤：古方，其配伍在《千金》卷三有记载，主治产后虚冷七伤，时寒热，体痛乏力，并治百病。

⑧ 面色反映出来的现象。"诊"同"证"，病人的症状。

而死，终如其言。美哉乎！仲景之能候色验眉也[①]。

居尝慷慨叹曰："凡欲和汤合药，针灸之法，宜应精思，必通十二经脉[②]，知三百六十孔穴，荣卫气行[③]，知病所在。宜治之法，不可不通。古者上医相色，色脉与形不得相失，黑乘赤者死，赤乘青者生[④]。中医听声，声合五音[⑤]，火闻水声，烦闷干惊[⑥]；木闻金声，恐畏相刑[⑦]。脾者土也，生育万物，回动四傍[⑧]。太过则四肢不举，不及则九窍不通[⑨]、六识闭塞[⑩]，犹如醉人。四季运转，终而复始。下医诊脉，知病原由，流转移动，四时逆顺[⑪]，相害相生，审知藏府之微[⑫]。此乃为妙也。"

又曰："欲疗诸病，当先以汤[⑬]荡涤五藏六府，开通诸脉，治道阴阳，破散邪气，润泽枯朽，悦人皮肤，益人气血，水能净万物，故用汤也。若四肢病久，风冷发动，次当用散[⑭]，散能逐邪，风气湿痹，表里移走，居无常处者，散当平之。次当用丸[⑮]，丸药者，能逐风冷，破积聚，消诸坚癖，增进饮食，调和荣卫。

① 候色：观察气色。候，这里作动词用。

② 十二经脉：是经络系统的主体，具有表里经脉相合，与相应脏腑络属的主要特征。包括手三阴经（手太阴肺经、手厥阴心包经、手少阴心经）、手三阳经（手阳明大肠经、手少阳三焦经、手太阳小肠经）、足三阳经（足阳明胃经、足少阳胆经、足太阳膀胱经）、足三阴经（足太阴脾经、足厥阴肝经、足少阴肾经），也称为"正经"。

③ 荣卫气行：荣指血的循环，卫指气的周流。荣气行于脉中，属阴，卫气行于脉外，属阳。荣卫二气散布全身，内外相贯，运行不已，对人体起着滋养和保卫作用。

④ 黑、赤、青三色，分别代表着"五行"中的水、火、木三种性质。"黑乘赤者死"是说旺水逢于弱火，则火处死地。"赤乘青者生"是说大火遇上木来相生，更是一片生机勃勃！这是"五行生克制化"原理的一个实例举证。

⑤ 五音：中国古代五声音阶，即宫、商、角、徵、羽。

⑥ 心属火，肾属水，水克火。火闻水声，是肾水克心火，所以心感烦惊。

⑦ 肝属木，肺属金。金克木。木闻金声，是肺金克肝木，所以肝胆恐惧。

⑧ 《素问·玉机真脏论》说："脾脉者土也，孤脏，以灌四旁者也。"这句话须加解释，脾属中央土，它在四时中，每一时有十八天的寄旺之日，所以不单独主一脏，名曰孤脏。结合人体生理来讲，脾与胃合而为仓廪之官，胃所分化的水谷的精气，必须由脾运化，外而营养四肢百骸，内而营养脏腑，所以说脾是灌溉四旁的。

⑨ 《素问·玉机真脏论》："太过则令人四支不举，其不及则令人九窍不通"。这是说脾主四肢，脾土湿盛，则四肢被湿气壅滞而不能举动。如脾气不足，不能为胃运行津液，因而各脏腑也就失掉了营养的资源，其气不能达于九窍（耳、目、口、鼻、前阴、后阴），所以九窍不通。

⑩ 六识：眼识、耳识、鼻识、舌识、身识、意识。

⑪ 人体气行的逆顺，脉搏的盛衰，和四时五行的演变规律密切相应，故曰"四时逆顺"。

⑫ 藏府：同脏腑。中医总称人体内部的器官。心、肝、脾、肺、肾为五脏，胃、胆、三焦、膀胱、大肠、小肠为六腑。

⑬ 汤：古代叫汤液，现在称为汤剂。汤的吸收较快，作用易于发挥，常用于新病急病。

⑭ 散：又称散剂，是把药物研成细末，用白开水或酒调服。

⑮ 丸药吸收较缓慢，药力较持久，常用于慢性病，尤其是攻磨症积。

能参合而行之者，可为上工，故曰医者意也[①]。

又曰：不须汗而强汗之者[②]，出其津液，枯竭而死；须汗而不与汗之者，使诸毛孔闭塞，令人闷绝而死。不须下而强下之者[③]，令人开肠，洞泄不禁而死；须下而不与下之者，令人心内懊恼，胀满烦乱，浮肿而死。不须灸而强与灸之者，令人火邪入腹，干错[④]五藏，重加其烦而死；须灸而不与灸之者，令人冷结重凝，久而深固，气上冲心，无地消散，病笃而死。

以宗族二百余口，死者三之二，伤寒居其七，乃引《阴阳大论》[⑤]云："春气温和，夏气暑热，秋气清凉，冬气凛冽，此则四时正气之序也。冬时严寒，万类深藏，君子固密，则不伤于寒；触冒之者，乃名伤寒耳。其伤于四时之气者，皆能为病，以伤寒为毒者，以其最成杀厉之气也。中而即病者，名曰伤寒；不即病者，寒毒藏于肌肤，至春变为温病，至夏变为暑病，暑病者，热极重于温也。是以辛苦之人，春夏多温热病，皆由冬时触冒寒冷所致，非时行之气也。凡时行者，春时应暖而反大寒，夏时应热而反大冷，秋时应凉而反大热，冬时应寒而反大温，此非其时而有其气，是以一岁之中，长幼之病多相似者，此则时行之气也。"又引《素问》黄帝曰："夫热病者，皆伤寒之类"及"人之伤于寒也，则为病热[⑥]"五百余言，为《伤寒》，日数部，著论二十二篇，证外合三百九十七法，一百一十三方，自序之，其辞曰：

① 最早似出于《后汉书·郭玉传》"医之为言意也"。《旧唐书·许胤宗传》也载："医者意也，在人思虑。"强调行医治病，贵在思考。

② 汗法：又称发汗法，八法之一。指用纯自然的方法，像伤风感冒后，多喝白开水，或者姜糖水，盖上棉被捂汗，可以不用药物，像感冒等热性疾病就可自然痊愈。中医学认为"发汗法"不仅有通经活络促进体力的作用，而且有调节自主神经、扩张周围小血管、改善微循环系统的功能。

③ 下法：又称攻下法，八法之一。是通过通便、下积、泻实、逐水以攻逐邪实，荡涤肠胃，排除积滞的治法。下法广泛应用于燥屎、积滞、实热及水饮等里实证。

④ 干错：扰乱。

⑤ 《阴阳大论》：是秦汉时代或更早年代的医书，现已失传。

⑥ 病热：即热病，中医病名，此处指一切外感热性病，意同广义的伤寒。《素问·热论》："今夫热病者，皆伤寒之类也。"

余每览越人入虢之诊，望齐侯之色[①]，未尝不慨然叹其才秀也。怪当今居世之士，曾不留神医药，精究方术，上以疗君亲之疾，下以救贫贱之厄，中以保身长全，以养其生。但竞逐荣势，企踵权豪[②]，孜孜汲汲[③]，惟名利是务。崇饰其末，忽弃其本，欲华其外而悴其内，皮之不存，毛将焉附。进不能爱人知物，退不能爱躬知己，卒然遭邪风之气，婴非常之疾[④]，患及祸至，而方震栗，身居危地，蒙蒙昧昧，戆若游魂[⑤]，降志屈节，钦望巫祝[⑥]，告穷归天，束手受败。赍百年之寿命[⑦]，将至宝之重器，委付庸医，恣其所措[⑧]。咄嗟呜呼，厥身已毙，神明消灭，变为异物，幽潜重泉[⑨]，徒为啼泣，举世昏迷，莫能觉悟，自育若是，夫何荣世之有哉。哀呼！趋世之士，驰竞浮华，不固根本，忘躯殉物，危若冰谷[⑩]，至于是也。

余宗族素多，向馀二百。建安纪年以来，犹未十稔[⑪]，其死亡者三分有二，伤寒十居其七。感往昔之沦丧，伤横夭[⑫]之莫救，乃勤求古训，博采众方，撰用《素

---

① 越人入虢之诊：即指扁鹊到了虢国，听说虢国太子暴亡不足半日，还没有装殓。于是他赶到宫门告诉中庶子，称自己能够让太子复活。中庶子认为他所说是无稽之谈，人死哪有复生的道理。扁鹊长叹说："如果不相信我的话，可试着诊视太子，应该能够听到他耳鸣，看见他的鼻翼翕动，并且大腿及至阴部还有温热之感。"中庶子闻言赶快入宫禀报，虢君大惊，亲自出来迎接扁鹊。扁鹊说："太子所得的病，就是所谓的'尸厥'。人接受天地之间的阴阳二气，阳主上主表，阴主下主里，阴阳和合，身体健康；现在太子阴阳二气失调，内外不通，上下不通，导致太子气脉纷乱，面色全无，失去知觉，形静如死，其实并没有死。"扁鹊命弟子协助用针砭进行急救，刺太子三阳五会诸穴。不久太子果然醒了过来。扁鹊又将方剂加减，使太子坐了起来。又用汤剂调理阴阳，二十多天，太子的病就痊愈了。望齐侯之色：即指扁鹊于公元前 357 年到了齐国的都城临菑（今属山东淄博）。齐桓侯田午派人招待他，桓侯接见时，他望着桓侯的颜色，便说："君有疾在腠理，不治将深。"桓侯答道："寡人无疾。"他离开后，桓侯就对左右的人说："医之好利，欲以不疾为功。"过了五天，他见到桓侯又说："君有疾在血脉，不治恐深。"桓侯仍答道："寡人无疾。"他辞出后，桓侯感到很不高兴。过了几天，再看见桓侯时，他又郑重地说："君有疾在肠胃间，不治将深。"桓侯很不愉快，没有理睬。又过了几天，扁鹊复见桓侯。看见桓侯的脸色，吃惊地溜走了。桓侯便派人追问原因，他说："疾之居腠理，汤熨之所及；在血脉，针石之所及；在肠胃，酒醪之所及；其在骨髓，虽司命无奈之何。今在骨髓，臣是以无请。"不久桓侯病发，派人去请他治疗，可是他已取道魏国，跑到秦国去了。桓侯终因病深，医治无效而死去。

② 企踵：踮起后脚跟，引申为盼望的意思。

③ 孜孜：努力不怠；汲汲：心情急切的样子。

④ 婴非常之疾：患了非常之疾病。婴：触，缠绕。

⑤ 戆（gàng）：傻、愣、愚钝。

⑥ 巫祝：古代称事鬼神者为巫，祭主赞词者为祝；后连用以指掌占卜祭祀的人。

⑦ 赍（jī）：将、拿、把。

⑧ 恣其所措：听其摆布。恣：放纵，无拘束。

⑨ 重泉：即黄泉、九泉。死者所归之地。

⑩ 如履薄冰，如临深谷，言危险之极。

⑪ 稔（rěn）：年。

⑫ 遭遇意外灾祸而早死。

问》《九卷》[①]《八十一难》《阴阳大论》《胎胪药录》[②]并《平脉辨证》[③]，为《伤寒杂病论》，合十六卷。虽未能尽愈诸病，庶可以见病知源，若能寻余所集，思过半矣[④]。

夫天布五行[⑤]，以植万类；人秉五常[⑥]，以有五藏。经络府输[⑦]，阴阳会通，元冥[⑧]幽微，变化难极。《易》曰：非天下之至赜，其孰能与于此自非才高识妙，岂能探其理致哉！上古有神农、黄帝、岐伯、伯高、雷公、少俞、少师、

① 《九卷》：是《灵枢》的古名。
② 《胎胪药录》：秦汉时代或更早年代的医书，就书名推测，恐系药物学一类的书，早已失传。
③ 《平脉辨证》：上古的脉学书，未见。
④ 获益之多。
⑤ 五行：金、木、水、火、土。古人以为万物皆由此五种原素所构成。
⑥ 五常：仁、义、礼、智、信。“五常”与“三纲（君为臣纲，父为子纲，夫为妻纲）”合在一起，即“三纲五常”，是中国传统伦理道德的核心价值观。
⑦ 经络府输：经络是指十二经脉、奇经八脉、十五络脉。府输，府穴、输穴。府是经气聚集的地方；输是脉气运输灌注的处所。
⑧ 元冥：元同“玄”，玄冥就是幽奥深远的意思。

仲文[1]，中世有长桑、扁鹊，汉有公乘阳庆及仓公，下此以往，未之闻也。观今之医，不念思求经旨，以演其所知，各承家技，始终循旧，省疾问病，务在

① 上古有神农、黄帝、岐伯、伯高、雷公、少俞、少师、仲文：上古时期有神农氏、黄帝、岐伯、伯高、雷公、少俞、少师、仲文等著名医学家。神农氏：中华始祖、中医药鼻祖之一。传说中五天帝之一，与黄帝并称为中华始祖，生于宝鸡姜水之岸。传说是中国农业和医药的发明者，生卒年不详，所处时代为新石器时代晚期，《淮南子·修务训》："神农乃始教民，尝百草之滋味，识水泉之甘苦……当此之时，一日而遇七十毒，由是医方兴焉。"《帝王世纪》称："炎帝神农氏……尝味草木，宣药疗疾，救夭伤人命，百姓日用而不知，本草四卷。"正因为神农氏为中医药发展做出重大贡献，成书于汉代的我国第一部系统论述药物的著作即被命名为《神农本草经》，即寓有尊崇怀念之意。黄帝：华夏始祖、中医药创始人之一。传说中远古时代华夏民族的共主，五帝之首，史书记载黄帝不仅发明了中医药，也是一名卓有成就的名医大家。《帝王世纪》说："黄帝使岐伯尝味草木，典医疗疾，今经方、本草之书咸出焉。"《通鉴外记》亦说："（黄）帝以人之生也，负阴而抱阳，食味而被色，寒暑荡之于外，喜怒攻之于内，夭昏凶札，君民代有，乃上穷下际，察五色，立五运，洞性命，纪阴阳，咨于岐伯而作《内经》，夏命俞跗、岐伯、雷公察明堂，究息脉；巫彭、桐君处方饵，而人得以尽年。"《内经》全称《黄帝内经》，是我国最早的医学典籍。传说为黄帝所作，全书共计十八卷，分《素问》《灵枢》两部分。它以人体结构、机能联系及人与自然关系等整体观念为出发点，运用阴阳五行学说、脏腑经络关系，解释人体生理、病理，阐述诊断、治疗、预防、养生等方面的方法，是我国古代一部系统、全面、科学的基础性著作，对后世中医的形成和发展，起到重大影响。古人尊称《内经》为医书之祖。而它的作者黄帝、岐伯也被尊之为医家之祖。正是这个原因，中医被称为"岐黄仁术"。岐伯：中国传说时期最富有声望的医学家，黄帝之臣，人称岐天师。生卒不详，医理深邃，闻黄帝曾使其尝草木之滋味，主治病之方法，于医药功莫大焉。《黄帝内经》乃以黄帝岐伯之问答记述而成。中国医学素称"岐黄"，或谓"岐黄之术"，就已说明岐伯、黄帝是中医药学的始祖，在这其中"岐"放在"黄"之前，更能说明岐伯在中医药史上的地位。后世托名岐伯之著作甚多，计有《岐伯灸经》《岐伯经》等多种。伯高：黄帝重臣、太医。生卒不详，精针灸术，在临床和熨法等外治方面也有独到之处，对脉理亦多有论述。在中医史上与岐伯齐名。传说黄帝与伯高、岐伯、雷公论医药，而著《内经》。雷公：中国传说中的上古医家。生卒籍贯不详。相传雷公为黄帝众多懂医学的臣子之一。擅长于教授医学之道，望色诊断与针灸医术等，尤精于针灸，通九针六十篇。《黄帝内经》中的《著至教论》《示从容论》《疏五过论》《征四失论》等多篇，都是以黄帝与雷公讨论医药问题的形式写成的。历史上托名雷公的医学著作有《雷公药对》。从《素问》中以及《灵枢》内容来看，可知雷公与黄帝乃为受业之关系。少俞：上古时代传说中医家，尤精针灸术。生卒不详，据传系俞跗之弟、黄帝之臣。据传与黄帝论述医药。黄帝因与他及岐伯等多名臣子论述医药而著《内经》。少师：传说上古时医家。黄帝臣，以擅长人体体质之论而闻名流传于世。少师回答黄帝关于人有阴阳等问题时指出："天地之间，六合之内，不离于五，人亦应之"，少师对五种人的体质、性格、行为特点等进行了比较具体的叙述，为后世中医药发展做出了贡献。因史无传记，故以《黄帝内经·灵枢·通天第七十二》代传。仲文：黄帝重臣、太医。生卒事迹不详。岐伯等六人，相传皆为黄帝论医之臣，医学史上称"六臣"。

口给[①]，相对斯须[②]，便处汤药，按寸不及尺[③]，握手不及足[④]，人迎趺阳[⑤]，三部不参[⑥]，动数发息[⑦]，不满五十，短期未知决诊，九候[⑧]曾无仿佛，明堂阙庭[⑨]，尽不见察，所谓窥管而已。夫欲视死别生，固亦难矣。此皆医之深戒，病者可不谨以察之而自防虑也。孔子云："生而知之者上，学则亚之；多闻博识，知之次也[⑩]。"余宿尚方术，请事斯语。

其文辞简古奥雅，凡治伤寒，未有能出其右者。其书推本《素问》之旨，为诸方之祖。华佗读而善之曰：此真活人书也。灵献之间，俗儒末学，醒醉不分，而稽论当世，疑误视听，名贤浚哲[⑪]，多所防御。至于仲景，特有神功。

---

① 长桑君：战国时医学家。生卒履贯不详，精于医道，集有医书医方甚多。传说中扁鹊与之交往甚密，事之唯谨，乃以禁方传扁鹊，又出药使扁鹊饮服，忽然不见。于是扁鹊视病尽见五脏症结，遂以精通医术闻名当世。见《史记·扁鹊仓公列传》。扁鹊（前 407—前 310），春秋战国时期名医。姬姓，秦氏，名缓，字越人，又号卢医，渤海郡郑（今河北沧州市任丘市）人。由于他的医术高超，被认为是神医，所以时人借用了上古名医"扁鹊"的名号来称呼他。少时学医于长桑君，尽传其医术禁方，擅长各科。在赵为妇科，在周为五官科，在秦为儿科，名闻天下。秦太医李醯术不如而嫉之，乃使人刺杀之。扁鹊奠定了中医学的切脉诊断方法，开启了中医学的先河。相传有名的中医典籍《难经》为扁鹊所著。汉有公乘阳庆及仓公：汉代有公乘阳庆及仓公。公乘阳庆，西汉医学家，临菑（zī）人，精经典，重实践，医术精湛，著有《黄帝扁鹊脉书》，为中医脉案之宗，是淄博有文献记载的第一代名医。家有先人所遗黄帝、扁鹊之脉书等。年过七十，悉将所藏《脉书》《上经》《下经》《五色诊》《奇咳术》《揆度阴阳外变》《药论》《石神》《接阴阳》等书授予淳于意。仓公（约前 215—约前 140），即西汉著名医学家淳于意。姓淳于，名意，临菑（今山东淄博）人，因曾任齐国的太仓长（一说太仓令），人称仓公。年轻时喜钻研医术，拜公孙光为师，学习古典医籍和治病经验。公孙光又将仓公推荐给临菑的公乘阳庆。当时公乘阳庆已年过六十，收下淳于意为徒，将自己珍藏的黄帝、扁鹊脉书、根据五色诊断疾病、判断病人预后的方法以及药物方剂等书传给他。三年后仓公出师四处行医，足迹遍及山东，曾为齐国的侍御史、齐王的孙子、齐国的中御府长、郎中令、中尉、中大夫、齐王的侍医遂等诊治过疾病。当齐王刘将闾为阳虚侯时（前 176—前 164），淳于意曾为其治愈了关节炎一类疾病，并随从将闾来长安（今陕西西安），并为安陵（今咸阳东北）阪里的项处诊治牡疝病。司马迁《史记·扁鹊仓公列传》所记载的 25 个病例，就是当时汉文帝询问淳于意时所记录，包括淳于意自述自己学医、行医的经过，业务专长、师承、诊疗效果、病例等。他所答诏的病案格式一般均涉及病人的姓名、年龄、性别、职业、籍里、病状、病名，诊断、病因、治疗、疗效、预后等，从中反映了淳于意的医疗学术思想与医案记录上的创造性贡献。弟子宋邑、高期、王禹、冯信、杜信、唐安等，亦以医名于世。务求口给：就是专用花言巧语对付病人。

② 斯须：片刻，一会儿。

③ 即指诊脉不周到、不全面。寸和尺是诊脉的部位，在两手腕后桡骨动脉部，靠近腕关节横纹处叫寸，向上一指高骨处叫关，再向上一指处叫尺。

④ 诊脉不周全。手指寸、关、尺三部脉；足指趺阳，为足背部前胫动脉。

⑤ 人迎趺（fū）阳：即"人迎脉"和"趺阳脉"。胫侧之动脉，称为人迎脉。足背胫前动脉搏动处，称为趺阳脉。

⑥ 三部：人身上、中、下三部分，也指桡骨动脉的寸、关、尺。三部不参即指检查身体不全面、诊脉不准确。

⑦ 计算脉搏的次数和呼吸的次数。

⑧ 九候：据《素问·三部九候论》，上部头面两额、两颊、耳前，中部手桡骨、尺骨、虎口，下部足内踝后、大趾内侧及大趾与次趾之间等九处的动脉。据《难经》，九候是浮、中、沉。桡骨动脉寸、关、尺三部各有浮、中、沉，所以共称九候。

⑨ 据《灵枢·五色篇》，明堂就是鼻子，阙在两眉之间，庭为颜面及额部。在明堂阙庭，进行色诊。

⑩ 孔子云句：《论语·季氏》记载"孔子曰：'生而知之者，上也；学而知之者，次也；困而学之，又其次也"。

⑪ 浚（jùn）哲：学问很深的哲人。

乡里有忧患者，疾之易而愈之速，虽扁鹊仓公，无以加之。时人为之语曰：“医中圣人张仲景。”江南诸师秘仲景要方不传，所传于世者，《伤寒杂病论》十卷，或称《方》十五卷，或又称《黄素药方》二十五卷，《辨伤寒》十卷，《评病要方》一卷，《疗妇人方》二卷，《五藏论》一卷，《口齿论》一卷[①]。弟子卫汛[②]有才识。

——清·陆懋修·世补斋医书

译文

张机，字仲景，后汉南郡涅阳人。汉灵帝时，朝廷发动社会荐举孝廉，仲景因在家仁孝，以廉能著称，而被州郡举为孝廉。建安中期，仲景官至长沙太守，任职期间颇有政绩。仲景博览群书，潜心研究医术，曾学医于同郡名医张伯祖，尽得其传。仲景十五岁时，同郡何永十分赞赏他，预言他将会成为一个名医。后来仲景果然精通医术，成为著名医学家。

仲景著有《寒食散论》《解寒食散》。当时就算是那些服食寒食药的人，都不知道寒食散出于何人何方，有人说是华佗，有人说是张仲景。然而经过详细考证，华佗的医术精深微妙、处方简单明了；而仲景创制有侯氏黑散、紫石英方。将寒食散与侯氏黑散、紫石英方比较，就会发现它们大略相同。然而可以确定的是，“侯氏黑散”（亦称“草方”）和“紫石寒食散”（亦称“石方”）二方，均出自张仲景，而非华佗。况且，华佗为人诊治疾病，要么剖肠涤胃、清洗五脏，不单纯靠处方来治病救人。仲景虽然手术精妙比不上华佗，然而他对于查看万物的性状、评论药物的适宜，却远远超过很多医家。从前，神农尝百草而著有《神农本草经》，因此成为创建医学、阐明药理的圣贤。仲景、华佗继承先贤，对医药之道做了进一步阐述和光大，所以有“仲景黄素”“元化绿帙”的典故。而仲景深入研究伊尹《汤液》，并在其基础上做进一步发挥阐述，形成著作数十卷，这些论著在临床实践中都很有疗效。

① 《伤寒杂病论》十卷：此句疑误。按文献所载，《伤寒杂病论》应为十六卷。故或称《方》，或又称《黄素药方》。《辨伤寒》《评病要方》《疗妇人方》《五藏论》《口齿论》，今皆无可考。

② 卫汛：东汉医家。一作卫沈、卫沉，著名医家张仲景的弟子，河东（今属山西）人。据史书载，卫汛著有《四逆三部厥经》《妇人胎藏经》及《小儿颅囟方》等，均佚。其《小儿颅囟方》尚存有若干条文于《永乐大典》，已有人辑出并刊行。

后来，仲景行医来到京师洛阳，很快就成为名医，时人称赞他为“医家高手”。有一次，张仲景见到侍中王仲宣，当时王仲宣二十余岁。仲景对王仲宣说：“您有病，四十岁时您的眉毛将会脱落，随后半年您就会死去。服用五石汤可让您免除这一病灾。”王仲宣嫌仲景的话不吉利，很反感。他接受仲景的汤药却没有服用。过了三天，张仲景见到仲宣就问他“是否用药？”仲宣骗仲景道：“已服药。”张仲景说：“看您的面色应该是没有服药的证候，您为何不重视自己的性命啊？”王仲宣还是不相信仲景的话。二十年后王仲宣果然眉毛脱落。再经过一百八十七日后，王仲宣就死了，果然印证了张仲景的预言。张仲景能够如此候色验眉，真是精彩。

仲景曾感叹道：“凡是想要综合运用汤药与针灸的治法，都应该深思熟虑，一定要精通十二经脉，懂得三百六十穴位与营气卫气的运行规律，知道病位的所在，还要有适宜的治病方法，这些都不能不精通。古代高明的医生通过观察病人的面色来诊病，色脉与形体不能失调，如果是黑色侵凌赤色则病人就会死亡，如果是赤色侵凌青色则病人能够回生。古代中等的医生，通过听病人的声音来诊病，其声音与宫、商、角、徵、羽五音相吻合，如果从心脏听到水声，则是被病邪触犯而导致惊悸烦闷的病；从肝脏听到金声，恐怕金会来克木；脾属土，土生育万物，脾摄取的食物养分周济到全身四肢，健康的人是听不到脾土的声音的，只有人死时土音才归于脾。五音太过，会四肢无力；五音不足，则会九窍不通，六根对于由色、声、香、味、触、法六境而生的见、闻、嗅、味、觉、知这六种认识就会闭塞，就像醉酒之人一样。这五音与四季相应而运转，周而复始。古代下等的医生，通过观察病人的脉象来察病，知道病的缘由与病的转移变化，以及与四季气候的逆与顺，以及相生相克的关系，由此来审知脏腑的精微，这些都是非常高明的。”

仲景又说：“在治疗各种疾病之前，应当先用汤药洗涤五脏六腑，使百脉疏通，阴阳有序，邪气破散，枯焦的部位得到润泽，皮肤富有光泽，血气得到增益。因为水能净化万物，所以用汤药洗涤五脏六腑。如果四肢已经得病很久，再次因冷风而发作，则应当用散药，因为散药能驱逐邪气。对于风气湿痹在表里移走，不断移动的病症，也应当用散药来平定它。最后应当用丸药，因为丸药能驱逐冷风，化解积聚，消释各种坚癖，增进饮食，调和营卫。而如果能掺和汤、丸、散而用，就可以称得上高明的医生了。所以说，行医，就在于用心。”

仲景又说道：“不需出汗而强迫病人发汗的，病人丧失了津液，就会因津液枯竭而死；需要发汗而不让病人出汗的，病人周身毛孔闭塞，也会闷绝而死。还有，不需下泄而强迫病人下泻的，会使病人开肠洞泄，无法止住而死；需要下泄而不让病人下泻的，会使病人心中懊恼、烦乱、肿胀而死；另外，不需针灸而强迫给病人针灸的，会使病人火邪入腹，扰乱五脏，烦闷加重而死；需要针灸而不给病人针灸的，会使病人冷结重凝，时间长了则更加密固，进而冷气上逆冲心，没有消散的地方，最终病重而死。”

仲景家族原本是个大族，人口多达二百余人。自从建安初年以来不到十年时间里，有三分之二的族人因患疫症而死，这其中死于伤寒者竟占十分之七。于是张仲景引用《阴阳大论》的观点说：“春天气候温暖，夏天气候炎热，秋天气候凉爽，冬天气候严寒，这是四季正常气候的变化规律。冬季严寒，自然界万种生灵深深地潜藏、伏匿，懂得养生之道的人们，顺应自然之规律而防护固密，所以寒邪不会伤害到他们。倘若不慎感受了寒邪，这就叫伤寒。四时之气皆能伤人而致病，但伤寒这种邪气，是最为凛冽、肃杀的邪气，所以危害最烈。受寒以后，即时发病的叫作伤寒。如果未即时发病，寒毒藏在人体肌肉皮肤之间，到了春天发病的，就变成为温病；到了夏天发病的，就变成为暑病。暑病的热势最高，重于温病。所以劳苦的人，在春夏多患温热病，正是由于冬天受寒，寒毒蕴藏而致，它不是时行之邪所致的疾病。所谓时行之气，是指反常于时令的气候，如春季天气应该温暖却反而很冷，夏季天气应该炎热却反而很凉爽，秋季天气应该凉爽却反而酷热，冬季天气应该寒冷却反而温暖异常。人们若感受了时行邪气，不论男女老幼，都会患相似的病症，即时行病。”仲景又引用《素问》中的观点，从“夫热病者，皆伤寒之类”到“人之伤于寒也，则为病热”等五百余字，进行深入研究探讨，编著《伤寒杂病论》。每天几部，论著共二十二篇，阐述伤寒病的三百九十七条治法，以及一百一十三个处方。仲景亲自作序。序的内容是：

我每次读到《史记·扁鹊传》中秦越人到虢国去给虢太子诊病、在齐国望齐侯之色的记载，没有一次不激动地赞叹扁鹊的才华突出。就奇怪当今生活在社会上的那些读书人，竟然都不重视医药，不精心研究医方医术，以便上治疗国君和父母的疾病，下解救贫苦人的病灾和困苦，中可以保持自己身体长久健康，颐养自己的性命。他们只是争逐荣华富贵，踮起脚跟仰望豪强，忙忙碌碌之中，就是为了名利而已。他们只注重自己华贵的外表，重视那些次要的身外之物，却不在乎自己内体的憔悴，轻视、抛弃了养生之本。皮都不存在了，毛将依附在哪里呢？他们一旦突然遭受到外来致病因素的侵袭，被罕见的疾病侵蚀机体，病患灾祸临头，方才震惊发抖，或者降低身份，卑躬屈膝，恭敬地盼望女巫男祝的求神祷告，巫祝宣告办法穷尽，就只好归于天命，束手无策地等待死亡；或者将本可延续的寿命和最宝贵的身体交给平庸无能的医生，任凭他们摆布处置。唉！他们的身体已经死亡，精神也消失了，变成了鬼物，深深地埋在九泉之下，让活着的人白白地为他们的死亡哭泣。痛心啊！整个世上的读书人都昏迷糊涂，没有人能清醒明白，不珍惜自己的生命。像这样地轻视生命，他们还谈什么荣华权势呢？况且，这样的人即使做了官，也不可能去爱护别人，顾及别人的疾苦；即便不能做官，他们也不会爱护自己，顾及自己的隐患，遇到灾难，碰上祸患，身陷危困的境地，也只会糊涂愚昧，蠢笨得像没有头脑的废物。悲哀啊！那些在社会上奔波的读书人，不懂得，甚至忘记了保重身体这个根本，却只是为了权势去争夺表面的荣华，为名利而死，舍本逐末、本末倒置竟达到了这种地步！

我的同宗同族的人口本来很多，从前有二百多人。从建安元年以来，还不到十年，其中死亡的人有三分之二，而死于伤寒的要占其中的十分之七。我为过去宗族的衰落和人口的锐减而感慨，为早死和枉死的人不能被疗救而悲伤，于是我勤奋研求前人的遗训，广泛地搜集很多医方，选用《素问》《九泉》《八十一难》《阴阳大论》《胎胪药录》《平脉辨证》等书，并结合辨别脉象和辨别证候的体会，写成了《伤寒杂病论》共十六卷。即使不能全部治愈各种疾病，或许可以根据书中的原理，在看到病证时就能知晓发病的根源。如果能运用此书中记载的有关内容，那么，大多数伤寒病的问题就能迎刃而解了。

自然界分布着运转化生万物的五行之气。人体秉承了五行之常气，因此才有五脏的生理功能。经、络、府、俞，阴阳交会贯通，其道理玄妙、隐晦、幽深、奥秘，其中的变化真是难以穷尽，假如不是才学高超、见识精妙的人，怎么能探求出其中的道理和意趣呢？上古有神农、黄帝、岐伯、伯高、雷公、少俞、少师、仲文等，中古有长桑君、秦越人，汉代有公乘阳庆及仓公。看看当今的医生，他们不思考研求医学经典著作的旨意，以此扩宽加深他们所掌握的医学知识，只是各自秉承着家传的医技，始终沿袭旧法；察看疾病，询问病情时，总是致力于花言巧语，只图应付病人；面对病人诊视一下，就处方开药；诊脉时只按寸脉，不按尺脉，只按手部脉，却不按足部脉；人迎、趺阳、寸口三部脉象不关联参考；按照自己的呼吸频率诊察病人脉搏跳动次数不足五十下；诊脉时间过短不能确定脉象，九处诊脉部位的脉候竟然没有一点粗浅的印象。鼻子、两眉之间及前额，全然不加诊察。这真如人们所说的“以管看天”，很不全面。这样想要辨识不治之证或判别出可治之证，实在是很难呀！孔子说：生下来就懂得事理的人是上等的，通过学习而懂得事理的人是第二等的，多方面地聆听求教，广泛地记取事理的人，又次一等。我素来爱好医方医术，十分奉行“学而知之”和“多闻博识”的道理！

这篇序文，词句简洁古雅。凡说到治疗伤寒，没有任何人在理论和观点上超过仲景的《伤寒杂病论》。《伤寒杂病论》的主要观点源于《素问》，成为后世各种治疗伤寒病的渊源。华佗读过该著后，忍不住称赞道：“这本书真是一部能救活人的书！”从汉灵帝到汉献帝二十年间，那些迂腐的儒生们学问肤浅，连醒与醉都分辨不清，却要考究评论当世之事，疑惑和误人视听。而真正的聪明智慧的人，对此种社会风气，则多有防备。至于说到仲景，他为医学发展立下神奇的功劳。乡人中只要有疾患找到仲景，通过他简单的治疗，都产生了迅速有效的疗效。即便是扁鹊、仓公，也无法超越他。所以世人都称赞他为“医中圣人张仲景”。江南一带众多医家都把仲景的医方作为秘方不愿传授给别人。所以，在世上流传下来有关仲景的医著，只有《伤寒杂病论》十卷（又称《张仲景方》十五卷，或又称《黄素药方》二十五卷），《辨伤寒》十卷，《评病要方》一卷，《疗妇人方》二卷，《五藏论》一卷，《口齿论》一卷。其弟子卫汎也很有才学。

评 析

张仲景（约 150—219），东汉末年著名医学家，名机，字仲景，南郡涅阳

（今河南南阳）人，一说尝任长沙太守，故又称“张长沙”。幼年即嗜医学，后从同郡名医张伯祖学医，得其所传，通经方。适逢建安（196—220）期间，疫疠流行，死伤枕藉。仲景家族原有人口二百多，未及十载，死者已达三分之二，而其中伤寒占十分之七。当时医家庸俗之风甚盛，墨守成规，各承家技，造成对疫疠无能为力的局面。

仲景有感于此，遂精求古训，博采众方，精研《素问》《九卷》《八十一难》《阴阳大论》《胎胪药录》及《平脉辨证》等，撰成传世巨著《伤寒杂病论》十六卷。书中熔医经与医方于一炉，它确立的辨证论治原则，是中医临床的基本原则，是中医的灵魂所在。在方剂学方面，《伤寒杂病论》也做出了巨大贡献，创造了很多剂型，记载了大量有效的方剂。其所确立的六经辨证的治疗原则，受到历代医学家的推崇。这是中国第一部从理论到实践、确立辨证论治法则的医学专著，是中国医学史上影响最大的著作之一，是后学者研习中医必备的经典著作，广泛受到医学生和临床大夫的重视。

《伤寒杂病论》后经晋王叔和整理成《伤寒论》《金匮要略》，流传千余载。其中《伤寒论》载方一百一十三首，其组方原则严谨，至今有些方剂仍在应用，人尊其为“众方之祖”。书中创六经辨证，审因立法，依法定方，理法方药自成体系。后代辨证论治，即在此基础上发展而成。《金匮要略》载方二百六十二首，为杂病部分，亦为后代所推崇。自隋唐以后，张仲景著作远播海外，在世界许多国家和地区享有盛誉。千百年来，仲景学说一直是中医的理论基础，被中外医学者赞颂为“如日月之光华，旦而复旦，万古常明”。张仲景在与伤寒大疫的搏斗中，在挽救民众危亡的活动中，树立了崇高的医德，冶炼了精湛的医术，最后完成了垂法千古的医经。张仲景尤其以爱人知人救危扶厄的济世理念，处处为病人着想的高尚医德和坚决反对巫术、庸医的斗争精神，而受到广大人民的爱戴和崇敬。据传其尚著有其他医著，均佚。张仲景因在医学上的伟大成就而被称为“医圣”。

华佗传

华佗，字元化，沛国谯[①]人也，一名旉[②]。游学徐土[③]，兼通数经[④]。晓养性之术[⑤]，年且百岁，而犹有壮容，时人以为仙。沛相陈珪[⑥]举孝廉，太尉黄琬辟[⑦]，皆不就。

精于方药，处剂[⑧]不过数种，心识分铢[⑨]，不假称量。针灸[⑩]不过数处。若病结结于内，针药所不能及，乃令先以酒服麻沸散[⑪]，既醉无所觉，因刳[⑫]破腹背，抽割积聚。若在肠胃，则断截湔洗[⑬]，除去疾秽，既而缝合，敷以神膏，四五日创愈，一月之间皆平复。

---

① 沛（pèi）国：汉代诸侯国，汉武帝于建武二十年（44），封其子刘辅为沛王，建立沛王国。其后，沛王国的王位传 8 世，直到 220 年，东汉灭亡，沛王国才被撤除。治相县，今安徽淮北市相山区，领 21 县：相县、肖县、杼秋、丰县、沛县、临睢、太丘、建平、酇县、谯县、郸县、铚县、竹邑、蕲县、符离、谷阳、洨县、虹县、向县、龙亢、公丘。谯，即谯县，即今安徽省亳州市。

② 旉（fū）：同“敷”。

③ 徐土：指东汉时徐州，包括今山东省东南部和江苏省长江以北。郡治在郯（今山东郯城县）。

④ 经：指儒家经典。兼通数经：同时通晓数种儒家经典。

⑤ 养性：即养生。

⑥ 陈珪：生卒年不详，一作圭，字汉瑜。徐州下邳（治今江苏睢宁西北）人，广汉太守陈亹之孙，太尉陈球之甥，吴郡太守陈瑀（一作陈璃）、汝阴太守陈琮的从兄弟，陈应、陈登之父。

⑦ 太尉：东汉的三公之一，是全国最高的军事长官。黄琬（wǎn）：黄琼之孙，字子琰。董卓掌权，征为司徒，迁太尉。辟：征召任用。

⑧ 处剂：开药方。

⑨ 铢：汉代计量单位，十黍（shǔ）为一铢，六铢为一分，四分为一钱。分铢：言量的细小。

⑩ 灸：即艾灸。中医的一种治疗方法，用燃烧的艾绒熏烧一定的穴位。

⑪ 麻沸散：华佗所创的一种麻醉剂，现已失传。据传，华佗到处走访了许多医生，收集了一些有麻醉作用的药物，经过多次不同配方的炮制，终于把麻醉药试制成功，他又把麻醉药和热酒配制，使患者服下、失去知觉，再剖开腹腔、割除溃疡，洗涤腐秽，用桑皮线缝合，涂上神膏，四五日除痛，一月间康复。因此，华佗给它起了个名字——麻沸散。据日本外科学家华冈青州的考证，麻沸散的组成是曼陀罗花一升，生草乌、全当归、香白芷、川芎各四钱，炒南星一钱。如果需要灸疗，也不过一两个穴位，病痛也就应手消除。如果病患集结郁积在体内，扎针吃药都不能奏效，应须剖开割除的，就饮服他配制的“麻沸散”，一会儿病人就如醉死一样，毫无知觉，于是就开刀切除患处，取出结积物。病患如果在肠中，就割除肠子病变部分，洗净伤口和易感染部分，然后缝好腹部刀口，用药膏敷上，四五天后，病就好了，不再疼痛。开刀时，病人自己并不感到疼痛，一个月之内，伤口便愈合复原了。他所使用的“麻沸散”是世界史上最早的麻醉剂。华佗采用酒服“麻沸散”施行腹部手术，开创了全身麻醉手术的先例。这种全身麻醉手术，在中国医学史上是空前的，在世界医学史上也是罕见的创举。

⑫ 刳（kū）：剖开。

⑬ 断截：切断。湔（jiān）：洗。

佗尝行道，见有病咽[①]塞者，因语之曰："向来道隅[②]有卖饼人，萍齑[③]甚酸，可取三升饮之，病自当去。"即如佗言，立吐一蛇，乃悬于车而候[④]佗。时佗小儿戏于门中，逆见[⑤]，自相谓曰："客车边有物，必是逢我翁也。"及客进，顾视壁北，悬蛇以十数，乃知其奇。

又有一郡守笃病久，佗以为盛怒则差[⑥]。乃多受其货，而不加功。无何弃去[⑦]，又留书骂之。太守果大怒，令人追杀佗，不及，因瞋恚[⑧]，吐黑血数升而愈。

又有疾者，诣[⑨]佗求疗，佗曰："君病根深，应当剖破腹。然君寿亦不过十年，病不能相杀[⑩]也。"病者不堪其苦，必欲除之，佗遂下疗[⑪]，应时愈。十年竟死。

广陵[⑫]太守陈登，忽患匈中烦懑[⑬]，面赤不食。佗脉之，曰："府君[⑭]胃中有虫，欲成内疽[⑮]，腥物所为也。"即作汤二升，再服，须臾，吐出三升许虫，头赤而动，半身犹是生鱼脍[⑯]，所苦便愈。佗曰："此病后三期[⑰]当发，遇良医可救。"登至期疾动，时佗不在，遂死。

曹操闻而召佗，常在左右，操积苦头风眩[⑱]，佗针，随手而差。

有李将军者，妻病，呼佗视脉。佗曰："伤身而胎不去。"将军言间实伤身[⑲]，胎已去矣。佗曰："案脉，胎未去也。"将军以为不然。妻稍差，百余日复动，更[⑳]呼佗。佗曰："脉理如前，是两胎。先生者去血多，故后儿不得

① 咽：咽喉。
② 道隅：路边。
③ 萍齑（jī）：用浮萍酿造的醋类。《三国志·华佗传》作"蒜齑"，是捣碎的蒜瓣。齑：捣碎的菜。
④ 候：拜访。
⑤ 逆见：迎面相见。
⑥ 差：同"瘥"，痊愈。
⑦ 无何：不久。弃去：丢开不管。
⑧ 瞋恚（chēn huì）：仇视、怨恨和损害他人。
⑨ 诣：至。
⑩ 相杀：相害。
⑪ 下疗：下手治疗，即剖腹治疗。
⑫ 后汉郡，治所在广陵，故城在今江苏省扬州市东北。
⑬ 懑（mèn）：同闷。
⑭ 府君：汉代太守所居之地叫府，因称太守为府君。
⑮ 内疽：指脏腑的肿疡。疡发内部，而外表有红肿的为内痈；痈发内部，外部无红肿，只是隐隐作痛的为内疽。
⑯ 脍：细切的肉。
⑰ 期：同"期"，一周年。
⑱ 积：多年。头风：头痛。眩：眼花。《三国志·华佗传》作"苦头风，每发心乱目眩"。
⑲ 间：近来。实：确实。伤身：损伤身体而流产。
⑳ 更：再。

出也。胎既已死，血脉不复归，必燥著母脊。”乃为下针，并令进汤。妇因欲产而不通。佗曰：“死胎枯燥，势不自生。”使人探之，果得死胎，人形可识，但其色已黑。佗之绝技，皆此类也。

为人性恶①，难得意，且耻以医见业②，又去家思归，乃就操求还取方③，因托妻疾，数期不反④。操累书呼之，又敕郡县发遣，佗恃能厌事⑤，独不肯至。操大怒，使人廉⑥之，知妻诈疾，乃收付狱讯，考验首服⑦。荀彧⑧请曰：“佗方术实工⑨，人命所悬，宜加全宥⑩。”操不从，竟杀之。佗临死，出一卷书与狱吏，曰：“此可以活人。”吏畏法不敢受，佗不强与，索火烧之。

初，军吏李成苦欬⑪，昼夜不寐。佗以为肠痈，与散两钱服之，即吐二升脓血，于此渐愈。乃戒之曰：“后十八岁，疾当发动，若不得此药，不可差也。”复分散与之，后五六岁，有里人如成先病，请药甚急，成愍而与之，乃故往谯更从佗求，适值见收，意不忍言。后十八年，成病发，无药而死。

广陵吴普⑫、彭城樊阿⑬，皆从佗学。普依准佗疗，多所全济。

佗语普曰：“人体欲得劳动，但不当使极⑭耳。动摇⑮则谷气得销，血脉流通，

---

① 性恶：性格倔强耿直。恶，这里指不肯迎合别人。
② 认为做曹操的侍医是可耻的。
③ 请求回家取药方。
④ 几次延期不回来。数期，《三国志·华佗传》作“数乞期”。
⑤ 恃能：仗恃才能。厌事：讨厌侍奉（曹操）。
⑥ 廉：调查。
⑦ 考验：用刑审讯。首服：招认有罪。
⑧ 荀彧（yù）（163—212）：字文若。颍川颍阴（今河南许昌）人。曹操统一北方的首席谋臣和功臣，自小即有人称其为“王佐之才”。荀彧在战略上为曹操制定并规划了统一北方的蓝图和军事路线，曾多次修正曹操的战略方针而得到曹操的赞赏，包括劝曹操迎汉献帝至许昌，“迎奉天子”；战术方面曾面对吕布叛乱而保全兖州三城，奇谋扼袁绍于官渡，险出宛、叶而间行轻进以掩其不意奇袭荆州等诸多建树；政治方面为曹操举荐了钟繇、荀攸、陈群、杜袭、郭嘉等大量人才。荀彧在建计、密谋、匡弼、举人方面多有建树，被曹操称为“吾之子房”。
⑨ 工：高明。
⑩ 全宥（yòu）：宽赦过错或罪行，保全生命。
⑪ 欬（kài）：亦作咳。咳嗽。
⑫ 吴普：广陵郡人（今江苏淮阳）。字号及生卒年不详。吴普曾经跟随华佗学医，救活了很多人的性命。他擅长五禽戏，据说活到九十多岁，仍然耳聪目明。著有《吴普本草》，其书分记神农、黄帝、岐伯、桐君、雷公、扁鹊、华佗、弟子李氏，所说性味甚详，今亦失传。
⑬ 樊阿：彭城国（今江苏省徐州市）人，字号及生卒年不详。曾经跟随华佗学医，擅长针灸并勇于探索。据说樊阿服用华佗传授的“漆叶青黏散”，活到一百多岁。
⑭ 极：过度。
⑮ 动摇：说身体运动。

病不得生，譬犹户枢[①]，终不朽也。是以古之仙者为导引[②]之事，熊经鸱顾[③]，引挽腰体[④]，动诸关节，以求难老。吾有一术，名五禽之戏[⑤]：一曰虎，二曰鹿，三曰熊，四曰猿，五曰鸟。亦以除疾，兼利蹄足，以当导引[⑥]。体有不快，起作一禽之戏，怡而汗出，因以著粉[⑦]，身体轻便而欲食。"普施行之，年九十余，耳目聪明，齿牙完坚。

阿善针术。凡医咸言背及匈藏之间不可妄针，针之不可过四分，而阿针背入一二寸，巨阙匈藏乃五六寸[⑧]，而病皆瘳[⑨]。阿从佗求方可服食益于人者，佗授以漆叶[⑩]青黏散：漆叶屑一斗，青黏十四两，以是为率。言久服，去三虫[⑪]，利五藏，轻体，使人头不白。阿从其言，寿百余年。漆叶处所而有[⑫]。青黏生于丰、沛、彭城及朝歌间[⑬]。

——南朝刘宋·范晔·后汉书卷八十二下·方术列传第七十二下

译文

华佗，字元化，沛国谯县人，又名华旉。他曾到徐州一带游学，同时通晓数种儒家经典。他懂得养生的方法，年将百岁，仍保持壮年人的面貌，当时人

① 户枢：门户的转轴。

② 导引：导气使和，引体使柔，是一种锻炼身体的方法。

③ 经：把身体悬挂起来。鸱（chī）：古书上指鹞鹰。熊经鸱顾：是说像熊一样攀援在树上，像鸱那样回头向后看。

④ 引挽：牵引。

⑤ 五禽之戏：华佗效法虎、熊、鹿、猿、鸟五种禽兽的动作，创制的一套锻炼身体的功法。南北朝时陶弘景在其《养性延命录》中有比较详细的记载："虎戏者，四肢距地，前三掷，却二掷，长引腰，侧脚仰天，即返距行，前、却各七过也。鹿戏者，四肢距地，引项反顾，左三右二，左右伸脚，伸缩亦三亦二也。熊戏者，正仰以两手抱膝下，举头，左擗地七，右亦七，蹲地，以手左右托地。猿戏者，攀物自悬，伸缩身体，上下一七，以脚拘物自悬，左右七，手钩却立，按头各七。鸟戏者，双立手，翘一足，伸两臂，扬眉鼓力，各二七，坐伸脚，手挽足距各七，缩伸二臂各七也。夫五禽戏法，任力为之，以汗出为度，有汗以粉涂身，消谷食，益气力，除百病，能存行之者，必得延年。"陶弘景在该书中，不但对五禽戏的具体操作步骤进行了描绘，而且提出了五禽戏的锻炼原则——"任力为之，以汗出为度"。

⑥ 当：抵当，是说功效相等。

⑦ 粉：指爽身的粉末。

⑧ 巨阙：穴名。在胸腹的深部。

⑨ 瘳（chōu）：病愈。

⑩ 漆叶：中药名，漆树的叶子。

⑪ 虫：泛指人体寄生虫。

⑫ 处所：到处。

⑬ 丰：今江苏丰县。朝歌：今河南汤阴县。

把他当作神仙。沛国宰相陈珪举荐他做孝廉，太尉黄琬也要征召他为官，都被他拒绝了。

华佗精通处方用药，他开的处方用药很简洁、不过数种。他对药物分量很熟悉，根本不用称，也不用量器，即使是细微的分量他也能精准把握，针灸也不过就是几个穴位。如果疾病发生在体内，而用针刺和药物不能治疗的，他就叫病人先用酒调服他所创制的“麻沸散”，病人很快就醉得没有知觉了，他于是就剖开病人的腹部，除去病毒集中的部分。如果疾病在肠胃中，他就切开肠胃，进行洗涤，去除有病的污秽物，然后加以缝合，贴上神效的膏药。四五天以后病人伤口愈合，一个月之内就恢复了健康。

华佗曾路遇一个患咽喉阻塞的人，他就告诉病人：“刚才你过来的路边有一个卖饼的人，他卖的蓱齑很酸，你可以向他购买三升服用，你的病自然也就好了。”病人依华佗的交代，喝下蓱齑后，立刻吐出一条寄生虫来，于是他将此虫挂在车上去拜访华佗。这时华佗的小孩正在院内玩耍，迎面看见来人，就自言自语地说：“这个客人一定是遇到我的父亲，治好了他的病。”病人进屋，看到华佗家北面的墙壁上悬挂着十几条寄生虫，方知华佗很不一般。

还有一个郡守长期病重。华佗认为应该让病人大怒一段时间，他的病就会痊愈。因此，华佗故意多收钱却不去给他诊治，甚至不久就扔下病人走了，还留下一封书信辱骂病人。太守果然大怒，派人去追杀华佗，没有抓住，因而非常气愤，吐了几升黑血后，其病也就好了。

还有一位患者到华佗处求治，华佗说：“你的病太深了，需要剖腹，而且你的寿命也不过十年，但十年内你的病也不至死。”患者不能忍受疼痛之苦，要求救治。于是华佗便给他治疗，虽然病好了，但他后来果然如华佗预测的那样，十年后病亡。

广陵太守陈登胸中烦闷，面色赤红，不思饮食。华佗切脉诊断后说：“您胃中有寄生虫，将导致内疽，这是因为您喜欢吃腥物造成的。”华佗当即煮取汤药两升，让其先服一升，稍停片刻，再服一升。一会儿工夫，病人吐出三升左右的寄生虫，头赤而动，半身像是切细的生鱼丝，随后病症消失。华佗说：“这个病三年后还会复发，若遇好医生方能救治。”果然三年后陈登疾病复发，可惜当时华佗不在身边，所以他也就死了。

曹操听说华佗的医术高明，就把他找来，让他常侍左右。曹操多年被头痛眼花之疾所苦，华佗为其扎针，病症很快就好了。

有个李将军，妻子患病，便召华佗前来诊治。华佗说："您妻子受伤流产，然而死胎并没有离开母体。"将军说："她最近确实伤了身孕，但死胎已经离开了母体了啊。"华佗说："依脉象来看，死胎确实没有离开母体。"将军不以为然。他的妻子病情渐渐好转，但百日余后又复发。于是将军又请华佗前来医治。华佗说："脉理和上次一样，这是双胞胎，先生者流血过多，后者不能排出体外。由于胎儿已死，血脉不再去营养胎儿，使胎儿干枯附着于母亲的脊柱上。"华佗施以针灸，同时让她服以汤药。病妇于是感觉要生产却又生不下。华佗说："死胎干枯，是不能自行生下的。"让人探取，果然又取下一个死胎，依稀可辨识出人形，但已变成黑色。华佗的绝技均属此类。

华佗为人性情耿直，因而很难得志。他总以担任曹操的侍医为耻，加上远离家乡、思乡心切，于是他以回家取方药为由向曹操请假。华佗回到家后，借口妻子有病，多次延迟假期不归。曹操多次用书信催他返回，又命令郡县官吏催他返程。华佗仗恃自己的本领不愿意做曹操的侍医，还是不肯返回。曹操大怒，派人前往调查，得知他妻子并无疾患，因此就把他逮捕下狱、用刑审讯，强迫华佗招供认罪。荀彧向曹操求情说："华佗医术高明，关系人命，应该对他宽大不杀。"曹操不从，杀了华佗。华佗临死前，拿出一卷书给狱吏说："这本书可以救治很多人。"狱吏怕犯法，不敢接受。华佗也不勉强，遂将书卷用火烧了。

当初，军吏李成患咳嗽，昼夜不能入睡。华佗认为他患的是肠痈，给了他两钱散剂。李成服药后吐出两升脓血，其病逐渐痊愈。华佗告诫他说："十八年后，您的病还会复发，如果得不到此药，就无法痊愈。"华佗便又多给了他一些药物。五六年后，李成的一个同乡患了和李成一样的病，急需此药。李成憨厚，就将华佗所送药物给同乡服用，同时前往谯县找华佗开药。此时正值华佗被捕，李成不忍心开口，没要来药物。十八年后，李成果真病发，因无药治疗而死。

广陵吴普和彭城樊阿都师从华佗。吴普按照华佗所授的方法治病，救活了很多病人。

华佗向吴普说："人的身体需要运动，不过不应当过度。运动可促使食物消化，血脉流通，不会生病，犹如门的转轴，因为运动它始终不会朽烂。古代长寿之人都做导引这项运动，像熊一样攀援悬挂，像鸱鸟一样左右顾盼，牵引腰体，使各个关节活动起来，以求得不易衰老。我有一个运动方法，名叫‘五禽戏’，一是效法虎，二是效法鹿，三是效法熊，四是效法猿，五是效法鸟。也用它来祛除疾病，同时能使腿脚便利，用来代替导引功法。身体感到不舒服，起来做一套五禽戏，心情愉快，汗也出了，这时在身上扑些爽身粉，感觉身体轻便而有食欲了。”吴普使用这个方法，活到九十多岁，耳聪目明，牙齿完整坚固。

樊阿擅长针刺技术。一般的医生都说背和胸之间为重要脏器所居不能随便下针，针刺这些部位不能超过四分深，可是樊阿针刺背部深达一二寸，而刺巨阙胸脏部位竟然达五六寸深，而病却都治好了。樊阿向华佗求要能够服食、有益于人体健康的药方。华佗就授给他“漆叶青黏散”，即漆叶屑一斗，青黏十四两，用这个做比例配制，并且告诉樊阿：“长期服用能够杀死寄生虫，对五脏有利，使身体轻便，使人头发不变白。”樊阿听他的话，得寿一百岁。漆叶到处都有，青黏生长在丰县、沛县、彭城和朝哥之间。

评 析

华佗（约2世纪—3世纪初），字元化，一名旉，沛国谯（即今安徽省亳州市）人。他在年轻时，曾到徐州一带访师求学，“兼通数经，晓养性之术”。沛相陈珪推荐他为孝廉、太尉黄琬请他去做官，都被他一一谢绝。他学问渊博，游学于各地，对医学尤有精深的钻研和成就。他行医四方，足迹与声誉遍及安徽、江苏、山东、河南等省。史书记载，华佗因不服曹操之命为其专职保健，后竟遭杀害。其记载之医著有《枕中灸刺经》《内事》《观形察色并三部脉经》《华佗方》等，均未见传世，据载均于华氏临刑前烧毁。后世流传之《中藏经》，署华氏所著，实为伪托之作。

华佗的医学成就主要有三个方面：一是精于临床各科，在内、外、妇、产、儿、五官、针灸等科等方面均医术精湛，尤以外科最负盛名，是中国最早的全科医生。其医术极精，治病辄效，方药仅寥寥数种，针刺穴位也仅数穴，即可奏效。《三国志·华佗传》载其验案数则，均效如桴鼓。二是发明世界上最早的麻醉剂——“麻沸散”。他擅长外科，对躯体内部之疾患，如为手术适应证，则给“麻沸散”以酒冲服，使之无所觉而进行手术，可以去除腹内之污秽，切去有病之肠段及积聚，然后敷以药膏，一个月之内即可平复如旧。当华佗成功地应用麻沸散麻醉病人而进行腹部手术时，世界其他国家的外科麻醉术尚处于摸索阶段。三是华佗还善于养生，主张人体需适当劳动，但不使过度劳累。他创用“五禽之戏”，仿效虎、鹿、猿、熊、鸟的各种动作，活动肢体，使血脉流通，以求难老。其弟子吴普依法锻炼，年九十而耳聪目明。四是具有高尚的医学道德。华佗生活的时代，是在东汉末年三国初期。那时，军阀混乱，水旱成灾，疫病流行，人民处于水深火热之中。目睹这种情况，华佗非常痛恨作恶多端的封建豪强，十分同情受压迫受剥削的劳动人民。为此，他不愿做官，宁愿摇着金箍铃，到处奔跑，为人民解脱疾苦。华佗不求名利，不慕富贵，使他得以集中精力于医药的研究上。华佗也由于不愿意担任曹操的专职保健医生而被杀害。

后世对华佗医学成就评价极高，称其为“外科圣手”“外科鼻祖”“神医华佗”。后人还用“华佗再世”“元化重生”来形容医术精湛的医家。《三国志》评曰：“华佗之医诊，杜夔之声乐，朱建平之相术，周宣之相梦，管辂之术筮，诚皆玄妙之殊巧，非常之绝技矣。昔史迁著扁鹊、仓公、日者之传，所以广异闻而表奇事也。故存录云尔。”《后汉书》记载荀彧曾说：“佗方术实工，人命所悬，宜加全宥。”

王叔和传

王叔和，高平人也[①]。博好经方[②]，洞识摄养之道[③]。尝谓人曰："食不欲杂[④]，杂则或有所犯[⑤]。当时或无灾患[⑥]，积久为人作疾[⑦]。寻常饮食[⑧]，每令得所[⑨]。多餐令人彭亨短气[⑩]，或至暴疾[⑪]。夏至秋分，少食肥腻饼臛之属[⑫]。此物与酒食瓜果相防[⑬]，当时不必习病[⑭]，入秋节变[⑮]，阳消阴息[⑯]，寒气忽至[⑰]，多诸暴卒，良由涉夏取冷大过[⑱]，饮食不节故也[⑲]。而不达者皆以病至之日便谓是病至之始[⑳]，而不知其所由来者渐矣[㉑]，岂不惑哉[㉒]？"

——北宋李昉·太平御览卷七百二十·方术部一·养生

译文

王叔和，山东高平（今山东省邹城市）人。平时喜好并通晓各类方剂之学，

① 高平：今山东省邹城市。
② 博好：喜好并通晓。经方：各类方剂之学。
③ 洞识：通晓；透彻了解。摄养：养生、调养。
④ 杂：庞杂。
⑤ 犯：侵犯。
⑥ 灾患：病患。
⑦ 积久：长期积累下来。
⑧ 寻常：平常。
⑨ 得所：恰当。
⑩ 彭亨：鼓胀。短气：呼吸短促而不相接续。
⑪ 或：有可能。
⑫ 饼臛：即以肉为馅的包子或肉饼。
⑬ 相防：相克。中医上的相克，为五行学说术语。借木、火、土、金、水五种物质之间互相制约和排斥的关系，来说明脏腑之间相互制约的生理现象。其次序是木克土、土克水、水克火、火克金、金克木。而食物相克，是指每一道食材都有自己特有的功效，但有时不合适的食材在搭配一起吃的时候，功效就有可能变成病因。
⑭ 习：导致。
⑮ 节变：节令变化。
⑯ 阳消阴息：阳气渐消，阴息渐重。
⑰ 寒气忽至：寒冷天气突然到来。
⑱ 良由：实在是因为。涉夏：春夏阳气升发之际。取冷大过：过于贪凉取冷。
⑲ 节：节制。
⑳ 不达：不明白。
㉑ 所由来者：导致的原因。渐：时间久。
㉒ 惑：困惑。

通晓养生之道。他曾经对人说："饮食的种类不能过杂，过杂有可能对侵犯人体健康。也许饮食过杂当时不会导致病患，但长期下来肯定会使人患上疾病。平常的饮食，每次不能过饱、恰当就行。饮食过饱，就会让人肠胃鼓胀而呼吸短促而不相接续，有可能会导致突发重病。夏至秋分时节，尽量少吃过于油腻的肉饼之类食物。过于油腻的肉饼与酒菜、瓜果相克，饮食油腻食物当时不会必然导致疾病。然而进入秋天，随着节令变化，阳气渐消、阴息渐重，寒冷天气突然到来，饮食过多、过于油腻之人多数会急病暴死。这实在是因为春夏阳气升发之际，过于贪凉取冷、饮食不节制导致的。而不知道这个原因之人都认为病来临的时候就是生病的开始，却不知道导致自己疾病的缘由实际上很早就积累起来的。这难道不让人困惑吗？"

评 析

王叔和（201—280），晋代著名医学家、医书编纂家，名熙，以字行，西晋高平（今山东省邹城市）人。王叔和性格沉静，博好经方，且纲悉修身养性之术。他在中医学发展史上，做出了两大重要贡献，一是整理《伤寒论》，二是著述《脉经》。

第一，医生张仲景巨著《伤寒杂病论》由于连年战争，原书已佚。王叔和任太医令时，多方收集仲景旧论、到各处找寻该书的原本，几经波折，最后找到全本《伤寒杂病论》。王叔和便对其整理和修复，编成《伤寒论》。但书中只有伤寒部分的内容，没有找到杂病的那一部分。直到唐朝，人们发现了一本已经被虫蛀了的小册子，里面的一部分内容正与《伤寒论》相同；另外还有一些内容，是论述杂病的文句，当时尚未见诸于世，但其文风和辞藻却与《伤寒论》极为相似。从形式上来看，这本小册子是一种摘抄本，并非完整的内容。虽然有些遗憾不能得到原本，但终究是一大收获，于是将伤寒部分的内容删去，将杂病部分整理出版，取名《金匮要略》。虽然只是不完整的内容，但这部分关于杂病的论述，为后世医家处理许多棘手的医学问题提供了极大的帮助，而王叔和对《伤寒杂病论》的整理使得《伤寒论》能够流传至今，功莫大焉。

第二，脉学在我国起源很早，扁鹊就常用切脉方法诊断疾病了。切脉是祖国医学诊断学之“望、闻、问、切”四诊中，重要的组成部分，但是当时仍不为一般医家所重视，如张仲景《伤寒论》自序中指出，有一些医生缺乏脉学知识，或者对于脉学不大讲求，这样临床诊断不明，对于病患者说来是很危险的。因此，为了解决医生在治疗过程中正确应用脉诊诊断的问题，迫切需要一部脉学专著。王叔和搜集了扁鹊、仓公、张仲景、华佗等古代医家有关脉学的论述，并加上自己的临床体会和见解，终于编著成我国现存最早的脉学专著——《脉经》。《脉经》描述和区分了各种脉象。书中把脉象分为浮、芤、洪、滑、数、促、弦、紧、沉、伏、革、实、微、涩、细、软、弱、虚、散、缓、迟、结、代、动等二十四种，这基本上包括了人体寸口动脉所反映的各种证象，初步肯定了“寸口诊法”的定位诊断。王叔和还进一步提出：区分和掌握各种脉象是切脉的关键，而正确的诊断又是治疗的基础这一观点，为此，王叔和在《脉经》中把脉、症、治三者有机地结合起来，纠正了过去把脉学脱离医疗实践，孤立地以脉断症，或者将脉学神秘化等倾向。从此，脉学便成为诊断疾病的内在变化的科学依据。

此外，王叔和另著有《论病》六卷，未见传世。

后世对王叔和评价褒贬不一，贬之者责其窜乱仲景原义。如喻嘉言攻击曰：“仲景之道，人但知得叔和而明，孰知其因叔和而坠！”褒之者则认为王叔和编次《伤寒论》有功千古，尤其当该书处于存亡危急之际，王叔和使之保存并得以传世，其贡献之大不可泯灭。正像金代成无已称：“仲景《伤寒论》得显用于世，而不堕于地者，叔和之力也。”宋代林亿曾曰：“仲景之书及今八百余年，不坠于地者，皆其力也。”清代徐大椿亦称：“苟无叔和，焉有此书？”的确，王叔和在整理中医古文献时所做的贡献是巨大的，为后世留下了宝贵的文献资料，是值得我们称赞的。若没有王叔和的整理，我们今天也许就很难知道张仲景在医学上的成就。他这种承上启下，继往开来的功绩，是值得我们铭记的。王叔和严谨的治学态度，还体现在他对前人文献的引用上。如《脉经》中就引用了大量古文献，他在引用文献时，或以标题形式列出，或以文后加注的形式注明文献出处，便于读者根据所引文献的出处，找出原始文献，他这种严肃而忠实的态度也是他的伟大之处，值得后世效法。在其故乡山东省邹城市今建有叔和中医院，家乡的后人以这种方式怀念这位杰出的医学家。

葛洪传

葛洪，字稚川，丹阳句容[①]人也。祖系，吴大鸿胪[②]。父悌，吴平后入晋，为邵陵[③]太守。洪少好学，家贫，躬自伐薪以贸纸笔[④]，夜辄写书诵习，遂以儒学知名。性寡欲，无所爱玩，不知棋局几道[⑤]，摴蒱齿名[⑥]。为人木讷，不好荣利，闭门却扫[⑦]，未尝交游。于余杭山见何幼道、郭文举[⑧]，目击而已，各无所言。时或寻书问义，不远数千里崎岖冒涉，期于必得，遂究览典籍[⑨]，尤好神仙导养之法。从祖玄，吴时学道得仙[⑩]，号曰葛仙公，以其练丹秘术授弟子郑隐。洪就隐学，悉得其法焉。后师事南海太守上党鲍玄[⑪]。玄亦内学[⑫]，逆占将来，见洪深重之，以女妻洪。洪传玄业，兼综练[⑬]医术，凡所著撰，皆精核[⑭]是非，而才章富赡[⑮]。

---

① 丹阳句（gōu）容：地名，在今江苏省句容县。
② 三国时吴国大鸿胪官。大鸿胪，掌朝贺庆吊的赞襄礼仪。
③ 晋郡，治所在今湖南省邵阳市。
④ 亲自砍伐柴薪到集市上卖，以买纸笔。
⑤ 棋局：三国魏邯郸淳《艺经》谓棋局纵横各十七道，黑白棋子各一百五十枚。
⑥ 又作樗（chū）蒲。汉末盛行的一种棋类游戏，博戏中用于掷采的投子最初是用樗木制成，故称樗蒲。又由于这种木制掷具系五枚一组，所以又叫五木之戏，或简称五。齿：近代尚传的又一种博具“骰子”。
⑦ 却扫：谢客，谓不复扫径迎客。
⑧ 余杭山：《越绝书》说是越王勾践栖吴夫差的山。山有湖，水近太湖。何幼道，名准；郭文举，名文，二人都是晋朝的名士。
⑨ 典籍：原指国家重要文献，这里指各种典册、书籍。导养之法，导引养生的法术。
⑩ 从祖：即葛洪堂祖葛玄。葛玄，字孝先，传说他历游灵岳、赤城、罗浮，得道成仙，号葛仙公。著有《胎息术》一卷。
⑪ 《鲍靓传》云，靓字太玄，力南海太守。则此“玄”字上脱“太”字，或双名单称。南海郡，治番禺，在今广州市。鲍玄是晋上党郡（在今山西省）人。
⑫ 内学：谓图谶之学。即古代方士或儒生编造的关于帝王受命征验一类的书，多为隐语、预言。始于秦，盛于东汉。
⑬ 综练：综谓综合，练谓熟练。
⑭ 精核：精辟翔实。
⑮ 才章富赡：才子文章，丰富多彩。

太安[①]中，石冰作乱[②]，吴兴太守顾秘为义军都督[③]，与周玘[④]等起兵讨之，秘檄洪为将兵都尉[⑤]，攻冰别率[⑥]，破之，迁伏波将军[⑦]。冰平，洪不论功赏[⑧]，径至洛阳[⑨]，欲搜求异书以广其学。

洪见天下已乱，欲避地南土，乃参广州刺史嵇含军事[⑩]。及含遇害，遂停南土多年，征镇[⑪]檄命一无所就。后还乡里，礼辟[⑫]皆不赴。元帝为丞相[⑬]，辟为掾[⑭]。以平贼功，赐爵关内侯[⑮]。咸和[⑯]初，司徒导召补州主簿[⑰]，转司徒掾，迁谘议参军[⑱]。干宝[⑲]深相亲友，荐洪才堪国史，选为散骑常侍[⑳]，领大著

---

① 太安：晋惠帝司马衷年号。太安纪号共二年，即自公元 302 至 303 年。

② 石冰作乱：石冰（？—304），西晋时蛮族起义军将领。太安二年（303），张昌发动荆州汉、蛮各族人民起义，派他分兵东攻扬州，击败刺史陈徽，占领扬州诸郡，不久攻破江州，临淮（今江苏盱眙）人封云起兵响应，进攻徐州。永兴元年（304），在建康（今江苏南京）为陈敏所败，被迫北依封云，与封云同为叛徒张统所杀。

③ 吴兴：晋郡，治所在今浙江省吴兴县。顾秘，西晋诗人。字公真，吴郡吴县（今苏州）人。初为员外散骑常侍。惠帝时，官交州太守、吴兴太守。太安中，石冰作乱，时秘守吴兴，众推为都督扬州九郡诸军事，兴兵讨之，会稽贺循、广陵华谭及丹扬葛洪皆起兵以应。都督：官名。魏文帝曹丕始置都督诸州军事，或兼任所驻在之州刺史，而都督中外诸军及大都督，权任尤大。晋以都督诸军为上，监诸军次之，督诸军为下。见《晋书·职官志》。

④ 周玘：（258—313），字宣佩，东吴鄱阳太守周鲂之孙，西晋御史中丞周处之子。中国西晋末年对南渡之初的司马氏政权起重要作用的江南士族首脑。太安二年（303）张昌起义军将领石冰攻陷扬州、江州等地。他联络江东士族，共推吴兴太守顾秘为都督扬州九郡诸军事，动员江东大族的武装，配合晋广陵度支陈敏消灭了起义军（见张昌、石冰起义）。

⑤ 檄：古代官府用以征召的文书。将兵都尉：秦于三十六郡各置尉，佐守典武事，汉景帝更名都尉，而不遍设，只在边都置之，秩比太守。历代不置郡都尉，唯“每有剧贼，郡临时置都尉，事讫罢”。

⑥ 别率：分统一支起义军的小率。

⑦ 迁：升迁。伏波：将军的名号。取意为船涉江海，欲使波浪伏息。

⑧ 葛洪没等参加论功行赏。

⑨ 洛阳：西晋都城。

⑩ 广州：晋时广州，约统有今广东、广西两省地方。刺史，晋的州刺史，任重者为使持节都督，轻者为持节。参嵇含军事：即葛洪为嵇含（嵇康之孙，时任广州刺史）属官参军。

⑪ 征镇：将军的名号。汉魏以来，有东、南、西、北四征将军及四镇将军，合称征镇。

⑫ 厚礼征召。

⑬ 东晋元帝司马睿未即帝位以前，为琅琊王，晋愍帝建兴元年（313），司马睿曾任左丞相，建兴三年（315）司马睿任丞相。

⑭ 掾（yuàn）：原为佐助的意思，后为副官佐或官署属员的通称。

⑮ 关内侯：即关中侯，魏晋的关中侯，爵十七级，地位低于名号侯，皆不食租，虚封爵。

⑯ 咸和：东晋成帝司马衍年号。咸和：纪号共九年，即自公元 326—334 年。

⑰ 司徒：三公之一，位等丞相。导：王导，历事元帝、明帝、成帝三朝，做丞相，忠奋自励，是东晋的名臣。主簿，职掌簿书，是州郡的辅助官。

⑱ 谘议参军：掌谋划，犹如近代的参议。

⑲ 干宝：东晋史学家、文学家。字令升，新蔡（在今河南省新蔡县）人。元帝时以佐著作郎领修国史。著有《晋纪》，时称良史。其书今已佚。

⑳ 散骑常侍：西晋官名，掌表诏，往往预闻要政。

作[①]，洪固辞不就。以年老，欲练丹以祈遐寿[②]，闻交趾出丹，求为句漏令[③]。帝以洪资高，不许。洪曰："非欲为荣，以有丹耳。"帝从之。洪遂将子侄俱行[④]。至广州，刺史邓岳[⑤]留不听去，洪乃止罗浮山[⑥]炼丹。岳表补东官[⑦]太守，又辞不就。岳乃以洪兄子望为记室参军[⑧]。在山积年，优游闲养，著述不辍。其自序曰：

洪体乏进趣之才，偶好无为之业[⑨]。假令奋翅则能陵厉玄霄[⑩]，骋足则能追风蹑景[⑪]，犹欲戢劲翮于鷦鷯之群[⑫]，藏逸迹于跛驴之伍，岂况大块[⑬]禀我以寻常之短羽，造化假我以至驽之蹇足[⑭]？自卜者审[⑮]，不能者止，又岂敢力苍蝇而慕冲天之举，策跛鳖而追飞兔之轨[㉘]；饰嫫母之笃陋[㉙]，求媒阳之美谈[㉚]；推沙砾之贱质，索千金于和肆[㉛]哉！夫僬侥之步而企及夸父之踪[㉜]，近才所以踬碍也[㉝]；要离之羸而强赴扛鼎之势，秦人所以断筋也[⑯]。是以望绝于荣华之途，而志安乎穷圮[⑰]之域；藜藿有八珍之甘[⑱]，蓬荜有藻棁之乐也[⑲]。故权贵之家，虽咫尺弗从也；知道之士，虽艰远必造也[⑳]。考览奇书，既不少矣，率多

---

① 大著作：史官名，专掌修史。
② 遐寿：高寿。
③ 句漏：句，读勾。交趾郡属县。
④ 将：带领。
⑤ 邓岳：字伯山，陈郡（在今河南省周口市）人。
⑥ 罗浮山：在广东增城、博罗境内。
⑦ 东官：晋郡，治宝安，在今广东省深圳市。
⑧ 记室参军：中国古代官名。记室是指掌管文书之官。如最初在东汉时太属官有记室令史，太守都属官有记室史。而至魏晋南北朝时，各地方官、王国王府等单位底下，开始设有记室参军专门掌管军队里的文书起草、记录表彰等重要工作，元代以后废除此制。
⑨ 无为之业：即老庄无为之道。
⑩ 陵厉玄霄：直上云霄。
⑪ 骋：纵马奔驰。蹑：追踪。景：同"影"。
⑫ 戢（jí）：收敛。翮：即"羽根"，引申为鸟翼的代称。鷦鷯、鷦鹩、鷯雀，都是小鸟。
⑬ 谓地。
⑭ 造化：谓天。驽：这里指能力低下。蹇：跛足。
⑮ 魏徵：（580—643），字玄成，钜鹿郡（一说在今河北省巨鹿县，一说在今河北省馆陶县）人，唐朝政治家、思想家、文学家和史学家，因直言进谏，辅佐唐太宗共同创建"贞观之治"的大业，被后人称为"一代名相"。贞观十七年（643），魏徵病死。官至光禄大夫，封郑国公，谥号"文贞"。葬礼从简。同年入凌烟阁。
⑯ 要离：春秋末年吴国刺客。吴公子光既杀吴王僚，又遣要离往刺在卫的僚子庆忌。庆忌在渡江时被刺，他亦自杀。羸：劣疲。
⑰ 圮（pǐ）：坍塌。
⑱ 藿：贱菜。八珍：《周礼》天官膳夫以淳熬、淳母、炮豚、炮牂、捣珍、渍、熬和肝膋为八珍。后世以龙肝、凤髓、骆胎、鲤尾、鼠舌、鱼唇、熊掌和酥酪蝉为八珍。
⑲ 蓬荜：犹言蓬户荜门，以称贫陋的居室。藻棁：梁上有彩画的短柱。
⑳ 造：往，到。

隐语[①]，难可卒解，自非至精不能寻究，自非笃勤不能悉见也。

道士弘博洽闻[②]者寡，而意断妄说者众。至于时有好事者，欲有所修为，仓卒不知所从，而意之所疑又无足谘。今为此书，粗举长生之理。其至妙者不得宣之于翰墨[③]，盖粗言较略以示一隅，冀悱愤之徒省之可以思过半矣。岂谓暗塞[④]必能穷微畅远乎，聊论其所先觉者耳[⑤]。世儒徒知服膺周孔[⑥]，莫信神仙之书，不但大而笑之，又将谤毁真正。故予所著子言黄白之事[⑦]，名曰《内篇》，其余驳难通释，名曰《外篇》，大凡内外一百一十六篇。虽不足藏诸名山，且欲缄之金匮[⑧]，以示识者。

自号抱朴子，因以名书。其余所著《碑诔诗赋》百卷[⑨]，《移檄章表》三十卷[⑩]，《神仙》《良吏》《隐逸》《集异》等传各十卷，又抄《五经》《史》《汉》《百家之言》《方技杂事》三百一十卷，《金匮药方》[⑪]一百卷，《肘后要急方》[⑫]四卷。

洪博闻深洽，江左绝伦[⑬]。著述篇章富于班马[⑭]，又精辩玄赜[⑮]，析理入微。

---

① 率：大率，副词。隐语：不把本意直接说出而借别的词语来暗示的话。

② 洽闻：多闻博识。

③ 翰墨：犹“笔墨”，指文辞。

④ 暗塞：是葛洪指自己的著作《抱朴子》文字隐晦说的。

⑤ 先觉：先知先觉，是儒家从唯心主义的先验论出发，指所谓天生的启蒙者。

⑥ 只知衷心信服周公、孔子。周公，姬姓，名旦，是周文王姬昌第四子，周武王姬发的弟弟，曾两次辅佐周武王东伐纣王，并制作礼乐。因其采邑在周，爵为上公，故称周公。周公是西周初期杰出的政治家、军事家、思想家、教育家，被尊为“元圣”和儒学先驱。孔子（前 551 年 9 月 28 日—前 479 年 4 月 11 日），子姓，孔氏，名丘，字仲尼，春秋末期鲁国陬邑人（今山东曲阜），祖籍宋国栗邑（今河南夏邑）。孔子是中国古代著名思想家、教育家，他开创了私人讲学的风气，倡导仁、义、礼、智、信，是儒家学派创始人。

⑦ 黄白：黄金与白银。古代指方士烧炼丹药点化金银的法术。

⑧ 金匮：古代国家藏重要文书，“以金为匮，重缄封之”。

⑨ 碑记诔文诗赋。诔：古代统治阶级用以表彰死者德行并致哀悼的文辞，仅能用于上对下。

⑩ 移檄章表：移，旧制官文书的一种，对不相临敬的官署用之。檄，古代官府用以征召或声讨的文书。章，章奏。表，章奏之属，如诸葛亮《出师表》。

⑪ 葛洪所著，已佚。

⑫ 原名《肘后救卒方》，亦称《肘后备急方》。葛洪著有《金匮药方》一百卷，因其卷帙浩繁，不便携带，便摘其要者并选录各家著作及广泛搜求各地流传的验方编撰成《肘后备急方》四卷。“肘后”是指该书篇幅很小，可以挂在胳膊上随身携带，相当于现代所说的“袖珍本”。“备急”就是应急的意思。这部书里的治病药方，都是民间的草药，突出了简、便、廉、验、速的特点，深受老百姓的欢迎。该书后经陶弘景、杨用道增为八卷。为我国医学史上一部宝贵的医学文献。

⑬ 江左：谓长江最下游，即今江苏等地。绝伦：特异，超过同辈。

⑭ 班马：是汉代的两位著名历史学家的简称，“班”指班固，“马”指司马迁。司马迁写了我国第一部纪传体通史《史记》，班固写有断代史《后汉书》，这两部著作是“前四史”之一。班马的创作对我国史学产生了深远的影响。

⑮ 玄赜：玄谓幽远，赜谓深奥。

后忽与岳疏云："当远行寻师[1]，克期便发。"岳得疏，狼狈往别。而洪坐至日中，兀然若睡而卒，岳至，遂不及见。时年八十一[2]。视其颜色如生，体亦柔软，举尸入棺，甚轻，如空衣，世以为尸解得仙云。

赞曰：稚川优洽，贫而乐道。载范斯文，永传洪藻。

——唐·房玄龄等·晋书卷七十二·列传第四十二

译文

葛洪，字稚川，丹阳郡句容县人。祖父葛系，是三国时吴国的大鸿胪。父亲葛悌，吴被灭后入仕晋，任过邵陵郡太守。葛洪从小就好学，但家中贫穷。所以，他白天上山打柴以换取笔墨纸张，夜晚读书抄写记诵，因而凭着精通儒学而知名于世。他性格清淡寡欲，不喜玩耍，连棋盘上有多少条线以及樗蒲骰子的名称都不知道。葛洪为人木讷少言，不好名利，时常闭门不出，也很少交游。他曾在余杭山见到当时的名士何幼道、郭文举，彼此只是对视了一阵，没有说一句话。他时常寻访典籍探究学问，哪怕是千里之遥、道路崎岖艰险，也必去寻问，直到有了结果方才罢休，因此他得以博览群书。葛洪还特别爱好神仙导养之法。其从祖葛玄，吴时学道成仙，号为葛仙公，曾把炼丹秘术传授给弟子郑隐。葛洪投奔于郑隐门下学道求仙，掌握了郑隐所授的全部法术。后来又师从于南海太守上党人鲍玄。鲍玄也精通谶纬之学，能预测未来，见到葛洪非常器重，把自己的女儿许配与他为妻。葛洪继承了鲍玄的学业，同时又兼攻医术，所撰写的文章著作，无不透彻精妙，而文辞也很华美。

太安年间，石冰作乱，吴兴太守顾秘担任义军的都督，与周玘一起兴兵讨伐石冰。顾秘传檄征召葛洪为将兵都尉，派他攻击石冰的策应部队。葛洪消灭了这支敌军，被升为伏波将军。石冰之乱平息后，葛洪不愿以功得赏，径直去了洛阳，广泛搜求异书秘籍以充实自己的学问。

葛洪见当时天下已乱，就到南方去躲避，担任广州刺史嵇含的参军。嵇含遇害后，他仍滞留南方多年不归。他对功名利禄不在乎，之前长官给他的将军

① 寻师：寻找仙师。《御览》六百六十四引《晋中兴书》，"寻师"作"寻药"。

② 葛洪去世的时候八十一岁。按葛洪卒于东晋哀帝司马丕兴宁元年，即公元363年，享年八十一岁，可知其生于西晋武帝司马炎太康三年，即公元284年。

的封号、征召他的檄文一样也没有留下。后来他回到故乡，国家多次以礼征召，他都一概不接受。晋元帝在做丞相时，任他为属官，以平石冰之功，赐爵关内侯。咸和初年，司徒王导召葛洪补州主簿，再转任他为属官、谘议参军等职。干宝对葛洪非常亲近友善，推荐他担任国史，选他为散骑常侍，并兼大著作之职，葛洪固辞不受。因年岁已高，葛洪欲炼仙丹以求长寿，听说交趾郡出产丹砂，他便向朝廷申请担任勾漏县令。皇上认为他年纪太大，没有答应他的请求。葛洪说："我并非要求荣耀，只因为那里出产丹砂。"皇上这才答应他的请求。葛洪于是带着儿子、侄儿一起上路。到了广州，刺史邓岳苦苦挽留不放他走，他只好留在罗浮山炼丹。邓岳又上表皇上，奏请朝廷任命葛洪为东官郡太守，葛洪却坚辞不受。邓岳只好让葛洪兄长的儿子葛望出任记室参军。葛洪在罗浮山多年，优游闲养，著述不停。他在自序中说：

我葛洪身无进取之才能，偶然对无为之道产生了喜好。假如我展开双翅就能够飞上九霄、迈开双腿就可以追风逐影，但我仍会收敛起翅膀混迹于鷦鷯之群，不露驰骋的异能而与跛驴为伍，何况上天只给了我普普通通的短翅，造物主只为我安排了一双不善奔走的笨足。能了解自己的人要审时度势，做不了的就不要去干，我怎能凭着苍蝇一般的能力却去羡慕别人的冲天之举，怎敢骑着一只跛脚的老鳖硬去追赶骏马的行迹。难道把丑陋的嫫母打扮一番，就可以让媒人把她夸为美女吗？难道拿一些毫无用处的沙砾瓦块，就可以到珠宝店卖到和氏璧一样的千金之价吗？凭不满三尺的身材，想要去追夸父，这种糊涂的人肯定会踉踉跄跄、狼狈不堪。像要离那样瘦小柔弱却偏偏要去扛千斤之鼎，不自量的秦人当然会被压断筋骨。所以我对荣华富贵之路不抱任何奢望，心安理得，像平民百姓一样。吃藜藿之类的粗食我照样觉得甘美，居蓬荜之屋与处华堂广殿有同样之乐。因此对权贵之家，虽近在咫尺也不去逢迎，对深通道义之人，虽路途遥远、艰险，也一定去造访。我考释阅览的奇书，可不算少，只是书中多为隐语，难以准确理解。如果不是精审慎思就不可能明悟，如果不是刻苦钻研就不可能体察。

道士广闻博览的少，而率意妄断者多。至于时常有好事之人，想有所修为，盲目不知从哪里学起，心中多有疑难却又无处解惑。现写成这部书，大概讲一下长生之理，其中最精妙的部分是不能用笔墨文字来表达的，只好粗略介绍一下以显露一点。希望真诚而又发愤的人经过思考，可以得到启发教益。难道说昏愚不开窍的人还能畅晓细微的义理吗？这部书也只能启发那些有悟性而先觉的人罢了。儒家门徒世世代代崇拜、敬仰周公、孔子，不相信神仙之书，不但自高自大以讥笑之，还要对此予以毁谤。因此我写这书，专谈黄白之事，名为“内篇”，其余批驳和通释方面的内容，名为“外篇”，内外总共一百一十六篇。虽不值得藏于名山，但也可以收在金匮之内，以待真有见识的人观之。

葛洪自号“抱朴子”，就以此给他的书命名。其他所著《碑诔诗赋》百卷，《移檄章表》三十卷，《神仙传》《良吏传》《隐逸传》《集异传》各十卷，又抄有《五经》《史记》《汉书》《百家之言》《方技杂事》三百一十卷，《金匮药方》一百卷，《肘后要急方》四卷。

葛洪博学精识，在江东无人可比。著述篇章丰富，超过班固、司马迁。他又能精辟入微地分析论辩玄妙的理义。后来他忽然写信对邓岳说：“当远行去寻找仙师，即刻就要启程。”邓岳收到书简，慌慌张张地赶去道别。而葛洪端坐到中午，竟像熟睡一样去世了。邓岳赶来，已来不及见他一面。葛洪卒年八十一岁。查看他的面色和生前一样，身体柔软而不僵硬，将尸体殓入棺材，只觉得棺材很轻，好像只装有衣服没有尸体一般，人们都说他已尸解升仙而去了。

评 析

葛洪（284—363），东晋著名医药学家、炼丹术家、道教理论家，字稚川，号抱朴子，丹阳句容（今属江苏）人。三国方士葛玄之侄孙，世称小仙翁。十三岁丧父，家道中落，常带经而农，携史而樵，学问成熟很早。后从从祖葛玄弟子郑隐习炼丹术，悉得其传。太安二年（303）从军参与镇压石冰起义，因而赐爵关内侯。晚年，他隐居在广东罗浮山中，既炼丹、采药，又从事著述，直至去世。葛洪，不仅是道家著名人物，也是著名文学家、医药学家和化学家。

他在医学、制药化学上有许多重要的发现和创造。

一是进一步将炼丹术应用于外用药物的制作，如改进外用丹药的制法，这对开创后世中医丹药的炼制，具有重要意义。葛洪使用炼制后的水银作为主料配成的方药以治疗疥癣、恶疮，比西方意大利 12 世纪时用水银软膏来治疗这些疾病要早 800 余年。国内外专家一致公认，葛洪的炼丹术是世界制药化学的先驱。

二是著作《抱朴子》，其中《内篇》对养生、病因、方药等医学内容也有诸多精辟阐述。葛洪把医学看作是一种“道”的追求，强调“为道者，以救人危，使免病; 护人疾病，令不枉死，为上功”。他把未能健康长寿的原因归于多种因素:“夫之所以死者，诸欲所损也；老也；百病所害也；恶毒所中也；邪气所伤也；风冷所犯也。”他认为人的患病夭寿，个体的内在因素比外界因素更为重要，所谓“风冷暑湿，不能伤壮实之人也; 陡患体虚气少者，不能堪也，故为所中耳。”他还十分强调预防的重要性：“至人消未起之患，治未病之病，医之于无事之前，不追之于逝之后。”他还认识到心理、情绪、修养对于养生的重要意义:“淡默恬愉，不染不移，其养心以无欲，颐其神以粹素，扫涤诱慕，收之以正，除难求之思，遣害真之累，薄喜怒之邪，灭爱恶之端。”均表明葛洪是以客观的、科学的态度对待医学。

三是《金匮药方》和《肘后备急方》两部医药学著作，在中国医药发展史上也有其重要的地位和价值。《金匮药方》共一百卷（已佚）是一部规模较大，内容丰富的大部著作。这是葛洪在阅读了《黄帝内经》《金匮要略》等医书及百家杂方近千卷的基础上，再加上民间的验方、秘方以及他本人的医疗经验汇编而成的。葛洪考虑到此书卷帙浩繁，携带不便，后来又辑其主要内容写成《肘后救卒方》四卷，使之成为一部简便实用的医药书籍。所谓“肘后”，即是谓此书可以挂在胳膊肘上随时携带，类似于现代医书的中医验方汇编，而其中的许多验方组成又相当于急症临床手册。葛洪谓此书所载药物大多是乡野之间、沟旁篱下易得之物，不必花钱，即使买药，价钱也非常便宜且容易买到，不会给病人增加负担。此后，南朝的陶弘景对它做了一次增补，名为《肘后百一方》，金代杨用广等又增补了一次，名为《附广肘后备急方》，一直流传至今。

《肘后备急方》其医学价值，决不单纯在于它的临床实用性，书中对某些传染性疾病的症状、病因、治法等的认识，在中国乃至世界医学史上也是绝无仅有的。它不仅对后世中医急症的诊疗具有某种开创性，而且在许多方面都远远早于世界其他国家，因此此书的科学价值是毋庸置疑的。如书中对肺结核（古称“尸注”或“鬼注”）的主要症状、发病过程及传染性的记载，在世界医学史上处于领先地位，且与现代医学认识基本吻合。又如对天花病症状的记载也颇为详确。此病时称“虏疮”。葛洪在公元 317 年前后一次天花大流行中，通过周密观察，总结了该病的典型症状。这一记载比西方医学界认为最早记载天花的阿拉伯医学家雷撒斯要早 500 多年。恙虫病是流行于亚洲东南地区，包括我国广东、福建、台湾一带的一种地方性急性传染病，病原体是一种比细菌还小的微生物“东方立克次体”。恙虫的幼虫“沙虱”是传染媒介。葛洪在书中详细而准确地描述了沙虱的生活形态以及该病的发病地带、临床特征、传染途径、预防预后等方面，美国医生帕姆在 1878 年在其著述中方载此病，比葛洪记述此病要晚1500余年。书中尚记载了一种被疯狗咬伤后的疾病，后世称为“狂犬病”。葛洪认为，凡为狂犬咬伤者，当立即捕杀狂犬，取其新鲜脑组织敷贴创面，切勿掉以轻心。此种方法实际上正是免疫的方法，初步体现了近代免疫学的思想。可见，葛洪对上述诸多疾病的认识可以说是开了我国传染病学和临床急症学的先河，因而一直受到后世医家的推崇。《肘后备急方》对麻风（癞病）、疥虫、黄疸、急性淋巴结肿大、中风、中毒、精神病、外伤等多种急症的诊治亦有精辟的论述。

葛洪是我国较早的著名道医，是道医理论体系的奠基者。葛洪对道医最大的贡献，是他在道医学理论方面的认真思考。葛洪对中医、道医的本质属性做出深刻的研究，得出振聋发聩的结果：“道者，儒之本也。儒者，道之末也。”“夫道者，内以治身，外以为国。”（《抱朴子·内篇》）。葛洪的论述，初步奠定了道医理论体系的基础，为道医定义的确定开辟了道路，对后世道医的发展产生了重要影响。

陶弘景传

陶弘景，字通明，丹阳秣陵①人也。初，母梦青龙自怀而出②，并见两天人手执香炉来至其所③，已而有娠④，遂产弘景。幼有异操。年十岁，得葛洪《神仙传》⑤，昼夜研寻，便有养生之志。谓人曰："仰青云，睹白日，不觉为远矣。"及长，身长七尺四寸，神仪明秀，朗目疏眉，细形长耳。读书万余卷。善琴棋，工草隶。未弱冠⑥，齐高帝⑦作相，引为诸王侍读⑧，除奉朝请⑨。虽在朱门⑩，闭影不交外物，唯以披阅为务。朝仪故事⑪，多取决焉。

永明十年⑫，上表辞禄，诏许之，赐以束帛。及发，公卿祖之于征虏亭⑬，

---

① 地名，今江苏省南京市南。

② 青龙：亦作苍龙，东方七宿（角、亢、氐、房、心、尾、箕）的总称。《三辅黄图》："苍龙、白虎、朱雀、玄武，天之四灵，以正四方。"

③ 天人：谓有道之人。香炉：烧香之器。

④ 已而：旋即。有娠：本谓胎儿在母体中微动，泛指怀胎。

⑤ 葛洪（283—343）：东晋著名医药学家、炼丹术家、道教理论家。字稚川，号抱朴子，丹阳句容（今属江苏）人。三国方士葛玄之侄孙，世称小仙翁。十三岁丧父，家道中落，常带经而农，携史而樵，学问成熟很早。后从从祖葛玄弟子郑隐习炼丹术，悉得其传。太安二年（303）从军参与镇压石冰起义，因而赐爵关内侯。晚年，他隐居在广东罗浮山中，既炼丹、采药，又从事著述，直至去世。葛洪，不仅是道家著名人物，也是著名文学家、医药学家和化学家。他在文学上也有许多卓越的见解，在医学和制药化学上有许多重要的发现和创造。他的著作，约有五百三十卷。不过，大多已经散佚，流传至今的，主要有《抱朴子》(分内篇二十卷、外篇五十卷)、《肘后救卒方》《神仙服食方》十卷、《服食方》四卷、《玉函煎方》五卷。《抱朴子》是一部综合性的著作。内篇说的是神仙方药，鬼怪变化，养生延年，禳邪却病等事，属于道教的著作，但其中《金丹》《仙药》《黄白》等部分是总结我国古代炼丹术的名篇；外篇说的是人间得失，世道好坏等事，其中《钧世》《尚博》《辞义》等篇，是著名的文论著作。《肘后救卒方》三卷，专述常遇急症之处理，是我国古代较早的急救医方书。且所用治疗药物均属价廉易得之品，并主张多用针灸疗法，并用歌诀形式叙述部分药物方剂的主治，颇利于一般人士学习医术。此书中首次描述了沙虱（恙虫）病、天花病，记载了竹片夹缚术裹治骨折、食道异物取出及用狂犬脑髓外敷狂犬咬伤处以防治狂犬病发作等。该书是葛洪在广东编著的一部简便切用的方书，收录的方药大部分行之有效，采药容易，价钱便宜，而且，篇帙不大，可挂在肘后随行（即今天所说的袖珍本），即使在缺医少药的山村、旅途，也可随时用来救急，所以，受到历代群众的欢迎。此书后经陶弘景补阙，名《补阙肘后百一方》，杨用道又予附广，称《附广肘后方》，即今传世之本，书虽屡易，大旨仍在，未失本意。

⑥ 弱冠：年二十为弱冠。

⑦ 即萧道成。道成在宋先后做散骑常侍、中领军、太尉、太傅、相国，公元479年代宋而为皇帝，国号齐。

⑧ 引：荐举。侍读：南朝宋的侍读博士，掌授诸王经。

⑨ 除：授官。奉朝请：虚名位，没实职，只奉受朝会请召。

⑩ 朱门：古代王公贵族的住宅大门漆成红色，以示尊异，故以朱门为贵族邸第的代称。

⑪ 朝仪：古时帝王临朝的典礼。故事：旧日的典章制度。

⑫ 永明：南齐武帝萧赜年号。永明十年，即公元492年。

⑬ 祖：原意为古人出行时祭祀路神。引申为送行。征虏亭：在今南京市东。

供帐甚盛，车马填咽，咸云宋、齐已来[①]，未有斯事。朝野荣之。于是止于句容之句曲山[②]。恒曰："此山下是第八洞宫，名金坛华阳之天[③]，周回一百五十里。昔汉有咸阳三茅君[④]得道，来掌此山，故谓之茅山。"乃中山立馆，自号华阳隐居。始从东阳孙游岳受符图经法[⑤]。遍历名山，寻访仙药。每经涧谷，必坐卧其间，吟咏盘桓，不能已已。时沈约[⑥]为东阳郡守，高其志节，累书要之，不至。

弘景为人，圆通谦谨，出处冥会[⑦]，心如明镜，遇物便了，言无烦舛，有亦辄觉[⑧]。建武[⑨]中，齐宜都王铿[⑩]为明帝所害，其夜，弘景梦铿告别，因访其幽冥[⑪]中事，多说秘异，因著《梦记》焉。

永元[⑫]初，更筑三层楼，弘景处其上，弟子居其中，宾客至其下，与物遂绝[⑬]，唯一家僮得侍其旁。特爱松风，每闻其响，欣然为乐。有时独游泉石，望见者以为仙人。性好著述，尚奇异，顾惜光景，老而弥笃。尤明阴阳五行，风角星算[⑭]，山川地理，方图产物[⑮]，医术本草。著《帝代年历》，又尝造浑天象[⑯]，云"修道所须，非止史官是用"。义师平建康[⑰]，闻议禅代，弘景援引图

---

① 咸：皆，悉。已：通"以"。古已、以二字通用。

② 句（gōu）容：县名，汉置，县近句容山，山有所容，故名。今江苏省句容市，即其故治。句曲山，在今句容市东南。

③ 道家谓神仙居住的地方，概在名山洞府之中，而各以天名。

④ 三茅君：汉茅盈与弟固、衷得道于句容山，世称三茅君。

⑤ 东阳：郡名，治所在今浙江省金华市。符图：亦作浮图、浮屠。佛图，即佛。符图经法，即佛经佛法。

⑥ 沈约：字休文，武康（即浙江省旧武康县）人，南朝历史学家，著有《晋书》《宋书》《齐纪》等历史书。历仕宋、齐、梁三朝。

⑦ 出处：犹言进退。冥会：暗合，默契。

⑧ 烦舛（chuǎn）：错乱。辄：每。

⑨ 建武：南齐明帝年号。公元 494 年，萧道成兄子萧鸾，废郁林、海陵二王，继立为帝，是为明帝，改元建武，杀道成子孙无遗。

⑩ 宜都王铿（kēng）：是萧道成第十六子，公元 494 年，被萧鸾所害。

⑪ 幽冥：旧指阴间。

⑫ 永元：南齐东昏侯萧宝卷年号。永元纪号共三年，即自公元 499 至 501 年。

⑬ 物：人间。

⑭ 风角：指我国古代所谓观察四方四隅之风，以占吉凶的一种迷信术数。星算：谓天文算数。

⑮ 地方物产。

⑯ 浑天象：古代研究天文的测量仪器。弘景所造浑天象，高三尺许，地居中央，天转而地下不动，以机动之，悉与天相会。

⑰ 义师：指梁武帝萧衍的军队。萧衍，本萧齐同族；仕齐为雍州刺史，都督军事，镇襄阳，会齐主宝卷无道，杀衍兄懿，卫乃于公元 501 年起兵陷建康（即今南京市），杀宝卷，立和帝，独揽政权，次年（502）废和帝自立，国号梁，建元天监。

谶[1]，数处皆成“梁”字，令弟子进之。高祖既早与之游[2]，及即位后，恩礼逾笃，书问不绝，冠盖相望[3]。

天监四年[4]，移居积金东涧。善辟谷[5]导引之法，年逾八十而有壮容。深慕张良[6]之为人，云“古贤莫比”。曾梦佛授其菩提记[7]，名为胜力菩萨[8]。乃诣鄮县阿育王塔自誓[9]，受五大戒[10]。后太宗临南徐州[11]，钦其风素，召至后堂，与谈论数日而去，太宗甚敬异之。大通[12]初，令献二刀于高祖，其一名善胜，

---

① 图谶（chèn）：谓谶录图纬，占验术数的书。

② 高祖：即梁武帝萧衍（464—549）。字叔达，小字练儿，南兰陵郡武进县东城里（今江苏省丹阳市访仙镇）人，南北朝时期梁朝的建立者。出身兰陵萧氏，为西汉相国萧何的二十五世孙。南齐时，萧衍累官雍州刺史，其间两次参与抵御北魏，颇受齐明帝宠待。永元二年（500），起兵攻讨东昏侯萧宝卷，并拥立南康王萧宝融称帝。次年，攻陷建康。中兴二年（502），接受萧宝融“禅位”，建立南梁。在统治初期，萧衍尚能留心政务，对宋、齐以来的种种弊端有所纠正。为使各州郡置于自己的控制之下，他采取了更换异己、任用亲信，兼以讨伐的方针。但对门阀世族，萧衍一改前例，尽可能地恢复他们尊崇的地位，并尽量授予宗室诸王实权。萧衍在位时间达四十八年，在南朝诸帝中位列第一。他在位晚期，随着功成业就、年事增高，开始怠于政事，又沉溺佛教。太清二年（548），“侯景之乱”爆发，萧衍被囚死于建康台城，年八十六。谥号武皇帝，庙号高祖。葬于修陵。

③ 意指梁武帝萧衍非常看重陶弘景。《南史》卷七十六记载：“国家每有吉凶征讨大事，无不前以谘询，月中常有数信，时人谓为山中宰相。二宫及公王贵要，参候相继，赠遗未尝脱时，多不纳受，纵留者即作功德。”

④ 即公元 505 年。

⑤ 辟谷：谓屏除谷食，犹言不吃烟火食。辟，音壁。导引：就是现在所称的气功。

⑥ 张良（约前 250—前 186）：秦末汉初杰出的谋士、大臣，与韩信、萧何并称为“汉初三杰”。字子房，河南颍川城父（今河南宝丰）人，张良的祖父、父亲等先辈在韩国的首都阳翟（今河南禹州）任过五代韩王之相。曾劝刘邦在鸿门宴上卑辞言和，保存实力，并疏通项羽叔父项伯，使刘邦得以脱身。后又以出色的智谋，协助汉高祖刘邦在楚汉战争中最终夺得天下，帮助吕后扶持刘盈登上太子之位，被封为留侯。他精通黄老之道，不留恋权位，据说晚年跟随赤松子云游。张良去世后，谥为文成侯。《史记·留侯世家》专门记载了张良的生平。汉高祖刘邦在洛阳南宫评价他说：“夫运筹策帷帐之中，决胜于千里之外，吾不如子房。”

⑦ 菩提：来源于菩提树，因佛祖在菩提树下大彻大悟。用以指人忽如睡醒，豁然开悟，突入彻悟途径，顿悟真理，达到超凡脱俗的境界等。

⑧ 菩萨：信佛学佛之后发愿自度度人乃至舍己救人的人。通常在佛经中所说的菩萨，都是指阶位，只有十二个阶位是圣人，那就是从初地到十地，加上等觉、妙觉。

⑨ 鄮（mào）县：故城在今浙江省鄞州区。阿育王：古代印度摩揭陀国孔雀王朝的第三代国王。18 岁时，他被任命为阿般提省总督。约公元前 273 年，宾头娑罗身染重病，朝中未立太子，为了夺取王位，阿育王在大臣成护的帮助下，加入了争夺王位的斗争。传说阿育王曾经谋杀的兄弟姐妹有 99 人。最终，阿育王获得了胜利，约公元前 269 年，阿育王举行了正式登基典礼。阿育王早年好战杀戮，统一了整个南亚次大陆和今阿富汗的一部分地区，晚年笃信佛教，放下屠刀。又被称为“无忧王”。阿育王在全国各地兴建佛教建筑，据说总共兴建了 84000 座奉祀佛骨的佛舍利塔。为了消除佛教不同教派的争议，阿育王曾邀请著名高僧目犍连子帝须长老召集 1000 比丘，在华氏城举行大结集（此为佛教史上第三次大结集），驱除了外道，整理了经典，并编撰了《论事》，为佛教在印度的发展做出了巨大的贡献。他的统治时期是古印度史上空前强盛的时代，也是印度历史上最伟大的国王。

⑩ 五大戒：佛家语，佛为在家弟子制定不杀生、不偷盗、不邪淫、不妄语、不饮酒的戒法，谓之五戒。又道家五戒同。

⑪ 太宗：梁文帝萧纲，时为南徐州刺史。南朝以京口为南徐州。京口，在今江苏省镇江市。

⑫ 大通：梁武帝萧衍年号。大通纪号共二年，即自公元 527 至 528 年。尚有中大通，共六年，即自公元 529—534 年。

一名威胜[①]，并为佳宝。

大同二年，卒，时年八十五[②]。颜色不变，屈申如恒。诏赠中散大夫，谥曰贞白先生，仍遣舍人[③]监护丧事。弘景遗令薄葬，弟子遵而行之。

——唐·姚思廉·梁书卷五十一·列传第四十五

译文

陶弘景，字通明，丹阳郡秣陵县人。起初，他的母亲梦见一条青龙从她怀里出来，并看见两位仙人手里拿着香炉来到她的家里，不久她就怀孕了，于是生下了陶弘景。陶弘景小时候就不同一般人，十岁时，看到葛洪的《神仙传》，日夜研究推理，于是有了养生的志向。他对别人说："仰望高空，观看太阳，不感到是很遥远的事了。"等到他长大后，身高七尺四寸，神态仪表出众，眼睛明亮有神，眉毛宽广，身材很长，耳朵肥大。他读书超过万卷，善于弹琴下棋，草书、隶书写得很好。不到二十岁，齐高帝任宰相时，封他为诸王的陪读，任命为奉朝请。虽然生活在贵族群中，但他把自己一个人关在屋里不与外人交往，只是批改翻阅文稿，决断朝廷礼仪事务。

永明十年，他上书请辞获准，得赏五匹丝帛。临行时，公卿官员在征虏亭设宴为他送行，因为饯行帷帐和车马太多，堵塞了道路，这是自刘宋、萧齐以来没有出现过的事，朝廷和民间都认为这是件很有面子的事情。自此以后，陶弘景住在句容县内句曲山，他总是说："这座山的下面是道教第八洞宫，名叫金坛华阳之天，方圆一百五十里。过去汉朝咸阳的三茅君修成仙，后来掌管这座山，所以称它为茅山。"于是在半山腰建了一座房子，自称华阳隐居。开始跟东阳人孙游岳学习符图经书道法。他游历许多名山，寻找访求仙药。每经过两山间的流水，一定要坐或躺在水中，徘徊吟诵，不能自已。当时沈约任东阳郡守，敬仰他的志向气节，多次写信邀请他，他都没有去赴约。

① 善胜、威胜：均为古代名刀。

② 陶弘景去世时享年八十五岁。按《南史·陶弘景传》谓弘景生于宋孝建三年（456），则至大同二年（536）死时，年八十一，非八十五。《艺文类聚》三七萧纲《华阳陶先生墓志铭》及《文苑英华》八七三萧纶《隐居贞白先生陶君碑》皆云"春秋八十有一"。

③ 舍人：魏晋南北朝的中书舍人，专掌传宣诏命。

陶弘景为人，处事灵活，谦虚谨慎，心中如同有一面明镜，无论遇到什么事物都会一清二楚，说话既不啰唆也没有出差错的时候，一旦出现什么不妥的情况也能马上警觉。建武年间，宜都王萧铿被齐明帝杀害，当年夜里，陶弘景梦见萧铿同自己告别，因而向他询问了有关阴间的事情，说得都很神秘诡异，于是他写了《梦记》一书。

永元年间，陶弘景又修了座三层楼，自己住在三楼，弟子们住在二楼，客人来了住在一楼，同其他人隔绝开，只有一个家僮在身边侍候他。他特别喜爱松风，每次听到柏林中响起的风声，都愉快地把它当作一件乐事。有时独自到泉石边游玩，看见他的人都认为他是神仙。陶弘景生性喜好写作，崇信稀奇怪异的事，他珍惜时光，到老更是如此。他特别通晓阴阳五行、风水、星象、地形、算卦、山川地理、方图物产、医术草药。撰写过《帝代年历》，又制造浑天象，他说："我造浑天象是修道的需要，不只是史官才用它。"萧衍的义师平定建康后，听从下面官员的建议接替皇位。陶弘景印证图谶，书中有好几处"梁"字，于是派弟子将这一结果上报朝廷。高祖很早就与陶弘景有交往，即皇帝位后，对陶弘景更加礼遇和照顾，不断去信问候，在路上的使者往来不绝。

天监四年，陶弘景移居到茅山积金东边的山谷。他擅长辟谷导引等养身的方法，八十多岁还像年轻人一样容颜不改。陶弘景十分羡慕汉代张良的为人，说"古代的圣贤都无法和他相比"。他曾梦见佛祖传授他菩提记，于是自取名为胜力菩萨。他还到鄮县阿育王塔前发誓，接受佛教的五大戒规。简文帝萧纲任南徐州刺史时，钦佩陶弘景的高风清名，召他到后堂，同他谈论好几天才让他离去。萧纲即位后仍特别敬重陶弘景。大通初年，陶弘景还派人献两把宝刀给高祖，一名善胜，一名威胜，都是当时最好的宝刀。

陶弘景于大同二年逝世，享年八十五岁。死后容貌颜色不改，关节屈伸自如。皇帝下诏赠封中散大夫，谥号"贞白先生"，并派舍人监护丧事。陶弘景生前遗言薄葬，弟子遵照执行了丧事。

评析

陶弘景（456—536），南北朝时梁代著名医药学家、炼丹家、文学家，字通明，号华阳隐居，又号胜力菩萨，或云陶胜力，南朝梁时丹阳秣陵（今江苏南京）人。陶氏为世医出身，祖父及父亲皆习医术，且有武功。他自幼聪慧，约十岁时即读葛洪《神仙传》，深受其影响，三十六岁辞官隐居句容茅山，并遍历诸有名大山，访求仙药。当时，他深受梁武帝萧衍的信任，虽则他对梁武帝多次赠官不受，但梁武帝有关国家大事都要向他咨询，所以时人对他有“山中宰相”的称号。他的思想融释、道、儒于一体。

陶氏对本草学有着较深的研究，是我国本草学发展史上贡献最大的早期人物之一。在他生活的年代，本草著作有10余家之多，但无统一标准，特别是古本草著作由于年代久远，内容散乱，草石不分，虫兽无辨，临床运用颇为不便，他担负起“苞综诸经，研括烦省”的重任，将当时所有的本草著作分别整理成《神农本草经》及《名医别录》，并进而把两者合而为一，加上个人在这方面的心得体会，著成《本草经集注》七卷（原书已佚，现有敦煌卷子残本）。

《本草经集注》在《本经》365种药物的基础上又加入了365种药物，合计730种，大大扩展了可供使用的药物种类。首先，陶弘景开创了一种新的药物分类法。《本草经集注》当中，药物的记载是按玉石、草木、虫兽、果、菜、米食及有名未用等七类进行划分的。这样，比起《本经》的“三品”分类法，既便于使用者的查询，又便于对药物的总结。并且，在其后的一千多年中，这种方法被一直沿用着。其次，书中对于药物的性味、产地、采集、形态和鉴别等方面的论述水平，也较以前的论述有了显著的提高。另外，经过系统的归纳和总结，陶弘景还第一次提出了“诸病通用药”的概念。这是将药物的功用主治和疾病特点两个方面相结合进行的一种十分切合临床使用的归纳方法。比如：书中提到“治风”的通用药有防风、防已、秦艽、川芎等；“治黄疸”的通用药有茵陈、栀子、紫草、白薇等。这种方法的创立为临床医学家提供了很大的方便。《本草经集注》问世以后，对后世医家的影响很大。甚至到了唐代，我国第一部药典——《新修本草》，就是在此书的基础上进一步修订补充后完成的。

陶弘景还著有《养性延命录》，收录魏晋以来各家养生学说。尚有《陶隐居本草》十卷、《陶氏效验方》五卷、《太清要草木集要》《太清诸丹集要》《炼化杂术》《合丹节度》《药总诀》《服饵方》等医学本草学著作多种。

徐文伯、徐嗣伯传

文伯字德秀，濮阳太守熙曾孙[①]也。熙好黄、老[②]，隐于秦望山[③]，有道士过，求饮，留一瓠卢[④]与之，曰："君子孙宜以道术救世，当得二千石[⑤]。"熙开之，乃《扁鹊镜经》[⑥]一卷，因精心学之，遂名震海内。生子秋夫弥工其术[⑦]，仕至射阳令[⑧]。尝夜有鬼呻，声甚凄怆，秋夫问何须[⑨]，答言姓某，家在东阳[⑩]，患腰痛死。虽为鬼，痛犹难忍，请疗之。秋夫曰："云何厝法[⑪]？"鬼请为刍人[⑫]，按孔穴针之。秋夫如言，为灸四处，又针肩井三处，设祭埋之。明日见一人谢恩，忽然不见。当世伏其通灵。

秋夫生道度、叔响[⑬]，皆能精其业。道度有脚疾不能行，宋文帝令乘小舆入殿[⑭]，为诸皇子疗疾，无不绝验。位兰陵[⑮]太守。宋文帝云："天下有五绝[⑯]，而皆出钱唐。"谓杜道鞠弹棋，范悦诗，褚欣远模书，褚胤围棋，徐道度疗疾也。

---

① 濮阳太守熙：濮阳（即今河南濮阳市）太守徐熙。徐熙，南北朝时期宋代医家。字仲融。东莞姑幕（今山东诸城）人。曾任濮阳太守。以医名于时。其后裔秋夫、道度、文伯、之才等，均为名医。

② 黄、老：即道家。黄，指传说中的黄帝；老，指春秋道家学派的创始人老子。道家一派学者喜借黄帝的口吻来发表自己的思想，后世遂将道家称之为"黄老"。

③ 隐：隐居。秦望山：今绍兴城南会稽山最高峰。

④ 瓠卢：葫芦。

⑤ 二千石（dàn）：汉官秩，又为郡守（太守）的通称。此处意为享受荣华富贵。

⑥ 相传为扁鹊所著，已轶。

⑦ 秋夫：即徐秋夫，南北朝时刘宋医家。生卒不详，祖籍东莞姑幕（今山东诸城），寄籍丹阳（今江苏南京）。父徐熙为晋医家。从父习医，尤擅针灸。其子道度、叔响皆有医名。弥工其术：更加善于医术。

⑧ 射阳令：射阳县令。射阳，故城在今江苏省淮安市东南。

⑨ 何须：缘故。

⑩ 东阳：地名，即今浙江金华东阳市。

⑪ （你这个鬼）没有形体，（我）没有办法帮你医治。

⑫ 刍人：束草为人。

⑬ 道度：即徐道度，南北朝时刘宋医家。祖籍东莞姑幕（今山东诸城），寄籍丹阳（今江苏南京）。寓居钱塘（今浙江杭州）。徐秋夫之子。精于医术，当时有人称宋代有"五绝"，徐道度之医术为其中之一绝，足见其医术之精。叔响：即徐叔向，南北朝时刘宋医家。祖籍东莞姑幕（今山东诸城），寄籍丹阳（今江苏南京）。徐秋夫之子。传其父业，究心医术。撰有《针灸要钞》一卷、《疗少小百病杂方》三十七卷、《杂疗方》二十卷、《杂病方》六卷、《疗脚弱杂方》（或作《脚弱方》）八卷、《解寒食散方》六卷等，均佚。

⑭ 宋文帝：是南朝刘宋第三帝，名义隆，在位共三十年，即自公元424—453年。小舆：小车。

⑮ 兰陵：郡名，今山东临沂兰陵县。

⑯ 五绝：就是当时善弹棋（西汉末年始流行的一种古代棋戏）的杜道鞠、擅长诗文的范悦、善于模书（楷书）的褚欣远、善于围棋的褚胤，另一绝就是擅长疗疾的徐道度。

道度生文伯，叔响生嗣伯。文伯亦精其业[①]，兼有学行[②]，倜傥不屈意于公卿[③]，不以医自业。融谓文伯、嗣伯曰[④]："昔王微、嵇叔夜并学而不能[⑤]，殷仲堪之徒故所不论[⑥]。得之者由神明洞彻，然后可至，故非吾徒所及。且褚侍中澄[⑦]当贵，亦能救人疾，卿此更成不达。"答曰："唯达者知此可崇，不达者多以为深累，既鄙之，何能不耻之。"文伯为效与嗣伯相埒[⑧]。宋孝武路太后病[⑨]，众医不识。文伯诊之曰："此石博小肠[⑩]耳。"乃为水剂消石汤[⑪]，病即愈。除鄱阳王常侍[⑫]，遗以千金，旬日恩意隆重。宋明帝[⑬]宫人患腰痛牵心，每至辄气欲绝，众医以为肉症[⑭]。文伯曰："此发症。"以油投之，即吐得物如发。稍引之长三尺，头已成蛇能动，挂门上适尽一发而已，病都差。宋后废帝出乐游苑门[⑮]，逢一妇人有娠，帝亦善诊之，曰："此腹是女也。"问文伯，

---

① 亦精其业：也精通其家传医学。三国两晋南北朝时期，除了官办的医学教育外，还有世袭的医学家族存在。其中，徐氏家族就是一个典型，从徐熙开始，七代中就出了十二位名医，包括徐道度、徐文伯、徐成伯、徐之才、徐之范等，都名重一时。这里讲（徐文伯）"亦精其业"就是讲他继承家学，精通医学。

② 既通晓医学理论，又有临床诊治能力。

③ 倜傥（tì tǎng）：洒脱不拘。屈意：屈就，迁就。

④ 融：即张融（444—497），中国南朝齐文学家、书法家。字思光，一名少子。吴郡（今江苏苏州）人。出身世族，宋会稽太守畅子。弱冠知名。初仕宋为封溪令。后举秀才，对策中第，为仪曹郎。以故免官，复摄祠部、仓部二曹。又被萧道成辟为太傅掾、迁中书郎。入齐，为长沙王萧晃镇军，竟陵王萧子良征北谘议，并领记室，司徒从事中郎。官至黄门郎，太子中庶子，司徒左长史，世称"张长史"。

⑤ 王微：南朝宋画家，字景玄，一作景贤，琅琊临沂人。嵇叔夜：名康，为竹林七贤之一，多闻博识，尤好老、庄，讲求养性服食之道，著有《养生论》。

⑥ 殷仲堪：陈郡（在今河南省周口市）人，出身士族，能清谈，善作文。父病积年，衣不解带，躬学医术，究其精妙，执药挥泪，遂眇一目。居丧哀毁以孝闻。东晋孝武帝时，任都督荆、益、宁三州军事，荆州刺史，镇江陵。在任遇有疾者，不问贵贱，自为诊断，配药与之，无不奏效。

⑦ 褚侍中澄：即侍中褚澄，南朝著名医家，字彦道，阳翟（今河南禹州）人。于南齐建元（479—480）中拜为吴郡太守，后官至左中尚书。侍中，官职名，秦汉之时，侍中为少府属下宫官群中直接供皇帝指派的散职；西汉时又为正规官职外的加官之一，文武大臣加上侍中之类名号可入禁中受事。西汉武帝以降，地位渐高，等级直超过侍郎。魏晋以后，侍中往往成为事实上的宰相。

⑧ 相埒：相当。

⑨ 宋孝武：是刘宋第四帝，名骏，在位共十一年，即自公元 454 至 464 年。路太后：路淑媛，为骏生母，骏即位，尊为皇太后。

⑩ 石博小肠：即小肠结石病，应为今之胆结石、肾结石之类疾病。

⑪ 水剂消石汤：药方名。《圣济总录》卷一八四记载其配伍：消石 1 两，萆薢 1 两，防风（去叉）1 两，黄连（去须，炒）1 两，大黄（锉，炒）1 两，甘草（炙，锉）1 两，枳壳（去瓤，麸炒）1 两，地榆（锉）1 两半，羌活（去芦头）1 两半，龙骨 1 两半，代赭（煅）1 两半，桑根白皮（锉，焙）1 两半，桂（去粗皮）半两，黄芩（去黑心）半两，石韦（去毛）2 两。

⑫ 鄱阳王：名休业，为文帝第十五子。常侍：即散骑常侍，司掌规谏，不典事。

⑬ 宋明帝：是刘宋第六帝，名彧，在位共八年，即自公元 465 至 472 年。

⑭ 肉症：因食肉类无度，日久脘腹结块坚着不移的病证。多由滞积挟痰瘀凝滞所致。见《备急千金要方·肝脏》。

⑮ 宋后废帝：名昱，在位共五年，即自公元 473 至 477 年。据金窦汉卿《通玄指要赋》杨氏注解，后废帝偕文伯出而给一妇人打胎，是其为太子所作。乐游苑：古苑名。故址在今陕西省西安市南郊。本为秦时的宜春苑，汉宣帝时改建乐游苑。唐时，为长安士女游赏的胜地。

曰："腹有两子，一男一女，男左边，青黑，形小于女。"帝性急，便欲使剖。文伯恻然[①]曰："若刀斧恐其变异，请针之立落。"便写足太阴，补手阳明[②]，胎便应针而落。两儿相续出，如其言。

子雄，亦传家业，尤工诊察，位奉朝请。能清言[③]，多为贵游所善[④]。事母孝谨，母终，毁瘠几至自灭[⑤]。俄而兄亡，扶杖临丧，抚膺一恸，遂以哀卒[⑥]。

嗣伯，字叔绍，亦有孝行，善清言，位正员郎[⑦]，诸府佐，弥为临川王映[⑧]所重。时直阁将军房伯玉[⑨]服五石散十许剂，无益，更患冷，夏日常複衣[⑩]。嗣伯为诊之，曰："卿伏热，应须以水发之，非冬月不可。"至十一月，冰雪大盛，令二人夹捉伯玉，解衣坐石，取冷水从头浇之，尽二十斛。伯玉口噤气绝[⑪]，家人啼哭请止。嗣伯遣人执杖防阁，敢有谏者挝[⑫]之。又尽水百斛，伯玉始能动，而见背上彭彭有气。俄而起坐，曰："热不可忍，乞冷饮。"嗣伯以水与之，一饮一升，病都差。自尔恒发热，冬月犹单裈衫[⑬]，体更肥壮。

常有妪人患滞冷[⑭]，积年不差[⑮]。嗣伯为诊之曰："此尸注也，当取死人枕煮服之乃愈。"于是往古冢中取枕，枕已一边腐缺，服之即差。后秣陵人张景[⑯]，年十五，腹胀而黄，众医不能疗，以问嗣伯。嗣伯曰："此石蚘耳[⑰]，极难疗。当死人枕煮之。"依语煮枕，以汤投之，得大利并蚘虫[⑱]，头坚如石，五升，

① 恻然：悲伤的样子。
② 阳明：手阳明大肠经。
③ 清言：亦称清谈。即摈弃世务，专谈玄理。
④ 为贵族公子所喜欢结交。
⑤ 毁瘠：羸瘦。《礼·曲礼》："居丧之日，毁瘠不形。"
⑥ 于是因悲伤过度而去世。
⑦ 正员郎：正式编制内的郎官。与之相反，即为员郎、员外郎，额外添派的郎官。
⑧ 临川王映：即萧映（459—489），字宣光，被齐太祖萧道成分封为临川王。宋元徽四年，解褐著作佐郎，迁抚军行参军，南阳王文学。沈攸之事难，太祖时领南徐州，以映为宁朔将军，镇京口。
⑨ 房伯玉：北朝北魏清河绎幕（清河郡属县绎幕，故城在今山东省平原县西北）人，果敢有将略，仕南齐为直阁将军，后归北魏孝文帝，官终冯翊相。
⑩ 複衣：棉衣。
⑪ 口噤气绝：牙关紧咬，没有气息。
⑫ 挝（zhuā）：抓、打。
⑬ 裈（kūn）衫：裤子和上衣。
⑭ 患滞冷：即本文所讲的"尸注"，清丁尧臣著《奇效简便良方》载："患滞冷者，名曰尸疰。""尸疰"亦名"尸注"，病名，《诸病源候论·尸注候》记载其临床表现为："寒热淋沥，沉沉默默，腹痛胀满，喘息不得，气息上冲心胸，旁攻两胁，挛引腰脊，举身沉重，精神杂错，恒觉惛谬，每逢节气改变，辄致大恶，积月累年，渐就顿滞，以至于死。死后复易旁人，乃至灭门。以其尸病注易旁人，故名尸注。"
⑮ 差：痊愈。
⑯ 秣陵（今江苏南京）有一个名叫张景的人。
⑰ 石蚘：蛔虫。
⑱ 大利：利同"痢"，意为畅快排除粪便。蚘虫：蛔虫。

病即差。后沈僧翼患眼痛，又多见鬼物，以问嗣伯。嗣伯曰：“邪气入肝，可觅死人枕煮服之。竟，可埋枕于故处。”如其言又愈。王晏[①]问之曰：“三病不同，而皆用死人枕而俱差，何也？”答曰：“尸注者，鬼气伏而未起，故令人沉滞。得死人枕投之，魂气飞越，不得复附体，故尸注可差。石蚘者，久蚘也，医疗既僻[②]，蚘中转坚[③]，世间药不能遣，所以须鬼物驱之然后可散，故令煮死人枕也。夫邪气入肝，故使眼痛而见魍魉[④]，应须邪物以钩之[⑤]，故用死人枕也。气因枕去，故令埋于冢间也。”又春月出南篱间戏，闻笪屋[⑥]中有呻声。嗣伯曰：“此病甚重，更二日不疗必死。”乃往视，见一老姥称体痛，而处处有黯黑无数。嗣伯还煮斗余汤送令服之，服讫痛势愈甚，跳投床者无数[⑦]。须臾所黯处皆拔出钉，长寸许。以膏涂诸疮口，三日而复，云“此名钉疽也[⑧]”。

时又有薛伯宗善徙痈疽[⑨]，公孙泰患背，伯宗为气封之，徙置斋前柳树上。明旦痈消，树边便起一瘤如拳大。稍稍长二十余日，瘤大脓烂，出黄赤汁斗余，树为之痿损。

——唐·李延寿·南史卷三十二·列传第二十二

译文

徐文伯，字德秀，是濮阳太守徐熙的曾孙子。徐熙爱好黄老之道，隐居在秦望山。有个道士路过找水喝，留下一个葫芦给他，说：“您的子孙适宜医术救世，您将得到二千石的官位。”徐熙把葫芦打开，发现原来是《扁鹊镜经》一卷，便精心学习，于是名震海内。他生了个儿子名叫徐秋夫，更加精通医术，官至射阳令。曾经夜里有鬼呻吟，声音十分凄怆，秋夫问鬼需要什么，鬼回答自己姓某，

---

① 王晏：徐州滕（今山东滕州人）人。五代时大将。先后事过四朝帝王，官至太子太师，北宋时进封韩国公。

② 医疗既僻：治疗方法手段不对。

③ 蚘中转坚：蚘虫逐渐转为坚硬。此句中的“中”应为“虫”，据《太平御览》七二七引《齐书》《太平广记》二一八引《南史》均为“虫”。

④ 魍魉（wǎng liǎng）：古代传说中的山川精怪，一说是疫神。

⑤ 邪物：指违背礼法的邪秽之物。钩：牵引。

⑥ 笪屋：用粗竹席铺盖的房屋。

⑦ 跳投床：指老妇人疼痛得在床上不停打滚。

⑧ 钉疽：即“疔疮”，好发于颜面和手足部的外科疾患。本病开始有粟米样小脓头，发病迅速，根深坚硬如钉为特征。

⑨ 薛伯宗：六朝名医，其生卒不详。痈疽：发生于体表、四肢、内脏的急性化脓性疾患，是一种毒疮。

家在东阳，患腰疼病而死。虽然做了鬼，还是疼痛难忍，请他治疗。秋夫说：“用什么方法治疗？”鬼请求自己变作草人，按照穴位进行针灸。秋夫照他说的去办，给他灸了四处，又扎了肩井等三个穴位，然后摆上祭品，把草人埋了。第二天见有一个人前来向他谢恩，忽然就不见了。当时世人都很佩服他能通灵界。

秋夫生了徐道度、徐叔向两个儿子，他俩都精通医学。徐道度患有脚疾不能行走，宋文帝就让他乘坐小车入殿，为诸皇子治病，无不灵验，后官至兰陵太守。宋文帝说：“天下有五绝，都出在钱塘。”五绝即杜道鞠的弹棋、范悦的诗、褚新远的书法、褚胤的围棋、徐道度的医术。

徐道度生了徐文伯，徐叔向生了徐嗣伯。徐文伯亦精通医学，并通晓儒学。他卓越的才华不输于当时的公卿大夫，但他不把行医治病作为自己的职业。好友张融对徐文伯、徐嗣伯说：“从前王微、嵇叔夜想要兼学几个学科而不能做到。殷仲堪这些人也就不再做这方面的探究。能够做到这一点的人一定是天资聪明、目光敏锐，然后才能达到这境界，因而不是我们力所能及的。至于像侍中褚澄那样，虽然处于富贵者身份，却仍然能够救治别人的疾病，这更是你我做不到的。”徐文伯回答说：“只有达到那种境界的人知道这医学是值得尊崇的，而没有达到这一境界的人，大多把它当作沉重的负担。既然看不起它，又怎能不以医业为耻呢？”徐文伯治病的疗效和徐嗣伯相近。宋孝武帝时，路太后患病，众医官都不识得为何病。徐文伯诊断后说：“这不过就是小肠结石。”于是给她调制水剂消石汤。太后服下病便好了。徐文伯因此被任命为鄱阳王散骑常侍，获赠千金，十日后又再次受到恩宠。宋明帝时，宫中有人患腰痛病，疼痛时似乎扯着心地疼。每当犯病，便疼得几乎断气，众医官都认为是肉症，徐文伯却说：“这是发症。”便用油治疗，患者随即吐出了像头发一样的东西。慢慢抽引，长三尺，此物头已经成蛇形能动。众人将此物挂在门上、待水滴尽后，刚好有一个人的头发一样长。患者随即痊愈。宋后废帝曾走出乐游苑大门，遇到一个怀孕的妇女，皇上也善于诊病，便给她诊断说：“这肚子怀的是女孩。”他询问徐文伯自己的诊断结果如何。徐文伯说：“这妇人腹中有两个孩子，一男一女，男孩在左边，青黑色，形体小于女孩。”皇上性急，当时就打算叫人把孕妇的腹部剖开来验证谁的诊断准确。徐文伯很怜悯这个孕妇，悲伤地说：“如果用了刀斧恐怕会有变异，请让我给她扎上两针，胎儿立刻就会生下。”

于是他便在孕妇脚上的太阴穴扎了泻针，在手上的阳明穴扎了补针，胎儿便应针而落。两个婴儿相继出生，果然和徐文伯说的一样。

徐文伯之子徐雄也继承了家业，尤其善于诊察，官至奉朝请。他善于清谈，常常为贵官所交好。徐雄侍奉母亲十分孝敬。母亲去世，他哀伤得痛不欲生。不久他的兄长亡故，他扶着灵杖哭丧，悲伤地捶胸痛哭，最终因悲哀而死。

徐嗣伯，字叔绍。也很有孝行，善于清谈玄理，官任正员郎，诸府佐。更为临川王萧映所看重。当时直阁将军房伯玉，因病服了十剂左右的五石散，不仅毫无益处，反而更加怕冷，夏天常常要穿着好几件衣服。徐嗣伯给他诊视后对他说："你的体内伏有热邪，应当用水将其发散出去，而且非在冬天治疗不可。"到了十一月，冰天雪地，徐嗣伯叫俩人扶持着房伯玉，解下他的衣服，让他坐在石头上，取冷水从他的头部浇下，浇完了二十斛水，房伯玉口闭气绝，他的家人哭着请求停止。徐嗣伯派人拿着棍子守护着阁楼，吩咐如果有谁敢于靠近劝阻就打谁。又用尽了一百斛冷水，房伯玉开始能够活动了，而且能够看到他的背部冒出了很多热气。过了一会儿，房伯玉坐了起来，他说："我热得无法忍耐，给我凉水喝。"徐嗣伯把水给他，一喝就是一升。就这样，房伯玉的病就痊愈了。从此以后房伯玉经常发热，即使是冬天，他也只穿单衣单裤，身体更显肥壮。

曾经有个老妇人患滞冷，多年不愈。徐嗣伯给她诊视后说："这病叫尸注，取来死人枕把它煮了，服后就会痊愈。"于是叫人到古墓中取来枕席，枕的一边已经腐缺，用水煮沸，然后叫老妇服用，老妇的病就痊愈了。还有一个叫张景的秣陵人，年龄十五岁，腹胀面黄，其他医生们都治不好，小孩家人来请徐嗣伯诊疗。嗣伯诊断后说："这是石蚘，非常不好治疗。应当取死人枕煮服。"患者家人照徐嗣伯吩咐，煮了死人枕席，并将煮枕席的水让小孩服下。小孩开始大泻，共泻下蛔虫五升，虫头坚硬如石。小孩的病即刻就痊愈了。此后一个叫沈僧翼的人患眼痛病，还自觉常见鬼物，来请教徐嗣伯。嗣伯说："这是邪气侵入肝脏，可以找死人枕煮服了，完后，再把枕席埋回原地。"患者按照他说的做了以后病就痊愈了。王晏问他："三个病不相同，都用死人枕治疗，却又都痊愈了，这是什么原因呢？"嗣伯回答说："尸注这种病，是鬼气附在体内而不离去，所以让人沉滞。用死人枕煮水投服以后，魂气飞越，不能再附在体内，所以尸注就能治愈了。石蚘就是病程长久的蛔虫症，加上治疗出了差错，蛔虫变得坚硬，人世间的药物已经不能赶跑病邪，所以一定要用鬼物驱赶然后才能将其散去，因而让他煮死人枕之水服用。另外，邪气进入肝脏，会使人眼痛而如见鬼怪，必须用邪物将其钩出，所以用死人枕。邪气随着枕席而离去，所以让他埋在墓中。”又一年春天，徐嗣伯走出南篱门游玩，听到一间竹屋中传出呻吟声。徐嗣伯说：“这个人的病情很重，若不及时治疗一定会死。”于是前往探视，看见一个老妇人自称身体疼痛，而身上到处都有暗黑的斑块。徐嗣伯回去煮了斗余汤送来让病人服用，老妇人服后痛得更加厉害，从床上跳下无数次。过了一会儿，在病人身上的色暗处都拔出了钉子，长一寸左右。用药膏涂抹在所有的伤口上，三天就愈合了。徐嗣伯说：“这个病叫钉疽。”

当时还有一个叫薛伯宗的人善于转移痈疽。公孙泰背部生有痈疽，薛伯宗用气功封住了他的患处，然后将痈疽转移到斋前的柳树上。第二天公孙泰背部的痈疽就消失了，柳树上便凸起一个像拳头大的瘤子。慢慢地长了二十多天，瘤子开始变大溃烂流脓，流出红黄色的汁液有一斗多，柳树因此而枯萎损坏。

评析

徐文伯、徐嗣伯两兄弟，均为南北朝著名徐氏医家的传人。南北朝徐氏医家，源于徐熙，自徐熙以下七代先后出了12位名医，徐道度、徐文伯、徐嗣伯、徐成伯、徐之才、徐之范都曾进入宫廷，有的进入太医署任职，有的还被皇帝封为高官，得到皇帝的器重，经常要给皇帝及皇族治病，医道十分精湛。其中，徐文伯、徐嗣伯属于徐氏医家第四代，两人专攻疑难杂症，颇有建树，加上徐嗣伯弟弟徐成伯，也是声名显赫，颇多成就，徐氏家族的医名进入巅峰时期。到了徐家第六代的徐之才、徐之范又给徐家医术带来了一代辉煌。徐之才是徐氏家族七代名医中最出色的一位，他曾经侍奉过梁国魏帝、东魏孝静帝、北齐文宣帝、武成帝等多个皇帝，足见他医术高明。他把药分为宣、通、补、泻、涩、滑、燥、湿、轻、重十剂，还提出孕妇逐月养胎法。徐之范也曾任北齐尚药典御，官至太常卿，也是皇宫中有名的医生。徐家第七代，即徐之范之子徐敏斋，博学多才，也颇有成就。不过自此以后，徐氏家族的医学成就也渐渐走向没落。

姚僧垣传

姚僧垣，字法卫，吴兴武康[①]人，吴太常信[②]之八世孙也。曾祖郢[③]，宋员外散骑常侍、五城侯[④]。父菩提[⑤]，梁高平令[⑥]。尝婴疾历年[⑦]，乃留心医药。梁武帝性又好之，每召菩提讨论方术，言多会意，由是颇礼之[⑧]。

僧垣幼通洽[⑨]，居丧尽礼[⑩]。年二十四，即传家业。梁武帝召入禁中[⑪]，面加讨试。僧垣酬对无滞。梁武帝甚奇之。大通六年[⑫]，解褐临川嗣王国左常侍[⑬]。大同五年[⑭]，除骠骑庐陵王府田曹参军[⑮]。九年[⑯]，还领殿中医师。时武陵王所生葛修华[⑰]，宿患积时[⑱]，方术莫效。梁武帝乃令僧垣视之。还，具说其状，并记增损时候。梁武帝叹曰："卿用意绵密，乃至于此。以此候疾，何疾可逃。朕常以前代名人，多好此术，是以每恒留情，颇识治体。今闻卿说，益

① 吴兴武康：地名，今浙江省湖州市德清县。

② 吴太常信：魏晋时期吴国太常卿姚信。姚信（约207—约267），字元直，（一作德佑），精通天文、易经及数术，仕三国东吴官至选曹尚书、太常卿。

③ 姚僧垣曾祖姚郢，曾任宋国员外散骑常侍，封五城侯。

④ 员外散骑常侍：官职名。汉有散骑，为皇帝侍从，又有中常侍，性质同。东汉省散骑，改以宦官任中常侍。魏文帝并散骑与中常侍为一官，称散骑常侍，以士人任职。入则规谏过失，备皇帝顾问，出则骑马散从。资深者称祭酒散骑常侍。魏末增加员额，新增者为员外散骑常侍。晋武帝令员外散骑常侍二人，与散骑常侍共同轮流值班，称通直散骑常侍。

⑤ 姚僧垣的父亲姚菩提，曾任南梁高平县令，他常年受疾病的折磨，为了减轻痛苦，留心钻研医药。久病成良医，姚菩提医术大进，当时梁武帝也喜好研究医药，经常召他讨论治疗技艺。医生在当时属方伎之流，社会地位低下，但由于梁武帝对此感兴趣，姚菩提因此受到礼遇。

⑥ 高平令：高平县令。高平，即今山西省高平市。

⑦ 婴疾：体弱多病。历年：多年。

⑧ 颇礼：受到礼遇。

⑨ 通洽：知识广博，才学贯通。

⑩ 居丧尽礼：服丧能尽礼数。居丧，古时尊亲死后，在家守丧，不办理外事。在服丧期满之前停止娱乐和交际，表示哀悼。

⑪ 梁武帝：梁高祖武皇帝萧衍（464—549），字叔达，小字练儿。南兰陵郡武进县东城里（今江苏省丹阳市访仙镇）人。南北朝时期梁朝政权的建立者。萧衍在位时间达四十八年，在南朝的皇帝中列第一位。前期任用陶弘景，在位颇有政绩，在位晚年爆发"侯景之乱"，都城陷落，被侯景囚禁，死于台城，享年八十六岁，葬于修陵，谥为武帝，庙号高祖。禁中：帝王所居宫内，也作"禁内"。

⑫ 大通六年：即公元534年。大通，梁武帝萧衍的第三个年号，即527年3月—529年9月，共计2年余。

⑬ 脱去布衣，出任临川嗣王国左常侍。解褐，脱去粗布衣服，喻入任为官。临川，即今江西省抚州市。

⑭ 大同五年：即公元539年。大同，梁武帝萧衍的第四个年号，即535—546年，共计11年。

⑮ 被任命为骠骑庐陵王府田曹参军。

⑯ 九年：即大同九年（543）。

⑰ 武陵王生母葛修华。武陵王，即萧纪（？—553），字世询。梁武帝萧衍第八子。此人爱财如命。侯景败死后，他自立为帝。在位1年，被萧绎部将杀死，葬处不明。

⑱ 多年患有痼疾。

开人意。”十一年，转领太医正①，加文德主帅、直阁将军②。梁武帝尝因发热，欲服大黄③。僧垣曰：“大黄乃是快乐④。然至尊年高，不宜轻用。”帝弗从，遂至危笃⑤。梁简文帝在东宫⑥，甚礼之。四时伏腊⑦，每有赏赐。太清元年⑧，转镇西湘东王府中记室参军⑨。僧垣少好文史，不留意于章句。时商略今古，则为学者所称。

及侯景围建业⑩，僧垣乃弃妻子赴难。梁武帝嘉之，授戎昭将军、湘东王府记室参军。及宫城陷，百官逃散。僧垣假道归，至吴兴⑪，谒郡守张嵊⑫。嵊见僧垣流涕曰：“吾过荷朝恩⑬，今报之以死。君是此邦大族⑭，又朝廷旧臣。今日得君，吾事辨矣。”俄而景兵大至，攻战累日，郡城遂陷。僧垣窜避久

① 转领：转任。太医正：医事职官，西汉时太医令丞有二，一属太常，一属少府。其属于太常的，负责为百官治病，如后世之太医院；其属于少府的，职司为宫廷疗疾，如后世之内务府御药房。南梁、北周等，在太医令下又置太医正的官职。

② 加授文德主帅、直阁将军职务。直阁将军：南北朝将军名称。直阁，意指值勤于殿阁。北齐始置，北魏时从三品下，位居中垒将军之上。

③ 大黄：中药名，是多种蓼科大黄属的多年生植物的合称。秋末茎叶枯萎或次春发芽前采挖。除去细根，刮去外皮，切瓣或段，绳穿成串干燥或直接干燥。中药大黄具有攻积滞、清湿热、泻火、凉血、祛瘀、解毒等功效。属泻下药，生用泻下作用较强，熟用则泻下作用较缓而长于泻火解毒，清利湿热；酒制功擅活血，且善清上焦血分之热；炒炭常用于凉血止血。

④ 快乐：见效快的药物。

⑤ 危笃：病势危险，危急。

⑥ 梁简文帝：即萧纲（503—551），字世缵，南兰陵（今江苏武进）人，梁武帝萧衍第三子，昭明太子萧统同母弟，母贵嫔丁令光，南北朝时期梁朝皇帝、文学家。由于长兄萧统早死，萧纲在中大通三年（531）被立为太子。太清三年（549），侯景之乱，梁武帝被囚饿死，萧纲即位，大宝二年（551）为侯景所害。

⑦ 四时伏腊：四时节令和伏祭腊祭之日。

⑧ 即公元 547 年。太清，梁武帝萧衍的第七个年号，即 547 年 4 月—549 年 12 月，共计 2 年余。

⑨ 转任镇西湘东王府中记室参军。

⑩ 侯景围攻建业的时候。侯景（503—552），字万景，北魏怀朔镇（今内蒙古固阳南）鲜卑化羯人。因左足生有肉瘤所以步态不稳，但是擅长骑射，因此被选为怀朔镇兵，后又被提升为功曹史、外兵史等低级官职。北魏末年边镇各胡族群起反抗鲜卑族的统治，侯景开始建立功勋，后来侯景投靠东魏丞相高欢。梁武帝太清元年（547）率部投降梁朝，驻守寿阳，公元 548 年 9 月，侯景叛乱起兵进攻梁。公元 551 年他篡位自立为皇帝，改国号为“汉”，称南梁汉帝，史称“侯景之乱”。建业：地名，即今江苏省南京市。

⑪ 吴兴：地名，即今浙江省湖州市。

⑫ 谒：拜见。郡守张嵊：吴兴太守张嵊。张嵊，字四山，吴郡吴县（今苏州）人，镇北将军稷之子也。少方雅，有志操，能清言。父临青州，为土民所害，嵊感家祸，终身蔬食布衣，手不执刀刃。州举秀才。起家秘书郎，累迁太子舍人、洗马、司徒左西掾、中书郎。出为永阳内史，后为中军宣城王司马、散骑常侍。又出为镇南湘东王长史、寻阳太守。中大同元年，征为太府卿，俄迁吴兴太守。太清二年，侯景围京城，嵊遣弟伊率郡兵数千人赴援。终寡不敌众，被俘杀，谥曰忠贞子。

⑬ 过多承蒙朝廷恩泽。

⑭ 意指姚僧垣一家乃吴兴名门大族。吴兴姚氏，源于舜帝（传说姓姚，名重华，字都君），其第六十九世孙姚平迁到吴兴后，逐渐在吴兴繁衍壮大起来。直到姚僧垣曾祖父姚信，字元直(一作德佑)，精通天文、易经及数术，仕三国东吴官至选曹尚书、太常卿。姚僧垣曾祖姚郢，仕南朝刘宋官至员外散骑常侍，受封五城侯。自此，姚氏一家便成为吴兴名门望族。

之[①]，乃被拘执。景将侯子鉴素闻其名，深相器遇[②]，因此获免。及梁简文嗣位，僧垣还建业，以本官兼中书舍人[③]。子鉴寻镇广陵[④]，僧垣又随至江北[⑤]。

梁元帝平侯景[⑥]，召僧垣赴荆州，改授晋安王府谘议。其时虽克平大乱，而任用非才，朝政混淆，无复纲纪。僧垣每深忧之，谓故人曰："吾观此形势，祸败不久。今时上策，莫若近关。"闻者皆掩口窃笑。梁元帝尝有心腹疾，乃召诸医议治疗之方。咸谓至尊至贵，不可轻脱[⑦]，宜用平药[⑧]，可渐宣通。僧垣曰："脉洪而实，此有宿食。非用大黄，必无差理[⑨]。"梁元帝从之，进汤讫，果下宿食，因而疾愈。梁元帝大喜。时初铸钱[⑩]，一当十，乃赐钱十万，实百万也。

及大军克荆州[⑪]，僧垣犹侍梁元帝，不离左右。为军人所止，方泣涕而去。寻而中山公护使人求僧垣[⑫]。僧垣至其营。复为燕公于谨所召，大相礼接[⑬]。太祖又遣使驰驿征僧垣，谨固留不遣。谓使人曰："吾年时衰暮，疹疾婴沉。今得此人，望与之偕老。"太祖以谨勋德隆重[⑭]，乃止焉。明年，随谨至长安。武成元年[⑮]，授小畿伯下大夫[⑯]。

---

① 窜避久之：到处逃难了很长时间。

② 侯景大将侯子鉴十分器重（姚僧垣）的度量才识。

③ 本官：原官职。中书舍人：官名。舍人始于先秦，本为国君、太子亲近属官，魏晋时于中书省内置中书通事舍人，掌传宣诏命。南朝沿置，至梁，除通事二字，称中书舍人，任起草诏令之职，参与机密，权力日重。

④ 侯子鉴不久镇守广陵。广陵：地名，即今江苏省扬州市。

⑤ 江北：特指北魏及其统治下的地区。

⑥ 梁元帝平定侯景。梁元帝，即萧绎（508—554），字世诚，小字七符，自号金楼子，南兰陵（今江苏武进）人。南北朝时期梁代皇帝（552—554在位）。梁武帝萧衍第七子，梁简文帝萧纲之弟。梁湘东王萧绎在肃清其他宗室势力后，派徐文盛、王僧辩讨伐侯景，战局逐渐扭转；驻守岭南的陈霸先北上与王僧辩会师，于552年收复建康。侯景乘船出逃，被部下杀死，叛乱终于平息。

⑦ 轻脱：轻率用药。

⑧ 平药：平和之药。

⑨ 必须服用大黄，定无差错。

⑩ 当时刚铸之钱。

⑪ 即524年，西魏宇文泰派于谨、宇文护率五万大军攻克荆州。

⑫ 中山公护：即中山公宇文护。宇文护（515—572），字萨保，代郡武川（今内蒙古武川西）人，鲜卑族，北周文帝宇文泰之侄，邵惠公宇文颢第三子，南北朝时期北周权臣。早年跟随宇文泰与东魏交战，屡建战功。宇文泰死后，接掌国政迫使西魏恭帝禅位，拥立宇文觉建立北周，封大司马、晋国公，在三年之内连杀三帝。后在周武帝宇文邕的策划之下被杀。

⑬ 待以隆重礼节。

⑭ 太祖：即宇文泰。宇文泰（507—556），字黑獭（一作黑泰），代郡武川（今内蒙古武川西）人，鲜卑族，西魏王朝的实际建立者和权臣，也是北周政权的奠基者，掌权22年。西魏禅周后，追尊为文王，庙号太祖，武成元年（559），追尊为文皇帝。以谨勋德隆重：（太祖）认为宇文谨功勋德望俱高。

⑮ 武成元年：即公元559年。武成，北周明帝宇文毓的年号（559年8月—560年12月），历时1年余。

⑯ 小畿伯下大夫：职官名，位于县令之下。

金州刺史伊娄穆以疾还京[①]，请僧垣省疾。乃云："自腰至脐，似有三缚，两脚缓纵[②]，不复自持[③]。"僧垣为诊脉，处汤三剂。穆初服一剂，上缚即解；次服一剂，中缚复解；又服一剂，三缚悉除。而两脚疼痹[④]，犹自挛弱[⑤]。更为合散一剂，稍得屈申。僧垣曰："终待霜降[⑥]，此患当愈。"及至九月，遂能起行。

大将军、襄乐公贺兰隆[⑦]先有气疾，加以水肿[⑧]，喘息奔急，坐卧不安。或有劝其服决命大散者[⑨]，其家疑未能决，乃问僧垣。僧垣曰："意谓此患不与大散相当。若欲自服，不烦赐问。"因而委去。其子殷勤拜请曰："多时抑屈[⑩]，今日始来。竟不可治，意实未尽。"僧垣知其可差，即为处方，劝使急服。便即气通，更服一剂，诸患悉愈。

天和元年[⑪]，加授车骑大将军、仪同三司[⑫]。大将军、乐平公窦集暴感风疾，精神瞀乱，无所觉知。诸医先视者，皆云已不可救。僧垣后至，曰："困则困矣，终当不死。若专以见付，相为治之。"其家忻然[⑬]，请受方术。僧垣为合汤散，

---

① 金州：地名，今甘肃榆中。刺史：职官，汉初，文帝以御史多失职，命丞相另派人员出刺各地，不常置。汉武帝元封五年（前 106）始置，"刺"，检核问事之意。刺史巡行郡县，分全国为十三部（州），各部置刺史一人，后通称刺史。刺史制度在西汉中后期得到进一步发展，对维护皇权，澄清吏治，促使昭宣中兴局面的形成起着积极的作用。王莽称帝时期刺史改称州牧，职权进一步扩大，由监察官变为地方军事行政长官。伊娄穆：字奴干，代人也。父灵，善骑射，为周文所知，尝谓之曰："若伊尹阿衡于殷，致主尧、舜。卿既姓伊，庶卿不替前绪。"于是赐名尹焉。历卫将军、隆州刺史、卢奴县公。穆弱冠为周文帐内亲信，以机辩见知。历中书舍人、通直散骑常侍。尝入白事，周文望见悦之，字之曰："奴干作仪同面见我矣。"于是拜仪同三司，赐封安阳县伯。周孝闵帝践阼，进位骠骑大将军。建德中，卒。

② 缓纵：松弛乏力。

③ 自持：失去知觉。

④ 疼痹：疼痛麻木。

⑤ 挛弱：蜷曲而孱弱。

⑥ 霜降：二十四节气之一，霜降节气含有天气渐冷、初霜出现的意思，是秋季的最后一个节气，也意味着冬天的开始。

⑦ 贺兰隆：北周文帝宇文泰的外甥，南北朝时期西魏、北周将领，官至大将军，封襄乐县公。

⑧ 水肿：组织间隙或体腔内过量的体液潴留称为水肿。

⑨ 决命大散：应为当时社会流行的一种药丸。其组成、药效皆不详。

⑩ 压抑束缚很长时间了。

⑪ 天和元年：即 566 年。天和，北周武帝宇文邕的年号（566 年 1 月—572 年 3 月），历时 6 年余。

⑫ 车骑大将军：职官名，将军中地位较高者。魏晋时以车骑将军中资深者为车骑大将军。金印紫绶，地位相当于上卿，或比三公。典京师兵卫，掌宫卫。仪同三司：官名。始于东汉。本意指非三公（司马、司徒、司空）而给以与三公同等的待遇。魏晋以后，将军开府置官属者称开府仪同三司。

⑬ 窦集的家人十分高兴。

所患即瘳。大将军、永世公叱伏列椿苦利积时，而不废朝谒[①]。燕公谨[②]尝问僧垣曰："乐平、永世俱有痼疾，若如仆意，永世差轻。"对曰："夫患有深浅，时有克杀[③]。乐平虽困，终当保全。永世虽轻，必不免死。"谨曰："君言必死，当在何时？"对曰："不出四月。"果如其言。谨叹异之。六年，迁遂伯中大夫[④]。

建德三年[⑤]，文宣太后寝疾[⑥]，医巫杂说，各有异同。高祖御内殿[⑦]，引僧垣同坐，曰："太后患势不轻，诸医并云无虑。朕人子之情，可以意得。君臣之义，言在无隐。公为何如？"对曰："臣无听声视色之妙，特以经事已多，准之常人，窃以忧惧[⑧]。"帝泣曰："公既决之矣，知复何言！"寻而太后崩。其后复因召见，帝问僧垣曰："姚公为仪同几年[⑨]？"对曰："臣忝荷朝恩，于兹九载。"帝曰："勤劳有日，朝命宜隆[⑩]。"乃授骠骑大将军、开府仪同三司[⑪]。又敕曰："公年过县车[⑫]，可停朝谒。若非别敕，不劳入见。"四年，高祖亲戎东讨，至河阴[⑬]，遇疾，口不能言；睑垂覆目，不复瞻视；一足短缩，又不得行。僧垣以为诸藏俱病[⑭]，不可并治。军中之要，莫先于语[⑮]。乃处方进

---

① 不废朝谒：坚持上朝谒见。

② 燕公谨：即于谨（493—568），字思敬，小名巨弥，河南洛阳（今河南洛阳）人，南北朝时期北魏、西魏、北周著名将领、战略家，八柱国之一。为西魏、北周立下赫赫战功，克弘农，攻沙苑、战邙山，杀梁帝，封燕国公，历任太傅、柱国、大司徒、雍州牧。天和三年（568），死于任上，终年七十六岁，追赠原官职，加授使持节、太师、雍恒等二十州诸军事、雍州刺史，谥号文。

③ 病情有深浅，时间有缓急。

④ 升迁至遂伯中大夫。

⑤ 建德三年：即公元 574 年。建德，北周武帝宇文邕的年号（572 年 3 月—578 年 3 月），历时 6 年。

⑥ 文宣太后：叱奴氏（？—574），北周文帝宇文泰小妾，北周武帝宇文邕生母。北周武帝即位后，尊为皇太后。

⑦ 高祖皇帝亲临内殿。高祖，即宇文邕（543—578），字祢罗突，鲜卑族，代郡武川（今内蒙古武川西）人，北周文帝宇文泰第四子，北周孝闵帝宇文觉和北周明帝宇文毓异母弟，母文宣皇后叱奴氏（叱奴太后），南北朝时期北周第三位皇帝，公元 560—578 年在位。宇文邕在位期间，诛杀权臣宇文护，摆脱鲜卑旧俗。整顿吏治，使北周政治清明，百姓生活安定，国势强盛。宇文邕生活俭朴，能够及时关心民间疾苦。公元 575 年，宇文邕大举进攻北齐，并于一年半后灭北齐。公元 578 年，宇文邕率军分五道伐突厥，未出发即病死，英年中逝时年仅 36 岁，谥号为武皇帝，庙号高祖。

⑧ 私下感到担忧惧怕。

⑨ 仪同：官名。始于东汉。本意指非三公（司马、司徒、司空）而给以与三公同等的待遇。魏晋以后，将军开府置官属者称开府仪同三司。

⑩ 朝廷应当给予尊崇的地位。

⑪ 开府仪同三司：魏晋南北朝时期的一种高级官位，隋唐至元文散官的最高官阶，从一品。

⑫ 先生年过七十的时候。

⑬ 河阴：地名，即今河南洛阳孟津东北。

⑭ 内脏各器官都有病。

⑮ 没有比使他开口说话更急迫了。

药，帝遂得言。次又治目，目疾便愈。末乃治足，足疾亦瘳。比至华州①，帝已痊复。即除华州刺史，仍诏随入京，不令在镇。宣政元年②，表请致仕，优诏许之③。是岁，高祖行幸云阳，遂寝疾。乃诏僧垣赴行在所。内史柳昂④私问曰："至尊贬膳日久⑤，脉候何如？"对曰："天子上应天心，或当非愚所及。若凡庶如此，万无一全。"寻而帝崩⑥。

宣帝⑦初在东宫，常苦心痛。乃令僧垣治之，其疾即愈。帝甚悦。及即位，恩礼弥隆⑧。常从容谓僧垣曰："常闻先帝呼公为姚公，有之乎？"对曰："臣曲荷殊私⑨，实如圣旨。"帝曰："此是尚齿之辞，非为贵爵之号。朕当为公建国开家，为子孙永业。"乃封长寿县公，邑⑩一千户。册命之日，又赐以金带及衣服等。

大象二年⑪，除太医下大夫。帝寻有疾，至于大渐⑫。僧垣宿直侍疾。帝谓随公曰："今日性命，唯委此人。"僧垣知帝诊候危殆⑬，必不全济。乃对曰："臣荷恩既重，思在效力。但恐庸短不逮，敢不尽心。"帝颔之。及静帝嗣位⑭，

---

① 随即任命（姚僧垣）为华州刺史。华州，州名，位今陕西省渭南市境内及周边地区。

② 宣政元年：即公元578年。宣政，北周武帝宇文邕的年号（578年3月—578年12月），历时数月。

③ 优诏：特地下诏。

④ 内史柳昂：行政长官柳昂。柳昂，字千里，柳敏少子，河东解县人。幼聪颖有器识，才干过人。武帝时，为内史中大夫、开府仪同三司，赐爵文城郡公。当途用事，百寮皆出其下。昂竭诚献替，知无不为，谦虚自处，未尝骄物。时论以此重之。武帝崩，受遗辅政。稍被宣帝疏，然不离本职。隋文帝为丞相，深自结纳。文帝以为大宗伯。拜日，遂得偏风，不能视事。文帝受禅，疾愈，加上开府，拜潞州刺史。昂见天下无事，上表请劝学行礼。上览而善之，优诏答昂。自是天下州县皆置博士习礼焉。昂在州甚有惠政。卒官。子调嗣。

⑤ （皇上）减食多日。

⑥ 不久皇上就去世了。

⑦ 宣帝：即北周宣帝宇文赟（559—580），字干伯，北周武帝宇文邕长子，北周第四代皇帝（578—579），在位只有一年。

⑧ 对姚僧垣的恩典礼遇更加尊崇优厚。

⑨ 承蒙先皇宠爱。

⑩ 邑：通称诸侯的封地、大夫的采地。

⑪ 大象二年：即公元580年。大象，北周静帝宇文阐年号（579—581），历时约3年。

⑫ 大渐：病危。

⑬ 危殆：病情十分危急。

⑭ 静帝嗣位：北周静帝宇文阐即位。宇文阐（573—581），原名宇文衍，鲜卑族，北周宣帝宇文赟长子，母天大皇后朱满月，南北朝时期北周最后一位皇帝，579—581年在位。大成元年（579）正月，被立为皇太子。二月受父传位登基，改元大象。大定元年（581），被迫禅位杨坚，北周灭亡。杨坚封宇文阐为介国公。开皇元年（581），杨坚派人害死宇文阐，时年九岁，谥号静皇帝，葬于恭陵。

迁上开府仪同大将军①。隋开皇初②，进爵北绛郡公。三年卒，时年八十五。遗诫衣白帢入棺③，朝服勿敛。灵上唯置香奁④，每日设清水而已。赠本官⑤，加荆、湖二州刺史。

僧垣医术高妙，为当世所推。前后效验，不可胜记。声誉既盛，远闻边服。至于诸蕃外域，咸请托之。僧垣乃搜采奇异，参校征效者，为《集验方》十二卷，又撰《行记》三卷，行于世。

——唐·令狐德棻等·周书卷四十七·列传第三十九

译文

姚僧垣，字法卫，吴兴郡武康县人，是三国时期吴国太常卿姚信的第八代孙子。其曾祖父姚郢，曾任刘宋朝的员外散骑常侍、五城侯。父亲姚菩提，是梁朝的高平县令，他曾患病多年，于是留心于医药。梁武帝也喜欢医药，常常召见姚菩提讨论医术。姚菩提讲的医学，梁武帝大多都能领悟，所以姚菩提很受梁武帝的礼遇。

姚僧垣自幼就很博学，居家守丧能尽守孝礼。二十四岁时，就继承家业。梁武帝召他入宫，当面加以考核。姚僧垣都能应答如流，梁武帝十分惊奇。大通六年，姚僧垣以平民身份出任临川嗣王国左常侍。大同五年，姚僧垣被任命为骠骑庐陵王府田曹参军。九年，回朝兼任殿中医师。当时武陵王生母葛修华患病多年，服药无效。梁武帝令姚僧垣前去诊视。回来后，姚僧垣向梁武帝详细陈述葛修华的症状，并记录下病情轻重的时刻。梁武帝赞叹道："你的用心详细周密，竟达到这种地步，治病时心怀这种态度，什么疾病治不好呢？我曾

① 迁：升迁。开府仪同大将军：后周建德四年，改开府仪同三司为开府仪同大将军，仍增置上开府仪同大将军；又改仪同三司为仪同大将军。

② 隋朝开皇初年。杨坚（541—604），隋朝开国皇帝。汉族，弘农郡华阴（今陕西省华阴市）人，汉太尉杨震十四世孙。杨坚在位期间，军事上攻灭陈国，成功地统一了严重分裂数百年的中国，击破突厥，被尊为"圣人可汗"；内政方面，开创先进的选官制度，发展文化经济，使得中国成为盛世之国。开皇年间，隋朝疆域辽阔，人口达到700余万户，是中国农耕文明的辉煌时期。隋文帝杨坚结束了自西晋末年到隋统一前近300年的分裂割据状态，实现了自永嘉之乱衣冠南渡以来中国又一次统一，使北方重启汉化，南方经济发展，为中国古代社会隋唐盛世的出现奠定了基础。

③ 遗命告诫穿白色夹衣入棺。

④ 香奁（lián）：装香料的匣子。

⑤ 追赠原任官职。

经因为以前的名人，大多喜好医术，所以我也曾留心于此，也稍微知道治病的体要。今天听了你的一席话，更使我受到启发。”十一年，姚僧垣转任太医正，加授文德主帅、直阁将军衔。梁武帝曾因发烧，想服用大黄。姚僧垣说：“大黄是见效快的药。但是陛下年事已高，不宜服用。”梁武帝不听，以致病危。梁简文帝做太子时，对姚僧垣也很有礼遇。一年四季，从伏祭到腊祭，总有赏赐。太清元年，姚僧垣转任镇西湘东王府中记室参军。姚僧垣从小就喜好文史，但不在剖章析句上下功夫。他时常和人们谈古论今，被学者们称赞。

侯景围攻建业时，姚僧垣抛弃妻儿勇赴国难。梁武帝表示嘉许，任命他为戎昭将军、湘东王府记室参军。待到宫城陷落时，百官逃散。姚僧垣借道回到吴兴，拜谒郡守张嵊。张嵊见姚僧垣流泪说道：“我承蒙朝廷恩泽多时，如今只有以死报答。先生是此地大族，又是朝廷旧臣。今天得以见到先生，我一定要以死护城。”不久，侯景大军兵临城下，攻战多日，郡城沦陷。姚僧垣逃跑躲避了很久，但最终被俘。侯景部将侯子鉴早就听说过他的名气，十分器重他的度量才识，僧垣因此得以免罪。等到梁简文帝即位，姚僧垣回到建业，以原官职兼任中书舍人。侯子鉴随即镇守广陵，姚僧垣又随他到长江以北。

梁元帝平定侯景以后，征调姚僧垣赴荆州，改任晋安王府咨议。当时虽然平定大乱，但在人员的任用上并非任人唯贤，朝政也很混乱，没有纲纪。姚僧垣常为此深深忧虑。他对旧友说：“我看这种形势，灾祸不久将会发生。如今的上策，不如逃跑。”听这话的人都掩口偷笑。梁元帝曾患有腹疾，召集众医生商议医治之法。大家都认为皇帝至尊至贵，不可轻率用攻下药，应当用平和之药，逐渐宣通。姚僧垣却说：“皇上的脉象有力而沉实，这是积食所致。必须服用大黄，定无差错。”梁元帝听了他的话，刚服完汤药，积食果然下来，病就这样好了。梁元帝大喜，竟赏钱十万。须知当时刚铸之钱，以一当十，赏钱十万，实际折合百万。

当西魏的大军攻下荆州时，姚僧垣仍然侍奉着梁元帝，不离左右。直到被军人阻止，他才流泪而去。不久，中山公宇文护派人寻求姚僧垣。姚僧垣到宇文护军营后，又被燕公于谨召去，待以隆重礼节。太祖也派使者骑马来征召僧垣。于谨坚决不放姚僧垣走，对使者说：“我已衰老，顽疾痛苦。如今得到此人，希望同他在一块。”由于于谨德高望重，太祖才作罢。次年，姚僧垣随于谨到长安。武成元年，姚僧垣被授官小畿伯下大夫。

金州刺史伊娄穆因病回京，请姚僧垣治病。伊娄穆说："我从腰部到脐眼，好像有三道绳绑着，两脚痿痹，失去知觉。"姚僧垣为他诊脉，开汤药三剂。伊娄穆服下第一剂，上面的一道绳就解开了；服了第二剂，中间的一道绳也解开了；又服一剂，三道绳全部解开了，但是两脚疼痛麻木，仍然蜷曲孱弱。僧垣又为他配了一服散剂让他服下，伊娄穆两脚才稍能屈伸。姚僧垣说："您这病必须等到霜降的时候，才能痊愈。"到了九月，伊娄穆果然能起身行走。

大将军、襄乐公贺兰隆先患气疾，后又加上水肿，喘息急促，坐卧不安。有人劝他服用决命大散。他的家人怀疑而不能决定，就去请教姚僧垣。姚僧垣说："按照我的看法，此病用绝命大散不合适。如果你们要自行服用，就不用来问我了。"于是撇下病人离去。贺兰隆之子恳切下拜，请求道："我一直没法离开父亲，今天才来拜谒。如果父亲之病得不到治疗，我就是不孝。"姚僧垣知道这病可治，就开了处方，劝告病人立即服用。病人服下后，当即呼吸通畅，又服一剂，病就痊愈了。

天和元年，姚僧垣加授车骑大将军、仪同三司衔。大将军、乐平公窦集突得风疾，精神错乱，失去知觉。之前诊治的医生都说已经无法救治了。后来，姚僧垣来诊视后说："难治是难治，但终究病不至死。如果专门让我治疗，我可以治好。"窦集的家人十分高兴，请他施以医术。姚僧垣为他配制了汤药和散剂，窦集的病很快就痊愈了。大将军、永世公叱伏列椿患痢疾多时，但他一直坚持上朝谒见。燕公于谨曾问姚僧垣："乐平公、永世公都有顽疾，在我看来，永世公的病轻一些。"姚僧垣答道："病情有深浅，时间有缓急。乐平公虽然难治，但终当保全。永世公虽然病轻，而必定难免一死。"于谨问："你说必死，当在什么时候？"姚僧垣答道："不出四个月。"后来果然像他说的那样。于谨感叹他的神奇。六年，姚僧垣升任遂伯中大夫。

建德三年，文宣太后病危，医生、巫祝各陈己见，互有异同。高祖到内殿，召姚僧垣同坐，问道："太后病情不轻，医生们都说并无大碍。朕作为太后之子，可以说已尽了心意。你我为君臣关系，说话不能隐瞒。您以为如何？"姚僧垣答道："微臣没有听声视色的绝技，只不过经历的事情很多。如果以平常人来讲，我内心感到担忧惧怕。"高祖流泪道："您都这么说了，我还能说什么！"

随即太后驾崩。皇上又召见僧垣，问道："姚公担任仪同几年了？"姚僧垣答："微臣承蒙皇恩，到现在已经当了九年。"高祖说："姚公一生勤劳，朝廷应当给予尊崇的地位。"于是任命他为骠骑大将军、开府仪同三司。又下诏说："先生年过七十，可停止朝见。若非另有诏令，不必入朝觐见。"

建德四年，高祖亲自率兵东征，到河阴染上疾病。口不能言，眼睑下垂，双目紧闭，不能视物，一只脚抽缩，无法行走。姚僧垣认为他的内脏各器官都已患病，不能同时治愈。因是皇上亲征，军中要务莫过于语言。于是，姚僧垣为其开方进药，高祖得以开口说话。其次又治眼疾，眼疾即刻痊愈。最后才治疗足疾，足疾也痊愈。待到华州，皇帝已完全康复。随即授僧垣为华州刺史，但仍下诏让他跟随入京，不让他赴华州上任。宣政元年，姚僧垣上表请求退休，获诏允许。这一年，高祖巡幸云阳，病情危殆。诏令姚僧垣赶赴皇帝处。内史柳昂私下问道："皇上减食多日，脉象如何？"姚僧垣答："皇上上应天意，或许不是我这种愚昧之人所能知道的。如果普通人想这样的话，则一万人中也难有一个能保全性命。"不久皇帝驾崩。

宣帝当初在东宫做太子时，常苦于胸口疼，于是令姚僧垣诊治，他的病立即痊愈。宣帝十分高兴。待其即位后，对姚僧垣的恩宠礼遇更加尊崇优厚。宣帝曾经语气和缓地对姚僧垣说："常听说先帝称呼先生为姚公，有这件事吗？"姚僧垣答道："微臣承先帝宠爱，实如圣上所言。"皇帝说："这是尊崇老人的言词，不是显贵爵位的封号。我应当给先生封地、开辟新家园，作为子孙永久的产业。"于是封他为长寿县公，食邑一千户。册封之日，又赏赐他金腰带、衣服等物品。

大象二年，姚僧垣被任命为太医下大夫。皇帝不久患病，病情越来越重。姚僧垣轮流值宿，侍奉皇帝。皇帝对他说："我今日的性命，只有托付给你了。"姚僧垣知道皇帝病情危险，一定无法治好，就回答道："微臣承受皇恩浩荡，必将尽力效劳。只是担心我的医术平庸浅陋，力有不及，不敢不尽心。"皇帝点头赞许。等到静帝继位，姚僧垣升上开府仪同大将军。隋朝开皇初年，他的爵位进到北绛郡公。开皇三年，姚僧垣去世，享年八十五岁。他留下遗言，告诫子女自己去世后，须为自己穿普通人的衣服入殓，上朝用的官服不要装殓。灵前只放一个装香料的器具，每天注入清水即可。姚僧垣去世后，朝廷仍追赠他原任华州刺史，加赠荆、湖二州刺史。

姚僧垣医术高妙，被当世所推崇。前后治好的病人，数不胜数。其声望很高，连边境地区也有传闻。以至于各附属国和外国，都请托看病。姚僧垣搜采珍奇药物，参照对症之方，撰写《集验方》十二卷，又撰写《行记》三卷，在世上流传。

评 析

姚僧垣（499—583），南北朝时期杰出的医学家，字法卫，吴兴武康（今浙江杭州）人。父菩提，为梁高平令，通医理，受梁武帝所重用。姚僧垣一生历经南齐、梁、北魏、北周、隋五个朝代，主要生活于北周，故此在《周书》《北史》中均有其传记。姚僧垣自幼学习医术，20多岁开始正式继承父业。梁武帝曾召其入宫当面加以考核，姚僧垣应答如流，令梁武帝大为惊奇。而且姚僧垣做事认真，心思非常缜密，他曾经奉梁武帝之命探视某患者。回来后，姚僧垣详细陈述了患者的各种症状，并记录下了病情轻重变化的时刻。梁武帝不由赞叹："你的用心详细周密，竟到了这种地步。如果拿这种态度来治病，还有什么病治不好呢？"姚僧垣在当时医名极盛，史书记载其"诊候精审，名冠于一代"，"医术高妙，为当时所推"。由于姚僧垣医术高妙，活人无数，声望所及，甚至连藩属国、异域都有闻名求诊者。姚僧垣晚年曾采掇诸家，结合自己的临床诊疗经验，编纂了《集验方》十二卷（今佚，部分佚文尚存《外台秘要》《医心方》等书），多为简要易得、疗效可靠的经验方，流传非常广，产生了很大的影响，是古代最重要的方书之一。

孙思邈传

孙思邈，京兆华原①人也。七岁就学，日诵千余言。弱冠②，善谈庄、老及百家之说，兼好释典③。洛州总管独孤信④见而叹曰："此圣童也。但恨其器大⑤，难为用也。"周宣帝时⑥，思邈以王室多故⑦，隐居太白山⑧。隋文帝辅政⑨，征为国子博士⑩，称疾不起。尝谓所亲曰："过五十年，当有圣人出，吾方助之以济人。"及太宗即位⑪，召诣京师，嗟其容色甚少⑫，谓曰："故知有道者诚可尊重，羡门、广成⑬，岂虚言哉！"将授以爵位，固辞不受。显庆四年⑭，高宗

① 京兆府华原县，故城在今陕西省铜川市。

② 弱冠：古代男子二十岁行冠礼，故用弱冠借指男子二十岁左右年龄。

③ 释典：佛教经典。

④ 独孤信：（502—557），本名独孤如愿，字期弥头，鲜卑族，云中（今山西大同）人，西魏、北周将领，八柱国之一。

⑤ 遗憾他的本领太大。

⑥ 周宣帝：即北周宣帝宇文赟（559—580），字乾伯，鲜卑族，北周武帝宇文邕长子，母李娥姿，南北朝时期北周第四位皇帝。宣政元年（578）即位，年号大成。即位后沉湎酒色，暴虐荒淫，大肆装饰宫殿，且滥施刑罚，经常派亲信监视大臣言行，北周国势日渐衰落。大象元年（579）禅位于长子宇文衍，自称天元皇帝，但仍掌控朝权。次年病逝，时年二十二岁，谥号宣皇帝，葬于定陵。

⑦ 以王室多故：由于王室经常发生变故。

⑧ 太白山：位于陕西宝鸡眉县、太白县和西安周至县境内，是秦岭山脉主峰，也是中国大陆青藏高原以东第一高峰。

⑨ 隋文帝：即隋文帝杨坚（541—604），隋朝开国皇帝。弘农郡华阴（今陕西省华阴市）人。杨坚在位期间，军事上攻灭陈国，成功地统一了严重分裂数百年的中国，击破突厥，被尊为"圣人可汗"；内政方面，开创先进的选官制度，发展文化经济，使得中国成为盛世之国。开皇年间，隋朝疆域辽阔，人口达到700余万户，是中国农耕文明的辉煌时期。辅政：隋文帝杨坚在周宣帝在位期间任上柱国大司马，在静帝期间，担任大丞相，为北周重臣。

⑩ 国子博士：国子学（高级官员子弟的学校）的教官。

⑪ 太宗即位：即唐太宗李世民即位。李世民（598—649），祖籍陇西成纪，是唐高祖李渊和窦皇后的次子，唐朝第二位皇帝。李世民少年从军，曾去雁门关营救隋炀帝。唐朝建立后，李世民官居尚书令、右武候大将军，受封为秦国公，后晋封为秦王，先后率部平定了薛仁杲、刘武周、窦建德、王世充等军阀，在唐朝的建立与统一过程中立下赫赫战功。武德九年（626），李世民发动玄武门之变，杀死自己的兄长太子李建成、四弟齐王李元吉及二人诸子，被立为太子。唐高祖李渊不久被迫退位，李世民即位，年号贞观。李世民为帝之后，积极听取群臣的意见，以文治天下，并开疆拓土，虚心纳谏，在国内厉行节约，并使百姓能够休养生息，终于使得社会出现了国泰民安的局面，开创了中国历史上著名的贞观之治，为后来唐朝一百多年的盛世奠定了重要基础。公元649年7月10日，唐太宗李世民因病驾崩于含风殿，享年五十二岁，在位二十三年，庙号太宗，葬于昭陵。

⑫ 嗟：感叹。容色甚少：没有多少喜悦的脸色。

⑬ 羡门、广成子：均为古代传说中的神仙。

⑭ 显庆四年：公元659年。显庆，唐高宗李治的年号（656年1月—661年2月），共5年有余。

召见[①]，拜谏议大夫[②]，又固辞不受。

上元元年[③]，辞疾请归，特赐良马，及鄱阳公主邑司以居焉[④]。当时知名之士宋令文、孟诜、卢照邻等[⑤]，执师资之礼以事焉[⑥]。思邈尝从幸九成宫[⑦]，照邻留在其宅。时庭前有病梨树，照邻为之赋，其序曰："癸酉之岁[⑧]，余卧疾长安光德坊之官舍[⑨]。父老云：'是鄱阳公主邑司。昔公主未嫁而卒，故其邑废。'时有孙思邈处士居之[⑩]。邈道合古今，学殚数术[⑪]。高谈正一[⑫]，则古之蒙庄子[⑬]；深入不二[⑭]，则今之维摩诘[⑮]。其推步甲乙[⑯]，度量乾坤[⑰]，则洛下

① 高宗：即唐高宗李治（628—683），字为善，唐朝第三位皇帝（649—683年在位），唐太宗李世民第九子，其母为文德顺圣皇后长孙氏，是嫡三子。贞观五年（631）封为晋王，后因唐太宗的嫡长子皇太子李承乾与嫡次子魏王李泰相继被废，他才于贞观十七年（643）被册立为皇太子。贞观二十三年（649）即位于长安太极殿，开创了有贞观遗风的永徽之治。唐代的版图，以高宗时为最大，东起朝鲜半岛，西临咸海（一说里海），北包贝加尔湖，南至越南横山，维持了32年。李治在位三十四年，于弘道元年（683）驾崩，年五十五岁，葬于乾陵，庙号高宗，谥号天皇大帝。

② 拜：授予。谏议大夫：官名，专掌议论，唐初复置，正五品上。高宗龙朔二年（662）改正谏大夫，中宗神龙元年（705）复旧。德宗贞元四年（788）分置左、右，各四员，分隶门下、中书两省，升正四品下，掌谏议得失，侍从赞相。宪宗元和元年（806）罢左、右之名，只称谏议大夫。

③ 上元元年：即公元674年。上元，唐高宗李治使用年号（674—676），共使用3年。

④ 鄱阳公主：唐太宗李世民第二十女，姓名不详，二十多岁未嫁人就去世了。邑司：唐代管理公主事务的机构或供职于这一机构的官吏。这里指鄱阳公主的住所，因公主未嫁而卒，故其邑废。

⑤ 宋令文：虢州弘农（今河南卢氏）人，一作汾州（在今山西）人。高宗（650—683）时为骁卫郎将，东台详正学士。有勇力，工书，善属文。孟诜（621—713）：唐代医学家。汝州（今河南汝州）人。少好医药及炼丹术，尝师事孙思邈学习阴阳、推步、医药。举进士，睿宗在藩时，召为侍读。长安（701—704）中为同州刺史，故世称孟同州。神龙初（约705），致仕归伊阳之山，日以药饵为事。撰《补养方》三卷，经张鼎增补，改名《食疗本草》三卷，现存敦煌莫高窟发现之古抄本残卷及近人辑佚本。又撰有《必效方》三卷，今佚，在《外台秘要》《证类本草》等书中多有引录。尝创用白帛浸于黄疸患者尿中，晾干并按日推列对比，以观察黄疸病疗效。另著《家祭礼》一卷、《丧服正要》一卷、《锦带书》等，均佚。卢照邻：字升之，自号幽忧子，汉族，幽州范阳（治今河北省定兴县）人，初唐诗人。其生卒年史无明载，后人有多种说法，有三子，现其后人居住在河北省正定县内。卢照邻出身望族，曾为王府典签，又出任益州新都（今四川成都附近）尉，在文学上，他与王勃、杨炯、骆宾王以文词齐名，世称"王杨卢骆"，号为"初唐四杰"。

⑥ 按照孝敬老师的礼仪侍奉他。

⑦ 伴随高宗到九成宫避暑。

⑧ 癸酉这一年，即公元673年。

⑨ 长安：唐朝都城长安，即今陕西省西安市。光德坊：唐时京兆府办公地点在长安城西部的光德坊。

⑩ 处士：古时候称有德才而隐居不愿做官的人。

⑪ 学术穷尽天文、历法、占卜等。

⑫ 阐述世界万物永恒不变之根本的高超见解。

⑬ 蒙庄子：超过庄子。

⑭ 深入不二：深入研究佛学。不二，佛教用语，意为无彼此之别，代称佛学。

⑮ 维摩诘：《维摩诘经》讲，维摩诘是古印度毗舍离地方的一个富翁，家有万贯，奴婢成群。但是，他勤于攻读，虔诚修行，能够处相而不住相，对境而不生境，得圣果成就，被称为菩萨。维摩诘为诸大菩萨之代表。

⑯ 推步甲乙：推算天文历法。

⑰ 度量乾坤：测定天地阴阳。

闳①、安期生之俦也②。”照邻有恶疾，医所不能愈，乃问思邈：“名医愈疾，其道何如③？”思邈曰：吾闻善言天者④，必质之于人⑤，善言人者，亦本之于天⑥。天有四时五行⑦，寒暑迭代，其转运也⑧，和而为雨，怒而为风，凝而为霜雪，张而为虹蜺，此天地之常数也。人有四支五藏⑨，一觉一寝，呼吸吐纳，精气往来，流而为荣卫⑩，彰而为气色⑪，发而为音声，此人之常数也。阳用其形，阴用其精⑫，天人之所同也⑬。及其失也，蒸则生热，否则生寒⑭，结而为瘤赘，陷而为痈疽⑮，奔而为喘乏，竭而为焦枯⑯，诊发乎面，变动乎形⑰。推此以及天地亦如之。故五纬盈缩⑱，星辰错行，日月薄蚀，孛彗飞流⑲，此天地之危诊也⑳。寒暑不时㉑，天地之蒸否也㉒；石立土踊㉓，天地之瘤赘也㉔；山崩土陷，

---

① 洛下闳：即西汉天文学家落下闳（前156—前87），字长公，巴郡阆中（今四川阆中）人。汉武帝元封年间（前110—前104）为了改革历法，征聘天文学家，经同乡谯隆推荐，落下闳由故乡到京城长安（今陕西西安）。他和邓平、唐都等合作创制的历法，优于同时提出的其他17种历法。

② 安期生：一名安期，人称千岁翁，安丘先生。琅琊人，师从河上公，是秦汉期间燕齐方士活动的代表人物，黄老哲学与方仙道文化的传人。道教视安期生为重视个人修炼的神仙，故上清派特盛称其事。传说他得太丹之道、三元之法，羽化登仙，驾鹤仙游，或在玄洲三玄宫，被奉为上清八真之一，其仙位或与彭祖、四皓相等。在陶弘景《真灵位业图》中列在第三左位，奉为“北极真人”。俦（chóu）：同辈，伴侣。

③ 其中有何规律可循?

④ 善言天者：善于谈论自然规律的人。

⑤ 一定要用人情事理作为依据。

⑥ 善言人者：善于谈论人情事理的人。本之于天：也要以自然法则为根本。

⑦ 大自然分春夏秋冬四个季节、水火木金土五种元素。

⑧ 转运：就是它循环运行的规律。

⑨ 人有上下四肢、脾肺肾肝心五脏。

⑩ 流动而成为人的气血。

⑪ 表现在外就是人的神色。

⑫ 外在表现为形貌，内在表现为精气。

⑬ 大自然和人的规律是一样的。

⑭ 地气升腾就发烧，反之就会发冷。

⑮ 结聚成为疱疖，溃烂长成恶性痈疽。

⑯ 奔跑就会喘息困乏，干渴就会焦黄枯燥。

⑰ 症状显露在面容，病情改变着形貌。

⑱ 五纬盈缩：金木水火土五星或大或小。

⑲ 彗星出现流光飞逝。

⑳ 危诊：危险征兆。

㉑ 冷热不按季节。

㉒ 蒸否：暑热错乱。

㉓ 巨石突然耸立，土地突然移动。

㉔ 瘤赘：体表或筋骨间增生的肉疙瘩。

天地之痈疽也[①]；奔风暴雨，天地之喘乏也；川渎竭涸[②]，天地之焦枯也[③]，良医导之以药石，救之以针剂，圣人和之以至德[④]，辅之以人事，故形体有可愈之疾，天地有可消之灾。

又曰：胆欲大而心欲小[⑤]，智欲圆而行欲方[⑥]。《诗》曰："如临深渊，如履薄冰"，谓小心也；"纠纠武夫[⑦]，公侯干城[⑧]"，谓大胆也。"不为利回，不为义疚[⑨]"，行之方也[⑩]；"见机而作，不俟终日[⑪]"，智之圆也[⑫]。

思邈自云开皇辛酉岁生[⑬]，至今年九十三矣[⑭]；询之乡里，咸云数百岁人。话周、齐间事[⑮]，历历如眼见。以此参之，不啻百岁人矣[⑯]。然犹视听不衰，神采甚茂，可谓古之聪明博达不死者也。

初，魏徵等受诏修齐、梁、陈、周、隋五代史[⑰]，恐有遗漏，屡访之，思邈口以传授，有如目睹。东台侍郎孙处约将其五子侹、儆、俊、佑、佺以谒思邈[⑱]，思邈曰："俊当先贵[⑲]；佑当晚达[⑳]；佺最名重[㉑]，祸在执兵[㉒]。"后皆如

---

① 痈疽：发生于体表、四肢、内脏的急性化脓性疾患，是一种毒疮。
② 山川河流枯竭。
③ 焦枯：干枯。
④ 圣医以高明医德医理疏导。
⑤ 胆要大，心要细。
⑥ 考虑要周密行动要果断。
⑦ 雄健威武的勇士。
⑧ 国家主权的捍卫者。
⑨ 不为利益改变志向，不为非议感到彷徨。
⑩ 行动果断。
⑪ 看准时机就行动，绝不迟疑一天。
⑫ 考虑周密。
⑬ 开皇辛酉岁生：即公元 601 年。开皇，隋文帝杨坚的年号（581—600 年），历时 20 年。辛酉，即辛酉年（601）。
⑭ 今年：即本传撰写之年，根据推算应为公元 694 年。
⑮ 话周、齐间事：孙思邈谈起北周、南齐年间的往事。
⑯ 不啻（chì）：不止。
⑰ 症状显露在面容，病情改变着形貌。
⑱ 东台侍郎孙处约请孙思邈为他的五个儿子算命。
⑲ 孙俊最先获得高官。
⑳ 孙佑会最后显达。
㉑ 孙佺名气会最大。
㉒ 祸患会出在掌握军权上。

其言。太子詹事卢齐卿童幼时[①]，请问人伦之事[②]，思邈曰："汝后五十年位登方伯[③]，吾孙当为属吏，可自保也。"后齐卿为徐州刺史，思邈孙溥果为徐州萧县丞。思邈初谓齐卿之时[④]，溥犹未生，而预知其事。凡诸异迹，多此类也。

永淳元年[⑤]卒。遗令薄葬，不藏冥器，祭祀无牲牢。经月余，颜貌不改，举尸就木[⑥]，犹若空衣[⑦]，时人异之。自注《老子》《庄子》，撰《千金方》三十卷，行于代。又撰《福禄论》三卷，《摄生真录》及《枕中素书》《会三教论》各一卷。

子行[⑧]，天授中为凤阁侍郎[⑨]。

——后晋·刘昫等·旧唐书卷一百九十一·列传第一百四十一·方伎

译文

孙思邈，京兆府华原县人。他七岁入学，一天能背诵一千多字的文章。二十岁时就擅长谈论老子、庄子以及诸子百家的学说，并且喜爱佛经。洛州总管独孤信见到他后赞叹说："真是神童啊，只是遗憾他虽然本领太大，但还很年轻，所以很难现在被人重用。"北周宣帝时，由于王室经常发生变故，他就隐居到太白山中。隋文帝杨坚辅佐北周朝政时，征聘他担任国子博士，他自称有病没有出任。孙思邈曾对好友说："五十年后，会出圣人，那时我才帮助他治理天下。"太宗李世民即位，征召他到京城，看到孙思邈尽管年岁已高，但容貌年轻、耳聪目明，不由得为之赞叹："由此可知，有道之人的确令人尊重，

① 太子詹事：职官名，即辅导太子的官员。卢齐卿：幽州范阳人。长安初，为雍州录事参军。时则天令雍州长史薛季旭择僚吏堪为御史者，季旭以闻，齐卿荐长安尉卢怀慎、李休光、万年尉李乂、崔湜、咸阳丞倪若水、盩厔尉田崇辟、新丰尉崔日用，后皆至大官。齐卿，开元初为豳州刺史。时张守珪为果毅，齐卿礼接之，谓曰："十年内当知节度。"果如其言，时人谓齐卿有人伦之鉴。齐卿好酒，饮至斗余不乱，宽厚可亲，士友以此善之。累迁太子詹事，封广阳县公，寻卒。

② 人伦之事：观看相貌、占卜决断祸福。

③ 位登方伯：官位达到地方长官。

④ 齐卿：即卢齐卿。

⑤ 永淳元年：即 682 年。永淳，唐高宗李治的年号（682 年 2 月—683 年 12 月），共计 2 年。

⑥ 抬起遗体入棺。

⑦ 轻得好像只是拿着空空的衣服。

⑧ 子行：儿子孙行。

⑨ 天授：武则天的年号（690 年 9 月—692 年 3 月），共计 1 年多。凤阁侍郎：即中书侍郎，中书省的长官，副中书令，帮助中书令管理中书省的事务，是中书省固定编制的宰相。

羡门、广成子，怎能是虚妄之说啊！”皇上拟授予其爵位，但孙思邈坚决拒绝，没有接受。显庆四年，高宗李治召见他，授予他谏议大夫官职，他又坚决谢绝。

上元元年，孙思邈因病请求回乡，高宗皇帝特地赐给他骏马与鄱阳公主府邸，让他居住。当时的著名文人学者宋令文、孟诜、卢照邻等，都以师礼来侍奉孙思邈。思邈曾跟随皇上到九成宫，卢照邻留在他家里。当时庭前有一棵病梨树，照邻就为这棵树写了一篇赋。赋的序中说：“癸酉年，我患病住在长安光德坊的官舍里。老年人说‘这是鄱阳公主的府邸。当年公主没有出嫁就死了，所以她的府邸一直废弃着’。现在孙思邈处士就居住在这里。孙思邈的学问融汇古今，学尽了术数。善谈道家，可比古时的庄子；深入研究佛学，可称当代的维摩诘。在天文、历法、地理方面，和洛下闳、安期生为同一类人物。”卢照邻患有难治的疾病，医生不能够治愈，于是请教孙思邈：“良医能治好疾病，那是什么道理？”孙思邈回答说：“我听说善谈天地之道者，必须要参证于人事；而善谈人事者，也必须依据于天地之道。天地有四季和五行，寒暑交替，循环运行。调和就成为雨，气盛就成为风，凝固就成为霜雪，伸张就成为虹霓，这就是自然界的规律。人有四肢和五脏，一动一静，呼吸吐纳，精气往来，通畅就生气血，显现就是神色，振动就有声音，这些就是人正常的变化规律。阳气表现为事物的形体，阴气表现为事物的功用，这是自然界与人相同之处。这一规律一旦被打乱，如果火气上行就会产生热病，闭塞不通就会产生寒病，气血蓄结就会产生瘤赘，气血下陷就会产生痈疽，气行狂越就会造成喘息短促，气血虚竭就会造成枯焦。证候出现在面部，变化发生在形体。由人推及自然界也是如此。所以五行过快过慢，星辰错行轨道，日食月食，彗星飞行流动，这都是自然界的危险征兆。寒暑错时，是天地的郁蒸和闭塞；石头竖立、土壤崛起，这是天地的瘤赘；山岭崩裂，大地下陷，这是天地的痈疽；急风暴雨，是天地的急促喘息；河流干涸，是天地的枯焦。良医用药物来辅助，用针灸来抢救；圣人用至高的德才来治理，用人事来辅助。所以身体有可以治愈的疾病，自然界有能够拯救的灾害。”接着又说：“治病时胆要大心要细，思虑要周密而行为要端正。《诗经》说‘如临深渊、如履薄冰’，说的是小心；‘雄赳赳的武夫，是王公诸侯的守卫者’，说的是大胆；‘不会因为私利而违礼，也不会因为没有见义勇为而内疚’，是说行为要端正；‘发现事物的先兆就马上去处理，一天也不要等待’，说的是思虑要周密。”

孙思邈自称生于开皇辛丑年，到现在已经93岁了。问起他的乡邻故里，他们都说思邈已经好几百岁了。他谈起周、齐朝年间的事情，清晰得如同在眼前一样，据此看来，他不只是活了100岁。但是他的视力听力仍然没有减弱，神色面貌显得还很年轻，真可以称得上是古代那种聪明博学、长生不老之人。

当初，魏徵等人奉皇帝之命撰修齐、梁、陈、周、隋五代史，担心有所遗漏，多次咨询孙思邈。思邈以口相授，如同亲眼见到一般。东台侍郎孙处约带着他的五个儿子挺、儆、俊、佑、佺来拜见孙思邈，思邈说：“孙俊会先显贵；孙佑会在晚年发迹；孙佺名望最高，祸在掌握兵权之后。”后来都应了他的预言。太子詹事卢齐卿童年时向孙思邈询问人伦之事，思邈说：“你50年后会担任地方长官，我的孙子会是你的下属，你可要保重。”后来卢齐卿做了徐州刺史，思邈的孙子孙溥果然做了徐州萧县县丞。思邈最初对卢齐卿说这件事时，孙溥还没有出生，却已经预先知道了他的未来之事。他种种不同寻常的事迹，大多都同这类似。

孙思邈于永淳元年去世。留下遗言让薄葬，墓中不放随葬的器物，祭祀时不要牲畜。过了一个多月，他的面色还未改变，抬起他的尸体放进棺材，就像一件空衣服，当时的人都非常惊异。他自己注释过《老子》《庄子》，撰写的《千金方》30卷，流行于世上。还撰有《福禄论》3卷，《摄生真录》及《枕中素书》《会三教论》各1卷。

他的儿子孙行，天授年间任凤阁侍郎。

评 析

孙思邈（581—682），唐代医家，京兆华原（今陕西铜川市）人。幼而聪颖，七岁就学，据云能日诵千言。后于经史百家、老庄释典，无所不读。因其幼年时尝遭风疾之苦，因而刻意学医。平时好学勤记，不耻下问，凡有一己之长者，无不求教，虽千里不辞。唐太宗、高宗均曾诏其入朝，孙氏固辞不就，一云尝受承务郎直长尚药局，晚年请归。文人卢照邻、宋令文及孟诜等均师事之。因鉴于前代之医著浩繁，且多散乱，乃广泛阅读，勤求左训，广撷精粹，并吸收外来医药之精华，著成《备急千金要方》三十卷，或称《千金方》。又于晚年以意犹未尽，而于百岁高龄补撰《千金翼方》三十卷。二书为其毕生医药实践之心得，包罗甚广，举凡基础理论、临床实践，包括妇、儿、外、五官等，莫不包罗，其于针灸、按摩、气功、养生、药物等学科，亦皆有精深之叙述，实古代一医学百科全书，其中不乏发明创造，诸如药物学之地道药材、葱管导尿、阿是穴之确定等等，莫不涉及。书中且有专篇论述医德，要求对病人一视同仁，一心赴救，技术需精益求精，为我国最早之医德专篇，堪与外国著名医德箴言媲美。孙思邈是中华医学发展先河中一颗璀璨夺目的明珠，在中外医学史上留下不可磨灭的功勋，千余年来一直受到人们的高度评价和崇拜。唐太宗李世民赞孙思邈“凿开径路，名魁大医。羽翼三圣，调合四时。降龙伏虎，拯衰救危。巍巍堂堂，百代之师”。宋徽宗敕封为“妙应真人”，被后世尊称为“药王”。现今我国各地都有祠堂纪念。陕西铜川药王故里孙原村现存有药王孙思邈诞生遗址、幼读遗址、药王墓及孙氏茔园，药王碑苑和宏伟壮观的药王纪念中心药王祠堂，每年农历二月二开展规模宏大的药王孙思邈文化节纪念活动。平时有来自日本和中国各地的游客，络绎不绝。

钱乙传

钱乙，字仲阳，本吴越王俶支属①，祖从北迁，遂为郓州人②。父颖善医，然嗜酒喜游，一旦③，东之海上不反。乙方三岁，母前死④，姑嫁吕氏，哀而收养之⑤，长诲之医⑥，乃告以家世。即泣，请往迹寻，凡八九反⑦。积数岁⑧，遂迎父以归，时已三十年矣⑨。乡人感慨，赋诗咏之。其事吕如事父⑩，吕没无嗣，为收葬行服⑪。

乙始以《颅囟经》著名⑫，至京师视长公主女疾，授翰林医学⑬。皇子病瘈疭⑭，乙进黄土汤而愈⑮。神宗召问黄土所以愈疾状⑯，对曰："以土胜

---

① 钱乙祖先与吴越王钱俶为同一宗族。吴越王钱俶（929—988），948—978 年在位。初名弘俶，小字虎子，改字文德，钱镠孙，钱元瓘第九子。是五代十国时期吴越的最后一位国王。后晋开元中，为台州刺史，胡进思立他为吴越国王。宋太祖平定江南，他出兵策应有功，授天下兵马大元帅。后入朝，仍为吴越国王。太平兴国三年（978），献所据两浙十三州之地归宋。988 年逝世。

② 祖辈时从北方南迁。于是变成郓（yùn）州（今山东东平县）人。

③ 一旦：有一天早上。

④ 母亲过早去世，钱乙就跟随姑姑一起生活。

⑤ 钱乙就跟随姑姑也来到吕家。吕家可怜钱乙便收留钱乙作养子。

⑥ 等钱乙长大后，养父吕君便教钱乙学医。

⑦ 前后总共八九次来回。

⑧ 积数岁：多年后。

⑨ 终于找回父亲，这时已是父亲离家出走三十余年了。

⑩ 钱乙如同对待自己亲生父亲一样服侍养父吕君。

⑪ 吕君没有儿子，等养父吕君去世的时候，钱乙为他收殓埋葬，穿孝衣守丧。

⑫ 钱氏治学，当初先以学习《颅囟方》而成名。《颅囟方》，儿科著作。书名取小儿初生时颅囟未合之义。又名《师巫颅囟经》。二卷（一作三卷）。托名周穆王时"师巫"所撰（一作东汉·卫汛撰）。明代以后原书已佚，今之所存乃辑自《永乐大典》的《四库全书》本，已非全帙。上卷论述小儿脉法、病证、治疗以及小儿疾病的特殊诊断和鉴别方法，并对小儿惊、痫、癫、疳、痢、火丹等证详加论述；下卷载火丹（丹毒）15 候，治疗多以秘方，计 16 证 19 方。书中祝由法等保留了早期医书的内容。全书文字简略，是现存较早的儿科专书。此处以《颅囟经》代指儿科。

⑬ 被授予翰林医学一职。宋代翰林院下设翰林医官院，全权负责皇室医疗保健事宜。翰林医官院置使、副使各二人，并领院事，下设尚药奉御、直院、医官、医学等职。

⑭ 皇子患抽风病。瘈疭（chì　zòng），指手脚痉挛、口歪眼斜的症状。亦称"抽风"。

⑮ 钱乙进奉黄土汤给皇子服用，很快皇子就痊愈了。黄土汤，中医方剂名。为理血剂，具有温阳健脾、养血止血之功效。主治脾阳不足、脾不统血证，大便下血，先便后血，以及吐血、衄血、妇人崩漏，血色暗淡，四肢不温，面色萎黄，舌淡苔白，脉沉细无力。临床常用于治疗消化道出血及功能性子宫出血等属脾阳不足者。

⑯ 神宗召见他并询问其用黄土汤治愈皇子疾病的情形。宋神宗赵顼（xū）（1048—1085），初名仲针，宋英宗赵曙长子，生母高皇后，北宋第六位皇帝。1064 年（治平元年），赵顼受封光国公，后进封淮阳郡王、颍王。1066 年（治平三年）被立为皇太子。1067 年（治平四年），赵顼即位。由于赵顼对疲弱的政治深感不满，且他素来都欣赏王安石的才干，故赵顼在即位后立即命王安石推行变法，以期振兴北宋王朝，史称"安石变法"（又称"熙宁变法"）。1085 年（元丰八年），赵顼在福宁殿去世，享年 38 岁，共在位 18 年，庙号神宗，谥号为英文烈武圣孝皇帝，葬于永裕陵。

水[①]，水得其平[②]，则风自止。”帝悦，擢太医丞[③]，赐金紫[④]。由是公卿宗戚家延致无虚日[⑤]。

广亲宗子病[⑥]，诊之曰：“此可毋药而愈。”其幼在傍，指之曰：“是且暴疾惊人[⑦]，后三日过午，可无恙。”其家恚[⑧]，不答[⑨]。明日，幼果发痫甚急[⑩]，召乙治之，三日愈。问其故，曰：“火色直视，心与肝俱受邪[⑪]。过午者，所用时当更也[⑫]。”王子病呕泄，他医与刚剂[⑬]，加喘焉[⑭]。乙曰：“是本中热[⑮]，脾且伤，奈何复燥之[⑯]？将不得前后溲[⑰]。”与之石膏汤[⑱]，王不信，谢去[⑲]。信宿浸剧[⑳]，竟如言而效[㉑]。

---

① 以土克水。中医五行相克理论，把自然界的物质归纳为金、木、水、火、土五种形态，而这五种形态互相制约、互相克制，即木克土、土克水、水克火、火克金、金克木。所谓以土胜水，就是指土气的平稳，可制约水气的过度潜降，叫土克水。

② 水得到平衡。

③ 提拔钱乙为太医丞。太医丞，医官名，宋代在太常寺下置太医局，成为医学行政和医学教育的最高管理机构。局内设太医提举一人，太医判局二人。太医局规模宏大，设置有太医丞、太医教授和各科医生三百人。

④ 也称“赐紫衣”“赐紫”。唐制，三品以上官公服紫色，五品以上绯色（大红），有时官品不及而皇帝推恩特赐，准许服紫服或服绯，以示尊宠，称赐紫或赐绯。赐紫同时赐金鱼袋，故称赐金紫。宋初沿唐制，元丰改制后，四品以上服紫，六品以上服绯，除僧人外，道士亦有时赐紫衣。

⑤ 从此，公卿、宗室、外戚之家纷纷请钱乙看病，导致钱乙几乎没有一天有空。

⑥ 广亲宅府大儿子生病。广亲宅，宅邸名。宋代，皇帝为照顾（兼监督防范）各宗室，先后建造了睦亲宅、广亲宅、亲贤宅、棣华宅、蕃衍宅等宫宅来对各世系的宗亲进行分别管理与教育。其中，广亲宅，初名北宅，是真宗为安置秦王廷美子孙而设，后英宗又增修广亲东宅、广亲北宅。

⑦ 这个小孩子将会生使人惊恐的重病。

⑧ 广亲宅府家人恼怒不已。恚(huì)：恼恨，发怒。

⑨ 不答：没有答话。

⑩ 广亲宅府小儿子果然癫痫病发作，而且很急。痫，即癫痫，俗称羊癫疯、羊角风。中枢神经系统的一种疾病。患此病的人，常突然倒地，口吐涎沫，手足痉挛。

⑪ 我发现您的小儿子两眼发直，两腮发红。直视有火色。这孩子眼睛，一定是肝心都热。

⑫ 这时发病的周期正好过去。

⑬ 别的医生给他用峻猛的药剂。

⑭ 导致王子不但没有治好吐泻病，反而变得哮喘。

⑮ 这本是内热之证。

⑯ 怎么使他服燥湿之药?

⑰ 服用燥湿之药，将会使他大小便不通。

⑱ 钱乙给病人服石膏汤。石膏汤出自《外台秘要》卷一引《深师方》。方剂组成为：石膏 30 克，黄连、黄柏、黄芩各 6 克，香豉 9 克，（绵裹）栀子 9 克，（擘）麻黄 9 克（去节）。本方主治为伤寒表证未解，里热炽盛，故解表与清里兼顾。功效为清热泻火，发汗解表。

⑲ 谢辞不用钱乙治病。

⑳ 两晚上王子的病逐渐加重。信宿，古文书面语，表示连住两夜，也表示两夜。

㉑ 终究还是印证了钱乙的话。

士病欬[①]，面青而光，气哽哽[②]。乙曰："肝乘肺[③]，此逆候也[④]。若秋得之，可治；今春，不可治。"其人祈哀，强予药。明日，曰："吾药再泻肝，而不少却[⑤]；三补肺，而益虚[⑥]；又加唇白，法当三日死。今尚能粥，当过期[⑦]。"居五日而绝。

孕妇病，医言胎且坠[⑧]。乙曰："娠者五藏传养[⑨]，率六旬乃更[⑩]。诚能候其月[⑪]，偏补之[⑫]，何必坠？"已而母子皆得全。又乳妇因悸而病[⑬]，既愈，目张不得瞑[⑭]。乙曰："煮郁李酒饮之使醉[⑮]，即愈。所以然者，目系内连肝胆[⑯]，恐则气结[⑰]，胆衡不下。郁李能去结[⑱]，随酒入胆，结去胆下[⑲]，则目能瞑矣。"饮之，果验。

乙本有羸疾[⑳]，每自以意治之[㉑]，而后甚[㉒]，叹曰："此所谓周痹也[㉓]。入藏者死[㉔]，吾其已夫[㉕]。"既而曰："吾能移之使在末[㉖]。"因自制药，日夜饮之。左手足忽挛不能用，喜曰："可矣[㉗]！"所亲登东山，得茯苓大逾斗。以法啖

---

① 有个读书人患上咳嗽之病。
② 呼吸不畅。
③ 肝火犯肺。
④ 这是难治的病症。
⑤ 我的药第二次降肝火，而病情不会减退。
⑥ 三次补肺，而肺更虚。
⑦ 应该过几天才死。
⑧ 别的医生说是胎儿引起的，并要堕胎。
⑨ 怀孕的胎儿由五脏保养。
⑩ 大概六十天才有动静。
⑪ 如果能等到这个月。
⑫ 再按五脏传养次序，偏重补养母体的某一脏器。
⑬ 又有一个产妇因惊惧心跳而病。
⑭ 目张不得瞑(míng)：但睁着眼不能合上。
⑮ 钱乙煮热郁李酒给她喝醉。郁李酒，中药方剂，主治齿风肿痛、呼吸风冷、其痛愈甚、龈槽肿赤。
⑯ 是因为眼睛内连着肝胆。
⑰ 惊恐就会使气郁结。
⑱ 郁李酒能驱除气结。
⑲ 气结被除去，胆也落下。
⑳ 钱乙本来瘦弱。史书记载当年钱乙到处寻找父亲，在海边居住，因而患上风湿病。
㉑ 每每自己用心治疗自己。
㉒ 后来病重，钱乙感到浑身疼痛，四肢僵硬无力。
㉓ 这就是医书上记载的"周痹"。
㉔ 风湿侵入内脏后人就会死。
㉕ 我大概就要死了。
㉖ 我能让这风湿从内脏转移四肢。
㉗ 这下可以自救了。

之尽[①]，由是虽偏废，而风骨悍坚如全人[②]。以病免归[③]，不复出。

乙为方不名一师[④]，于书无不窥，不靳靳守古法。时度越纵舍[⑤]，卒与法会[⑥]。尤邃《本草》诸书[⑦]，辨正阙误。或得异药，问之[⑧]，必为言生出本末、物色、名貌差别之详[⑨]，退而考之皆合。末年挛痹浸剧[⑩]，知不可为[⑪]，召亲戚诀别，易衣待尽，遂卒，年八十二。

——元·脱脱等·宋史卷四百六十二·列传第二百二十一·方技下

译文

钱乙，字仲阳，本是吴越王钱俶的亲属，祖父跟随吴越王钱俶向北迁徙，于是成为郓州人。父亲钱颖善于医术，但是喜欢饮酒和游山玩水。有一天，向东出游于海上，就再也没有回来。钱乙刚刚三岁，母亲就先去世了。姑姑嫁给了姓吕的医生。吕氏因同情钱乙而收养了他，教给他医术，并把钱乙的家世告诉了他。钱乙当时就哭了，请求寻找父亲的踪迹。他前后共寻找父亲八九次。过了好几年，终于将父亲接了回来，这时他父亲已经离家30年了。乡里人很感慨，就写诗歌颂钱乙。钱乙服侍养父吕氏就如同服侍自己的父亲一般，吕氏没有儿子，钱乙就穿孝服给他收殓送葬。

钱乙最初凭借小儿科在山东出名。后来他到京师为皇上姊妹长公主诊疗疾病，因疗效很好而被授职翰林医学。后来神宗的儿子仪国公患抽风症，钱乙让他服了黄土汤后病就痊愈了。宋神宗召见他，询问黄土能够治愈疾病的原因。他回答说："因为土旺即能制水，水受制则肝木自平，故风止。"皇上很高兴，提拔他为太医丞，赏赐金紫官服。从此以后，皇亲外戚、士人百姓，都请钱乙

---

① 钱乙按一定方法把茯苓吃完。
② 从此，钱乙尽管偏瘫，然而他的气色很好、身骨很强壮，如同没有身体健全之人。
③ 钱乙因病辞职回家。
④ 钱乙治病、行医不称一家为师。
⑤ 超过古人法则，大胆创新。
⑥ 最终跟古法相合。
⑦ 特别精通《本草》。《本草》，即《神农本草经》。
⑧ 请教钱乙。
⑨ 他一定给你说出这药出生的来龙去脉、药物的颜色、不同的名称等详细情况。
⑩ 晚年时，钱乙因风湿导致的身体痉挛麻木疾病更加严重。
⑪ 他知道已无法医治了。

去诊病，导致钱乙繁忙得每天都没有空闲时间。

广亲宅府大儿子患病，钱乙为他诊察后说："这个病可以不用药就能痊愈。"就在钱乙诊疗的同时，广亲宅府的小儿子就在旁边。钱乙观察小儿子面色，对其家人说："这个小孩最近会突然发病，很吓人，但三天后过了中午，病就好了。"广亲宅府的人都很愤怒，没有应声。第二天，这个小儿子果然发羊癫疯，情形十分危急。广亲宅府赶忙请钱乙来给治疗，三天后孩子痊愈。家人询问其原因，钱乙说："三天前，我为您大儿子瞧病时，就发现这小孩面部赤红，双目直视，这是心肝都受邪的原因。过了午时病愈，是因为这个时候心和肝发病的周期正好过去。"后来，广亲宅府王子患病，上吐下泻，其他医生为其投以刚燥之剂，反而增加了王子的气喘。钱乙说："这本是内热，而且脾脏受伤，怎么还使用刚燥之剂呢？如果这样，病人还会出现大小便不通的症状。"于是，钱乙欲施以石膏汤，但王子不相信而谢绝。过了两夜，王子病情逐渐加剧，最终还是按照钱乙的方法治疗才收到疗效。

有个读书人患咳嗽病，脸色发青而有光亮，呼吸困难。钱乙说："病人肝乘肺，患有逆症。如果在秋天得此病还能治愈。现在是春天，不能治愈了。"病人家属苦苦哀求，钱乙无奈，勉强给予药物。第二天，钱乙对病患家属说："我用药物两次降病人肝火而其病情不能减轻，三次补肺而肺气更虚，还增加了唇白无血色，按规律病人会在三天内死亡。现在病人还能喝喝粥，其寿命还会延长一两天。"后来，病人果然在五天后气绝身亡。

有个孕妇生病，医生建议流产。钱乙说："母腹中的胎儿是由五脏相递保养，大致60天更换一脏。如果能测算出传养的月份，偏补正在保养胎儿之脏，又怎会一定堕胎？"不久，母子都得以保全。还有一个哺乳期的妇女，因心悸而生病，疾病虽然痊愈，但两眼不能闭合。钱乙说："煮郁李仁酒服用，让她喝醉就能痊愈。之所以这样，是因为眼睛与肝胆相连，惊恐会使肝气郁结，胆气横逆不下。郁李仁能去除郁结，药力随酒入胆，郁结去除，胆气下降，眼睛就能闭上了。"病人家属照钱乙的吩咐服下郁李仁酒后，果然应验。

钱乙原本体弱有病，自己虽用心治疗，但病情后来还是加重了。他感叹地说："这就是所谓的周痹症。病邪侵入脏腑的就会死去，我大概活不长了！"不久，他又说："我能把病邪转移，让它局限在四肢。"于是亲自配药，日夜服用。

过了不久，他左侧手足突然蜷曲不能伸展。钱乙便高兴地说：“可以了。”他的亲属在东山挖得斗大的茯苓送给钱乙，钱乙按方服用，一个月服用完毕。从此，钱乙虽然偏瘫，但体格强劲结实，如同健全之人。后来钱乙称病辞职回家，不再出来任官。

钱乙从事医学，不墨守一家之言，对医书没有不看的，不拘泥于古人的成法。时常大胆创新，灵活施治，最终却与古法的效果相一致。尤其是精通《本草》之类的书，辨析订正其缺漏错误之处。有人得到了罕见的药物，来询问钱乙，钱乙一定能说出这个药物的产地、形状、颜色、不同名称等详细情况。询问药物之人回去经考证，发现和钱乙所说的分毫不差。钱乙晚年痹证越来越严重，他知道已不可治愈，就召来家人亲戚诀别，在家换上寿衣等待生命结束。他去世的时候，刚好 82 岁。

评 析

钱乙（1032—1113），北宋著名儿科学家，字仲阳，祖籍钱塘（今浙江杭州），至其曾祖时北迁，定居于郓（今山东东平）。父钱颖，善医，东游海上不返。幼年由姑母收养，成年后从姑父吕氏学医，为方不拘泥于古法，时出新意。尤精通《本草》诸书，详辨阙误。临证以擅长儿科病闻名。元丰（1078—1085）年间至京师因治愈长公主之女疾，授翰林医学。又以黄土汤治愈皇子瘛疭病，而擢为太医丞，赐金紫。后因病辞退。钱氏专业儿科六十年，积累了丰富的临证经验，对一些常见小儿病如惊风、吐泻、咳嗽、天花、麻疹等的诊断、预后及治疗，均有进一步的发展。又根据小儿病理特点，总结出以五脏为纲的儿科辨证方法及治疗上柔润的原则。其学术见解，对中医儿科学以至整个中医基础理论的发展影响很大。钱氏善于化裁古方和创制新方，如治痘疹初起的升麻葛根汤，治小儿心热的导赤散，治脾胃虚弱、消化不良的异功散，以及治肾阴不足的六味地黄丸等在临床上均有较好的疗效，为后世医家所推崇和应用。《四库全书总目提要》称“钱乙幼科冠绝一代”。他提出“五脏辨证”、保养养生、面部诊病等方法施用于儿科诊治，不仅符合实际，也产生了良好的效果。他创制的六味地黄丸、升麻葛根汤、导赤散、泻白散、异功散、百部丸、安虫散、君子丸，迄今还是临床常用的名方。钱乙对后世中医儿科发展具有重大影响，被称之为“儿科之圣”“幼科之鼻祖”。其一生著作颇多，有《伤寒论发微》五卷、《婴孺论》百篇，《钱氏小儿方》八卷，《小儿药证直诀》三卷。现仅存《小儿药证直诀》，其他书均已遗佚。

刘翰传

刘翰，沧州临津[①]人。世习医业，初摄[②]护国军节度巡官。周显德[③]初，诣阙献《经用方书》三十卷、《论候》十卷、《今体治世集》二十卷[④]。世宗[⑤]嘉之，命为翰林医官[⑥]，其书付史馆[⑦]，再加卫尉寺主簿[⑧]。

太祖北征[⑨]，命翰从行。建隆[⑩]初，加朝散大夫、鸿胪寺丞[⑪]。时太祖求治，

---

① 地名，即今河北沧县。

② 初摄：最初担任。

③ 显德：后周太祖郭威开始使用的年号（954—960），共计6年。

④ 诣阙：赴京都。《经用方书》《论候》《今体治世集》：均为医学典籍。

⑤ 世宗：即后周世宗柴荣（921—959），是五代时期后周皇帝，在位六年。邢州尧山柴家庄（今河北省邢台市隆尧县）人，祖父柴翁、父柴守礼是当地望族，从小在姑丈郭威家长大，因谨慎笃厚被郭威收为养子，年轻时曾随商人颉跌氏在江陵贩茶，对社会积弊有所体验。史载其“器貌英奇，善骑射，略通书史黄老，性沉重寡言”。951年，郭威建立后周，委任柴荣治理澶州，其境“为政清肃，盗不犯境”。954年，郭威驾崩，柴荣继位为帝。柴荣在位期间，整军练卒、裁汰冗弱、招抚流亡、减少赋税，使后周政治清明、百姓富庶，中原开始复苏。他又南征北战，西败后蜀，夺取秦、凤、成、阶四州；南摧南唐，尽得江北、淮南十四州；北破契丹，连克二州三关。在议取幽州时病倒，不久去世，年仅39岁，庙号世宗，谥号睿武孝文皇帝。

⑥ 翰林医官：官名，掌以医药侍奉皇帝，治疗疾病。

⑦ 书付史馆：把刘翰的书收藏进史馆。史馆，唐太宗以史馆为宰相兼领职务之一，置史馆修撰、直馆等官，掌修国史，后为定制。有专人编修前代和唐代国史，如《晋书》《梁书》《陈书》《北齐书》《周书》《隋书》皆编修于史馆。

⑧ 在卫尉寺从事主簿。卫尉寺，中国古代官署，掌管仪仗帐幕。主簿：是古代官名，是各级主官属下掌管文书的佐吏。

⑨ 太祖：即宋太祖赵匡胤（927—976），字符朗，宋朝开国皇帝。祖籍涿郡（今河北省涿州市）。赵匡胤于后汉隐帝时投奔郭威，其后郭威废汉建周，得任东西班行首，始入宦途。后周显德六年（959），后周世宗柴荣于北征回京后不久驾崩，逝世前任命赵匡胤为殿前都点检，掌管殿前禁军。次年（960）元月初一，北汉及契丹联兵犯边，赵匡胤受命往御。初三夜晚，大军于京城汴梁（今河南省开封市）东北二十公里的陈桥驿（今河南省封丘县陈桥镇）发生哗变，将士于隔日清晨拥立赵匡胤为帝，史称“陈桥兵变”。大军随即回师京城，后周恭帝柴宗训禅位，赵匡胤登基，改元建隆，国号“宋”，史称“宋朝”“北宋”。赵匡胤在位期间，致力于统一全国。依据宰相赵普的“先南后北”策略，先后灭亡荆南、湖南、后蜀、南汉及南唐等南方割据政权，至其胞弟宋太宗赵光义在位时，复灭亡吴越、闽南及北汉后，方才完成统一全国大业；赵匡胤于961年及969年先后两次“杯酒释兵权”，解除禁军将领及地方藩镇的兵权，解决自唐朝中叶以来藩镇割据的局面；设立“封桩库”贮藏钱帛布匹，希望能赎回被后晋高祖石敬瑭献给契丹的燕云十六州，但事未成而逝世。976年11月14日，赵匡胤逝世，享年49岁，在位16年。北征：宋太祖为了统一全国，曾在开宝元年（968）、二年（969）及九年（976）三次攻打北汉，均因辽军来援，屯兵太原城下，久攻不克，无果而还。

⑩ 建隆：北宋太祖赵匡胤开始使用的年号，也是宋朝的第一个年号。当时还残留的其他一些五代十国政权也用此年号纪年。

⑪ 朝散大夫：古代文阶官，隋朝始置，唐朝因之，为从五品下，文官第十三阶，至明朝时废除。鸿胪寺丞：鸿胪寺从官。鸿胪寺，官署名，主要掌朝会仪节等。

事皆核实，故方技之士必精练[①]。乾德[②]初，令太常寺考较翰林医官艺术[③]，以翰为优，绌其业不精者二十六人。自后，又诏诸州访医术优长者籍其名[④]，仍量赐装钱[⑤]，所在厨传给食，遣阙[⑥]。

开宝五年[⑦]，太宗在藩邸有疾[⑧]，命翰与马志[⑨]视之。及愈，转尚药奉御[⑩]，赐银器、缗钱、鞍勒马。

尝被诏详定《唐本草》[⑪]，翰与道士马志、医官翟煦、张素、吴复珪、王光佑、陈昭遇同议[⑫]，凡《神农本经》三百六十种、《名医录》一百八十二种，《唐本先附》一百一十四种[⑬]，有名无用一百九十四种，翰等又参定新附一百三十三种。既成，诏翰林学士、中书舍人李昉，户部员外郎、知制诰王佑，

① 事皆核实：每件事情都要核实清楚。故方技之士必精练：所以那些研究方技的医家都必须要精通本职。

② 乾德：北宋太祖赵匡胤的年号（963—968），共计6年。

③ 太常寺：封建社会中掌管礼乐的最高行政机关。考较：考核。翰林医官：官署名，五代有翰林医官使，宋置翰林医官院，属翰林院，元丰五年（1082）改称翰林医官局，掌以医药侍奉皇帝，治疗疾病。艺术：医术。

④ 籍其名：登记他们的姓名。

⑤ 并衡量路程远近，赐给他们路费。

⑥ 送他们到朝廷。

⑦ 开宝五年：即公元972年。开宝，宋太祖赵匡胤的年号（968—976），共计9年。

⑧ 太宗：宋太宗赵光义（939—997），字廷宜，宋朝的第二位皇帝。本名赵匡义，后因避其兄宋太祖名讳改名赵光义，即位后又改名赵炅。开宝九年（976），宋太祖驾崩后，赵光义登基为帝。即位后使用政治压力，迫使吴越王钱俶和割据漳、泉二州的陈洪进于太平兴国三年（978）纳土归附。次年亲征太原，灭北汉，结束了五代十国的分裂割据局面。两次攻辽，企图收复燕云十六州，都遭到失败，从此对辽采取守势。并且进一步加强中央集权，在位期间，改变唐末以来，重武轻文陋习。赵光义在位共21年，至道三年（997），赵光义去世，庙号太宗。藩邸：藩王之第宅。

⑨ 马志：宋代医学家，生卒履贯不详。初为道士，谙医理，治病多效。曾与刘翰同为宋太宗治病获愈，医名大振。开宝年间奉敕与尚药奉御刘翰、翰林医官翟煦及陈照遇等人同校《开宝新详定本草》二十卷。

⑩ 尚药奉御：职官名，在尚药局履职并负责皇帝医疗事务的官员。

⑪ 《唐本草》：即唐代《新修本草》，是古代汉族药学著作之一，苏敬（657—659）等人于唐显庆二至四年所编著。世称《唐本草》。本书有本草二十卷，目录一卷，又有药图二十五卷，图经七卷，计五十三卷。载药844种，比《本草经集注》增加114种。所增加的药物中，有一部分外来药品，如安息香、龙脑香、胡椒、诃黎勒等。分玉石、草、木、人、兽禽、虫、鱼、果、菜、米谷、有名未用回互类。其中还记载了用白锡、银箔、水银调配成的补牙用的填充剂，这也是世界医学史上最早的补牙的文献记载。

⑫ 医官翟煦、张素、王光佑：均为宋代医学家，生卒年不详，与刘翰、马志、陈昭遇、吴复珪奉诏共同编修《开宝新详定本草》。吴复珪：宋代医学家。里居欠详。精于医道。于淳化年间（990—994）任太宗御医。后于开宝六年（973）奉敕与刘翰、翟煦、张素、马志等人共同编修《开宝新详定本草》。至太平兴国七年（982），又参与编修《太平圣惠方》，其中即收有部分其所集之医方。另又撰有《金匮指微诀》，未见行世。陈昭遇：宋代医学家，字归明，明南海县人（今广东省佛山市南海区），宋代名医，出身医学世家，精通医术，北宋开宝年间（968）到汴京（今河南开封）任翰林医官，于是在汴京安家。他起初任温水主簿，后升光禄寺丞，皇帝赐以金带、紫袍。

⑬ 《神农本经》：即《神农本草经》，是我国现存最早的药物学专著，为我国早期临床用药经验的第一次系统总结，被历代誉为中药学经典著作。全书分三卷，载药365种（植物药252种，动物药67种，矿物药46种），分上、中、下三品，文字简练古朴，成为中药理论精髓。《名医录》：陶弘景著，原书早佚，但其有关内容仍可从后世的《大观本草》《政和本草》中窥知。《唐本先附》：唐代药物著作，原书早佚。

左司员外郎、知制诰扈蒙详覆毕上之①。

昉等序之曰：

《三坟》②之书，神农预其一③。百药即辨，《本草》④序其录。旧经三卷⑤，世所流传。《名医别录》⑥，互为编纂。至梁陶弘景乃以《别录》参其《本经》⑦，朱墨杂书，时谓明白。而又考彼功用，为之注释，列为七卷，南国行焉。逮乎有唐⑧，别加参校，增药余八百味，添注为二十卷。《本经》漏缺则补之，陶氏误说则证之。然而载历年祀⑨，又逾四百，朱字墨字，无本得同⑩；旧注新注，其文互阙。非圣主抚大同之运，永无疆之休，其何以改而正之哉！

---

① 翰林学士：官名。学士始设于南北朝，唐初常以名儒学士起草诏令而无名号。唐玄宗时，翰林学士成为皇帝心腹，常常能升为宰相。北宋翰林学士承唐制，仍掌制诰。中书舍人：官名。舍人始于先秦，本为国君、太子亲近属官，魏晋时于中书省内置中书通事舍人，掌传宣诏命。南朝沿置，至梁，除通事二字，称中书舍人，任起草诏令之职，参与机密，权力日重。隋唐时，中书舍人在中书省掌制诰。隋炀帝时曾改称内书舍人，武则天时称凤阁舍人。简称舍人。宋初亦设此官，实不任职，另置知制诰及直舍人院起草诏令。元丰改制后，始仍掌其事。辽属中书舍人院。起草有关诏令。李昉（925—996），字明远，汉族，深州饶阳（今河北饶阳县）五公村人，宋代著名学者。后汉乾祐年间（948）进士。官至右拾遗、集贤殿修撰。后周时任集贤殿直学士、翰林学士。宋初为中书舍人。宋太宗时任参知政事、平章事。雍熙元年（984）加中书侍郎。李昉最大的功绩在于编写了北宋的三大类书，其中《文苑英华》至今是我们研究历史文献的重要资料。同时还擅长写诗。代表作《禁林春直》。户部员外郎：官名，隶属户部，员外为定员外增置之意。原指设于正额以外的郎官。知制诰：官名。唐翰林学士加知制诰者起草诏令，余仅备顾问。宋除翰林学士，他官加知制诰者亦起草诏令，称为外制，翰林学士虽皆起草诏令而亦带知制诰衔，称为内制。王佑，宋代医官。生平履贯欠详，于太宗时任太医院副使，与王怀隐、郑奇、陈昭遇诸人合编《太平圣惠方》行世。左司员外郎：官名。隋炀帝大业三年（607），尚书都省置左、右司郎，掌都省事务，唐、宋皆置左、右司郎中、员外郎，分掌副尚书左、右丞处理都省各司事务。元并尚书省于中书省，中统元年（1260）置左、右司，至元十五年（1278）分置两司，分掌中书省各房事务。明初沿袭，旋废。扈蒙（915—986），北宋幽州安次（河北省安次县）人，字日用。后晋天福中进士。仕后周为右拾遗、直史馆、知制诰。时从弟扈载为翰林学士，兄弟并掌内外制，号二扈。入宋，由中书舍人迁翰林学士。太祖乾德六年复知制诰，充史馆修撰。开宝中与李穆等同修《五代史》，详定《古今本草》。太宗即位，拜中书舍人，复翰林学士，与李昉同修《太祖实录》，同编《文苑英华》。雍熙三年，以工部尚书致仕。性沉厚，不言人是非。自张昭、窦仪卒，典章仪注，多蒙所刊定。有《鳌山集》。详覆毕上：详细审察后把它呈献给皇上。

② 《三坟》：伏羲、神农、黄帝之书，谓之以《三坟》，可作古书解释。

③ 预：参与写了一部分。

④ 《本草》：古代汉族中药类的书籍多称本草，此处应当指《神农本草》。

⑤ 《神农本草经》三卷。

⑥ 《名医别录》：陶弘景著，原书早佚，但其有关内容仍可从后世的《大观本草》《政和本草》中窥知。

⑦ 陶弘景：（456—536），字通明，南朝梁时丹阳秣陵（今江苏南京）人，号华阳隐居（自号华阳隐居）。著名的医药家、炼丹家、文学家，人称“山中宰相”。作品有《本草经注》《集金丹黄白方》《二牛图》《华阳陶隐居集》等。其事迹详见本书《陶弘景传》。《别录》：即《名医别录》。《本经》：即《神农本草经》，又称《本草经》或《本经》。

⑧ 到了唐代。

⑨ 经过好多年。

⑩ 没有一本相同。

乃命尽考传误①，刊为定本。类例非允②，从而革焉。至如笔头灰③，兔毫也，而在草部，今移附兔头骨④之下；半天河、地浆⑤，皆水也，亦在草部，今移附土石类之间；败鼓皮⑥，移附于兽名；胡桐泪⑦，改从于木类；紫矿⑧，亦木也，自玉石品而改焉；伏翼⑨，实禽也，由虫鱼部而移焉；橘柚，附于果实；食盐，附于光盐；生姜、干姜，同归一类；至于鸡肠、蘩蒌，陆英、蒴藋⑩，

---

① 尽考传误：详细考察流传过程中的错误。

② 分类不当的。

③ 笔头灰：中药材名，即兔毫的别名，也称"败笔"。水服，治小便不通，小便数难淋沥，阴肿脱肛，中恶（《唐本》）。酒服二钱，治男子交婚之夕茎萎（《药性》）。酒服二钱，治难产。浆饮服二钱，治咽喉痛，不下饮食。

④ 兔头骨：兔的头骨。治头痛眩晕、消渴、难产、恶露不下、小儿疳痢、痈疽疮毒。

⑤ 半天河：亦称上池水，就是从天上降下的雨水，积在竹篱头或空树穴中的水。可治疗心病、癫狂、外邪、剧毒和不适应气候、环境所致的病。地浆：即黄泥浆水。解中毒烦闷，解一切鱼肉果菜药物诸菌毒。

⑥ 败鼓皮：中药材名，马、驴皮皆可为之，当以黄牛皮者为胜。中蛊毒，治小便。

⑦ 胡桐泪：中药材名，为杨柳科植物胡杨的树脂流入土中，多年后形成的产物。清热解毒，化痰软坚。主治咽喉肿痛、齿痛、牙疳、中耳炎、瘰疬、胃痛。

⑧ 紫矿：中药材名，即紫草茸，生于林中、路旁潮湿处。从树皮中流出的红色液汁，干后变成赤胶，医药上用作收敛剂；花可作红色或黄色染料；种子可用于杀虫。

⑨ 伏翼：中药材名，为蝙蝠科伏翼属的动物。伏翼很小，体长约 3.5 ~ 4.5 厘米，翅膀 19 ~ 25 厘米宽。体毛呈不同深度的棕色。一般生活在树林或田野，但也可以生存在城市房屋顶楼或房檐。功效主治耳聪明目、轻身，使人肌肤润泽，精力旺盛，抗衰老，通淋利小便。长期服用可欢畅情志。治疗妇女产后痛、带下病、不孕，及久咳上气，治久疟和颈淋巴结结核、才疮疡痔瘘、小儿惊风。

⑩ 鸡肠：即鸡肠草，中药材名，为菊科石胡荽属植物，又名石胡荽。蘩蒌：为一年生或二年生草本，由于其草茎极为繁茂，又容易滋生，又叫滋草或繁缕，俗称鹅肠菜，别名有繁萎、滋草、鹅肠菜、鹅儿肠菜、五爪龙、狗蚤菜、鹅馄饨、圆酸菜、野墨菜、和尚菜、乌云草等。清热解毒，化瘀止痛，催乳。用于肠炎、痢疾、肝炎、阑尾炎、产后瘀血腹痛、子宫收缩痛、牙痛、头发早白、乳汁不下、乳腺炎、跌打损伤、疮疡肿毒、活血、去瘀、下乳、催生、治产后瘀滞腹痛、乳汁不多、暑热呕吐、肠痈、淋病、恶疮肿毒、跌打损伤。陆英：中药材名，为多年生灌木状忍冬科草本，生于山坡、路旁、溪边、荒野灌丛中，产于长江以南地区。用于跌打损伤、风湿痹痛、肾炎水肿、风疹、痈肿疔疮等症。蒴藋：蒴藋，中药名，有抗菌消炎、清热解毒、祛风除湿、活血止痛、通经接骨等功效，用于治疗各种炎症性疾病、风湿关节痛、腰腿痛、疮疡肿毒肺炎、阑尾炎、急性蜂窝组织炎、肿瘤、跌打损伤、骨折等。

以类相似，从而附之。仍采陈藏器《拾遗》、李含光《音义》[①]，或穷源[②]于别本，或传效于医家，参而较之，辨其臧否[③]。至如突屈白[④]，旧说灰类，今是木根；天麻根，解似赤箭[⑤]，今又全异。去非取是，特立新条。自余刊正，不可悉数。

下采众议，定为印板。乃以白字为神农所说[⑥]，墨字为名医所传，唐附今附，各加显注，详其解释，审其形性。证谬误而辨之者，署为今注；考文意而述之者，又为今按[⑦]。义既判定，理亦详明。今以新旧药合九百八十三种，并目录二十一卷，广颁天下，传而行焉。

翰后加检校工部员外郎[⑧]。太平兴国四年[⑨]，命为翰林医官使[⑩]，再加检校

---

① 陈藏器（681—757）：唐代四明（浙江鄞县）人。医学家、药物学家、方剂学家。生于唐武后垂拱三年（687），开元年间（713—741），曾任京兆府三原县尉。他认为《神农本草经》遗逸尚多，故搜遗补缺，编撰《本草拾遗》十卷（序例一卷，拾遗六卷，解纷三卷），首创中医方剂“宣、通、补、泄、轻、重、滑、涩、燥、湿”等“十剂”分类法的第一人，言其“宣可去壅”“通可去滞”“补可去弱”“泄可去闭”“轻可去实”“重可去怯”“滑可去着”“涩可去脱”“燥可去湿”“湿可去枯”，又载“罂粟”可入药。原书今已佚，内容幸由《证类本草》收录得以传世。李含光（682—769）：唐道士、茅山十三代宗师。本姓弘，因避孝敬皇帝李弘庙讳而改姓李，号“玄静先生”。广陵江都（今江苏扬州）人。一说晋陵（今江苏常州）人。家世业佛。父孝威，博学好古，雅修彭聃之道，州里人称“贞隐先生”。含光幼工篆隶，或称过父，一闻此议，终身不书。年十八，志求道妙。神龙初（705）以清行度为道士，居龙兴观。尤精《老子》《庄子》《周易》之妙旨。开元十年（722），师事司马承祯于王屋山得授大法灵文金记，复居嵩阳二十余年。及承祯羽化，玄宗召至朝，问及修丹事，对曰：“道德，公也；轻举，公中之私耳，时见其私。圣人存教若求生，询欲则似系风。”玄宗感而异之，召居阳台观。岁余，以疾辞居茅山。天宝四年（745），又玺书徽至，以足疾不能任科仪。又以茅山真经秘灵多散落，再求还山居紫阳观。赐绢、法衣、香炉等用品，并御制诗以饯行。天宝七年（748），玄宗在大同殿受箓，遥礼含光为度师，并赐衣一袭以申师资之礼。后又两征诣阙，皆以老辞还。乾元二年（759），颜真卿充浙江西节度，闻含光至德，洁慕玄微，专使致书。含光亦令弟子韦景昭复书，互励超然之志。大历四年（769）羽化。代宗赠“正议大夫”。著有《周易义略》三篇、《老庄学记》三篇、《本草育义》二卷、《三玄异同论》《道学》二十卷等，皆佚。事见《茅山志》卷十一、《唐茅山紫阳观玄静先生碑》等。

② 穷源：原指逆流而上探寻河流的源头，现比喻探究和追溯事物的缘由。

③ 辨明正误。

④ 突屈白：中药材名，即天麻。为兰科天麻属多年生草本植物。根状茎肥厚，无绿叶，蒴果倒卵状椭圆形，常以块茎或种子繁殖。其根茎入药用以治疗头晕目眩、肢体麻木、小儿惊风等症，是名贵中药。

⑤ 赤箭：天麻的别名。

⑥ 神农：即神农氏。中华始祖、中医药鼻祖之一。传说中五天帝之一，与黄帝并称为中华始祖，生于宝鸡姜水之岸。传说是中国农业和医药的发明者，生卒年不详，所处时代为新石器时代晚期，《淮南子·修务训》：“神农乃始教民，尝百草之滋味，识水泉之甘苦……当此之时，一日而遇七十毒，由是医方兴焉。”《帝王世纪》称：“炎帝神农氏……尝味草木，宣药疗疾，救夭伤人命，百姓日用而不知，著《本草》四卷。正因为神农氏为中医药发展做出重大贡献，成书于汉代的我国第一部系统论述药物的著作即被命名为《神农本草经》，即寓有尊崇怀念之意。

⑦ 按：在正文之外所加的说明或论断。

⑧ 检校工部员外郎：官名。检校，起初是代理之意，即尚未实授其官，但已掌其职事。工部员外郎即工部下属诸司的副长官，协助长官郎中处理司务。品级为从六品上。

⑨ 即公元 979 年。太平兴国，北宋君主宋太宗赵光义的一个年号（976—984），共计近 8 年。

⑩ 翰林医官使：官署名。五代有翰林医官使。宋置翰林医官院，属翰林院，元丰五年（1082）改称翰林医官局。掌以医药侍奉皇帝，治疗疾病。有翰林医官使与副使主管院事，以尚药奉御充任，并有直局、医官、医学、祗候等官。辽南面官有翰林医官。

户部郎中①。雍熙二年②，滑州刘遇疾③，诏翰驰往视之。翰还，言遇必瘳，既而即死，坐责授和州团练副使④。端拱⑤初，起为尚药奉御⑥。淳化元年⑦，复为医官使⑧。卒，年七十二。

——元·脱脱等·宋史卷四百六十一·列传第二百二十·方技上

译文

刘翰，沧州临津人，家中世代为医，最初曾代理护国军节度巡官。北周显德初年，他向朝廷进献《经用方书》三十卷、《论候》十卷、《今体治世集》二十卷。周世宗嘉奖他，任命他为翰林医官，他献的书交给了史馆，又被加官为卫尉寺主簿。

宋太祖北征，命刘翰随行。建隆初年，刘翰被加封为朝散大夫、鸿胪寺丞。此时太祖讲求治道，事事都要核实，所以方技之士定要精通本职。乾德初年，太祖让太常寺考核翰林医官的医技。考核下来，刘翰获得优秀，考核不合格、被贬退的翰林医官达26人。后来，太祖又诏命各州寻访医术高明的医生，登记他们的姓名，并按他们和京城距离的远近赏赐路费，再让沿途驿站供给他们食宿，直到把他们送到京城。开宝五年，太宗患病于王府，太祖命刘翰和马志前往诊治。太宗病愈后，刘翰调任为尚药奉御，并获银器、缗钱、鞍勒马赏赐。

刘翰曾受命参与详定《唐本草》，他与道士马志，医官翟煦、张素、吴复珪、王光佑、陈昭遇一同研讨，共计《神农本草经》360种，《名医别录》182种，《唐本草》当初附有114种，有名称没有用法的194种，刘翰等人参酌商定后，

---

① 检校户部郎中：官名，即代理户部下属诸司的长官。

② 雍熙二年：即公元985年。雍熙，宋太宗赵光义的第二个年号（984—987），共4年。

③ 滑州刘遇疾：镇守滑州的将领刘遇生病（史料记载其“足有灸疮痛”）。滑州，地名，即今河南省滑县。刘遇（920—985），沧州清池人。初隶后周太祖郭威帐下。宋初，迁御马直指挥使，旋领州刺史。从征太原，以功迁虎捷右厢。征江南，领步军战棹都指挥使，破吴兵三万，屯皖口，破金陵，以功加领大同军节度使。太平兴国四年（979），征太原，坐所部失律，责授宿州观察使。遇性淳朴、谨慎，待士有礼，尤善骑射，宋太宗赵光义待之甚厚。卒，赠侍中。

④ 坐责：因此获罪。和州：地名，即今安徽省马鞍山市和县。团练副使：是宋代散官官阶之一，授予官员，是一种级别的象征。宋代散官（散官专指闲散不管事的官职）共有十等，常授的主要是团练副使、节度行军司马、节度副使和州别驾四种。一般认为“团练副使”为从八品。

⑤ 端拱：宋太宗赵光义的第三个年号（988—989），共两年。

⑥ 尚药奉御：职官名，在尚药局履职并负责皇帝医疗事务的官员。

⑦ 淳化元年：即公元990年。淳化，宋太宗赵光义的第四个年号（990—994），共5年。

⑧ 医官使：官署名。即翰林医官使。

又新附上133种。新书编成后，皇上又命翰林学士、中书舍人李昉，户部员外郎、知制诰王佑，左司员外郎、知制诰扈蒙详细审察后，将其上报。李昉等人给书做的序说：

《三坟》之书，神农写了一部分。各种药物得到辨别，在《神农本草经》中按顺序把药物记载下来。旧本三卷，流传到世上。《名医别录》，是名医们对《本草经》互为补充而编辑成的。到梁朝陶弘景，才将《名医别录》中的内容加入《神农本草经》中，用红字和黑字分别书写，当时是很分明的。而且还考查药物的功效，加以注释，编成七卷，在南方流行。到了唐代，又重新加以参校，增加药物800种，添加注释，编成二十卷。《本经》漏缺的就补上，陶氏说错的就纠正。然而岁月流逝，又经过400年，书中的红字黑字，没有一个本子是相同的；旧注新注，文字也互相缺漏。若非圣明的皇上关怀国家百姓的命运，欲使无穷之美永存，又怎能修改此书使其正确呢？

皇上便下令全面考查传本的错误，修订成为定本。分类不当的，由此得以纠正。如笔头灰，是兔毫，却列在草部，现在将其移附在兔头骨之下；半天河、地浆，都属于水，也列在草部，现在将其移附在土石类中；败鼓皮，将其移附在兽名之下；胡桐泪，将其改在木类；紫矿，也是树木，将其从玉石品中改到木类；伏翼，实质是飞禽，将其从虫鱼部移附到禽部；橘柚，改附于果实部；食盐，改附于光盐部；生姜、干姜，同归到一类；至于鸡肠与蘩蒌，陆英和蒴藋，因为它们相类似，所以附在后边。新书还选用陈藏器的《本草拾遗》、李含光的《本草音义》二书，或从别本中探寻其来源，或从医家中了解其效用，相互参照比较，辨别其正确与否。比如突屈白，旧说为灰类，现在确定为木根；天麻根，解释得很像赤箭，现在看来又全然不同。去除错误的说法，保留正确的内容，另立新的条目。除此以外，予以改正之处，数不胜数。

采纳众人的意见，确定为印版。于是用白字书写《神农本草经》的内容，用墨字书写《名医别录》的内容，唐代附文和当今的附文，分别加上明显的注释，对药物详细加以解释，说明其形状、性能。纠正错误、辨明是非之处，署名为“今注”；考察文义、阐述内容之处，署名为“今按”。文义断定之后，道理也就详明了。现在将新药旧药合在一起，最终成为983种，加上目录，共计二十一卷。广泛地颁布到全国，使其传布并使用。

刘翰后来加官为检校工部员外郎。太平兴国四年，被任命为翰林医官使，再加官为检校户部郎中。雍熙二年，滑州节度使刘遇患病。皇上命刘翰前去诊治。从滑州回来，刘翰说刘遇的病能够痊愈。但不久之后，刘遇却死了。刘翰因此获罪，被贬为和州团练副使。端拱初年，刘翰又被起用为尚药奉御。淳化元年，刘翰复官为医官使。逝世时 72 岁。

评 析

刘翰（919—990），唐末宋初医学家，宋初沧州临津（今山东宁津）人，世医出身。后周显德二年（955），因进献《经用方书》三十卷、《论候》十卷、《今古治世集》二十卷等医学著作，被周世宗任命为翰林医官。宋太祖北征时，刘翰曾奉命随军从行。建隆初年（960），加升朝散大夫、鸿胪寺丞。开宝五年（972），未即位的宋太宗患病，刘翰、马志奉命诊视，痊愈后刘翰迁转尚药奉御，并赐钱物。开宝六年，奉诏与道士马志、医官翟照、张素、吴复珪、王光佑、陈昭遇等同编《开宝新详定本草》二十卷，后又与马志修订，李昉、王佑、扈蒙等审校，完成《开宝复位本草》二十卷。加官检校工部员外郎。太平兴国四年（979），命为翰林医官使，再加检校户部郎中，雍熙二年（987），因误断滑州刘遇疾病预后，坐责，降为和州团练副使。端拱初（988）起为尚药奉审御。淳化元年（990）复任翰林医官使，同年去世，年 72 岁。

庞安时传

庞安时，字安常，蕲州蕲水[①]人。儿时能读书，过目辄记。父，世医也[②]，授以脉诀[③]。安时曰："是不足为也[④]。"独取黄帝、扁鹊之脉书治之[⑤]，未久，已能通其说，时出新意，辨诘不可屈[⑥]，父大惊，时年犹未冠[⑦]。已而病聩[⑧]，乃益读《灵枢》《太素》《甲乙》诸秘书[⑨]，凡经传百家之涉其道者，靡不通贯。尝曰："世所谓医书，予皆见之，惟扁鹊之言深矣[⑩]。盖所谓《难经》者[⑪]，扁鹊寓术于其书，而言之不详，意者使后人自求之欤[⑫]！予之术盖出于此[⑬]。以之

① 蕲州蕲水：地名，即今湖北省浠水县。

② 庞安时的父亲庞之庆，为宋代湖北浠水医家，庞安时从小与医药接触，喜爱医方，父亲便督促其继承家业，并授之以《脉决》，成为庞安时学医的启蒙教师。

③ 教他学脉诀。脉诀，脉诊的要诀。

④ 这还不足以用来治病。

⑤ 只拿黄帝和扁鹊的脉书研究。黄帝（前 2717—前 2599）：古华夏部落联盟首领，中国远古时代华夏民族的共主。五帝之首。被尊为中华"人文初祖"。据说他是少典与附宝之子，本姓公孙，后改姬姓，故称姬轩辕。居轩辕之丘，号轩辕氏，建都于有熊，亦称有熊氏。也有人称之为"帝鸿氏"。史载黄帝因有土德之瑞，故号黄帝。黄帝以统一华夏部落与征服东夷、九黎族而统一中华的伟绩载入史册。黄帝在位期间，播百谷草木，大力发展生产，始制衣冠、建舟车、制音律、创医学等。扁鹊（前 407—前 310）：姬姓，秦氏，名缓，字越人，又号卢医，春秋战国时期名医。春秋战国时期渤海郡郑（今河北沧州市任丘市）人。由于他的医术高超，被认为是神医，所以当时的人们借用了上古神话的黄帝时神医"扁鹊"的名号来称呼他。少时学医于长桑君，尽传其医术禁方，擅长各科。在赵为妇科，在周为五官科，在秦为儿科，名闻天下。秦太医李醯术不如而嫉之，乃使人刺杀之。扁鹊奠定了中医学的切脉诊断方法，开启了中医学的先河。相传有名的中医典籍《难经》为扁鹊所著。

⑥ 与他辩论，却不能使他屈服。

⑦ 当时庞安时还没有成年。

⑧ 不久，因患病而耳聋。

⑨ 于是他更加刻苦研究《灵枢》《太素》《甲乙》等珍贵罕见的医书。

⑩ 唯独扁鹊的医书最深奥。

⑪ 其中最难的又是扁鹊所著的《难经》。《难经》原名《皇帝八十一难经》，又称《八十一难》，是中医现存较早的经典著作，相传为扁鹊所著。关于《难经》的作者与成书年代历来有不同的看法，一般认为其成书不晚于东汉，内容可能与秦越人（扁鹊）有一定关系。《难经》之"难"字，有"问难"或"疑难"之义。全书共八十一难，采用问答方式，探讨和论述了中医的一些理论问题，内容包括脉诊、经络、脏腑、阴阳、病因、病机、营卫、腧穴、针刺、病证等方面。

⑫ 扁鹊将医学要旨隐藏于其中，而语言又不详细，意思是让后人自己从书中去学习领会吧！

⑬ 我的医术多是来自扁鹊的《难经》。

视浅深①，决死生，若合符节②。且察脉之要，莫急于人迎、寸口③。是二脉阴阳相应④，如两引绳，阴阳均，则绳之大小等，故定阴阳于喉、手⑤，配覆溢于尺、寸⑥，寓九候于浮沉⑦，分四温于伤寒⑧。此皆扁鹊略开其端⑨，而予参以《内经》诸书⑩，考究而得其说。审而用之，顺而治之，病不得逃矣。”又欲以术告后世，故著《难经辨》数万言。观草木之性与五藏之宜，秩其职任⑪，官其寒热⑫，班其奇偶⑬，以疗百疾，著《主对集》一卷。古今异宜，方术脱遗⑭，备阴阳之变，补仲景《论》⑮。药有后出，古所未知，今不能辨，尝试有功⑯，不可遗也。作《本草补遗》。

为人治病，率十愈八九。踵门求诊者，为辟邸舍居之⑰，亲视饘粥、药

① 按照该书所言来诊断病患的深浅。

② 若合符节：就像符合到一起一样恰当。符节，原意为朝廷传达命令、征调兵将以及用于各项事务的一种凭证。此处借指医学著作所记载的情节。

③ 最重要的莫过于人迎脉和寸口脉。人迎，即人迎穴，是足阳明胃经的常用腧穴之一，出自《灵枢·本输》，别名天五会、五会。在颈部，结喉旁开1.5寸，胸锁乳突肌的前缘，颈总动脉搏动处。寸口，指两手桡骨头内侧桡动脉的诊脉部位。又称“气口”或“脉口”，分寸、关、尺三部。按脏腑经络学说的观点，寸口属于手太阴肺经的动脉，肺主气而朝百脉，肺的经脉起于中焦脾胃，脾胃为脏腑气血营养的来源，所以全身脏腑经脉气血的情况，可从寸口脉上体现出来。

④ 这两脉阴阳相应。阴阳五行是易学的基础，也是中医学的基础。中医强调人体整体性，然后将整体分为对立统一的两个属性——阴阳。中医理论认为：人体生病是由于人体的阴阳失衡，治病的根本是帮助病人调节阴阳使其达到阴阳平衡的过程，如果一个人阴阳平衡了，身体自然会健康。中医表里、寒热、虚实都是疾病过程中所表现的一组组既对立而又统一的正反现象——阴阳。从每组正反两方面对立的意义来说，表证、热证、实证可归属于阳证范畴；里证、寒证、虚证可归属于阴证的范畴。因此，阴阳八纲中的总纲，一切病证都可以归之为阴证或阳证的大原则中。

⑤ 故定阴阳于喉、手：故此，通过观察喉部、手部来确定阴阳的充足与否。

⑥ 通过按视尺脉、寸脉来考察阴阳出入是否正常。

⑦ 通过观察浮、沉脉象来确定各种病因及诊治。

⑧ 通过观察伤寒的变化来确定温病的发生。伤寒，此病名在中国起源很早，中医学把所有外感热病均称之为伤寒。始见于《内经·素问》。

⑨ 扁鹊《难经》大体开启了诊治这两种脉象的端倪。

⑩ 而我用《内经》等书加以参考。《内经》，即《黄帝内经》。是中国传统医学四大经典著作之一，是第一部冠以中华民族先祖“黄帝”之名的巨著，是中医现存成书最早的一部医学典籍。是研究人的生理学、病理学、诊断学、治疗原则和药物学的医学巨著。在理论上建立了中医学上的“阴阳五行学说”“脉象学说”“藏象学说”“经络学说”“病因学说”“病机学说”“病症”“诊法”“论治”及“养生学”“运气学”等学说。

⑪ 秩其职任：使某药适宜治某脏的病。

⑫ 分清脏器的职能，分清药性的寒热。

⑬ 分清奇方和偶方的用法。

⑭ 方术脱遗：医药学著作没有记载的。

⑮ 补充张仲景的《伤寒论》。《伤寒论》为东汉张仲景所著，是一部阐述外感病治疗规律的专著，全书十卷。原书名叫《伤寒杂病论》，在流传的过程中，后人将其中外感热病内容结集为《伤寒论》，另一部分主要论述内科杂病，名为《金匮要略方论》。

⑯ 尝试有功：经过试验有效的。

⑰ 为辟邸舍居之：他就腾出房间让病人住下。

物[①]，必愈而后遣[②]；其不可为者，必实告之，不复为治[③]。活人无数。病家持金帛来谢，不尽取也。

尝诣舒之桐城[④]，有民家妇孕将产，七日而子不下，百术无所效。安时之弟子李百全适在傍舍，邀安时往视之。才见，即连呼不死，令其家人以汤温其腰腹，自为上下拊摩。孕者觉肠胃微痛，呻吟间生一男子。其家惊喜，而不知所以然。安时曰："儿已出胞，而一手误执母肠不复能脱[⑤]，故非符药所能为。吾隔腹扪儿手所在，针其虎口，既痛即缩手，所以遽生[⑥]，无他术也。"取儿视之，右手虎口针痕存焉。其妙如此[⑦]。

有问以华佗之事者[⑧]，曰："术若是，非人所能为也[⑨]。其史之妄乎[⑩]！"年五十八而疾作[⑪]，门人请自视脉，笑曰："吾察之审矣[⑫]。且出入息亦脉也[⑬]，今胃气已绝。死矣。"遂屏却药饵[⑭]。后数日，与客坐语而卒。

——元·脱脱等·宋史卷四百六十二·列传第二百二十一·方技下

译文

庞安时，字安常，蕲州蕲水县人。安时很小的时候就能读书，过目不忘。父亲是位世医，教他学脉诀。安时学后认为："此不足以成为我为人治病的依据。"他只选取黄帝和扁鹊的脉书研究。不久，已能通晓书中的全部理论，并且还能时常提出一些新的见解。父亲与他辩论不能使他屈服。他的父亲大为惊奇，当时安时还没有成年。不久，安时患了耳聋病，但他更加刻苦研究《灵枢》

---

① 亲自察看饮食、药物。
② 一定要等病人痊愈后才送走他们。
③ 如果遇到他不能医治的，则实话告诉病人，不再给他治疗。
④ 他曾到舒州的桐城给人治病。
⑤ 而一手误执母肠不复能脱：但一只手误抓母亲的肠子不能挣脱。
⑥ 所以遽生：所以就很快生下来了。
⑦ 其妙如此：他的医术如此奇妙。
⑧ 有个人拿华佗的事问他。
⑨ 医术达到这样的水平，不是他人能做到的。
⑩ 大概是史书的虚诬不实吧！
⑪ 庞安时五十八岁时病情发作。
⑫ 我早已认真察验、研究过。
⑬ 况且呼吸也是脉象。
⑭ 于是，他放弃了药物治疗。

《太素》《甲乙经》等各类珍秘医书。凡诸子百家经典中涉及医学内容的，他均能融会贯通。安时说："世上所传的医书，我基本上都看过。唯扁鹊的《难经》讲得较为深奥。所谓的《难经》，扁鹊将其医术寄托在书中，但描述不详细，意思是让后人自己学习领会吧！我的医术都出自扁鹊的《难经》。用这部书作指导，来诊视疾病的轻重，决断病人的死生，如同拼合符节一般，绝不会出差错。况且，诊脉的要领，莫过于人迎、寸口。这两个脉一阴一阳相互对应，如同两根对拉的绳子，阴阳均等，脉的大小相同。所以，将阴阳定在人迎、寸口，使覆脉、溢脉配合在尺、寸部位，使九候寄寓在浮沉之法，在伤寒中分四种温病。这些都是由扁鹊大致开了个头，而我用《内经》等书作参照、比较，研究出这种学说。慎重地运用它，顺应病情去治疗，病邪就无可遁逃了。"他还打算将自己的医术告知后世，所以编著《难经辨》，有数万言。观察药物的性能与五脏适宜的相应关系，依次论述药物的性能功效，区别药物的寒热，分清奇方与偶方的用法，来治疗各种疾病，于是写了《主对集》一卷。古今治病之法应因地制宜，而医著有所脱漏遗失，适应阴阳的变化，而补充张仲景的理论，因而写了《伤寒总病论》。药物有后世才发现的，古人不知道，当代人又不能辨认，而使用后却有疗效的，不能把它们遗漏，因此写了《本草补遗》。

安时为人治病，十有八九都能痊愈。对于登门求医的病人，安时腾出房间供他们居住，并且亲自料理他们的饮食和药物，一定要等病人痊愈后才让他们回家。如果病人的疾病无法治愈，安时定会如实相告，不再为他们治疗。安时治好过无数的病人，有些病人会携带金银财物酬谢他，他也不全部收下。

安时有一次去桐城。有位民家妇女将要生产，已经过了七天但是胎儿还没有生下来，各种办法都用尽了却没有效果。安时的徒弟李百全恰好是产妇的邻居，就邀请安时前往治疗。安时刚刚看见产妇，就连声说产妇不会因难产而死，他让产妇家人用热水温敷产妇的腰腹部，并亲自为产妇上下按摩。产妇感到胃肠部一阵微痛，呻吟间，一个男孩子就出生了。产妇家人既惊又喜，不知原因何在。安时说："婴儿已出胎胞，而一手误抓着母亲的肠子不能放脱，这不是靠符篆和药物所能解决的。我隔腹抚摸胎儿手所在的位置，然后针刺他的虎口。胎儿感到疼痛后就会立即缩手，所以马上就生了下来。"产妇家人取来孩子观察，果然在其右手虎口发现针眼痕迹。庞安时的医术就是这么奇妙。

有人曾问庞安时有关华佗的事，安时说："华佗医术如此高明，已不是常人所能达到的，大概是史书编造出来的吧！"安时58岁时疾病发作，他的学生请他给自己诊脉。安时笑着说："我已仔细地研究了，呼吸出入也是脉象，现在我的胃气已绝，该死了。"于是他不再服药。几天后，庞安时坐着与客人谈话时去世。

评析

庞安时（约1042—1099），宋代著名医学家，字安常，自号蕲水道人，蕲水（今湖北浠水县）人，被誉为"北宋医王"。庞安时出身于世医家庭，自幼聪明好学，读书过目不忘。其父以《脉诀》教授，嫌浅近不足取。复钻研黄帝、扁鹊脉书，及《甲乙经》《太素》诸书，汇通百家，尤尚《难经》。好学，善向贤能者求学。后耳聋，惟笔谈可也。诊脉重视人迎、寸口并用，擅治伤寒。遇不可疗救者，必告以实情，活人无数。庞安时医术精湛，能急病人之急，行医不谋私利，常让来诊者在自己家里住下亲自照料，直至治愈送走。他晚年参考诸家学说，结合亲身经验，撰写了许多医著，仅存《伤寒总病论》六卷。该书突出的特点是阐发温热病，对仲景思想做了补充和发挥，提出温病不能全用伤寒汗下法治疗，主张把温病和伤寒区分开来的新观点，这对外感病学是一大发展，对后世温病学派有所启迪。另著有《难经辨》《主对集》《本草补遗》，因年代久远，这些医学著作现在大多已遗失。宋人黄庭坚，多称道安时医术，苏轼的《东坡杂记》《仇池杂记》，袁文之的《瓮牖闲评》，均记有安时的医迹。苏轼评安时"精于伤寒，妙得长沙（指汉代名医张仲景，曾任长沙太守）遗旨"。张耒《柯山集》中记载："淮南人谓庞安常能与伤寒说话。"后世医家论庞安时"医能启扁鹊之所秘，元化（即华佗）之可法，使天假其年，其所就不在古人下"。

刘完素传

刘完素，字守真，河间①人。尝遇异人陈先生，以酒饮守真，大醉②，及寤洞达医术③，若有授之者。乃撰《运气要旨论》《精要宣明论》，虑庸医或出妄说④，又著《素问玄机原病式》，特举二百八十八字⑤，注二万余言。然好用凉剂⑥，以降心火、益肾水为主⑦。自号“通元处士”云。

——元·脱脱等·金史卷一百三十一·列传第六十九

译 文

刘完素，字守真，河间人。刘完素曾经遇到一位姓陈的老先生，拿酒给刘完素喝，其大醉。待他酒醒后突然对医术有了透彻的了解，就像有人传授给他的一样。于是刘完素撰写《内经运气要旨论》《精要宣明论》两本医书，又担心庸医对这两本书胡乱解释说明，于是又著《素问玄机原病式》，特将《内经运气要旨论》中所列288字，注释超过20000字。刘完素喜用凉药，治病以“降心火、益肾水”为主。自号为“通元处士”。

评 析

刘完素（约1110—1200），著名医学家。字守真，别号守真子，自号通玄处士，金代河间（今河北河间）人，又传原籍为河北肃宁杨边村（今师素村），他自幼聪慧，耽嗜医书。因母病，三次延医不至，不幸病逝，遂使之立志学医。

① 河间：地名，即今河北沧州河间县。

② 刘完素曾经遇到一位姓陈的老先生把酒给他喝，刘完素喝完大醉。

③ 等刘完素酒醒后突然对医术有了透彻的了解。

④ 虑庸医或出妄说：又担心庸医对这两本书胡乱解释说明。

⑤ 特将《内经运气要旨论》中所列二百余字，兼以语辞二百七十七字。二百八十八字，按刘完素所作《素问玄机原病式·序》内容所讲，应为二百七十七字。

⑥ 刘完素喜用凉药。

⑦ 治病以“降心火、益肾水”为主。刘完素认为六气都从“火”化，疾病多起于“火”，治病以“降心火、益肾水”为主，喜用凉药，后世称他为“寒凉派”。

他初曾拜陈先生（陈师夷）为师，学成后独立行医，声誉渐隆。其为医，独好《素问》，朝夕研读，手不释卷。终得要旨，并根据其原理，结合北方环境气候特点，及民众饮食醇厚、体质强悍的特性，围绕《内经》病机十九条，倡伤寒火热病机理论。因其善用寒凉，后世称其为寒凉派，为金元四大家之代表人物之一。

他善用防风通圣散、双解散等方治疗。名盛于大定、明昌年间（1161—1195）。金彦宗曾三次征聘，坚辞不就，章亲爱其淳素，特赐号为“高尚先生”。随着他的创新理论广泛流传，师从者甚多，先后有穆子昭、马宗素、镏洪、常德、董系、刘荣甫、荆山浮屠等从之，私涉者也不少，如张从正、程辉、刘吉甫、潘田坡等，最终形成明显的寒凉攻邪医风。开创了金元医学发展的新局面，形成金元时期一个重要的学术流派“河间学派”。

刘氏一生著述较多，主要有《黄帝素问宣明论方》（1172）十五卷，《素问玄机原病式》（1186），《内经运气要旨论》（即《素问要旨论》），《伤寒直格》（1186）三卷，《伤寒标本心法类萃》（二卷），《三消论》（附《儒门事亲》），《素问药注》（已佚），《医方精要》（已佚），其他托名刘完素的著作还有《习医要用直格并药方》《河间刘先生十八剂》《保童秘要》《治病心印》《刘河间医案》等。后人多把完素的主要著作统编成“河间六书”“河间十书”等，其中或加入金元其他医家的著作。

张从正传

张从正，字子和，睢州考城[①]人。精于医，贯穿《难》《素》之学，其法宗刘守真[②]，用药多寒凉，然起疾救死多取效[③]。古医书有汗下吐法[④]，亦有不当汗者汗之则死，不当下者下之则死，不当吐者吐之则死，各有经络脉理[⑤]，世传黄帝、岐伯所为书也[⑥]。从正用之最精，号“张子和汗下吐法[⑦]”。妄庸浅术习其方剂[⑧]，不知察脉原病，往往杀人，此庸医所以失其传之过也[⑨]。其所著有“六门、二法”之目[⑩]，存于世云。

——元·脱脱等·金史卷一百三十一·列传第六十九

译 文

张从正，字子和，睢州考城人，精于医术。其学问贯穿《难经》《素问》。张从正敬仰刘完素，并学习继承刘完素的学术观点，用药多为寒凉之药。治病救人效果非常好。自古医书就记载有汗、下、吐三种方法，但是，也有不应当用汗法却误用汗法而致人于死命的，有不应当用下法却误用下法而致人于死命的，有不应当用吐法却误用吐法而致人于死命的。汗、下、吐的使用要视其疾病所在的脏腑经络及脉象而定。世上传说黄帝、岐伯所写的《素问》一书，张从正运用得最为精熟，号称“张子和汗下吐法”。那些狂妄的庸医之辈学习使用张从正的方剂，只顾简单模仿，却不知道察脉找准病情所在，往往治死人。

① 睢（suī）州考城：地名，即今河南省兰考县。
② 张从正敬仰刘完素，并学习继承刘完素的学术观点。刘守真，即刘完素，医学家（约1120—1200）。
③ 然起疾救死多取效：然而治病救人效果非常好。
④ 自古医书就记载有汗、下、吐三种方法。
⑤ 各有经络脉理：每种病其经络脉理都不一样。
⑥ 这些古书世传为黄帝、岐伯所著。
⑦ 号称“张子和汗下吐法”。
⑧ 那些狂妄的庸医之辈学习使用张从正方剂。
⑨ 此庸医所以失其传之过也：这就是庸医丢失张从正精妙医理、简单模仿的过失。
⑩ 即指张从正代表作《儒门事亲》，书中有说、有辨、有诫、有笺、有论、有疏、有十形三疗。还有六门二法等目。旨在于攻下，故号攻下派。

这就是庸医们不能完全掌握张从正医术要旨而造成的过错。张从正写的著作有《六门·二法》等，流传于世。

评 析

张从正（1156—1228），字子和，号戴人，睢（suī）州考城人，著名医家。兴定年间（1217—1222）曾被召为太医，但不久就辞退了。他在民间行医多年，是当时的名医，他与刘完素是同时代的人，但年龄较小。他便是“金元四大家”之一的“攻下派”的创始人。

在学术上，他精于《内经》《难经》《伤寒》，同时也提出了“古方不能尽愈今病”的著名论点。张从正对于疾病的认识很有独到见解。他认为治病应着重祛邪，祛邪就是补正，不能因害怕使用攻下药而一味用补，因而创立了独特的“汗、吐、下”攻下法，并能运用自如，治好病人无数。所谓的“汗、吐、下”三法，并非单纯的发汗、呕吐、泄下三种具体治法，而是分别代表着三类驱邪外出的途径。汗法，是指用药发汗，以及用针灸、洗熏、熨络、推拿、体操、气功等方法达到祛除表邪目的的方法；吐法，不单是指催吐，凡豁痰、引涎、催泪、喷嚏等上行的治疗方法都属此类；下法，不单指泄下，其他像行气、通经、消积、利水等能够驱除里邪的方法亦尽属此类。因此，张子和归纳的“汗、吐、下”祛邪法，实际上是中医理论中“扶正祛邪”法中以祛邪为主的这部分内容。而他认为先“祛邪”，才能扶正，邪去则正自安，对于实证阳证，这种方法也是非常奏效的。

他还主张治疗以食补为主，并反对乱用温热药物峻补的方法。可以说，张子和的理论是建立在刘河间的“火热论”基础上发展演化而来的。人体诸邪皆易化火，一味地温通峻补只能使人体的痰热实邪壅滞，引发更多的疾病。这种论点，实际上是针对当时社会上的不良医学风气而言的。而张子和本人也十分重视辨证论治，并非见病即攻，在治疗过程中也一定要视病人的具体情况，选择适当的治疗方法。尤其是年岁较高的老人，身体羸弱的儿童，都是他强调不可乱攻的对象。

张从正创立了“攻下派”，疗效颇佳。历来，医家对于“下品”药物的使用都十分谨慎，而他能够对于这类药物娴熟使用、准确把握和对各种病证的应对自如，足见他深通医理，熟识药性，临床经验也非常丰富。后世医家虽不敢尽取其方，却十分肯定张子和本人在医学上的造诣，并敬佩他的胆识和学问。

张子和一生著述颇多，最著名的就是他弃官之后与学生麻知几、常仲明等共同写成的《儒门事亲》一书，书中记述了他的主要学术观点。而该书收载的文章中，有许多是辩论性的文章，像《高技常孤》《群言难证——谤吐》《谤三法》《谤峻药》《同类谤才——群口诬戴人》等。由此可以看出，当时他在学术上的处境是十分艰难的，因为他敢于直言当时医界妄用温补的弊端，触动了许多不学无术者的利益，因此他们嫉妒他，怨恨、围攻、嘲笑，甚至诽谤他。但他从不妥协，刚正耿直，并以精深的学识力辩群医。当时，来到张子和家中的有识之士络绎不绝，高人才子日不离门，这也是对那些庸才的最有力的抨击。

张元素传

张元素，字洁古，易州[①]人。八岁试童子举[②]。二十七岁试经义进士[③]，犯庙讳下第[④]。乃去学医，无所知名，夜梦有人用大斧长凿凿心开窍，纳书数卷于其中，自是洞彻其术。河间刘完素病伤寒八日[⑤]，头痛脉紧，呕逆不食，不知所为[⑥]。元素往候，完素面壁不顾，元素曰："何见待之卑如此哉[⑦]。"既为诊脉，谓之曰脉病云云，曰："然。"[⑧]"初服某药，用某味乎？[⑨]"曰："然。"元素曰："子误矣[⑩]。某味性寒，下降走太阴，阳亡汗不能出[⑪]。今脉如此，当服某药则效矣。"完素大服，如其言遂愈[⑫]，元素自此显名。平素治病不用古方，其说曰："运气不齐，古今异轨，古方新病不相能也[⑬]。"自为家法云[⑭]。

——元·脱脱等·金史卷一百三十一·列传第六十九

译文

张元素，字洁古，易州（即今河北省易县）人。张元素八岁的时候参加童

① 易州：地名，即今河北省易县。
② 他八岁的时候参加童子举考试。
③ 二十七岁去考经义进士。
④ 因为冒犯了庙讳而落了榜。
⑤ 河间的刘完素得了伤寒病八天。刘完素，金代医学家（约1120—1200）。字守真，别号守真子，自号通玄处士，金代河间（今河北河间）人。因长年居于河间（今河北省河间县），故人称"河间先生"或"刘河间"。又传原籍为河北甘肃宁杨边村（今师素村）。他自幼聪慧，耽嗜医书，因母病，三次延医不至，不幸病逝，遂使之立志学医。二十五岁时即研习《黄帝内经》，刻意攻读，终有所悟，对《内经》有其独到体会，提出人身之气皆随五运六气而有所兴衰变化，指出运气常变，应当掌握其规律，又阐发《内经》之病机十九条，认为人体致病皆为火热，治病需从寒凉法入手。以降心火、益肾水为第一要旨。他反对套用古方，非议滥用《局方》燥热之剂。因其善用寒凉，后世称其为寒凉派，为金元四大家之代表人物之一。其著述甚丰，《素问玄机原病式》《黄帝素问宣明论方》（简称《宣明论方》）、《素问病机气宜保命集》均为其代表作。
⑥ 不知所为：不知是什么原因。
⑦ 为什么对我如此呢？
⑧ 刘完素认为张元素说得对。
⑨ 张元素问他，是否服用某一味药了？
⑩ 子误矣：您服的这味药恰恰把您的病情耽误了。
⑪ 喝下的这味药走太阴经，使阳气丧失，而不能出汗。
⑫ 如其言遂愈：随后，刘完素服用了张元素所开之药，立即病愈。
⑬ 时代不同、气候也不一样，古今规律也不相同，所以古方不能和新病相适应。
⑭ 因为这个观点，使他自成一家之法。

子举考试，二十七岁去考经义进士。因为冒犯了庙讳而落榜，于是他转而学医。最初他并没有什么知名度。一天晚上，他梦见有一个人用大斧长凿凿开了他的心窍，把数卷书放在里面。于是他就透彻了解了医术。河间名医刘完素得了伤寒病八天，头疼脉紧，呕吐不进食，不知是什么原因。张元素便前往为他诊候，但刘完素却脸朝墙壁不回头，也不理会张元素。张元素诊完脉后，说出了脉象所显示的病症，并询问刘完素是否服用了某一味药，刘完素认为他说得对，便告诉他已初服该药。张元素说："您服的这味药恰恰把您的病情耽误了。这味药性寒，喝下走太阴经，使阳气丧失，而不能出汗。根据今天的脉象，应当服某药才有效。"刘完素听他这么一讲，暗自思索，觉得有理，很是服气。后来，刘完素服用了张元素所开之药，立即病愈。张元素从此名声显赫。张元素平常治病不用古方。他认为：时代不同、气候也不一样，古今规律也不相同，所以古方不能和新病相适应。因为这个观点，使他自成一家之法。

评 析

张元素（1131—1234），金代著名医学家，字洁古，易水（今河北易县）人。他自幼聪敏，8 岁应"童子举"，27 岁试"经义"进士，因犯"庙讳"而落榜，遂弃仕从医。初医术不精，经深入研究《内经》等医学经典，医术大进。一次当时的名医刘完素患伤寒多日，头痛脉紧，呕逆不食，自治不效。张元素前往诊候，刘氏对他十分冷淡。元素言之于医理，用药一剂而愈，使刘完素大服其能，元素由此显名。有革新精神，首先提出"运气不齐，古今异轨，古方新病，不相能也"。故善于化裁，探讨新方法，自成一家，多有创见。其用药均有独到之处，能辨药物性味之厚薄阴阳、升降浮沉，提出药物有归经、引经报使之说，又拟定"脏腑虚实标本用药式"，甚有特色，影响深远，故李时珍赞其"大相医理"，评价至高。著有《医学启源》《脏腑标本寒热虚实用药式》《药注难经》《医方》《洁古本草》《洁古家珍》以及《珍珠囊》等。其中《医学启源》与《脏腑标本寒热虚实用药式》最能反映其学术观点。由于其革新思想，且多有创见，后世以其学说自成一派，称"易水学派"，亦有较大影响。

张元素具体的医学成就对于后世影响广泛，主要有两个方面。一是他的脏腑辨证说。即从人的脏腑寒热虚实来谈病机辨证的学说。对于一般内科杂病的治法，主张先从辨脏腑的虚实着手。如对肝病，他首先提出肝脏的正常生理，然后列述肝脉在各种不同病理情况下的变化，进而定出较标准的药物和处方。其他脏腑也大致如此，既有理论，又有实践经验，比前人的论述更为深刻，有了大的发展和提高，自成一个完整的体系。二是他的遣药制方论。即根据药物的特性开具处方疗病的一套理论。中医学上，把寒、热、温、凉看作药的气，把酸、苦、辛、咸、甘、淡看作药的味，气与味合，而成药性。也就是药效作用的根本所在。张元素认为各种药物的气味厚薄是不相同的，从这个观点出发，他把药物诸品分成五大类，这是他的创见。他还发明药物归经之说，取各药性之长，使它们各归其经。如同一泻药，有泻肝火的，有泻肺火的，等等。在这个基础上，张元素拟定了制方的原则，共分“风、湿、暑、燥、寒”五种制法，十分详尽。他以什么特性的药，治什么证候的病，借相生相克的关系，说明疗病的原理，具有朴素的辨证因素，这一点是很可贵的。

李杲传

李杲[①]，字明之，镇人[②]也，世以赀雄乡里[③]。杲幼岁好医药[④]，时易人张元素以医名燕赵间[⑤]，杲捐千金从之学，不数年，尽传其业。家既富厚，无事于技[⑥]，操有余以自重[⑦]，人不敢以医名之[⑧]。大夫士或病其资性高謇[⑨]，少所降屈，非危急之疾，不敢谒也。其学于伤寒、痈疽、眼目病为尤长[⑩]。

北京人王善甫，为京兆酒官[⑪]，病小便不利，目睛凸出，腹胀如鼓，膝以上坚硬欲裂，饮食且不下[⑫]，甘淡渗泄之药皆不效。杲谓众医曰："疾深矣。《内经》有之：膀胱者，津液之府[⑬]，必气化乃出焉[⑭]。今用渗泄之剂而病益甚者[⑮]，是

① 杲(gǎo)。

② 镇人：即真定（今河北省正定）人。

③ 世代富足，称雄乡里。

④ 杲幼岁好医药：李杲年少时就喜好医学。史书记载，李杲母亲王氏多年患病，家里请了许多医生前来诊治，这些医生对母亲的诊断，或温、或凉、或寒、或热，众说纷纭、莫衷一是，母亲王氏也因此百药备尝、以水济水。然而疾病没治好，以至于她去世的时候都不知道准确的疾病。李杲痛惜母亲去世，而自己却对医药一无所知。于是发誓："若遇良医，当力学以志吾过。"

⑤ 时易人张元素以医名燕赵间：当时有一位易县（即今河北保定易县）人，名叫张元素的医生名震燕赵地区。张元素（1131—1234），字洁古，易水（今河北易县）人，他自幼聪敏，8岁应"童子举"，27岁试"经义"进士，因犯"庙讳"而落榜，遂弃仕从医。洁古重视脏腑辨证及扶养胃气的思想，对李杲创立以"补土"为特色的系统的脾胃理论有重要影响，并最终成为"易水学派"最突出的理论特色。张元素的学术思想形成以后，经过诸弟子及后代医家的继承、发展，在元代成为与"河间学派"具有不同学术风格的一大流派，两派相互争鸣，又相互促进，最终带来整个金元医学的繁荣。燕赵，多指今河北省。

⑥ 李杲因为家境富裕，尽管学成归来，但他没有以行医为业。

⑦ 只把医术作为业余爱好，自珍自爱。

⑧ 人们也不敢称他为医生。

⑨ 士大夫也怕他禀性清高正直。

⑩ 李杲在医学方面，尤其擅长伤寒、痈疽和眼科。

⑪ 京兆酒官：京兆府，忽必烈建立元朝，在潼关以西设立陕西行省，以京兆府（即今陕西省西安市）作为陕西行省的治所。酒官，执掌造酒及有关政令的官员。

⑫ 吃不下饭。

⑬ 津液之府：贮藏津液的器官。津液，中医基础理论名词，泛指一切体液及其代谢产物。

⑭ 必先促进膀胱气化运动，尿液才能排出。

⑮ 今用促进渗透的药剂只能使其病加重。

气不化也[①]。启玄子[②]云：'无阳者阴无以生，无阴者阳无以化[③]。'甘淡渗泄皆阳药，独阳无阴，其欲化得乎？"明日，以群阴之剂投[④]，不再服而愈。

西台掾萧君瑞[⑤]，二月中病伤寒发热，医以白虎汤[⑥]投之，病者面黑如墨，本证不复见，脉沉细，小便不禁。杲初不知用何药，及诊之，曰："此立夏前误用白虎汤之过。白虎汤大寒，非行经之药[⑦]，止能寒腑藏，不善用之，则伤寒本病隐曲于经络之间[⑧]。或更以大热之药救之，以苦阴邪[⑨]，则他证必起，非所以救白虎也[⑩]。有温药之升阳行经者，吾用之。"有难者曰[⑪]："白虎大寒，非大热何以救，君之治奈何？"杲曰："病隐于经络间[⑫]，阳不升则经不行，经行而本证见矣。本证又何难焉。"果如其言而愈。

魏邦彦之妻，目翳暴生[⑬]，从下而上，其色绿，肿痛不可忍。杲云："翳从下而上，病从阳明来也[⑭]。绿非五色之正[⑮]，殆肺与肾合而为病邪。"乃泻肺

---

① 就是因为膀胱气化不畅的缘故。

② 启玄子：即唐代医家王冰的道号。王冰，号启玄子，又作启元子。约生于唐景云元年（710），卒于贞元二十年（805），里居籍贯不详，唐宝应中（762—763）为太仆令，故称为王太仆。王冰年轻时笃好养生之术，留心医学，潜心研究《素问》达12年之久。他著成《补注黄帝内经素问》二十四卷，八十一篇，为整理保存古医籍做出了突出的贡献。后人的《素问》研究多是在王冰研究的基础上进行。

③ 阴与阳既相互对立，又相互依存，在一定条件下，又可相互转化。无阳则阴也就不能产生，同理，无阴则阳也无法产生。

④ 李杲开出"群阴之剂"给病人服用。

⑤ 西台掾（yuàn）萧君瑞：御史台佐吏萧君瑞。西台，御史台的别称。掾，原为佐助的意思，后为副官佐或官署属员的通称。

⑥ 白虎汤：中医方剂名。为清热剂，具有清气分热、清热生津之功效。主治气分热盛证、壮热面赤、烦渴引饮、汗出恶热、脉洪大有力。临床常用于治疗感染性疾病，如大叶性肺炎、流行性乙型脑炎、流行性出血热、牙龈炎，以及小儿夏季热、牙龈炎等属气分热盛者。

⑦ 非行经之药：并非疏通经络之药。

⑧ 则伤寒本病隐曲于经络之间：则会导致伤寒本病隐藏于经络之间。

⑨ 以苦阴邪：以大热逼出阴邪。阴邪，中医学名词。指六淫病邪中的寒、湿等邪气。

⑩ 非所以救白虎也：所以，不能用"白虎汤"来医治此病。

⑪ 有人故意为难李杲说。

⑫ 伤寒病服白虎汤后，本症隐于经络之间。

⑬ 目翳（yì）暴生：突然长出眼翳。眼翳，又称翳状赘肉，大部分发生在中老年人身上，以户外工作者居多。翳状赘肉是眼结膜组织经过长时间的刺激，包括阳光中的紫外线，导致结膜组织的病态增生。大部分的眼翳都长在眼白靠鼻侧的位置，并且缓慢地往黑眼珠前的透明角膜延伸，少部分长在眼白靠近颞侧的位置，也是往角膜方向长。翳状赘肉初期对视力影响不大，但若放任其生长，等到长至角膜中心位置时，会盖住整个瞳孔，严重影响视力，而且眼翳长得愈大，也就愈往角膜深层侵犯，届时即使施行眼翳切除手术，也会在角膜上留下疤痕，仍然会看不清楚。

⑭ 病从阳明来也：说明病从阳明经而来。阳明，中医经脉名称，手阳明大肠经，足阳明胃经。《灵枢·根结》："太阳为开，阳明为合，少阳为枢。"

⑮ 绿非五色之正：绿色非五色之正色。五色，中医术语，指青、赤、黄、白、黑五种颜色。按照五行学说，青属木属肝，黄属土属脾，赤属火属心，白属金属肺，黑属水属肾。

肾之邪[1]，而以入阳明之药为之使。既效矣，而他日病复作者三，其所从来之经[2]，与翳色各异。乃曰："诸脉皆属于目[3]，脉病则目从之。此必经络不调，经不调，则目病未已也。"问之果然，因如所论而治之，疾遂不作。

冯叔献之侄栎，年十五六，病伤寒，目赤而顿渴[4]，脉七八至[5]，医欲以承气汤[6]下之，已煮药，而杲适从外来，冯告之故[7]。杲切脉，大骇曰："几杀此儿。《内经》有言：'在脉[8]，诸数为热，诸迟为寒[9]。'今脉八九至，是热极也。而《会要大论》云：'病有脉从而病反者何也[10]？脉至而从，按之不鼓，诸阳皆然[11]。'此传而为阴证矣。令持姜、附来，吾当以热因寒用法处之[12]。"药未就而病者爪甲变，顿服者八两，汗寻出而愈。

陕帅郭巨济病偏枯，二指着足底不能伸，杲以长针刺骩中[13]，深至骨而不知痛，出血一二升，其色如墨，又且谬刺之[14]。如此者六七，服药三月，病良已。裴择之妻病寒热，月事不至者数年，已喘嗽矣。医者率以蛤蚧、桂、附之药投之，杲曰："不然，夫病阴为阳所搏[15]，温剂太过，故无益而反害。投以寒血之药，

---

① 于是李杲通过用药去除肺和肾上的邪气。
② 其所从来之经：并且随着邪气所来的经脉不同。
③ 各条经脉都属于眼目。
④ 目赤而顿渴：眼红而且突然性的口渴。
⑤ 脉搏每息达到七八次。
⑥ 承气汤：中医方剂名。出自《痘科类编释意》卷三，具有攻下热结之功效。主治痘疮发热腹痛、大渴烦躁、大便闭、狂妄者；痘疮焦黑、烦渴顿闷、喘促而厥逆、大便不通者；胃腑实热、口噤胸满、卧不着席、脚挛急、大便闭结不通者。
⑦ 冯告之故：询问之下，冯叔献告诉李杲侄子生病及处方用药的情况。
⑧ 对于切脉。
⑨ 脉搏快速则常为热症，脉搏缓慢则常为寒症。
⑩ 有的病，脉象与病相吻合，而病却向反方向发展，是怎么回事呢？
⑪ 脉的次数与病相吻合，但手按在脉上没有鼓荡的力量，各种阳证的脉象都是这样。
⑫ 吾当以热因寒用法处之：我要用"热因寒用"法来治疗。热因寒用，治疗学术语。系反治法之一。出《素问·至真要大论》。包括两类情况：一是指温热药治寒证，反佐以寒而发挥作用。例如阴寒证格热于外，服温热药常见格拒吐出，佐以少量寒药或热药凉服则不呕吐。《素问注证发微》："热以治寒，而佐以寒药，乃热因寒用也。"二是指热药因寒证而用，例如《伤寒论·辨少阴病脉证并治》："少阴病，下利清谷，里寒外热，手足厥逆，脉微欲绝，身反不恶寒，其人面色赤……通脉四逆汤主之。"这是以热药治疗真寒候热证。《素问·至真要大论》："热因寒用，寒因热用，塞因塞用，通因通用，必伏其所主，而先其所因。"
⑬ 杲以长针刺骩（wěi）中：李杲用长针刺他的委中穴。
⑭ 又且谬刺之：又刺六七次，并且李杲又用"谬刺"的手法对他进行针刺。谬刺，又称"缪刺"。《针灸资生经》："予冬月当风市处多冷痹，急擦热手温之，略止。日或两三痹，偶谬刺以温针，遂愈。"缪刺为古刺法名。是一种左病刺右、右病刺左的针刺方法。《黄帝内经素问·缪刺论》："有痛而经不病者，缪刺之，因视其皮部有血络者，尽取之。"即机体一侧络脉有病，而针刺对侧血络。缪，是交错的意思。缪刺是交叉取穴泻络，与巨刺的交叉取穴刺经不同。
⑮ 夫病阴为阳所搏：此病是寒为热所包。

则经行矣。”已而果然。杲之设施多类此。当时之人，皆以神医目之。所著书，今多传于世云。

——明·宋濂等·元史卷二百三·列传第九十·方技（工艺附）

译 文

李杲，字明之，镇（今河北省正定）人。世代富足，称雄乡里。李杲年少时就喜好医学。当时易县张元素以医术精湛名震燕赵。李杲找到张元素，捐献千金向其学医。没几年，获得张元素真传。因为李杲家境富裕，尽管他学成归来，但并没有以行医为业，只把医术作为业余爱好，自珍自爱。人们也不敢称他为医生。因他禀性清高正直，很少拜服别人，不是危急重病，士大夫们也不敢贸然拜访求其医治。李杲在医学方面，尤其擅长伤寒、痈疽和眼科。

有一位名叫王善甫的北京人，担任京兆府酒官。得病，小便不通，眼睛往外突出，腹胀如鼓，大腿肿胀坚硬就像要炸裂一样，并且吃不下饭，服用甘淡补脾、渗泄利尿之药都不见效。李杲对诸医生说：“此病已很沉重。《内经》有这样的记载，所谓‘膀胱，贮藏津液的器官，必先促进膀胱的气化运动，尿液才能排出。’今用促进渗透的药剂只能使其病加重，就是因为膀胱气化不畅的缘故，启玄子曾说过‘阴与阳既相互对立，又相互依存，在一定条件下，又可相互转化。同理，无阴则阳也无法产生。’甘淡渗泄都是阳药，但病人病久伤阴，虽通过服用甘淡渗泄阳药，但病人有阳无阴，阴阳失调，怎么能气化呢？”第二天，李杲开出“群阴之剂”给病人服用。病人没等吃第二剂病便痊愈了。

御史台佐吏萧君瑞，二月中就患上伤寒，发高烧。医生使其服用“白虎汤”。病人服药后，面黑如墨，原来的病症虽然消失，但脉沉细，小便失禁。李杲一开始不确定应该用什么药，等到诊断后，他确信这是立夏前误服白虎汤造成的。因为白虎汤性大寒，并非疏通经络之药。该药只能寒腑脏，不善用此药，会导致伤寒本病隐藏于经络之间。这样的话，就需要换用大热之药来救治，以大热逼出阴邪。但如果这样施治，必然又会引发其他疾病。所以，不能用“白虎汤”来医治此病。李杲认为应该用能升阳行经的温药。有人故意为难李杲说：“你既然说白虎汤大寒，非大热不能救，您怎么救治？”李杲回答说：“伤寒病服白虎汤后，本症会隐于经络之间，阳不升则经络不通，经络通后，才能见到本症状。伤寒症状显露后，救治又有何难？”于是李杲为病人服用温药，病人果如其言而痊愈。

魏邦彦的妻子，突然长出眼翳，其由下而上生长，绿色，肿痛得无法忍耐。李杲诊断后说：“眼翳自下而上生长，说明病从阳明经而来；绿色非五色之正色，可能是肺与肾都患了病。”于是李杲通过用药祛除肺和肾上的邪气，并用入阳明经的药作为佐使药，马上就见效了。后来魏妻疾病又复发了三次，并且随着邪气所来的经脉不同，眼翳的颜色也各不相同。李杲说：“各条经脉都属于眼目，经脉有病则眼目相随，这一定是经络不调。对于妇女，经络不调主要会体现在月经不调上，月经不调，自然眼目之病就好不了。”经询问，魏邦彦妻子果然是月经不调。于是李杲就按照之前的观点对她进行诊治。魏妻病愈，且不再复发。

冯叔献的侄子冯栎，年龄十五六岁，患了伤寒，眼红而且突然性的口渴，脉搏每息达到七八次。医生想让他服用“承气汤”。药已熬好，病人正准备服用时，李杲刚好从外边进来。询问之下，冯叔献告诉李杲其侄子生病及处方用药情况。李杲吩咐他先不要服药，待自己为病人切脉后再说。切脉后，李杲大惊道：“你差点杀死这个小侄子。《内经》有这样的话：‘对于切脉，脉搏快速则常为热症；脉搏缓慢则常为寒症。’今脉搏每息达到八九次，是极热的症状。而《会要大论》中也说道：有的病，脉象与病相吻合，而病却向反方向发展，是怎么回事呢？脉的次数与病相吻合，但手按在脉上没有鼓荡的力量，各种阳证的脉象都是这样。如果这样，病就已经转变成为阴证了。”李杲叫人拿干姜、附片来，并说：“我要用‘热因寒用’法来治疗。”未服药时，病人的指甲已经变色。李杲立即让他服用八两，病人马上出汗而痊愈。

还有一个名叫郭巨济的陕西军官得了偏瘫，两个脚指头紧靠足底，不能伸直。李杲用长针刺他的委中穴，长针已深至骨头但郭巨济却没有疼痛感。彼时流出一二升血，血色黑如墨汁。李杲又用“谬刺”的手法对他进行针刺，这样刺了六七次。后又服药三个月，郭病痊愈。

裴择之妻患有寒热病，即疟疾，月经不来已有多年，且出现喘咳的症状。给她治疗的医生一般让她服用蛤蚧、肉桂、附子之类的热药。李杲说：“这样治疗是不对的。此病是寒为热所包，温热药使过度，不但无益反而有害。给她服凉血的药，她的月经就会正常，经络也就畅通了。”后来裴妻的病果然如李杲所述治好了。

李杲治病疗法诸如此类，当世之人皆视其为神医。李杲所著之书大多都流传至今。

评 析

李杲（1180—1251），著名医学家，字明之，真定（今河北省正定）人，因真定汉初称为东垣国，所以李杲晚年自号东垣老人。李杲自幼天赋聪颖，沉稳安静，喜爱读书。二十岁时，母亲王氏患病卧床不起，后因众医杂治而死，李杲痛悔自己不懂医而痛失生母，于是立志学医。当时易水的张元素是燕赵一带的名医，李杲求医心切，不惜离乡四百余里，捐千金拜其为师。凭着他扎实深厚的文学功底，经过数年的刻苦学习，李杲“尽得其学，益加阐发”，名声超出老师，成为一代医家大宗。经过多年临证，李杲的医技日益精湛，各科疾病均能诊治，当时的人都把他当作神医来看待。李杲著述甚丰，有《内外伤辨惑论》《脾胃论》《兰室秘藏》《医学发明》《东垣试效方》《活法机要》等。另有《伤寒会要》《保婴集》《伤寒治法举要》《东垣心要》《万愈方》《医学辨论》《用药珍珠囊》《五经活法机要》《疮疡论》《医方便儒》《药性赋》等。

李杲为金元四大家之一，为中医“脾胃学说”的创始人，他十分强调脾胃在人身的重要作用，而且对脾胃的生理、病理、诊断、治疗诸方面，形成了个人独成一家的系统理论，故而后世称其为“补土派”。李杲由于其学说来源于实践，具有重要的临床意义，故后世宗其说者大有人在，不仅有其门人王好古与罗天益，明代以后私淑其学者，如薛立斋、张景岳、李中梓、叶天士等，不仅宗其说，而且各有发展，都充分说明李杲在中医学史上的地位。

朱震亨传

朱震亨，字彦修，谦之高第弟子也[①]。其清修苦节[②]，绝类古笃行之士[③]，所至人多化之[④]。

——明·宋濂等·元史卷一百八十九·列传第七十六·儒学一

译文

朱震亨，字彦修，元朝大儒许谦优秀弟子。他坚持修行，苦炼节操。其品行敦厚，超出了古代先贤。所到之处，人们都被其感化。

评析

朱震亨（1281—1358），元代著名医学家，字彦修，婺州义乌（今浙江金华义乌）人。金元四大家中，朱震亨所出最晚。因他出生的赤岸镇有一条溪流名叫丹溪，所以学者多尊称朱震亨为“丹溪翁”或“丹溪先生”。他先习儒学，后改医道，在研习《素问》《难经》等经典著作的基础上，访求名医，受业于刘完素的再传第子罗知悌，成为融诸家之长为一体的一代名医。朱震亨认为三

① 谦之高第弟子：元朝大儒许谦优秀弟子。许谦（1269—1337），元朝著名学者。字益之，号白云山人，浙江省东阳市人。晋许孜后裔。先世屡因游宦而迁籍外地，祖父许应鸾由金华迁东阳。母陶氏，居白云笠泽。谦年幼丧父，母口授《孝经》《论语》。六岁，出继金华堂叔许觥为嗣。师承金履祥，刻苦勤奋，不数年尽得其传。谦不胶古，不流俗，素志恬淡，以道自乐。官府屡为辟荐，均固辞。浙东廉访副使赵宏伟驻节金陵，聚弟子延谦为师。元延祐元年（1314），许谦眼患白内障乃归，为门人许孚吉迎到八华山居住，不久开门讲学。亲撰《八华讲义》及《学规》。声誉所及，“远而幽冀齐鲁，近而荆扬吴越”。许谦教人，“至诚谆悉，内外殚尽”，深入浅出，因材施教，独不授科举文。及门弟子，见于著录者千余人，各有成就。谦学识渊博，举凡天文、地理、典章制度、食货、刑法、文学、音韵、医经、术数以及释、老，无不通晓。人称“白云先生”。为人师表40年。著有《白云集》《观史治忽几微》《诗集传名物钞》八卷，收入《四库全书》。卒谥“文懿”。高第，即高材生。

② 他坚持修行，苦炼节操。清修，古代多指谓操行洁美。此处借指朱震亨自觉强化个人修炼、提升品德。苦节，原指坚守节操，矢志不渝。此处借指朱震亨为强化个人节操的提升，不畏艰苦。

③ 其品行敦厚，超出了古代先贤。绝类，出自汉王逸《荔支赋》：“卓绝类而无俦，超众果而独贵。”以为超出同类。

④ 所到之处，人们都被他所感化。化，教化、感化。

家所论，于泻火、攻邪、补中益气诸法之外，尚嫌未备滋阴大法。力倡“阳常有余，阴常不足”之说，申明人体阴气、元精之重要，故被后世称为“滋阴派”的创始人。临证治疗，效如桴鼓，多有服药即愈不必复诊之例，故时人誉之为“朱一贴”。其著作甚丰，重要者如《格致余论》《金匮钩玄》（一名《平治荟萃》）、《局方发挥》《本草衍义补遗》，尚有由其门人整理之著作如《丹溪医案》《丹溪医论》《脉因证治》《丹溪心法》《丹溪心法附余》。此外，尚有若干署名丹溪，实为托名之著作，如《医学发明》《活法机要》《脉诀指掌图说》等。弟子众多，著名者如戴思恭、王履等，皆有成就传其学。朱震亨晚年整理自己的行医经验与心得，写成许多著作。临终前没有其他嘱咐，只将随他学医的侄儿叫到面前诲之曰：“医学亦难矣，汝谨识之。”言讫，端坐而逝。

朱震亨通过多年临床实践，自创新说，自成一家之言，创立了有名的“阳常有余，阴常不足”及“相火论”学说，并针对杂病提出了根据气、血、痰、郁辨证治疗的方法，对于医学理论的发挥及杂病的治疗做出了贡献，被誉为“金元四大家”之一。著有《格致余论》《局方发挥》《金匮钩玄》《本草衍义补遗》等。此外，流传有关丹溪之书亦很多，其中以《丹溪心法》《丹溪心法附余》最有代表性，但均非丹溪本人所著，系后人根据朱氏临床经验整理而成。

朱丹溪提出了“相火论”“阳有余阴不足论”及火热证、杂病的证治经验，对明、清医学的发展有很深刻的影响。后世医家在养阴、治火、治痰、解郁等方面的成就，与丹溪的启发是分不开的。明代诸医家，如赵震道、赵以德、王履、戴原礼（即戴思恭）诸人，均师承其学。另有虞抟、王纶、汪机、徐彦纯等亦接受其学术思想，甚至远传海外，为日本医学家所推崇。由于此，丹溪所创之学说被发展成一个学术流派——丹溪学派，朱丹溪则成为这个学派的倡导者。

朱震亨以节欲为核心的房中补益思想是医理与儒理的结合产物，与宋明理学的禁欲倾向是一致的，对当时及后世产生了较大影响。

滑寿传

滑寿，字伯仁，先世襄城人①，徙仪真②，后又徙余姚③。幼警敏好学，能诗。京口王居中④，名医也。寿从之学，授《素问》《难经》。既卒业⑤，请于师曰："《素问》详矣，多错简。愚将分藏象、经度等为十类⑥，类抄而读之。《难经》又本《素问》《灵枢》，其间荣卫藏府与夫经络腧穴⑦，辨之博矣，而缺误亦多。愚将本其义旨，注而读之可乎？"居中跃然称善。自是寿学日进。寿又参会张仲景、刘守真、李明之三家而会通之⑧，所治疾无不中。既学针法于东平高洞阳⑨，尝言："人身六脉虽皆有系属⑩，惟督任二经⑪，则苞乎腹

① 滑寿的祖先是襄城（即今河南省许昌市襄城县）人。

② 后来迁徙到仪真（即今江苏省仪征市）。

③ 再后来又迁到余姚（即今浙江省余姚市）。

④ 京口（今江苏镇江市）王居中。王居中，元代医学家，著名医学家滑寿之师父。生卒不详，京口（今江苏镇江市）人。在教授滑寿过程中，王居中认为，医学源于黄帝、岐伯，而其说已不可得，仅存于《素问》《灵枢》之中，故应学好《素问》《灵枢》，王氏遂以此二书授滑寿。由于滑氏具有深厚的儒学功底，他认识到《素问》在结构篇章上存在着某些混乱，他下决心要类抄而读之，于是他向老师请教曰："《素问》详矣，多错简，愚将分藏象、经度等为十类，类抄而读之。"王居中对此大加称赞，这也是滑氏著作《读素问钞》的雏形。由此可见，王居中对滑寿学术思想具有启蒙作用和重要影响。

⑤ 完成学业。

⑥ 愚将分藏象、经度等为十类：我准备将此书分为藏象、经度等十大类。滑氏选录《素问》中之重要内容，分脏象、经度（十二经）、脉候、病态、摄生、论治、色诊、针刺、阴阳、标本、运气、汇萃等十二类，重予编次，钩玄提要，注释简明。本书为摘要类编注释《素问》的第一家，编次、分类均较为可取，开《内经》节略、类编之先河，对后世影响很大。

⑦ 其间荣卫藏府与夫经络腧（shù）穴：其中包括了营卫、藏府、经络、穴位等基础理论。荣卫，中医学名词。荣指血的循环，卫指气的周流。荣气行于脉中，属阴，卫气行于脉外，属阳。荣卫二气散布全身，内外相贯，运行不已，对人体起着滋养和保卫作用。藏府，人体内脏器官的总称。经络，中医指人体内血气运行通路，是人体功能的调控系统。经络学也是人体针灸和按摩的基础，是中医学的重要组成部分。经络学说是中医学基础理论的核心之一。腧穴，人体上穴位的总称。

⑧ 寿又参会张仲景、刘守真、李明之三家而会通之：滑寿又将张仲景、刘守真（刘完素）、李明之（李杲）三家医学融会贯通。张仲景（约150—154至约215—219），名机，字仲景，东汉南阳郡涅阳县（今河南邓州市）人。东汉末年著名医学家，被后人尊称为医圣，南阳五圣之一。张仲景广泛收集医方，写出了传世巨著《伤寒杂病论》。它确立的辨证论治原则，是中医临床的基本原则，是中医的灵魂所在。在方剂学方面，《伤寒杂病论》也做出了巨大贡献，创造了很多剂型，记载了大量有效的方剂。其所确立的六经辨证的治疗原则，受到历代医学家的推崇。这是中国第一部从理论到实践、确立辨证论治法则的医学专著，是中国医学史上影响最大的著作之一，是后学者研习中医必备的经典著作，广泛受到医学生和临床大夫的重视。

⑨ 滑寿又向东平人高洞阳学习了针灸。高洞阳为元代针灸学家，为滑伯仁之师。

⑩ 人身六脉虽皆相连。六脉，即阴、阳、维、跷、带、冲。

⑪ 任督二脉以人体正下方双腿间的会阴穴为起点，从身体正面沿着正中央往上到唇下承浆穴，这条经脉就是任脉；督脉则是由会阴穴（也有人说是长强穴）向后沿着脊椎往上走，到达头顶再往前穿过两眼之间，到达口腔上颚的龈交穴。任脉主血，督脉主气，为人体经络主脉。任督二脉若通，则八脉通；八脉通，则百脉通，进而能改善体质，强筋健骨，促进循环。

背[①]，有专穴。诸经满而溢者，此则受之，宜与十二经并论。”乃取《内经骨空》诸论及《灵枢篇》所述经脉，着《十四经发挥》三卷，通考隧穴六百四十有七。他如《读伤寒论抄》《诊家枢要》《痔瘘篇》，又采诸书《本草》为《医韵》[②]，皆有功于世。晚自号撄宁生[③]。江、浙间无不知撄宁生者。年七十余，容色如童孺，行步蹻捷，饮酒无算。天台朱右摭其治疾神效者数十事[④]，为作传[⑤]，故其著述益有称于世[⑥]。

——清·张廷玉等·明史卷二百九十九·列传第一百八十七·方伎

译文

滑寿，字伯仁，祖先是襄城（即今河南省许昌市襄城县）人。后来迁徙到仪真（即今江苏省仪征市），再后来又迁到余姚（即今浙江省余姚市）。滑寿很小的时候就机智好学，能作诗。滑寿跟随京口（今江苏镇江市）一位名叫王居中的名医学习医术。王居中将《素问》《难经》等传授给他。在完成学业时，滑寿请教老师道：“《素问》倒是讲得详细，但其中也有很多错乱的地方。我准备将此书分为藏象、经度等十大类，分类抄写阅读。《难经》来自《素问》和《灵枢》，其中包括了营卫、藏府、经络、穴位等基础理论，分辨得很详细，但遗漏错误也多。我想根据原书的义旨，加以注释，再来阅读，可以吗？”王居中非常高兴，连声说好。之后，滑寿医学日有长进。他又将张仲景、刘守真（刘完素）、李明之（李杲）三家医学融会贯通，为人治病皆药到病除。滑寿还向东平人高洞阳学习了针灸。滑寿曾经说过：“人身六脉虽皆相连，只有督、任二脉，则包于腹背，有专门穴位。其他诸经络满而溢者，则此二脉可以调剂。

① 则包于腹背。“苞”同“包”。

② 他如：即指滑寿其他著作还有《读伤寒论抄》《诊家枢要》《痔瘘篇》等。同时，又摘取各种版本的《本草》精华而著《医韵》。

③ 滑寿晚年自号“撄宁生”。

④ 天台朱右摭其治疾神效者数十事：天台（即今浙江省台州市天台县）朱右将滑寿治病神效者数十例子收集起来。朱右（1314—1376），字伯贤（一字伯言、序贤），自号邹阳子、远游公子、邹阳生、邹阳居士、观我生、白云居士、丹丘生等，浙江临海章安（今属椒江区）人。明代著名文学家，滑寿好友。历任翰林国史编修官。著有《白云稿》五卷（入选《四库全书》）《唐宋六家文衡》《四库总目·春秋类编》《秦汉文衡》《元史补遗》《滑寿传》等。

⑤ 编撰成《撄宁生传》。

⑥ 所以滑寿的著述更加为世人所称赞。

应该将督、任二经与十二经并论。”于是取自《内经骨空》诸论及《灵枢篇》中所述的经络，著述《十四经发挥》三卷，通考穴位647个。滑寿其他著作还有《读伤寒论抄》《诊家枢要》《痔瘘篇》等。同时，他又摘取各种版本的《本草》精华而著《医韵》。这些医学著作对世上都有很大贡献。滑寿晚年自号“撄宁生”。江、浙一带无人不知其名号。滑寿七十多岁时，依旧鹤发童颜、步履矫捷。他还好酒，所饮不可计量。天台（即今浙江省台州市天台县）人朱右摭将滑寿治病神效者数十例子收集编撰成《撄宁生传》，其人、其事、其著均为世人所称赞。

评 析

滑寿（约1304—1386），元末明初大医学家，字伯仁，一字伯休，晚号撄宁生。祖籍襄城（今河南襄城县），后迁仪真（今江苏仪征市），又迁余姚（今浙江余姚市）。初习儒，工诗文。京口名医王居中客居仪真时，滑寿师从之习医，精读《素问》《难经》等古医书，深有领会，然亦发现《素问》多错简，因按脏腑、经络、脉候、病能、摄生、论治、色脉、针刺、阴阳、标本、运气、汇萃十二项，类聚经文，集为《读素问钞》三卷。又撰《难经本义》二卷，订误、疏义。后又学针法于东平高洞阳，尽得其术。曾采《素问》《灵枢》之经穴专论，将督、任二经与十二经并论，著成《十四经发挥》三卷，释名训义。其内科诊治则多仿李东垣。精于诊而审于方，治愈沉疴痼疾甚众。尝谓“医莫先于脉”，乃撰《诊家枢要》一卷，类列29脉，颇有发挥。其治疗验案数十则，收入朱右《撄宁生传》。另有《伤寒例钞》（一作《伤寒论钞》）三卷、《本草发挥》一卷、《脉诀》一卷、《医韵》《痔瘘篇》等，均佚。后世有《明堂图》四幅，题为滑寿撰。明洪武（1368—1398）间卒。时年八十二岁。滑寿不仅精通医理，而且也是临床实践家，医术精良，诊治疾病每每神效，加之医德高尚，在江浙一带深受爱戴，后世评论亦多有褒无贬，这在古今著名医家中也是不多见的。

倪维德传

倪维德，字仲贤，吴县[①]人。祖、父皆以医显。维德幼嗜学，已乃业医，以《内经》为宗[②]。病大观以来[③]，医者率用裴宗元、陈师文《和剂局方》[④]，故方新病多不合。乃求金人刘完素、张从正、李杲三家书读之[⑤]，出而治疾，无不立效。周万户子[⑥]，八岁昏眊[⑦]，不识饥饱寒暑，以土炭自塞其口。诊之曰："此慢脾风也[⑧]。脾藏智[⑨]，脾慢则智短。"以疏风助脾剂投之，即愈。顾显卿右耳下生瘿[⑩]，大与首同，痛不可忍。诊之曰："此手足少阳经受邪也。"饮之药，逾月愈。刘子正妻病气厥[⑪]，或哭或笑，人以为祟[⑫]。诊之曰："两手脉俱沉，胃脘必有所积[⑬]，积则痛。"问之果然，以生熟水导之[⑭]，吐痰涎数升愈。盛架阁妻左右肩臂奇痒，延及头面，不可禁，灼之以艾，则暂止。诊之曰："左脉沉，

① 吴县：即今江苏省苏州市吴中区。

② 以《内经》为宗：他以《黄帝内经》作为学医治病的根本源头。

③ 他认为，自北宋大观年间以来的疾病治疗。大观（1107—1110）是宋徽宗赵佶的年号。北宋使用这个年号共4年。

④ 多数医生都采用裴宗元与陈师文合著《校正太平惠民和剂局方》所记载的处方和治疗方法，来为人治病。裴宗元，宋代医官。里籍欠详，尝任奉议郎药局提举、太医令、医学博士等官职。于大观年间奉敕与陈师文、陈承等人共同校注医书，并编《校正太平惠民和剂局方》五卷刊行于世，对后世有较大影响。陈师文，生卒年不详，宋代临安（今浙江杭州）人。曾任朝奉郎、尚书库部郎中、提辖措置药局等职。精于医术，与斐宗元齐名，大观年间，陈师文等建议朝廷修订方书。不久宋徽宗诏准这一请求，并着陈师文、陈承、裴宗元等对和剂局配方进行校订。陈师文等多方搜集资料，严格校订，"校正七百八字，增损七十余方"，成《校正太平惠民和剂局方》五卷，对后世影响极大。

⑤ 于是他找来金朝之刘完素、张从正、李杲三家医书研读。

⑥ 一个姓周的万户的儿子。万户：官名。金初设置，为世袭军职。统领千户（猛安）、百户（谋克），隶属于都统。元代相沿，其军制设万户为万夫之长，隶属于中央枢密院；驻扎各路者，则分属于行省。设万户府以统领千户所：统兵七千以上称上万户府；五千以上称中万户府；三千以上称下万户府。诸路万户府各设达鲁花赤一员，万户一员。

⑦ 八岁昏眊（mào）：八岁就两眼昏花。

⑧ 这孩子所得的疾病就是"慢脾风"。慢脾风即慢惊风的脾肾阳衰证，阳虚极而生内风，为虚极之候、纯阴之症，又名脾风、虚风。症见闭目摇头，面唇发青发黯，额上汗出，四肢厥冷，手足微搐，气弱神微，昏睡不语，舌短声哑，呕吐清水，指纹隐约。多因吐泄既久，脾虚气弱，肝失濡养所致，证属无阳纯阴的虚寒危象。患儿往往衰脱，预后大多不良。治宜醒脾益胃，温中回阳。

⑨ 脾藏智：脾藏意于智。中医认为，五神藏于五脏，肾藏精、肝藏魂、心藏神、脾藏智、肺藏魄。脾为土脏，藏意于智，居心肺之下，故从卑。又脾者裨也，以化谷也。《经》云："纳谷者昌"，其在此乎。脾合肉，荣唇，开窍于口。

⑩ 顾显卿右耳下生瘿（yǐng）：一个名叫顾显卿的患者，其右耳下长一囊肿。瘿，囊状肿瘤。

⑪ 一个名叫刘子正的妻子患上气厥。气厥，厥证之一，指中气衰竭，或气机怫郁上逆而厥者。

⑫ 人以为祟（suì）：人们以为有鬼神作怪。祟，指鬼怪或指鬼怪害人。

⑬ 胃脘（wǎn）必有所积：胃腔中必有积食。

⑭ 生熟水，也称阴阳水，即生水与熟水混合之水。

右脉浮且盛，此滋味过盛所致[①]。”投以剂，旋愈。林仲实以劳得热疾[②]，热随日出入为进退，暄盛则增剧，夜凉及雨则否，如是者二年。诊之曰：“此七情内伤[③]，阳气不升，阴火渐炽。故温则进，凉则退。”投以东垣内伤之剂[④]，亦立愈。他所疗治，多类此。常言：“刘、张二氏多主攻[⑤]，李氏惟调护中气主补[⑥]，盖随时推移，不得不然。”故其主方不执一说[⑦]。常患眼科杂出方论，无全书，著《元机启微》[⑧]，又校订《东垣试效方》[⑨]，并刊行于世。

洪武十年卒[⑩]，年七十五。

——清·张廷玉等·明史卷二百九十九·列传第一百八十七·方伎

译文

倪维德，字仲贤，苏州府吴县人。祖父、父亲都以医术显于世。倪维德从小就机敏好学，后来学习医术，以《内经》为主。他认为自北宋大观年间以来，医生都采用裴宗元与陈师文合著的《和剂局方》，这种陈旧的药方不适用新发现的病症。他认真研习金人刘完素、张从正、李杲三家医书，用于临床治病，无不立见疗效。

---

① 判断这应该是吃东西过多所引起的。

② 一个名叫林仲实的患者，在劳动中得热病。热疾：泛指一切急性发作、以体温增高为主要症状的疾病。

③ 七情内伤，是由于情绪变化引起脏腑精气功能紊乱而致疾病发生或诱发的一类病因。七情内伤致病，因其直接损伤内脏精气，故可导致或诱发多种情志病和身心疾病。

④ 投以东垣内伤之剂：于是倪维德叫他服用李东垣治内伤的方药。

⑤ 刘、张二氏多主攻：刘完素、张从正治病多主攻。刘完素、张从正均为“金元四大家”，他俩代表了不同的学派。刘完素认为疾病多因火热而起，在治疗上多运用寒凉药物来攻下火热；张从正则认为治病应着重驱邪，“邪去而正安”，进而丰富和发展了汗、吐、下三法，世称“攻下派”。所以，倪维德认为他俩治病“多主攻”。

⑥ 李氏惟调护中气主补：李杲则调护中气，主补。李氏，即李杲。

⑦ 所以，倪维德尽管都认真学习了三人的经验，但他在诊病开处方时，从不执着一家学说。

⑧ 《元机启微》：眼科著作，又名《原机启微》，二卷。明初倪维德撰。明薛己校注。初刊于1370年。卷上论眼病病因及治则共九论；卷下论方剂配伍附40余方及方义的说明。薛己将此书收入《薛氏医案》时，将其本人之见闻和经验，另撰附录一卷，包括11论及70余附方。今尚存。

⑨ 《东垣试效方》，又名《东垣先生试效方》《东垣效验方》，九卷。李杲撰于1266年。计24门，分述药象及各种病证，包括饮食劳倦、心下痞、中满、腹胀、反胃，及妇人、小儿眼鼻耳齿等病证。后为“杂方”。每门先设总论，以证候为主，详论病源、治法，后列诸方。书中收医论29篇，医方240余首，医案医话20余则。医论述理明晰，其有十余篇为李氏诸书所未见而仅载此书者。选方大多切于实用，所录普济消毒饮、益气聪明汤等对后世影响较大。李氏医案流传不多，此书所载诸案弥足珍贵。全书集医方、医论、医案、医话为一体，而重在脾胃病证用方，反映了脾胃学派的理论和制方特色。传本甚少，现仅存明代倪维德刻本，中华人民共和国成立后有影印本。东垣，即李杲，字明之，晚号东垣老人。

⑩ 洪武十年：即1377年。洪武（1368—1398）是明太祖朱元璋年号，共31年。

周万户的儿子八岁就两眼昏花失明，且不知冷热饥饱，并且常常把土炭塞在自己嘴里面。维德经诊视，认为是“慢性脾风，脾中藏智，脾患慢症则智短”。并用疏风助脾之药，患儿立即病愈。顾显卿右耳下生一囊肿，巨大无比，痛不可忍。经维德诊视，断定是“手足少阳经受邪”所引起的，并为其开方，病人服了他的药，一个月就好了。

刘子正的妻子患厥症，时而哭时而笑，人们以为有鬼怪作祟。维德诊断后说：“两手脉都沉，胃腔中必积有什么东西，所以痛。”于是令其喝生水导之，刘妻吐痰涎数升后病愈。盛架阁的妻子左右臂奇痒，扩散到面部，用艾熏治疗也无法彻底止痒且疗效短暂。维德诊断说：“左脉沉，右脉浮而且很盛，这是吃东西过多所引起的。”病人服用他开的药后，病就好了。

林仲实在劳动中得了热病，体温随日出日落而有升降，晚春天气暖和时更加厉害，到夜凉或下雨时则好一些，如是二年了。经诊断，认为是“此七情内伤，阳气不升，阴火渐旺，故天热则热，天凉则退热”。服用李东垣调理补中治疗内伤的药方，也立即痊愈了。这也是倪维德所推崇的根据临症变化而调整治病方剂的治病主张。

倪维德常说：“刘(守真)、张(浩古)二氏治病多主攻，李(东垣)则调护中气，主补。因为是随着时间的推移，只能是如此。”他诊病开处方不执一说，因病而论。在行医治病的过程中，他深感治疗眼疾的处方零散杂乱，没有专门的医书，所以整理写出了《元机启微》一书，又校订了《东垣试效方》，刊行于世。洪武七年逝世，年七十五岁。

评 析

倪维德(1303—1377)，元、明间医学家，字仲贤。祖籍大梁(今河南开封)，后迁徙吴县(今属江苏)。家世以医闻名，少时学儒，后承其家业，究心于医。认为“医为儒者之一事”。倪氏治学不拘泥于一家之言，他认为刘完素、张子和主攻，李东垣主补中气，乃是随时代形势变化而产生的治病主张，因而临证时处方用药不可拘于一说。又主张医者当通盘学习伤寒、内伤、妇女、小儿诸法。不可单业某一科，所以他通于临床各科，尤精于眼科。因唯叹独缺治眼一书，遂编《原机启微》两卷（为今存较早之眼科专著）。书中述及眼病机理及治则共九论，又论方剂配伍（附方四十余首）及药物炮炙。倪氏以病因病机分类眼病，审因论治，立法处方，并把眼病与人体功能及外部环境联系起来，开创综合辨证之先河，对后世眼科学的发展有深远影响。

总之，倪氏继承和发展了东垣的脾胃学说，并用之指导眼科疾病的诊治，对眼病的分类首倡以病因为主的分类法，治疗除以内服药为主，还视病情配合使用手术、外洗、搐鼻、点药等外治法，为中医眼科学的发展做出了一定贡献。

兰茂传

兰茂，字廷秀，号止庵，别号和光道人，嵩明州杨林[①]人也。性聪颖，过目成诵。年十三通经史。长益嗜学，究心濂洛关闽之微[②]，旁及诸子百家[③]，无不通晓。隐居不仕，冲淡简远，以著述自娱。乡里中呼为“小圣”[④]。

王骥征丽川[⑤]，至杨林，屏驺从访茂[⑥]，请方略。茂曰：“若要丽川破，船往山上过。”后载船越杉木笼[⑦]，置水军于大金沙江[⑧]，遂破之。

所著书十余种：《玄壶集》《鉴例折衷》《经史余论》《韵略易通》《止庵吟稿》《安边策条》《声律发蒙》《医门揽要》《滇南本草》《性天风月通玄记》《山堂杂稿》诸书[⑨]。其时，安宁张维亦以文行为乡里崇重[⑩]，时人为之语曰：“杨林有兰，安宁有张[⑪]。”

茂洪武三十年丁丑生[⑫]，成化十二年丙申卒[⑬]，年八十。崇祀嵩明乡贤祠。

---

① 杨林：地名，即今云南昆明嵩明县杨林镇。

② 究心：用心探究。濂洛关闽：指宋代理学四大学派。“濂”指周敦颐，因其原居道州营道濂溪，世称濂溪先生，为宋代理学之祖；“洛”指程颐、程颢兄弟，因其家居洛阳，世称其学为洛学；“关”指张载，张家居关中，世称横渠先生，张载之学称关学；“闽”指朱熹，朱熹曾讲学于福建考亭，故称闽学，又称“考亭派”。微：微言大义，含蓄微妙的言语，精深切要的义理。

③ 诸子百家：指先秦时期各个学派及其代表人物，如儒家的孔子、孟子，墨家的墨子，道家的老子、庄子等。

④ 小圣：旧时尊称孔子为“至圣先师”，此处以“小圣”称呼兰茂，说明乡人对兰茂的尊崇。

⑤ 王骥：明束鹿（今河北保定）人。字尚德。中永乐进士，累官至兵部尚书。征丽川：即正统六年（1441），王骥被任命为总督军务，率蒋贵、杨宁在麓川（今云南瑞丽）之战火攻击败麓川首领思任发，凯旋后被封为靖远伯。正统八年（1443），再攻麓川后还任兵部，奉命巡视延绥（今陕西榆林）、宁夏、甘肃诸边。正统十三年（1448），率宫聚三征麓川，兵锋远至缅甸境内的孟养，回师途中奉命率军平定湘西和贵州一带的苗族起事。

⑥ 屏驺从访茂：没有带随从访问兰茂。

⑦ 载船：抬负船只。杉木笼：地名，在今云南省瑞丽境内。“杉”亦作“沙”。

⑧ 大金沙江：明清时称雅鲁藏布江及其下游流经缅甸的布拉马普特拉河为大金沙江，而称长江云南段为小金沙江。

⑨ 滇南本草：古代汉族药学著作，共三卷，为我国现存古代地方性本草书籍中较为完整的作品，早李时珍的《本草纲目》140多年。《滇南本草》书中所载许多药物都是《本草纲目》未载之药，对我国中医药学的完善做出很大的贡献，尤其对云南本土医药研究具有宝贵价值。

⑩ 安宁：地名，即今云南省昆明市安宁市。张维：明代安宁隐士，据史料记载，天顺间，隐居在安宁的士人张维“绝意科举，惟以教训乡民子弟为务，科第多出其门。生平言行不苟，可以表正乡间，郡守皆延为上宾”。张维的文章和德行和兰茂一样，名噪滇中，不仅为当时学者宗之，也为当时云南人所推崇，故有“杨林有兰，安宁有张”之评语。

⑪ 杨林有兰茂，安宁有张维。

⑫ 洪武三十年：即公元1397年。洪武为明太祖朱元璋年号（1368—1398）。

⑬ 成化十二年：即公元1476年。成化为明宪宗朱见深年号（1465—1487）。

总督范承勋称其学“内圣外王”[①]。侍读李澄中典云南试[②]，为修祠墓，撰《兰先生祠堂记》，称为“百世师”。乾隆辛酉[③]，学使孙人龙撰《声律发蒙序》[④]，称之为“天民”[⑤]，又谓“使其出而有为，当与刘诚意、宋景濂后先继美”云[⑥]。有弟曰秀，字廷俊。其一曰廷瑞，名失传，皆能诗。

——民国·周钟岳、赵式铭·新纂云南通志卷一八九

译 文

兰茂，字廷秀，号止庵，别号和光道人，嵩明州杨林人。兰茂天性聪颖，过目不忘，并精于各种儒家经典和历史著作，用心探究诸子百家和宋代理学四大学派。他深居乡野不做官，淡泊恬静、简朴高远，以著书立说自得其乐。乡人以“小圣”称呼兰茂，表示对他的尊崇。兵部尚书王骥三征麓川的时候，没带随从独自拜访兰茂，请教讨伐计谋。兰茂说：“若要丽川破，船往山上过。”王骥依照他的计谋率大军翻越杉木笼，在大金沙江大破敌军。兰茂所著书十余种：《玄壶集》《鉴例折衷》《经史余论》《韵略易通》《止庵吟稿》。天顺间，在云南安宁有一位名叫张维的隐士，他言行不苟，无意科举考试，而是把教化乡民子弟作为自己的事业，当时很多的科举秀才都是他的学生，当地郡守都尊他为上宾。张维的文章德行和兰茂一样，名噪滇中，为当时学者和当地百姓所

---

① 范承勋：清代辽宁沈阳人（1641—1714），历官至云贵总督、江南江西总督、兵部尚书、太子太保。内圣外王：儒家尊崇的理想人物，指内具有圣人的才德，对外施行王道。后世把“内圣外王”看作理想的完美人格。

② 李澄中：清山东诸城（今山东省平度市东南）人（1630—1700），拔贡生，康熙时举博学鸿词科，授检讨，累迁侍读。典云南试：康熙二十九年（1690），李澄中出任云南乡试正考官。

③ 乾隆辛酉：即公元 1741 年。

④ 学使：清代各省学政的别称。孙人龙：浙江乌程（今浙江省吴兴县南部）人，雍正八年进士。乾隆元年（1736）出任云南学政。

⑤ 天民：明天理、合天性的贤者。

⑥ 出而有为：天生有所作为。刘诚意：即刘基（1311—1375），汉族，字伯温，青田县南田乡（今属浙江省文成县）人，故称刘青田，元末明初的军事家、政治家、文学家，明朝开国元勋，明洪武三年（1370）封诚意伯，故又称刘诚意。武宗正德九年追赠太师，谥号文成，后人称他刘文成、文成公。刘基通经史、晓天文、精兵法。他辅佐朱元璋完成帝业、开创明朝并尽力保持国家的安定，因而驰名天下，被后人比作诸葛武侯。朱元璋多次称刘基为：“吾之子房也。”在文学史上，刘基与宋濂、高启并称“明初诗文三大家”。中国民间广泛流传着“三分天下诸葛亮，一统江山刘伯温；前朝军师诸葛亮，后朝军师刘伯温”的说法。他以神机妙算、运筹帷幄著称于世。宋景濂：即宋濂（1310—1381），字景濂，号潜溪，别号玄真子、玄真道士、玄真遁叟，明初政治家、文学家、思想家。汉族，浙江浦江人，曾被明太祖朱元璋誉为“开国文臣之首”，学者称太史公。

推崇，故有“杨林有兰，安宁有张”之评语。

兰茂生于洪武三十年（1397），卒于成化十二年（1476），享年80岁。当地人修了祠堂来崇拜奉祀他。总督范承勋称兰茂“内圣外王”。康熙二十九年（1690），云南乡试正考官李澄中给兰茂修祠墓，亲自撰写《兰先生祠堂记》，称他为“百代师表”。乾隆辛酉年（1741），云南学政孙人龙撰写的《声律发蒙序》，称他为“明天理、合天性的贤者”，后又说他“天生有所作为，可与刘基、宋濂齐名”。兰茂有个叫秀的弟弟，字廷俊，又传廷瑞，名已失传，都能作诗。

评析

兰茂（1397—1476），字廷秀，号止庵，外号和光道人、洞天风月子、玄壶子等，云南省嵩明县杨林人，祖籍河南洛阳。明代医药家、诗人、教育家、音韵学家、理学宗匠。生性聪颖，勤奋好学，少通经史，旁及诸子百家，终身隐居杨林乡里，采药行医，潜心著书，设馆授徒，人称“小圣”。兰茂的著书很多，可存世之作却不多。兰茂辞世40年，明正德《云南志》记述兰茂著有《玄壶集》等十九种书；这份兰茂著述一览表记述的有关书目，也有二十多种。流传到现在的只有《韵略易通》《玄壶集》《性天风月通玄记》和170多首诗作。

兰茂在医学上终生探索，撰写《滇南本草》三卷和《医门揽要》二卷。《滇南本草》成书于正统元年（1436），是我国现存最早的地方性本草书籍，比李时珍《本草纲目》还早142年（成书于万历六年，即1578年），收录458味云南地道药物。而且对每一种药，详细记载药名、性味、功效、主治、附方，个别药物兼述药物生态及形态。书中还记录云南众多少数民族习用药物及用药经验，且糅合汉药部分理论，为独具特色之古代地方本草，在我国中药史上具有重要地位，迄今仍然为中医药界所推崇和参考使用。《医门揽要》是《滇南本草》附卷，该书系兰茂数十年行医的经验总结。在书中，兰茂主张诊治疾病要从实际出发，遵循因时、因地、因人制宜的方针。这种辨证施治的科学方法，至今仍有深远的影响。

周汉卿传

周汉卿，松阳[①]人。医兼内外科，针尤神。乡人蒋仲良，左目为马所踶[②]，睛突出如桃。他医谓系络已损不可治[③]。汉卿封以神膏，越三日复故。华州陈明远瞽十年[④]。汉卿视之，曰："可针也。"为翻睛刮翳[⑤]，欻然辨五色[⑥]。武城人病胃痛，奋掷乞死[⑦]。汉卿纳药于鼻，俄喷赤虫寸许，口眼悉具[⑧]，痛旋止。马氏妇有娠，十四月不产，尪且黑[⑨]。汉卿曰："此中蛊[⑩]，非娠也。"下之，有物如金鱼，病良已。永康人腹疾，佝偻行[⑪]。汉卿解衣视之，气冲起腹间者二[⑫]，其大如臂。刺其一，砉然鸣[⑬]，又刺其一亦如之，加以按摩，疾遂愈。长山徐妪痫疾[⑭]，手足颤掉，裸而走，或歌或笑。汉卿刺其十指端，出血而痊。钱塘王氏女生瘰疬[⑮]，

---

① 松阳：地名，即今浙江省丽水市松阳县。

② 踶（dì）：用蹄子踢、踏的意思。

③ 其他医生都说眼睛的经脉已受损，不可治好。系络，从十五络脉分出的细小络脉。

④ 华州陈明远瞽（gǔ）十年：华州（今陕西省渭南市华州区）陈明远失明十年。瞽，失明。

⑤ 为翻睛刮翳（yì）：把陈明远的眼皮翻过来，刮去眼珠上的一层翳。翳，即眼翳，又称翳状赘肉，大部分发生在中老年人，以户外工作者居多。翳状赘肉是眼结膜组织经过长时间的刺激，包括阳光中的紫外线，导致结膜组织的病态增生。大部分的眼翳都长在眼白靠鼻侧的位置，并且缓慢地往黑眼珠前的透明角膜延伸，少部分长在眼白靠近颞侧的位置，也是往角膜方向长。翳状赘肉初期对视力影响不大，但若任其生长，等到长至角膜中心位置时，会盖住整个瞳孔，严重影响视力，而且眼翳长得愈大，也就愈往角膜深层侵犯，届时即使施行眼翳切除手术，也会在角膜上留下疤痕，仍然会看不清楚。

⑥ 欻（xū）然辨五色：陈明远忽然能看清并分辨五色。

⑦ 奋掷（fèn zhì）乞死：发作起来时，痛得到处跑跳，难以忍受，宁愿去死。

⑧ 红虫有口有眼。

⑨ 尪（wāng）且黑：驼背而且肤色很黑。

⑩ 此中蛊（gǔ）：汉卿通过诊治认为，这是得了蛊病。蛊，病名。泛指由虫毒结聚，络脉瘀滞而致胀满、积块的疾患。

⑪ 佝偻（gōu lóu）行：只能弯腰而行。

⑫ 看见病人腹部有两处鼓包。

⑬ 砉（xū）然鸣：鼓包发出一股破裂的响声。

⑭ 长山徐妪痫（xián）疾：长山（即今浙江省金华市长山县）徐太婆患癫痫病。

⑮ 钱塘王氏女生瘰疬（luǒ lì）：钱塘（即今浙江省杭州市钱塘县）王氏女儿患有瘰疬疮。瘰疬又称老鼠疮，生于颈部的一种感染性外科疾病。在颈部皮肉间可扪及大小不等的核块，互相串连，其中小者称瘰，大者称疬，统称瘰疬，俗称疬子颈。多见于青少年及原有结核病者，好发于颈部、耳后，也有的缠绕颈项，延及锁骨上窝、胸部和腋下。相当于现代医学的淋巴结核，多是由于结核杆菌侵入颈部所引起的特异性感染，严重时可溃破流脓。该病早期并无明显症状，病情发展后可有全身症状如疲乏、食欲不振、消瘦、低热等，还有病变器官的局部症状。

环头及腑[①]，凡十九窍[②]。窍破白沈出[③]，将死矣。汉卿为剔窍母深二寸[④]，其余烙以火，数日结痂愈。山阴杨翁项有疣如瓜大[⑤]，醉仆阶下，溃血不能止。疣溃者必死[⑥]。汉卿以药糁其穴[⑦]，血即止。义乌陈氏子腹有块，扪之如罂[⑧]。汉卿曰："此肠痈也[⑨]。"用大针灼而刺之，入三寸许，脓随针迸出有声，愈。诸暨黄生背曲，须杖行。他医皆以风治之，汉卿曰："血涩也[⑩]。"刺两足昆仑穴[⑪]，顷之投杖去[⑫]。其捷效如此[⑬]。

——清·张廷玉等·明史卷二百九十九·列传第一百八十七·方伎

译文

周汉卿，浙江松阳人，医生，内外科均治，其针疗尤为神奇。

同乡蒋仲良左眼被马所踢，眼珠突出如桃，其他医生都说眼神经已损坏，不可治。汉卿给他用神膏封贴，三日恢复如故。华州陈明远失明十年，周汉卿诊视后，认为可以针疗，他通过把眼皮翻过来，刮去眼珠上的一层翳，病人立即就能分辨五色。

武城人患胃痛病，发作起来痛得难忍，生不如死。周汉卿给他灌药于鼻，

---

① 瘰疬疮已绕其头部一周并延伸到上腹部。

② 瘰疬疮已化脓，共有十九个溃洞。

③ 溃洞破裂流出白色的脓液。沈，同"渖"，汁也。

④ 汉卿从最大的疮洞两寸深处，为她剔除腐肉。

⑤ 山阴杨翁项有疣（yóu）如瓜大：山阴（即今浙江省绍兴市所辖越城区和柯桥区）的姓杨的老翁，颈部长出如瓜大的疣子。疣子病名千日疮，又名疣、疣疮，生于肌肤之良性赘疣。系因风邪搏于肌肤而生者，或因肝虚血燥，筋气不荣所致。其好发部位以手背、指背、头面以及颈项、背部为多见。

⑥ 疣溃者必死：一般而言，疣溃血必死。出自《庄子·内篇·大宗师》：彼以生为附赘悬疣，以死为决疣溃痈。

⑦ 汉卿以药糁（sǎn）其穴：汉卿用药涂抹在疣溃的孔洞处。糁，涂抹。

⑧ 扪之如罂（yīng）：用手摸如同罂器。罂：盛水贮粮之具。

⑨ 肠痈，疾病名。痈疽之发肠部者。出《素问·厥论》。肠痈为外科常见急腹症，属急腹症范畴。多因饮食失节，暴怒忧思，跌扑奔走，使肠胃部运化功能失职，湿热邪毒内壅于肠而发。因饮食不节、湿热内阻之败血浊气壅遏于阑门而成。以持续伴有阵发性加剧的右下腹痛、肌紧张、反跳痛为特征。可发于任何年龄，多见于青壮年，男性多于女性。发病率居外科急腹症的首位。

⑩ 汉卿通过诊治，认为这不是风湿病，而是血脉不通。

⑪ 刺两足昆仑穴：通过针刺两脚的昆仑穴位。昆仑，出《灵枢·本输》。别名下昆仑。属足太阳膀胱经。经（火）穴。在足部外踝后方，当外踝尖与跟腱之间的凹陷处。布有腓肠神经，小隐静脉及外踝后动、静脉。主治头痛、目眩、项强、鼻衄、腰痛、脚跟痛、小儿癫痫、难产、胞衣不下、下肢麻痹或瘫痪，以及坐骨神经痛、足踝关节及周围软组织疾患等。

⑫ 病人立即弃杖而能行走。

⑬ 周汉卿的疗效就是这样神奇。

病人忽然喷出了长约寸许、有口有眼的红虫，痛立即止。马氏妇人怀孕，十四个月不能生产。周汉卿说：“腹中有虫，不是有孕。”通过药物打虫，虫如金鱼，病人也痊愈了。

永康人患腹痛病，只能弯腰而行。周汉卿把他衣服脱了为其诊视，发现病人气突出于腹部有两处，其大如臂，刺破一个，发出响声，再刺另一个也是一样，刺破后加以按摩，病人的病就好了。长山徐太婆患癫痫病，手足颤动，光脚走路，或歌或笑。周汉卿刺其十个指头，血出病愈。钱塘王氏女患淋巴结核，头及腋共十九窍，窍破流白汁，就快要死了。周汉卿为之割开窍母二寸深，其余的用火烙，过了几天后，伤口结痂，病就好了。山阴的杨老翁，脖颈处长了一个大如瓜的疣，醉酒摔在台阶上，疣破流血不止。大家都认为疣溃烂，老翁必死。周汉卿用药和米汤注入溃烂的地方，血立即就止住了。义乌陈氏子，腹中有一个硬块，摸上去就像瓦钵一样。周汉卿认为这是肠痈，用大针烧热刺入约三寸，脓随即流出，还有声音，病人的病就好了。诸暨黄生驼背，须扶拐杖行走。其他医生都按照治疗风湿病的方法去治疗，周汉卿则认为是血脉不通，用针刺病人两脚的昆仑穴位，病人立即弃杖而行，其疗效就是如此之快。

评析

周汉卿，元明间医学家，生卒年不详，松阳人。精通医学，尤善针灸。乡人蒋仲良，左眼被马踢伤，眼珠突出如桃，有医称眼络已损不能治，汉卿封以药膏，三天恢复如故。华州陈明远双目失明已十年，以针刮眼翳，重见光明。义乌陈氏患肠痈，用大针刺入腹中，脓随针迸出，病遂愈。诸暨黄生背弯曲，赖拐杖而行，汉卿诊断为血涩，用针扎两足昆仑穴，即痊愈行走如常。时人赞为神医，闻名两浙。

戴思恭传

戴思恭，字原礼，浦江[①]人，以字行[②]。受学于义乌朱震亨[③]。震亨师金华许谦[④]，得朱子之传[⑤]，又学医于宋内侍钱塘罗知悌[⑥]。知悌得之荆山浮屠[⑦]，浮屠则河间刘守真门人也[⑧]。震亨医学大行[⑨]，时称为丹溪先生。爱思恭才敏，尽以医术授之。洪武[⑩]中，征为御医[⑪]，所疗治立效，太祖爱重之。燕王患

① 浦江：地名，即今浙江省金华市浦江县。

② 又字伯行。

③ 受学于义乌朱震亨：戴思恭拜义乌（即今浙江省金华义乌市）朱震亨为师。朱震亨（1281—1358），字彦修，婺州义乌（今浙江金华义乌）人。金元四大家中，朱震亨所出最晚。

④ 震亨师金华许谦：而朱震亨为金华（即今浙江省金华市）许谦的弟子。

⑤ 得朱子之传：朱震亨得到朱熹先生真传。朱子，即朱熹（1130 年九月十五日—1200 年四月二十三日），字元晦，又字仲晦，号晦庵，晚称晦翁，谥文，世称朱文公。祖籍徽州府婺源县（今江西省婺源），出生于南剑州尤溪（今属福建省尤溪县）。宋朝著名的理学家、思想家、哲学家、教育家、诗人，闽学派的代表人物，儒学集大成者，世尊称为朱子。朱熹是唯一非孔子亲传弟子而享祀孔庙，位列大成殿十二哲者中，受儒教祭祀。朱熹是“二程”（程颢、程颐）的三传弟子李侗的学生，与二程合称“程朱学派”。朱熹的理学思想对元、明、清三朝影响很大，成为三朝的官方哲学，是中国教育史上继孔子后的又一人。朱熹十九岁考中进士，曾任江西南康、福建漳州知府、浙东巡抚，做官清正有为，振举书院建设。官拜焕章阁侍制兼侍讲，为宋宁宗皇帝讲学。朱熹著述甚多，有《四书章句集注》《太极图说解》《通书解说》《周易读本》《楚辞集注》，后人辑有《朱子大全》《朱子集语象》等。其中《四书章句集注》成为钦定的教科书和科举考试的标准。

⑥ 又学医于宋内侍钱塘罗知悌：后来又从宋代内侍钱塘（即今浙江省杭州市）罗知悌处学医。罗知悌（约1243—1327），宋末元初医学家。字子敬（一说字敬夫），号太无。钱塘（今浙江杭州）人。善词章，工书法，精通天文、地理。曾得名医刘完素门人荆山浮屠之传。南宋末入宫为寺人，以医侍穆陵，颇受宠厚。宋亡，掳至燕京，然辞不入内廷，闭门绝客，专研医术。学宗刘完素，旁通张从正、李东垣之说，将北方刘、张、李诸家学术传至江南。乐于济世，凡求治者皆为诊疗，无倦色；遇贫病无援者，赠以药资。晚年病颓，好静僻。求医者至，令徒告以诊视脉状，口授配伍方药。元泰定二年（1325），朱丹溪登门拜师，历三月，见其诚意，始接纳为徒，尽传其术。朱氏由此得见刘河间、张子和、李东垣、王海藏诸书，且得罗氏启迪，遂创丹溪学派。罗氏治病处方，灵活善变，疗效颇佳。推重精神疗法，又注意顾护胃气。著《罗太无先生口授三法》一卷，共载中风至产后诸疾七十六症，各述其证、因、脉、药，简要明晰。

⑦ 知悌得之荆山浮屠：而罗知悌又是从荆山浮屠处学得医术。荆山浮屠，金代僧医。又称荆山浮图。原名、生卒籍贯不详。为金代著名医学家刘完素弟子，为河间学派代表人物。

⑧ 浮屠则河间刘守真门人也：荆山浮屠又是河间刘守真的门徒。刘守真，即刘完素。

⑨ 朱震亨的医学高深，被广泛推行。

⑩ 洪武（1368—1398）：明太祖朱元璋年号，共 31 年。

⑪ 御医：古代时专门为皇帝及其宫廷亲属治病的宫廷医师。

瘕[①]，太祖[②]遣思恭往治，见他医所用药良是，念何以不效，乃问王何嗜。曰："嗜生芹。"思恭曰："得之矣[③]。"投一剂，夜暴下，皆细蝗也。晋王疾[④]，思恭疗之愈。已[⑤]，复发，即卒。太祖怒，逮治王府诸医。思恭从容进曰："臣前奉命视王疾，启王曰：'今即愈，但毒在膏肓[⑥]，恐复作不可疗也。'今果然矣。"诸医由是免死。思恭时已老，风雨辄免朝[⑦]。太祖不豫[⑧]，少间，出御右顺门[⑨]，治诸医侍疾无状者[⑩]，独慰思恭曰："汝仁义人也，毋恐。"已而太祖崩，太孙嗣位[⑪]，罪诸医，独擢思恭太医院使。永乐[⑫]初，以年老乞归。三年夏[⑬]，复征入，免其拜，特召乃进见。其年冬，复乞骸骨[⑭]，遣官护送[⑮]，赍金币，逾月而卒，年八十有二，遣行人致祭。所著有《证治要诀》《证治类元》《类

---

① 燕王患瘕（jiǎ）：燕王患有瘕病。燕王，即明成祖朱棣（1360—1424），明太祖朱元璋第四子，大明第三位皇帝，1402年登基，年号永乐，故后人称其为永乐帝、永乐大帝、永乐皇帝等。朱棣生于应天府（今南京），明朝建立后被封为燕王。在老家凤阳时对民情颇有所知。就藩北平（今北京）之后，多次受命参与北方军事活动，两次率师北征，加强了他在北方军队中的影响。建文帝即位后采取削藩政策，不仅监视朱棣，还欲调走他的军队，朱棣发动靖难之役，起兵攻打建文帝。1402年在南京称帝。朱棣在位时，政治上改革机构，设置内阁；对外五次亲征蒙古，收复安南，并于东北设奴儿干都司，在西北置哈密卫，在西南置大古剌、底马撒、底兀剌等宣慰司，又设贵州承宣布政使司，巩固了南北边防，维护了中国版图的完整；多次派郑和下西洋，加强了中外友好往来，加强对南海的经营；还命人编修《永乐大典》，疏浚大运河。1421年迁都北京，对强化明朝的统治起到了非常积极的作用。在他统治期间明朝经济繁荣、国力强盛，文治武功都有了很大提升，史称永乐盛世。朱棣驾崩后谥号体天弘道高明广运圣武神功纯仁至孝文皇帝，庙号太宗，葬于长陵。嘉靖十七年（1538）九月，明世宗改谥为启天弘道高明肇运圣武神功纯仁至孝文皇帝，改上庙号为成祖。与明太祖合称为"明朝二祖"。瘕，病证名，即腹中生有寄生虫。

② 太祖：明太祖朱元璋（1328—1398），字国瑞，原名重八，后取名兴宗，濠州钟离（今安徽凤阳）人，明朝开国皇帝。

③ 听完燕王的话，思恭明白是怎么回事，就说可以得治了。

④ 晋王：朱棡（gāng）（1358—1398），明太祖朱元璋与马皇后马秀英所生嫡三子，明成祖朱棣之兄。洪武三年（1370）四月封晋王，十一年（1378）就藩山西太原府。朱棡文学宋濂（《元史》总编），书学杜环（明初书法家），善骑射，有谋略。因病薨于洪武三十一年三月，谥号"恭"，后人称"晋恭王"。

⑤ 已：但不久。

⑥ 但毒在膏肓（gāo huāng）：但您病毒已入膏肓。膏肓，古代医学以心尖脂肪为膏，心脏与膈膜之间为肓。后遂用以称病之难治者。

⑦ 太祖仁义，念思恭年迈，于是恩准他若遇风雨就可免朝。

⑧ 太祖生病。

⑨ 右顺门：也叫归极门，明朝皇宫内重要建筑，是由西华门进入前朝的必经之路，是外朝中路与西路武英殿、内阁等区域联系的枢纽。明代熙和门梢间曾为百官奏事之所。

⑩ 召集所有御医到右顺门前广场集合，请御医诊治，凡没有疗效的都给予治罪。

⑪ 太孙嗣位：太孙建文帝即位。建文帝，即明惠帝朱允炆（1377—？），明朝第二位皇帝，年号建文，故后世称建文帝，又作朱允文、朱允汶。

⑫ 永乐（1403—1424）：明朝第三个皇帝明成祖朱棣的年号，共22年。

⑬ 永乐三年（1405）夏天。

⑭ 思恭又请求退休。

⑮ 永乐皇帝同意他的请求，并派人护送他回乡。

证用药》诸书，皆檃括丹溪之旨①。又订正丹溪《金匮钩玄》三卷，附以己意。人谓无愧其师云②。

——清·张廷玉等·明史卷二百九十九·列传第一百八十七·方伎

译 文

戴思恭，字原礼，浦江人，拜义乌朱震亨为师。朱震亨为金华许谦弟子，得朱熹学说真传；又从宋内侍钱塘罗知悌学医，医学大行，人称“丹溪先生”。震亨喜爱戴思恭才思敏捷，将其医术尽授与他。

洪武年间，戴思恭被朝廷召为御医，因其所治之病能迅速痊愈，太祖十分器重他。有次太祖派他去为燕王治病，虽用尽良药，但始终不见疗效。戴思恭问燕王有何嗜好，燕王说好吃生芹菜，戴思恭说：“明白了！”于是加开一剂服下，燕王夜间大泻，所泻都是细小蝗虫，病就好了。晋王患病，戴思恭为他治好了，但不久却复发病死。太祖大怒，将王府医生全部逮捕治罪。戴思恭从容进言说：“之前臣奉命为晋王治病，告诉晋王，现在虽愈，但毒入膏肓，若再发恐难治愈了，现在看来真是应验了。”经他一说明，晋王府内医生均得幸免于死，太祖称他是仁义之人，又念他年迈，让其如遇风雨天气可不上朝。后太祖崩，太孙建文帝即位，诸医皆被治罪，唯独升戴思恭为太医院使。

永乐初年，戴思恭年老请求返乡，永乐三年（1405）又被召入朝，并被赐免行跪拜礼。同年冬天思恭又请求告老还乡，成祖批准并赐金币，遣使护送回乡。一个月后思恭去世，享年八十二岁。戴思恭著有《证治要诀》《证治类元》《证治用药》等书；又订正朱震亨所著之《金匮钩玄》三卷，并附有自己的见解，人们称赞他无愧其师。

评 析

戴思恭（1324—1405），明代著名医学家，字原礼，号肃斋，浙江省诸暨

① 皆檃（yǐn）括丹溪之旨：都纠正、囊括了朱丹溪的医学大义。

② 人们称赞他没有愧对其老师。

市马剑镇马剑村人。明代著名医学家。其父戴士尧为名医。戴思恭幼承父业，继向朱丹溪学习医术二十余年，潜心医学理论，洞悉诸家奥旨。朱丹溪弟子甚多，惟戴思恭得其真传，治疾多获神效，由是以医术名世。

明洪武年间，戴思恭被征为正八品御医，授迪功郎，由于他的疗效特别好，每次都能药到病除，所以深得明太祖朱元璋器重。洪武三十一年（1398）五月，朱元璋得病而久治不愈，下令逮捕医官，唯独慰勉戴思恭说："你是仁义人，不用怕。"仍重用他。不久，明太祖病逝。建文帝即位后，将诸多侍医治罪，唯独提升戴思恭为太医院使。永乐初，以年老求归。永乐三年（1405）夏，再次奉召入京。冬，病卒，享年 82 岁。成祖亲撰祭文，派人致祭。

戴氏在理论上也颇有建树。他在学术上继承了丹溪学派"阳常有余，阴常不足"的观点，并有所发挥，提出"阳易亢，血易亏"气血盛衰理论，强调顾护胃气，辨证精到，施治圆活。翰林学士王汝玉认为，戴思恭之医学"所得于丹溪者，触而通之，类而比之，研精殚思，明体适用……后之人能知丹溪之学者，是公有以倡启之也。"朱国桢称其为"国朝之圣医"。著作有《秘传证治要诀及类方》（含《证治要诀》十二卷及《证治要诀类方》四卷）、《推求师意》二卷以及校补《金匮钩玄》三卷。

吴杰传

吴杰，武进[①]人。弘治[②]中，以善医征至京师，试礼部高等[③]。故事[④]，高等入御药房，次入太医院，下者遣还。杰言于尚书曰："诸医被征，待次都下十余载，一旦遣还，诚流落可悯。杰愿辞御药房，与诸人同入院。"尚书义而许之。正德[⑤]中，武宗得疾，杰一药而愈，即擢御医。一日，帝射猎还，惫甚，感血疾[⑥]。服杰药愈，进一官[⑦]。自是[⑧]，每愈帝一疾，辄进一官，积至太医院使，前后赐彪虎衣、绣春刀及银币甚厚[⑨]。帝每行幸，必以杰扈行[⑩]。帝欲南巡，杰谏曰："圣躬未安，不宜远涉。"帝怒，叱左右掖出。及驾还，渔于清江浦[⑪]，溺而得疾。至临清，急遣使召杰，比至，疾已深，遂扈归通州[⑫]。时江彬握兵居左右[⑬]，虑帝晏

① 常州府武进：即今江苏省常州市武进区。

② 弘治（1488—1505）：明朝第九个皇帝明孝宗朱祐樘的年号，共18年。

③ 试礼部高等：经礼部考试定为高等医师。明朝十分重视医学教育的发展。当时中央医学教育主要由太医院承担。太医院医生主要从世医家庭中考选，教师则从太医院原有的医生中选拔。"凡医家子弟旧例选入本院教习医术，弘治五年奏复行之，推堪任教师者二三人教习，每季考试，三年或五年，堂上官一员同医官二员考试。通晓本科者，收充医士，食粮当差。未通晓者，听令学习一年。再试三试不中者，黜之。若五年考试成材者多，其教师奏请量加升授。"说明当时医生大概每年分四季考试，三年大考一次，并由一名堂上官和两名医官主持。根据考试成绩，一等的收充为医士，二等的收充为医生，没有通过专业考试，可补习一年再参加考试。若两次、三次考试均未通过者就要黜免，若五年考试成绩较好的，由其教师奏请酌量加以升授。

④ 故事：按惯例。

⑤ 正德（1506—1521）：明朝第十位皇帝明武宗朱厚照的年号，共16年。明武宗朱厚照（1491—1521），明朝第十位皇帝，在位期间年号正德。

⑥ 感血疾：感染血疾。血疾，指便血、吐血、咳血等出血的疾病。

⑦ 便提拔吴杰升官一级。

⑧ 自是：从此以后。

⑨ 皇上先后赏赐吴杰的彪虎衣、绣春刀及银币等很丰厚。

⑩ 必以杰扈行：必派吴杰随行。

⑪ 渔于清江浦：在清江浦（今江苏省淮安市）钓鱼。

⑫ 遂扈归通州：于是护送皇上到通州（即今江苏省南通市）。

⑬ 时江彬握兵居左右：这时，江彬掌握兵权在皇帝左右。江彬（？—1521），一说江瀕，北直隶宣府（今河北宣化）人。明朝边将，曾随军与鞑靼作战，善察言观色，后来成为明武宗的义子，赐姓朱，封为宣府、大同、辽东、延绥四镇的统帅。江彬初为蔚州卫指挥佥事，非有他能，惟倔强勇悍。后通过钱宁受到明武宗召见，以健能被留，出入豹房，与武宗同起卧。同时，进毡幄，导巡幸，取悦武宗。由此恃宠擅权，统领镇军。正德十二年（1517）进封平虏伯，正德十四年提督东厂兼锦衣卫，权势大张，任情倾陷廷臣，大肆贪污受贿，培植私党，重用家人。正德十六年三月江彬出逃，三月十八日在北安门被擒下狱，京城内外官民拍手称快。籍其家，得黄金七十柜，每柜一千五百两，银二千二百柜，金银杂首饰一千五百箱，其他珍宝不可胜计。与江彬同时被捕下狱者还有神周、李琮二人。同年六月初八日，江彬及其四子和神、李二人，皆斩首弃市。

驾己得祸[①]，力请幸宣府[②]。杰忧之，语近侍曰："疾亟矣，仅可还大内[③]。倘至宣府有不讳，吾辈宁有死所乎[④]！"近侍惧，百方劝帝，始还京师。甫还而帝崩[⑤]，彬伏诛，中外晏然[⑥]，杰有力焉[⑦]。未几致仕[⑧]。子希周，进士，户科给事中；希曾，举人。

——清·张廷玉等·明史卷二百九十九·列传第一百八十七·方伎

译文

吴杰，常州府武进人。弘治中，其因善医而被召至京师，经礼部考试为高等医师。按惯例高等医生入御药房，次等入太医院，下等遣还。吴杰对尚书说："诸医被征来京师，等待了十余年，一旦遣还，流落可悯。杰愿辞御药房之职，与诸医一同入太医院。"尚书见他重义气，同意了。

正德年间，武宗得病，吴杰一剂药就治好了，随即被提升为御医。一天，武宗打猎回来，很疲惫，身体抱恙，服用吴杰所开药方后便痊愈了，吴杰官升一级。从此以后，吴杰每为皇帝治好一次病便官升一级，直至太医院使，并且所获赐赏甚厚。皇帝每次出行，必让吴杰侍从。一次武宗欲南行，吴杰劝阻道："圣体欠安，不宜远行。"帝怒，令左右将吴杰架持出去。后来武宗圣驾还京途中，在清江浦钓鱼落水而得病。近侍急派人去召吴杰来治病。吴杰赶到时，武宗病已加重，扈送到通州。这时近侍江彬在皇帝左右护驾，害怕皇上驾崩而自己受到牵连，极力奏请皇上前往宣府镇。吴杰为之担忧，对侍臣说："病很重，只可还京师。倘若去宣府发生不幸，我们将死无葬身之地。"近侍害怕，百般劝说，武宗才同意返还京师。刚到京师武宗便驾崩了，江彬被诛，左右侍从安然无事，这都是吴杰的功劳。不久后，吴杰便隐退了。

---

① 害怕皇上驾崩而使自己得祸。
② 极力请皇帝去宣府。宣府，今张家口宣化，当时江彬任宣府统帅，有传闻说江彬早有谋反之心。
③ 只能返回京城皇宫。
④ 倘若去宣府发生不幸，我们将死无葬身之地。
⑤ 刚到京城皇上便驾崩。
⑥ 朝廷内外安然无事。
⑦ 这有赖于吴杰的功劳。
⑧ 吴杰不久就告隐退。

评析

吴杰，生卒年不详，明代御医，武进人。明弘治中，以名医征太医院。政德中，为武宗治病愈，升御医，累至太医院使。武宗死，致仕。吴杰医术高明，正德皇帝每病均由吴杰医治，而且次次都是一药而愈。正德皇帝非常信任他，每看好一次病就升吴杰一次官，使吴杰最终升为太医院使，而且“每行幸，则扈行”。

吴杰除了医术高明外，他还是一个智慧超群的人。有两个事例可说明这点。

第一件事，早年吴杰刚以名医身份被召进京城时，参加考试，吴杰考试成绩优异。按规定成绩优秀者进入御药房，中等进入太医院，下等遣返原籍。按吴杰成绩，他应当被选入御药房。但吴杰没有去御药房，反而主动降低自己的待遇，进入太医院。可见吴杰很有智慧，他初入京城、人生地不熟，且太医院能人辈出，吴杰主动降低身份，不仅感动考官，也不至于在太医院树敌太多，为他后来的发展奠定了基础。

第二件事，也可看得出吴杰的智慧。即正德皇帝最后一次南巡，长期为正德皇帝治病的吴杰，深知皇上身体状况。所以，他建议皇上不要出巡。但皇上没有听从他的意见。后来正德皇帝在出巡过程中因落水而病，病情急转直下。跟随皇上的侍臣，急召吴杰从近200公里外的临清赶来诊治。由于耽误时间、加之皇帝病重以及条件简陋，吴杰赶到后也无法救治皇上。眼看皇上就不行了。万一路上皇上有个什么三长两短，这在古代社会可是天大的事。随从江彬怕担责任，要求将皇上护送到附近的宣府。但吴杰坚持建议护送皇上返回京城。正德皇帝同意了吴杰的建议，刚回到京城，正德皇帝就驾崩了。江彬因此被处死，而吴杰安然无恙。这是因为吴杰在正德皇帝出巡前就“有言在先”，且路途精心照顾，更大的原因在于正德皇帝回京后才在皇室子弟、众官面前去世，也保证了当时社会的安定。所以，就排除了阴谋等说法。假如不这样的话，吴杰将陷入万劫不复的地步。可见，吴杰在大是大非面前，头脑清楚，科学决策，果断执行。

凌云传

凌云，字汉章，归安[①]人。为诸生[②]，弃去。北游泰山，古庙前遇病人，气垂绝，云嗟叹久之。一道人忽曰："汝欲生之乎？"曰："然。"道人针其左股，立苏，曰："此人毒气内侵，非死也，毒散自生耳。"因授云针术，治疾无不效。

里人病嗽[③]，绝食五日，众投以补剂，益甚[④]。云曰："此寒湿积也，穴在顶[⑤]，针之必晕绝，逾时始苏[⑥]。"命四人分牵其发，使勿倾侧，乃针，果晕绝。家人皆哭，云言笑自如。顷之，气渐苏，复加补，始出针，呕积痰斗许，病即除。有男子病后舌吐[⑦]。云兄亦知医，谓云曰："此病后近女色太蚤也[⑧]。舌者心之苗[⑨]，肾水竭[⑩]，不能制心火，病在阴虚[⑪]。其穴在右股太阳，是当以阳攻阴。"云曰："然。"如其穴针之，舌吐如故。云曰："此知泻而不知补也[⑫]。"补码剂，舌渐复故。

淮阳王病风三载[⑬]，请于朝，召四方名医，治不效。云投以针，不三日，行步如故。金华富家妇，少寡，得狂疾[⑭]，至裸形野立。云视曰："是谓丧

---

① 归安：古县名，即今浙江省湖州市。

② 诸生：古代经考试录取而进入中央、府、州、县各级学校，包括太学学习的生员。

③ 同乡人患咳嗽病。

④ 而病人咳嗽得更厉害。

⑤ 治疗的穴位在头顶上。

⑥ 不过不用担心，他一个小时以后就会苏醒过来。

⑦ 有男子病后舌吐：有一男子病后舌出不收。舌出不收，病证名。系指舌吐出口外不收的病证。

⑧ 此人病后近女色太早。蚤，同"早"。

⑨ 舌者心之苗：舌为心苗。舌为心苗，生理学名词。因心开窍于舌，故舌为心之苗。心有病变，可从舌反映出来。如心火上炎，则舌尖红，舌糜烂。心血瘀阻，则舌质紫暗或有瘀斑。心神失常，则舌强舌謇、语言障碍等。

⑩ 肾水：中医所谓肾水是指所有的体内不容易流失的体液，如：骨髓、精液、胰岛素、荷尔蒙、关节间润滑液等。喝水因容易变成尿排出体外，故称之为虚水。

⑪ 阴虚：中医名词术语，是指由于阴液不足，不能滋润，不能制阳引起的一系列病理变化及证候。临床可见低热、手足心热、午后潮热、盗汗、口燥咽干、心烦失眠、头晕耳鸣、舌红少苔、脉细数等症，治以滋阴为主。若阴虚火旺者，宜养阴清热。阴虚可见于多个脏器系统组织的病变，常见者有肺阴虚证、心阴虚证、胃阴虚证、脾阴虚证、肝阴虚证、肾阴虚证等，以并见各脏器的病状为诊断依据。阴虚严重者可导致亡阴证，症状为：汗热而黏、呼吸短促、身畏热、手足温、躁妄不安、渴喜冷饮，或面色潮红、舌红而干、脉细数无力。此属体液大量消耗而表现出的阴津枯涸的病变，为危重证候，应及时予以滋阴补津。

⑫ 凌云明白，这只是知泻而不知补的缘故。

⑬ 淮阳王患风湿病三年。淮阳王，封爵名，明代淮阳王原名待考。

⑭ 得疯癫病。狂疾，指疯癫病。

心[①]。吾针其心，心正必知耻。蔽之帐中，慰以好言释其愧，可不发[②]。”乃令二人坚持，用凉水喷面，针之果愈。吴江妇临产，胎不下者三日，呼号求死。云针刺其心，针出，儿应手下[③]。主人喜，问故。曰：“此抱心生也[④]。手针痛则舒。”取儿掌视之，有针痕。

孝宗[⑤]闻云名，召至京，命太医官出铜人，蔽以衣而试之[⑥]，所刺无不中，乃授御医。年七十七，卒于家。子孙传其术，海内称针法者，曰归安凌氏。

——清·张廷玉等·明史卷二百九十九·列传第一百八十七·方伎

译文

凌云，字汉章，浙江归安人。曾为生员，后弃学而北游泰山。在古庙前，凌云遇到一个生命垂危的病人，这让他嗟叹良久。一道人忽然问他：“你想让他活吗？”凌云答：“自然！”道人在病人左股上用针治疗，病人立即苏醒。道人说：“此人毒气侵入内脏，而不是死，毒散自然活了。”道人后来传授凌云针疗法，治疗效果十分显著。

同里人患咳嗽病，绝食五日，为他看病的医生都是下补药，但病人咳嗽得更厉害。凌云说：“这是寒湿所积成疾，针灸头顶穴位，他必晕过去，但过一会儿就会醒过来。”他命四人抓住病人头发，以免病人倾侧，随后进行针灸，病人果然晕了过去，家人皆哭，而凌云谈笑自如。过一会儿病人复苏过来，凌云加补药后，才拔出针，病人吐出差不多一斗痰，病愈。

有男子病后吐舌头，凌云的兄长也懂医术，他对凌云说：“此人病后近女色太早。舌者心之苗，心有病变，可从舌反映出来，肾水竭不能压制心火，病

① 丧心病：丧失理智，像发了疯一样。

② 可不发：病就可以不再复发。

③ 儿应手下：随着拔针，胎儿就生下了。

④ 此抱心生也：凌云说，这是抱心生。意即胎儿的小手抓住了母亲的脏器，所以生不下来。

⑤ 明孝宗朱祐樘（1470—1505），年号弘治，明朝第九位皇帝。成化二十三年（1487）九月即位，朱祐樘为人宽厚仁慈，躬行节俭，不近声色，勤于政事，重视司法，言路大开，努力扭转朝政腐败状况，驱逐奸佞，勤于政事，励精图治，任用王恕、刘大夏等为人正直的大臣，史称“弘治中兴”，虽末年宠信宦官李广，但是立刻改过自新，历代史学家对他评价极高，明朝万历年间的内阁首辅朱国桢就说：“三代以下，称贤主者，汉文帝、宋仁宗与我明之孝宗皇帝。”弘治十八年（1505），朱祐樘驾崩于乾清宫，在位 18 年，享年 36 岁，葬泰陵，庙号孝宗。

⑥ 并用衣服遮蔽铜人来考凌云的针法。

是由阴虚引起的。治疗的穴位在其右股太阳经上，应以阳攻阴。” 凌云同意这看法，按照其兄所说的穴位进行针疗，但吐舌如故。凌云明白“这只是知泻而不知补的缘故”，服了几剂补药，病人就再不吐舌了。

淮阳王得风湿病三年，请朝廷召四方名医来医治，都无效。凌云用针疗，淮阳王不到三天就行走如故。

金华富家有一妇人，年轻时就守寡，得疯癫病，甚至裸体站在野外。凌云诊视后说：“这是心病，我用针刺她心脏进行治疗，理智恢复了她必然会知道羞耻。把她关在帐中，以好言相慰启发其羞愧之心，病就可以不再复发了。”凌云令二人把她抓紧，用凉水喷其面，进行针疗，其病果然好了。

吴江一妇女临产，三日胎儿都生不下，产妇疼痛难忍，呼喊想死。凌云以针刺其心，针一拔出，胎儿就呱呱落地了。主人高兴得很，问其原因。凌云说：“胎儿的小手抓住了母亲的脏器，所以生不下来，我用针刺痛了胎儿的手，他一松手便出生了。”主人抱过胎儿一看他的手掌，果然有针刺的痕迹。

孝宗听闻凌云的名声，召至京师，命太医将铜人穿上衣服来考凌云的针法，他所刺穴位都十分准确，于是授其为御医。后来凌云在家中去世，享年七十七岁。凌云的医术得到子孙传承，海内一提到针疗法者，都称赞归安凌氏。

评析

凌云，明代针灸学家，生卒年不详，字汉章，归安人。善医，尤工针灸。早年北游泰山时，遇一道人以针灸抢救已奄奄一息的病人，即从其学医，精通针灸治疗，在民间治好了很多疑难杂症，后被明孝宗朱祐樘召入京师，成为御医。著有《经学会宗》《子午流注图说》《流注辨惑》等。只是凌云的针书未曾刊行于世，嘉靖中高武编《针灸聚英》时仅从凌氏写本针书中转录“拦江赋”一首，其他明清医书也未见引录，因而长期以来人们对凌氏针法无从了解。只有《循经考穴编》明确引录了凌氏针书原文十八条，其中引“凌氏”或“凌氏针法”者 10 条。

李时珍传

李时珍，字东璧，蕲州[①]人。好读医书，医家《本草》[②]，自神农所传止三百六十五种[③]，梁陶弘景所增亦如之[④]，唐苏恭增一百一十四种[⑤]，宋刘翰又增一百二十种[⑥]，至掌禹锡、唐慎微辈[⑦]，先后增补合一千五百五十八

① 蕲（qí）州：地名，即今湖北省蕲春县蕲州镇。

② 历代医家所著《本草》记载的药物。

③ 自《神农本草经》以来各类"本草"所传药物只有365种。《神农本草经》又称《本草经》或《本经》，中医四大经典著作之一，作为现存最早的中药学著作约起源于神农氏，代代口耳相传，于东汉时期集结整理成书，成书非一时，作者亦非一人，是秦汉时期众多医学家搜集、总结、整理当时药物学经验成果的专著，是对中国中医药的第一次系统总结。其中规定的大部分中药学理论和配伍规则以及提出的"七情和合"原则在几千年的用药实践中发挥了巨大作用，是中医药药物学理论发展的源头。在李时珍出版《本草纲目》之前，该书一直被看作最权威的医书。神农本草经全书分三卷，载药365种，以三品分类法，分上、中、下三品，文字简练古朴，成为中药理论精髓。止，同"只"。

④ 梁代陶弘景编撰《本草经集注》，在《神农本草经》的基础上增加药物365种，使历代"本草"类记载药物总数达到730种。陶弘景（456—536），字通明，南朝梁时丹阳秣陵（今江苏南京）人，号华阳隐居（自号华阳隐居）。著名的医药家、炼丹家、文学家，人称"山中宰相"。作品有《本草经注》《集金丹黄白方》《二牛图》《华阳陶隐居集》等。陶弘景认为，《神农本草经》自"魏晋以来，吴普、李当之等更复损益，或五百九十五，或四百四十一，或三百一十九，或三品混糅，冷热交错，草石不分，虫兽无辨，且所主治，互有得失，医家不能备见"，于是给予整理、作注。又从《名医别录》中选取365种药与《本经》合编，用红、黑二色分别写《本经》与《别录》的内容，名之为《本草经集注》。

⑤ 唐代苏恭编撰《唐本草》，在陶弘景《本草经集注》基础上增加药物114种。使历代"本草"类记载药物总数达到844种。苏恭，即苏敬（599—674），宋时因避赵佶讳，改为苏恭或苏鉴，陈州淮阳（今河南省淮阳县）人，中国唐代药学家。曾任朝仪郎、右监门府长史骑都尉。主持编撰世界上第一部由国家正式颁布的药典《唐本草》。《新修本草》于显庆四年（659）编成，本草二十卷（现残存十一卷），目录一卷；本草图二十五卷，目录一卷；图经七卷（已佚），全书共五十四卷，共收集药物844种。

⑥ 宋代刘翰编撰药典《开宝本草》，又在苏恭《唐本草》基础上增加药物120种，使历代"本草"类记载药物总数达到964种。刘翰（生卒年不详），沧州临津（今山东宁津）人，五代、北宋时期名医。刘翰出身中医世家，曾做过护国军节度使巡官，后进献医书，被周世宗任命为翰林医官、卫尉寺主簿。周亡宋兴，刘翰地位更进一步提高了，历任朝散大夫、鸿胪寺丞、尚药奉御、检校工部员外郎、翰林医官使、检校户部郎中。主持编纂了《开宝本草》。后因给滑州守将刘遇治病误诊，被贬为和州团练副使。数年后复出，重新担任尚药奉御、翰林医官使。后病亡于家，享年七十二岁。

⑦ 到掌禹锡、唐慎微等人的时候。掌禹锡，许州郾城（今河南省漯河市郾城区）人，天禧进士，历官道州司理参军、尚书屯田员外郎、并州通判、集贤院校理、崇文院检讨、光禄卿、直秘阁学士。官至太子宾客，博学多闻，好储书，于《易经》、地域、医药诸学均有研究，著述颇多，曾参与编修《皇祐方域图志》《地理新书》，著有《郡国手鉴》等。嘉祐二年（1057），奉敕与林亿、苏颂、张洞等共同修订《开宝本草》。掌禹锡等又会同医宫嘉宗古、朱有章等，以《开宝本草》为蓝本，参考诸家本草进行校正补充，编撰《嘉祐补注神农本草》二十卷，于嘉祐五年（1060）成书。唐慎微，字审元。出身于世医家庭，对经方深有研究，知名一时。元祐年间（1086—1094）应蜀帅李端伯之招，至成都行医，居于华阳（当时成都府东南郊），一说蜀州晋原（今四川崇庆）人，后迁居成都。遂为华阳人。唐氏虽语言朴讷，但睿智明敏，医术精湛，医德高尚。患者不分贵贱，有召必往，风雨无阻。为读书人治病从不收钱，只求以名方秘录为酬，因此学者喜与交游。每于经史诸书中得一方一药，必录而相咨，从而积累了丰富的药学资料。经多年收集整理，编成《经史证类备急本草》（简称《证类本草》）三十一卷，目录一卷。

种[①]，时称大备[②]。然品类既烦，名称多杂，或一物而析为二三，或二物而混为一品[③]，时珍病之[④]。乃穷搜博采，芟烦补阙[⑤]，历三十年，阅书八百余家，稿三易而成书，曰《本草纲目》。增药三百七十四种[⑥]，厘为一十六部，合成五十二卷。首标正名为纲，余各附释为目，次以集解详其出产、形色，又次以气味、主治附方。[⑦]书成，将上之朝，时珍遽卒。未几，神宗诏修国史[⑧]，购四方书籍。其子建元以父遗表及是书来献[⑨]，天子嘉之，命刊行天下，自是士大夫家有其书[⑩]。时珍官楚王府奉祠正[⑪]，子建中，四川蓬溪知县。

——清·张廷玉等·明史卷二百九十九列传·第一百八十七·方伎

译文

李时珍，字东璧，蕲州人，好读医书。历代医家所著医书《本草》所载的药物，自神农所传只有365种，梁代陶弘景增加365种，共730种，唐代苏恭增加114种，宋代刘翰又增加120种，到掌禹锡、唐慎微等人时，先后增补，合计1558种，当时认为诸药齐备。但是这些记载的药物种类繁多，名称杂乱，有时一种药叫两三种名称，有时两种药叫成一个名字，李时珍认为十分不妥当。他又多方采集，删繁补缺，历经30年，查阅800余家医书，三易其稿而成书，名为《本草纲目》。该书新增药物374种，分为十六部，合成五十二卷。该书

① 掌禹锡、唐慎微等人先后对前人“本草”进行补注、整理，增加了不少药物。使历代“本草”类记载药物总数达到1558种。

② 当时认为诸药齐备。

③ 有时一个药物叫两三个名称，有时两种药物叫成一个名称。

④ 李时珍深入研究，认为不妥当。

⑤ 芟（shān）烦补阙：删繁补缺。芟，删除。烦，同“繁”。

⑥ 该书在以前“本草”类著作所记载药物1558种的基础上，新增药物374种，达到1892种。

⑦ 每药标正名为纲，在纲下面附以药物的解释为目，在目的下面，集解各种药物之产地、形色，再下面附有药物的气味、主治各种疾病的单方。

⑧ 神宗：明神宗朱翊钧（1563—1620），明朝第十三位皇帝，明穆宗朱载垕第三子，生母孝定太后李氏。隆庆二年（1568）三月十一日被立为皇太子，正位东宫。隆庆六年（1572），明穆宗驾崩，10岁的朱翊钧即位，年号万历，在位48年，是明朝在位时间最长的皇帝。

⑨ 李时珍的儿子李建元将父亲的遗表及《本草纲目》献给朝廷。遗表，古代大臣临终前所写的章表，于卒后上奏。

⑩ 从此以后，士大夫家中都有《本草纲目》这部巨著。

⑪ 李时珍曾任楚王（朱英）府奉祠正。奉祠正，官名。明代王府长史司所属有奉祠所，置奉祠正一人，秩正八品，掌祭祀乐舞。其副职有奉祠副一人，秩从八品；属官有典乐一人。李时珍在楚王府担任奉祠正，除本职工作外，还兼管良医所（主管王府医疗保健）事务。

集解各种药物之产地、形色、气味，并附主治各种疾病的单方。书成之后还未及进呈朝廷，他便突然去世。

不久，神宗诏修国史，收购各地书籍，李时珍之子建元将父亲的遗表及《本草纲目》献给朝廷。天子嘉赏，命刊行天下。从此以后，士大夫家中都有这部巨著。李时珍曾任楚王府奉祠正，儿子建中任四川蓬溪知县。

评析

李时珍（1518—1593），明代著名医药学家，字东璧，晚年自号濒湖山人，湖北蕲春县蕲州镇东长街之瓦屑坝（今博士街）人，后为楚王府奉祠正、皇家太医院判，去世后明朝廷敕封为“文林郎”。其祖父是草药医生，父亲李言闻是当时名医，曾任太医院例目。当时民间医生地位低下，生活艰苦，其父不愿李时珍再学医药。李时珍14岁时随父到黄州府应试，中秀才而归，李时珍出身于医生世家，自幼热爱医学，并不热衷于科举，其后曾三次赴武昌应试，均不第，故决心弃儒学医，钻研医学。23岁随其父学医，医名日盛。

明世宗嘉靖三十年（1551），李时珍38岁时，因治好了富顺王朱厚焜儿子的病而医名大显，被武昌的楚王朱英燌聘为王府的“奉祠正”，兼管良医所事务。明嘉靖三十五年（1556）李时珍又被推荐到太医院工作，授“太医院判”职务。三年后，又被推荐上京任太医院判。任职一年，便辞职回乡。李时珍于明世宗嘉靖三十七年（1558）从太医院还乡后以自己的字——东璧为堂号，创立了东璧堂，辞官返乡后坐堂行医，致力于对药物的考察研究，。

李时珍临证，推崇张元素，重辨病证，立法严谨，用药得当。治疗时，或化裁古方，或自组新方，或用民间单验方，多有良效。在医疗之余，李时珍结合当时流传的医药书籍及自身临床经验，强化研究，在医药方面做出了重大贡献。

在医学方面，他深感自古以来中医脉学存有缺憾甚至谬误繁多，便依其父李月池所著《四诊发明》及历史上其他多家脉论精华，于1564年（明嘉靖四十三年）编著成《脉诀》，即《濒湖脉学》。《濒湖脉学》语言简明，论脉清澈，不但把临床复杂的脉象总结归纳成基本的27种脉象，而且还把主要内容，即脉象、相类脉鉴别、脉象主病，皆以韵文歌括形式撰述，便于诵记，因此其书流传甚广，历来受医家推崇。《濒湖脉学》对中医基础理论研究和临床实践具有重大的指导意义，为中医典范之作。后来又编撰成《奇经八脉考》，该书对奇经循行和主病，详加说明，且附己见。

在药物学方面，李时珍自1565年起，先后到武当山、庐山、茅山、牛首山及湖广、安徽、河南、河北等地收集药物标本和处方，并拜渔人、樵夫、农民、车夫、药工、捕蛇者为师，参考历代医药等方面的书籍925种，“考古证今、穷究物理”，记录上千万字札记，弄清许多疑难问题，历经27个寒暑，三易其稿，于明万历十八年（1590）完成了192万字的巨著《本草纲目》。《本草纲目》凡十六部、五十二卷。全书收纳诸家本草所收药物1518种，在前人基础上增收药物374种，合1892种，其中植物1195种；共辑录古代药学家和民间单方11096则；书前附药物形态图1100余幅。这部伟大的著作，吸收了历代本草著作的精华，尽可能地纠正了以前的错误，补充了不足，并有很多重要发现和突破，是到16世纪为止中国最系统、最完整、最科学的一部医药学巨著，对世界医药学、植物学、动物学、矿物学、化学的发展也产生了深远的影响，先后被译成日、法、德、英、拉丁、俄、朝鲜等十余种文字在国外出版。书中首创了按药物自然属性逐级分类的纲目体系，这种分类方法是现代生物分类学的重要方法之一，比现代植物分类学创始人林奈的《自然系统》早了一个半世纪，被誉为“东方医药巨典”。

缪希雍传

又吴县张颐、祁门汪机、杞县李可大、常熟缪希雍皆精通医术[①]，治病多奇中[②]。而希雍常谓《本草》出于神农[③]，朱氏譬之《五经》[④]，其后又复增补别录，譬之注疏[⑤]，惜朱墨错互[⑥]。乃沈研剖析，以本经为经，别录为纬[⑦]，著《本草单方》一书，行于世。

——清·张廷玉等·明史卷二百九十九·列传第一百八十七·方伎

译文

吴县（即今江苏省苏州吴中区）的张颐、祁门（即今安徽省黄山市祁门县）的汪机、杞县（即今河南省商丘市杞县）的李可大和常熟（即今江苏省苏州常熟市）的缪希雍，皆精通医术。他们治病大多都很精准。缪希雍时常说，《本草》出自神农氏。《神农本草经》问世后，由于其重要性，被历代医家用朱字进行注解，将它列为“五经”之外第“六经”，即《黄帝内经》《难经》《伤寒杂病论》《神农本草经》《金匮要略》《温病条辨》。其后诸多名医又增补《别

① 又有吴县（即今江苏省苏州吴中区）的张颐、祁门（即今安徽省黄山市祁门县）的汪机、杞县（即今河南省商丘市杞县）的李可大和常熟（即今江苏省苏州常熟市）的缪希雍，皆精通医术。张颐：生卒不详，字养正，其先祖为直隶江都（今属江苏）人，后占籍山西太原。天顺四年（1460）进士，改庶吉士，授检讨，升修撰，擢右佥都御史巡抚宣府。张颐善医术，以保养元气为主，处方多用参术，常有效，中年以失明而废弃医术。汪机（1463—1539）：字省之，别号石山居士，安徽省祁门县城内朴墅人。其家世代行医，祖父汪轮、父亲汪渭均为名医。汪机少时勤攻经史，后因母长期患病，其父多方医治无效，遂抛弃科举功名之心，随父学医。他努力钻研诸家医学经典，取各家之长，融会贯通，医术日精，很快便青出于蓝而胜于蓝。不仅治愈了母亲头痛呕吐的疾病，且“行医数十年，活人数万计”，医学著述十余部。《明史李时珍传》说：“吴县张颐、祁门汪机、杞县李可大、常熟缪希雍，皆精医术”，为当时名冠全国的4位医学大师。李可大，字汝化，生于明嘉靖年间，河南杞县荆岗（今圉镇乡荆岗村）人。幼习诗书，颇有成就。因其母多病，家人屡受牵累，遂弃儒习医，投拜多家名医为师，博采众长，潜心研读医学名著，将理、法、方、药理论及辨症施治原则运用于实践，不断丰富临床经验，终成一代名医。

② 他们治病大多都很精准。

③ 缪希雍时常说，《本草》出自神农氏。

④ 朱氏譬（pì）之《五经》：此句疑有误，据钱谦益所作《本草单方序》，此句应为“朱字譬之六经也”。此句意为《神农本草经》问世后，由于其重要性，被历代医家用朱字进行注解，将它列为“五经”之外第“六经”。即《黄帝内经》《难经》《伤寒杂病论》《神农本草经》《金匮要略》《温病条辨》。

⑤ 其后诸多名医又增补《别录》，有如对待五经一样，加以注疏。

⑥ 可惜，在对《本草》的注解中，红字、黑字之间互相对应不起来。

⑦ 以本经为经，别录为纬：以原书《本草》为经，以后人增补之别录为纬。

录》，如对待五经一样，加以注疏。可惜他们在对《本草》进行注解的过程中，红字、黑字之间互相对应不起来，于是缪希雍潜心研究，以原书《本草》为经，以后人增补之别录为纬，著《本草单方》一书，流行于世。

评 析

缪希雍(1545—1627)，明代著名中医临床学家、中药学家，字仲淳，号慕台。原籍江苏常熟，旅居长兴多年，考中秀才，与张时泰同科，移住金坛县，和王肯堂共处一邑。明嘉靖、天启间人。17岁患久疟，自检方书治愈，遂嗜医。生平好游，寻师访友，旨在搜集方药，切磋学问，探讨医理。对妇科、儿科、外科、方剂、炮炙，以及诊法等诸学科，都有其独到的发现。曾增益群方，几经修订，撰《本草单方》十九卷、《神农本草经疏》三十卷、《医学传心》四卷、《先醒斋医学广笔记》四卷等著作。其中《先醒斋医学广笔记》为其代表作。

缪氏之临证立论深邃，构思灵巧，语简法备，为后世众多贤哲所称道。自薛己以下，温补之风盛行时，缪氏能大胆抒发己见，倡导清凉，值得赞赏和学习。行医之余，勤于笔耕，积三十年心血，终撰成多本著作，《神农本草经疏》和《先醒斋医学广笔记》为其代表作，丰富了中国医学宝库，故在当时就声誉卓著，与李时珍同列传于明史。

缪希雍的学术思想对后世有很大影响。缪氏认为“伤寒”是多种感染性疾病的统称，发于冬则正“伤寒”，发于春夏则为“温病”“热病”，属于“非时不正伤寒之谓”。不论“伤寒”“温病”，其“邪气之人，必从口鼻”，这是他的创见。对于明清时代瘟疫、温病学的发展，具有很大的影响，是对形成温病学派有影响的人物之一；在治疗吐血方面，他提出了治疗吐血三要诀；对于脾胃病的论治，缪氏擅长甘润清灵之法；缪仲淳治中风用药甘润清灵，为清叶天士临床中风之治，开了门径，亦为张山雷治中风八法奠定了基础；在治疗痧疹方面，其所著《痧疹论并治法》《痧疹续论》二文，至今在临床上还起着指导作用。

傅山传

傅山，字青主，阳曲[①]人。六岁，啖黄精[②]，不谷食，强之，乃饭[③]。读书过目成诵。明季天下将乱[④]，诸号为搢绅先生者[⑤]，多迂腐不足道，愤之[⑥]，乃坚苦持气节，不少媕冘[⑦]。提学袁继咸为巡按张孙振所诬[⑧]，孙振，阉党[⑨]也。

---

① 阳曲：地名，即今山西省太原市阳曲县。

② 常常大口吞食黄精。黄精，又名：鸡头黄精、黄鸡菜、笔管菜、爪子参、老虎姜、鸡爪参。为黄精属植物，根茎横走，圆柱状，结节膨大。叶轮生，无柄。药用植物，具有补脾、润肺生津的作用。

③ 强迫他吃饭，他才吃。

④ 明末朝廷腐败，天下大乱。

⑤ 诸号为搢（jìn）绅先生者：那些号称搢绅士大夫的知识分子。搢绅，原意是插笏（古代朝会时官宦所执的手板，有事就写在上面，以备遗忘）于带，旧时官宦的装束，转用为官宦的代称。搢绅先生，是指古代着儒服的读书人。

⑥ 傅山对此十分厌恶。

⑦ 不少媕冘（ān yín）：不与他们同流合污。媕，依违从人，敷衍逢迎；冘，指多人行进；犹豫不定。

⑧ 山西提学袁继咸被巡按张孙振所诬陷。提学，宋崇宁二年，在各路置提举学事司，掌管州县学政。金设提举学校官，元有儒学提举司。明置提学道。清设督学道、提学使等。俱简称提学。袁继咸（1593—1646）：字季通，号临侯，江西宜春袁州区寨下乡横塘村人。明代大臣。天启五年（1625），袁继咸中进士，授行人。崇祯三年（1630），升任御史，监考会试，因为监考放纵举人作弊，贬官南京行人司副，迁主客员外郎。崇祯七年（1634）任山西提学佥事，未成行前，曾上疏抨击权宦张彝宪。后来，山西巡抚吴甡举荐袁继咸廉洁能干，而巡按御史张孙振因袁继咸曾拒绝了他，便诬告袁继咸贪污受贿。崇祯帝大怒，将袁继咸打入大牢，吴甡上奏袁继咸确实廉洁，山西生员百余人追随入京，散发揭贴（传单），为之辩诬。朝野上下千余人联名为其申冤，轰动京城。袁继咸列举了张孙振请托事情的细节及贪污受贿的罪状，最后张孙振贬官戍边，而袁继咸官复原职。崇祯十五年（1642），袁继咸出任兵部右侍郎兼右佥都御史，驻节九江，总督江西、湖广、安庆、应天（南京）等处军务。弘光元年（1645），被左梦庚诱入军中软禁。左梦庚降清，献袁继咸以邀功。袁继咸拒降，被押解北京囚禁。曾作铭文自勉："大官好做，大节难移。"顺治三年（1646）六月就义。袁继咸的民族气节为后人所敬仰，曾与文山（文天祥）、叠山（谢枋得）并称为"江右三山"。今宜春市区鼓楼路"文革"前原名临侯路，以纪念袁继咸而命名。巡按，即巡按御史。职官名。御史的一种。隋朝设置。为制衡行政机构长官的非常派的朝廷或地方官员。不仅可对违法官员进行弹劾，也可由皇帝赋予直接审判行政官员之权力，并对府、州、县道等衙门进行实质监督，也可在监察过程中，将地方行政所存在的弊端上奉，防范公家官吏侵害人民权益，或者是成为贪赃枉法的贪官的官吏。张孙振，生卒年不详。字公武，号古岳，安徽霍山人。明崇祯元年进士，历任太仆寺少卿，河南道监察御史，时称天下第二清官；任山西巡按时，因为请托袁继咸不遂，就诬陷袁贪赃，袁因而下狱。省里许多读书人到京替袁喊冤，山西巡抚吴甡向朝廷奏明真相，袁复官，张孙振谪戍。曾遍游霍山风景名胜，留下多首诗篇。入清归籍，以诗文自娱终老。

⑨ 阉党一般指明代依附于宦官权势的官僚所结成的政治派别。明朝初年，鉴于历史上宦官专权的严重危害，明太祖曾经下诏严禁宦官干政。到了明成祖朱棣手中，这一道铁的纪律起了一个微妙的变化，不但不再警惕宦官，而且开始把宦官视为心腹，当作控制外廷大臣的一股重要力量。后世皇帝更加信任宦官，至明宣宗开始在宫内设内书堂，教宦官读书识字，由此埋下明代阉党专政的祸根。明英宗幼年即位，宠信宦官王振，阉党势力开始形成。此后明宪宗时宦官汪直、明武宗时宦官刘瑾都曾广树党羽，专擅朝政；明熹宗天启年间，大宦官魏忠贤专权，一大批朝官依附其权势，阉党势力达到历代顶峰；明毅宗即位之后，魏忠贤先被免职谪去凤阳，后被迫在路上自杀，阉党主要成员伏法，阉党势力受到致命打击。

山约同学曹良直等诣通政使[①]，三上书讼之，巡抚吴甡亦直袁[②]，遂得雪。山以此名闻天下，甲申[③]后，山改黄冠装，衣朱衣，居土穴，以养母[④]。继咸自九江执归燕邸[⑤]，以难中诗遗山[⑥]，且曰："不敢媿友生也[⑦]！"山省书[⑧]，恸哭[⑨]，曰："呜呼！吾亦安敢负公哉！"

顺治十一年[⑩]，以河南狱牵连被逮[⑪]，抗词不屈，绝粒九日，几死。门人中有以奇计救之[⑫]，得免[⑬]。然山深自咤恨[⑭]，谓不若速死为安，而其仰视天、俯

---

① 曹良直：字古遗，山西汾阳市仁岩人。丁丑年（1637）进士，曾任尉氏县知县，历官灵寿、雄县，擢兵科给事中，曾因制军事兵形条例八事而闻名，曾与傅山一起为袁继咸进京喊冤，刚直不阿大义凛然，为国捐躯后被傅山先生誉为"第一流人"。通政使：官名，通政使司（简称通政司，明代中央掌受内外章疏敷奏封驳之事的官署）长官。傅山和曹良直曾就读于三立书院，受到山西提学袁继咸的指导和教诲，故两人为同学。

② 巡抚吴甡也认为袁继咸正直而支持傅山等人的诉求。吴甡：明朝宰相。字鹿友，晚号柴庵。江苏兴化人，明代官吏，名医。明万历四十一年进士。先后任福建邵武、晋江及山东潍县知县。天启二年，升为御史。后因反对阉党魏忠贤被削籍革职，罢官归里。崇祯皇帝即位后，吴甡官复原职。后出任河南、陕西巡按。崇祯七年任山西巡抚。崇祯十五年任东阁大学士，为内阁次辅。平章纶阁是后人为吴甡立的匾，取位高职重之意。著有《安危注》《柴庵疏稿》等。

③ 甲申事变，即指崇祯甲申年（1644），李自成的农民起义军攻克了北京，崇祯皇帝在煤山自缢，统治了中国 276 年的大明王朝宣告灭亡。

④ 傅山改戴黄冠，穿红色道袍，居住在土洞里，以奉养母亲。黄冠，道士之冠，亦借指道士。朱衣者，朱姓之衣，暗含对亡明的怀念。

⑤ 袁继咸自从在九江被抓捕并押送到北京。崇祯十五年，袁继咸任兵部右侍郎兼右佥都御史，驻节九江，总督江西、湖广、安庆、应天（南京）等处军务。李自成起义军攻陷武昌，左良玉拥兵东下，袁继咸前往芜湖，说服左良玉收复武昌。弘光元年（1645），袁继咸被左良玉儿子左梦庚诱入军中软禁。左梦庚降清，献袁继咸以邀功。袁继咸拒降，被押解北京囚禁。袁继咸曾作铭文自勉："大官好做，大节难移。"顺治三年（1646）六月就义。

⑥ 以难中诗遗山：袁继咸被杀前，曾作诗送给傅山。据载，顺治三年六月二十六日袁继咸被杀，临终寄信问傅山："前诗到未？若未到，门下不可往取……晋士惟门下知我之深，不远盖棺，断不敢负门下之知……"傅山收到信时，袁继咸已经就义。所以，袁继咸所写诗册也无处可寻。袁继咸被杀后，傅山"即托人问之，不应"，傅山"亲自过绛时，有一再索之，皆不及此年，大都毁之矣"。（《与戴枫仲书》）诗册的内容不得而知，然而从袁继咸就义前一再叮嘱的态度证明了诗册的重要性，它被焚毁的原因则有可能是牵扯到抗清起义的事件。袁继咸在人生最末将他最重要的物件托付给傅山，并且有"断不负门下之知"之语，可见傅山在袁继咸的生活圈里有着极其重要的地位。

⑦ 不敢媿（kuì）友生也：我不敢愧对学生您啊。媿，同"愧"。友生指师长对门生自称的谦词。

⑧ 傅山认真看了袁继咸所写之信。

⑨ 恸（tòng）哭：放声痛哭。

⑩ 顺治十一年：即公元 1645 年。顺治（1638—1661），是清世祖爱新觉罗·福临的年号，共 18 年。

⑪ 傅山因河南狱牵连而被捕。河南狱，即指清军入关建都北京之初，全国抗清之潮此起彼伏，气势颇高。傅山渴望南明王朝日益强大，早日北上驱逐清王朝以匡复明室。他积极同桂王（朱由榔）派来山西的总兵宋谦取得联系，密谋策划、积蓄力量，初定于顺治十一年（1654）三月五日从河北武安午汲镇起义，向北发展势力。然而，机事不密，宋谦潜往武安不久，即被清军捕获，并供出了傅山。于是傅山被捕，关押太原府监狱。

⑫ 傅山被关押期间，他的徒弟想出一条妙计救傅山。一方面设法将宋谦已死的消息告诉傅山，由于死无对证，傅山矢口否认与宋谦谋反，只说宋曾求他医病，遭到拒绝，遂怀恨在心，才举报自己。即便是遭到严刑逼供，傅山也不承认谋反，且绝食抗议。另一方面，他的门徒暗中游说清廷一些参与定案、且同情傅山的官员，如龚鼎孳、纪伯紫、魏一鳌等人，为傅山开脱，放傅山一马。

⑬ 一年之后，清廷不得傅山口供，遂以"傅山的确诬报，相应释宥"的判语，将他释放。

⑭ 出狱后的傅山不是自感侥幸脱险而高兴，而是深怀内疚。

视地者，未尝一日止[①]。比天下大定，始出与人接。

康熙十七年[②]，诏举鸿博[③]，给事中李宗孔荐[④]，固辞。有司强迫，至令役夫舁其床以行[⑤]。至京师二十里，誓死不入。大学士冯溥首过之[⑥]，公卿毕至，山卧床不具迎送礼。魏象枢以老病上闻[⑦]，诏免试，加内阁中书以宠之。冯溥强其入谢，使人舁以入，望见大清门，泪涔涔下，仆于地。魏象枢进曰："止，止，是即谢矣！"翼日归，溥以下皆出城送之。山叹曰："今而后其脱然无累

---

① 他对复明大业仍耿耿于怀，没有一天停止过，然而总感失望。为此，傅山隐居于世，到处游学，足迹遍布三晋大地。同时，也借此专心学问。

② 康熙十七年：即公元 1678 年。康熙（1662—1722）是清朝皇帝爱新觉罗·玄烨的年号，共 61 年。

③ 诏举鸿博：朝廷下诏举行博学鸿儒特科考试。鸿博，博学宏词科的简称，也称词科、宏词或宏博。科举考试制科之一种，是在科举制度之外，笼络知识分子的一种手段。唐开元年间始设，称"博学宏词"，以考拔能文之士。宋神宗后，因考试重经义、策论，考生语文水平降低，朝廷甚感起草诏、诰、章、表等应用文书乏人。遂于宋高宗绍兴三年（1133）置此科。清代康熙与乾隆时曾两次举试，因乾隆名弘历，"宏"音形义与"弘"相近，故改为博学鸿词。所试为诗、赋、论、经、史、制、策等，不限制秀才举人资格，不论已仕未仕，凡是督抚推荐的，都可以到北京考试。考试后便可以任官。得人颇多，甚有影响。

④ 给事中李宗孔推荐傅山参加。李宗孔（1620—1686）：字书云，江苏江都（今江苏省镇江市）人。康熙十七年官任给事中。适逢清统治者推行博学鸿儒科考，以笼络明末遗老。当时一些有气节的名士多不愿参加，清统治者乃实行半强制政策，李宗孔积极参与其事，极力推荐傅山应试，致使傅山被迫割断腿筋以抗，康熙二十二年，李宗孔在北京仁安堂举行集会，上演《北西厢》，康熙二十八年，李宗孔死去，时年八十岁。

⑤ 至令役夫舁（yú）其床以行：由于傅山躺在床上，不愿起身，官员就命役夫抬着床使他起程赴京。

⑥ 大学士冯溥第一个过来拜访傅山。冯溥（1609—1691）：清初大臣。字孔博，号易斋。益都（今属山东青州）人。清顺治三年（1646）进士，初授编修，后擢吏部侍郎。康熙年间为刑部尚书，拜文华殿大学士，加太子太傅，卒谥"文毅"。所著《佳山堂集》，有王士祯、陈维崧、方象英等十几人为之作序，赞扬其文风"承累家学，继文敏公之后，涵蓄演迄为巨儒"。冯溥于康熙六年（1667）和十八年两次任会试考官，在清初文坛上具有举足轻重的地位。

⑦ 魏象枢把傅山年老病弱的情况报告皇上。魏象枢（1617—1687）：字环极（一作环溪），号庸斋，又号寒松，蔚州（今河北省蔚县。在清康熙三十二年以前隶属于山西省大同府治）人。进士出身，官至左都御史、刑部尚书。魏作为言官，敢讲真话；作为能臣，为平定三藩之乱立下大功；作为廉吏，他"誓绝一钱"，甘愿清贫；作为学者，注重真才实学。后人以"好人、清官、学者"六字，对他的一生进行了概括。现有魏象枢《寒松堂全集》九卷存世。

哉！”既而曰：“使后世或妄以许衡、刘因辈贤我[①]，且死不瞑目矣！”闻者咋舌。至家，大吏咸造庐请谒[②]。山冬夏着一布衣，自称曰“民”。或曰：“君非舍人乎[③]？”不应也。卒，以朱衣、黄冠敛。

山工书画，谓：“书宁拙毋巧[④]，宁丑毋媚[⑤]，宁支离毋轻滑[⑥]，宁真率毋安排[⑦]。”人谓此言非止言书也[⑧]。诗文初学韩昌黎[⑨]，崛强自喜，后信笔抒写，

---

① 后世可能以许衡、刘因等类人来嫌弃我。许衡（1209—1281）：字仲平，号鲁斋，世称“鲁斋先生”。怀庆路河内县人。金末元初著名理学家、教育家。自幼勤读好学，之后为避战乱，常来往于河、洛之间，从姚枢得宋二程及朱熹著作，与姚枢及窦默相讲习。元宪宗四年（1254），许衡应忽必烈之召出任京兆提学，授国子祭酒。至元六年（1269），奉命与徐世隆定朝仪、官制。至元八年（1271），拜集贤大学士兼国子祭酒。又领太史院事，与郭守敬修成《授时历》。至元十七年（1280），因病归怀庆休养。至元十八年（1281），许衡去世，年七十三，赠荣禄大夫、司徒，谥号“文正”，后加赠正学垂宪佐运功臣、太傅、开府仪同三司、魏国公。皇庆二年（1313），从祭孔庙。著有《读易私言》《鲁斋遗书》等。刘因（1249—1293）：字梦吉，号静修，元雄州容城（今河北省保定市徐水区）人，元代著名理学家、诗人。刘因父祖皆为金朝人，故他自视为亡金遗血，元灭南宋，他屡作哀宋之文，思想感情与元蒙一直格格不入。至元十九年（1282），应召入朝，为承德郎、右赞善大夫，不久以母病辞官。至元二十八年（1291），朝廷再度征召，刘因以病拒绝。至元三十年（1293），刘因病逝，朝廷追赠翰林学士、资政大夫、上护军，追封“容城郡公”，谥“文靖”。刘因是元代重要的儒学代表人物、元初北方理学大家，为理学由宋到明的过渡起了重要的作用。刘因初为经学，以朱熹为宗，但又不严守朱熹门户，在天道观方面，将生生不息的变化归之于“气机”，主张专务其静，不与物接，物我两忘。在为学方面，主张读书当先读六经、《语》《孟》，然后依次读史、诸子，主张读书“必先传注而后疏释，疏释而后议论”。他的“古无经史之分”之说，对后来章学诚“六经皆史”的观点产生过一定影响。许、刘二人，均为前朝遗民，他们抵制新朝，但后来均在新朝为官。傅山用许衡、刘因类比自己，表明自己绝不愿意为清朝做官的意志。贤，同“嫌”。

② 大小官员前来拜访傅山。

③ 君非舍人乎：先生不是担任“舍人”吗？舍人，官名。周代舍人执掌“宫中之政，分其财守，以灋掌其出入者也。”秦统一六国后，以舍人为丞相及其他大官的属官；汉代以舍人为皇后、太子及公主的属官；明清内阁中书科设中书舍人，掌书写诰敕。此处借舍人，代指傅山被封为“内阁中书”之职。

④ 他认为书法宁可追求古拙而不能追求华巧，应追求一种大巧若拙、含而不露的艺术境界。

⑤ 宁可写得丑些甚或粗头乱服，也不能有取悦于人、奴颜婢膝之态，寻求内在的美。

⑥ 宁可追求松散参差、崩崖老树，也不能有轻佻浮滑之态，自然潇疏之趣，远胜品性轻浮之相。

⑦ 宁可信笔直书、无需顾虑，也不要描眉画鬓，装饰点缀，有搔首弄姿之嫌。

⑧ 人们都说，傅山这句话不是仅仅针对书法而言。

⑨ 傅山的诗文，最早学习韩昌黎。韩昌黎，即韩愈（768—824），唐代杰出的文学家、思想家、哲学家、政治家。字退之。河南河阳（今河南省孟州市）人。自称“郡望昌黎”，世称“韩昌黎”“昌黎先生”。贞元八年（792），韩愈登进士第，两任节度推官，累官监察御史。后因论事而被贬阳山，历都官员外郎、史馆修撰、中书舍人等职。元和十二年（817），出任宰相裴度的行军司马，参与讨平“淮西之乱”。其后又因谏迎佛骨一事被贬至潮州。晚年官至吏部侍郎，人称“韩吏部”。长庆四年（824），韩愈病逝，年五十七，追赠礼部尚书，谥号“文”，故称“韩文公”。元丰元年（1078），追封昌黎伯，并从祀孔庙。韩愈是唐代古文运动的倡导者，被后人尊为“唐宋八大家”之首，与柳宗元并称“韩柳”，有“文章巨公”和“百代文宗”之名。后人将其与柳宗元、欧阳修和苏轼合称“千古文章四大家”。他提出的“文道合一”“气盛言宜”“务去陈言”“文从字顺”等散文的写作理论，对后人很有指导意义。著有《韩昌黎集》等。

俳调俗语，皆入笔端，不原以此名家矣。著有霜红龛集十二卷。子眉①，先卒，诗亦附焉②。

——赵尔巽·清史稿卷五百一·列传二百八十八·遗逸二

译 文

傅山，字青主，阳曲（即今山西省太原市阳曲县）人。傅山六岁时常常大口吞食黄精，不吃谷物，要强迫他吃饭他才肯吃。傅山读书只要看过一遍就能背诵。明末朝廷腐败，天下大乱。那些号称搢绅士大夫的多过于迂腐无能。傅山对此十分厌恶。他卓立独行，坚持气节，不与他们同流合污。提学袁继咸被巡按阉党张孙振所诬陷，傅山约集同学曹良直拜访通政使，三次上书为袁继咸喊冤。巡抚吴甡也认为袁继咸正直而支持傅山等人的诉求，使袁继咸冤案得以昭雪，傅山由此名闻天下。甲申事变后，傅山改戴黄冠，穿红色道袍，居住在土洞里，以奉养母亲。袁继咸在九江被捕押送到北京，在遇害前曾作诗送给傅山，其在信中除了询问诗是否收到外，还表达了对傅山的愧疚之意。傅山详阅信后放声痛哭，感叹不能辜负先生袁继咸。

顺治十一年（1645），傅山因河南狱牵连而被捕，被捕后，他毫不屈服，矢口否认参与谋反，并为此绝食九日，几近饿死。一年之后，清廷得不到傅山口供，遂以“傅山的确诬报，相应释宥”的判语，将他释放。出狱后的傅山不是自感侥幸脱险而高兴，而是深怀内疚。他觉得自己没有像那些仰视天、俯视地的伟人一样，为复明大业而鞠躬尽瘁，内心总觉不安和失望。为此，他隐居于世，到处游学，足迹遍布三晋大地。同时，他也借此专心学问，直到朝局稳定才开始和世人接触。

康熙十七年（1678），朝廷下诏举行博学鸿儒特科考试，给事中李宗孔推

① 子眉：傅山的儿子傅眉。傅眉（1628—1683，清代碑传文通检作 1628—1684）：清代画家。字寿髦，一作寿毛，一字竹岭，自号小蘖禅，山西阳曲人，明末清初著名道家学者傅山之子。工诗，擅书画，亦能篆刻，篆刻师秦汉，尤精铜者。山水学父法，古朴而有真趣。初侍父挽车卖药，宿逆旅中，必篝灯课读，或负竹铁，逾太行市以养亲。山偶于醉后作草书而队，眉潜易以己书，山醒叹曰：“我昨醉后偶书，今起视之，中气已绝，殆将死矣。”眉惊愕跽白易书事。山曰：“然则汝不食麦矣。”后果如言。卒年五十六。

② 诗亦附焉：所以，傅眉的诗也附在《霜红龛集》中。

荐傅山参加，傅山以病为由坚决推辞。官府强迫傅山参试，他不愿起身，躺在床上，官员就命役夫抬着床让其赴京。在距京师二十里之地时，傅山无论如何不愿进城。大学士冯溥第一个过来拜访傅山，其他达官贵人也都前来拜访他，傅山借口病重体弱，不能起身还礼，只是躺在床上致意。魏象枢把傅山年老病弱的情况报告给康熙，皇帝下诏免去傅山参试，并加封其为内阁中书，以示恩宠。冯溥强行要求傅山入朝谢恩，派人抬着床让他进宫。傅山看见大清皇宫门，不觉潸然泪下，扑倒在地。魏象枢向前扶起傅山说：可以了，这就算是谢恩了。次日，傅山登程返晋，冯溥以下的官员都出城相送，傅山感叹说：从今以后，我便洒脱没有累赘了。接着又说：后世之人可能像嫌弃许衡、刘因这样的人来嫌弃我，如此我将死不瞑目！大家听到后都吓得咂舌不已。傅山回到家后，当地大小官员都来拜访他。傅山不管冬天、夏天都穿粗布衣服，始终自称“民”。有人问：先生不是担任“舍人”吗？傅山不予答应。傅山去世后，其后人为其遗体穿着朱衣、戴上黄冠，而后收殓。

傅山工于书画，他的书法追求古拙而不追求华巧，达到一种大巧若拙、含而不露的艺术境界。他寻求内在之美，宁可写得丑些甚或粗头乱服，也不能有取悦于人、奴颜婢膝之态；宁可追求松散参差、崩崖老树，也不能有轻佻浮滑之态，达到自然潇疏之趣，远胜品性轻浮之相；宁可信笔直书、无需顾虑，也不要描眉画鬓，装饰点缀，有搔首弄姿之嫌。人们都说，傅山所言不是仅仅针对书法而言，更是为人之道。傅山的诗文，最早学习韩昌黎，追求以桀骜不驯为喜。后来追求信笔写开、抒发胸臆。戏谑调笑、民间俗语都能进入他的笔端。他不愿意以文章成为名家。傅山著有《霜红龛集》十二卷。其子傅眉，卒于其前，因此傅眉的诗也附在《霜红龛集》中。

评 析

傅山（1607—1684），明清之际著名思想家、书法家、医学家，初名鼎臣，字青竹，改字青主，又有真山、浊翁、石人等别名，汉族，山西太原人。明诸生。明亡为道士，隐居土室养母。康熙中举鸿博，屡辞不得免，至京，称老病，不试而归。顾炎武极服其志节。于学无所不通，经史之外，兼通先秦诸子，又长于书画医学。著《霜红龛集》等。一些武侠小说里，傅山被描写为武侠高手。他是著名的学者，哲学、医学、儒学、佛学、诗歌、书法、绘画、金石、武术、考据等无所不通。他被认为是明末清初保持民族气节的典范人物。傅青主与顾炎武、黄宗羲、王夫之、李颙、颜元一起被梁启超称为“清初六大师”。

傅山在医学方面，精通医经脉理，擅长妇科及内外诸科，当时“人称医圣”（蔡璜《傅山传》）。他在内科、妇科、儿科、外科，科科均有很高的技术，而尤以妇科为最。著有《傅青主女科》《傅青主男科》《青囊秘诀》等传世之作，在当时有“医圣”之名。傅山极重医德，对待病人不讲贫富，一视同仁，在相同情况下，则优先贫人。对于那些前来求医的阔佬或名声不好的官吏，则婉辞谢绝。对此他解释为：“好人害好病，自有好医与好药，高爽者不能治；胡人害胡病，自有胡医与胡药，正经者不能治。”

吴有性传

吴有性，字又可，江南吴县[①]人。生于明季，居太湖中洞庭山。当崇祯辛巳岁[②]，南北直隶、山东、浙江大疫[③]，医以伤寒法治之[④]，不效。有性推究病源，就所历验，著《瘟疫论》[⑤]，谓："伤寒自毫窍入，中于脉络，从表入里，故其传经有六[⑥]。自阳至阴，以次而深。瘟疫自口鼻入，伏于膜原[⑦]，其邪在不表不里之间[⑧]。其传变有九[⑨]，或表或里，各自为病。有但表而不里者，有表而再表者，有但里而不表者，有里而再里者，有表里分传者，有表里分传而再分传者，有表胜于里者，有先表后里者，有先里后表者。"其间有与伤寒相反十一事，

① 江南吴县：今江苏省苏州市吴中区。

② 当崇祯辛巳（sì）岁：当时正值崇祯辛巳年，即公元1641年。崇祯，即朱由检（1611—1644），明朝第十六位皇帝。明光宗朱常洛第五子，明熹宗朱由校异母弟，母为淑女刘氏。于1622年（天启二年）被册封为信王。年号崇祯（1627—1644），后世称为崇祯帝。

③ 南北直隶、山东、浙江发生大瘟疫。明崇祯间，北方出现大鼠疫。这场瘟疫首先在山西爆发，继而传到河北、北京、天津、山东、江苏、浙江等地。导致大量百姓死亡。抱阳生在《甲申朝事小计》卷六中提到崇祯十六年二月的北京城，"大疫，人鬼错杂。薄暮人屏不行。贸易者多得纸钱，置水投之，有声则钱，无声则纸。甚至白日成阵，墙上及屋脊行走，揶揄居人。每夜则痛哭咆哮，闻有声而逐有影"。

④ 医以伤寒法治之：当时的医生都以伤寒法来治疗瘟疫。吴有性以前，传统中医将各种疫病一概视为瘟疫。治疗上也多针对温热疫毒，采用清热解毒等法。这种认识和举措是片面的，甚至也是有害的。

⑤ 吴有性于崇祯十五年（1642）撰成《瘟疫论》。据《四库全书总目》载，《瘟疫论》二卷，补遗一卷，版本主要有清初刻本、四库全书本等。上卷载论文五十篇，阐述瘟疫之病因、病机、证候、治疗，并从多方面论述瘟疫与伤寒的不同。下卷载文三十六篇，着重论述瘟疫的兼证，有数篇论述瘟疫名实和疫疠证治。

⑥ 所以，伤寒在经络中传播有六条途径（六脉）。

⑦ 伏于膜原：埋伏在人的膜原。膜原：为内外交界之地，乃一身之半表半里，居于卫表肌腠之内，五脏六腑之外的膜及膜所围成的空样结构。膜原与肠胃相联系，上连于宗筋。它既是外邪侵入体内的必由途径，又是体内邪气排出体外的必经通路。若正气衰弱，外邪每由膜原入内，进而侵及内部脏腑；若正气恢复，正气鼓邪外出，内邪每经膜原透达于外。膜原又为三焦之关键和门户，为手少阳所主，其与三焦气机的输布运行密切相关。膜原具有屏障气血，保护内部脏器，抵御外邪深入的功能。膜原是邪气易于潜伏结聚的部位，邪气如停着于膜原，会导致邪气不能与卫气相行，而从卫表排出；膜原分布范围甚广，为邪气结聚较深的层次，而且，由于膜与膜之间的腔隙相通，邪气淫溢散漫，侵淫范围容易扩大，从而使病情加重。

⑧ 其邪在不表不里之间：其邪位于表里之间。表里是辨别病位外内浅深的一对纲领。表与里是相对的概念，如躯壳与脏腑相对而言，躯壳为表，脏腑为里；脏与腑相对而言，腑属表，脏属里；经络与脏腑相对而言，经络属表，脏腑属里；经络中三阳经与三阴经相对而言，三阳经属表，三阴经属里；皮肤与筋骨相对而言，皮肤为表，筋骨为里等。因此，对于病位的外内浅深，都不可作绝对的理解。

⑨ 其传播和变化有九个途径。

又有变证、兼证，种种不同。并著论制方[①]，一一辨别。古无瘟疫专书，自有性书出[②]，始有发明[③]。

其后有戴天章、余霖、刘奎，皆以治瘟疫名[④]。

——赵尔巽·清史稿卷五百二·列传二百八十九·艺术一

译文

吴有性，字又可，是江苏吴县人，生于明朝末年，居住在太湖中的洞庭山。崇祯十四年，直隶、江苏、河北及山东、浙江一带发生了大瘟疫。医生用治疗伤寒的方法来治疗疫病，没有疗效。吴有性对该病做了深入研究，根据自己多年的临床经验，写了《瘟疫论》，他说："伤寒从毫毛孔窍进入体内，侵入到经络，由表入里，所以伤寒的传经有六条。从阳到阴，按次序深入体内。瘟疫病邪气从口鼻侵入，潜伏在膜原，那邪气藏在不表不里之间。它的传变有九种，有表有里，分别表现为不同的病证。有只表不里的，有表而再表的，有只里而不表的，有里而再里的，有表里分传的，有表里分传后继续分传的，有表胜于里的，有先表后里的，有先里后表的。"其中同伤寒相反的情况有十一种。另外还有变证、兼证，各种不同的情况。他都创立出自己的理论，配制出相应的

① 吴有性探究病源，阐明观点，创制"达原饮""三消饮"等方来治疗。并提出可用"白虎汤"辛凉解散，用"瓜蒂散"涌吐疫邪。"达原饮"原名"达原散"，为明朝中医吴又可所创，载于《瘟疫论》。由槟榔、厚朴、草果、知母、芍药、黄芩、甘草七味药组成。用于瘟疫或疟疾邪伏膜原，憎寒壮热，每日一至三发者。吴又可指出，槟榔除岭南瘴气，厚朴破戾气，草果除伏邪，"三味协力直达其巢穴，使邪气溃败，速离膜原……以后四味，不过调和之品"。达原饮主药应为草果与知母，这里取"草果治太阴独胜之寒，知母治阳明独胜之热"。临床以之治湿热中阻，枢纽失职，以致寒热起伏，连日不退，胸脘痞满，呕恶，甚则便溏之夏秋季胃肠型感冒颇验。"三消饮"，为明朝中医吴又可所创，载于《瘟疫论》。由槟榔、草果、厚朴、白芍、甘草、知母、黄芩、大黄、葛根、羌活、柴胡组成。主治瘟疫毒邪表里分传，膜原尚有余结，舌根渐黄至中央者。加生姜、大枣，水煎服。"白虎汤"，中医方剂名。为清热剂，具有清气分热，清热生津之功效。主治气分热盛证，壮热面赤，烦渴引饮，汗出恶热，脉洪大有力。临床常用于治疗感染性疾病，如大叶性肺炎、流行性乙型脑炎、流行性出血热、牙龈炎，以及小儿夏季热、牙龈炎等属气分热盛者。"瓜蒂散"，中医方剂名。为涌吐剂，具有涌吐痰涎宿食之功效。主治痰涎宿食，壅滞胸脘证。胸中痞硬，懊憹不安，欲吐不出，气上冲咽喉不得息，寸脉微浮者。临床常用于治疗暴饮暴食之胃扩张、误食毒物、精神分裂症、精神抑郁症等属于痰食壅滞胸脘证者。

② 自从有了吴有性这本《瘟疫论》专著。

③ 人们才开始对瘟疫有深入了解。

④ 吴有性以后，戴天章、余霖、刘奎等医家，都在吴有性基础上对瘟疫治疗有较高名声。戴天章，字麟郊，晚号北山，出生于江苏上元。其所著《广瘟疫论》，又名《广温热论》，并有《佛崖验方》等，现有刊本行世。其论瘟疫，一宗有性之说。谓瘟疫之异于伤寒，尤慎辨于见证之始。辨气、辨色、辨舌、辨神、辨脉，益加详焉。为人疗病，不受谢。

方剂，加以辨别。吴有性的书面世以后，才结束了没有治疗瘟疫专著的历史。

吴有性之后还有戴天章、余霖、刘奎，在治疗瘟疫方面都很有名。

评析

吴有性(1582—1652)，字又可，吴县东山人，明末清初传染病学家。1642年，大明崇祯十五年，全国瘟疫横行，十户九死。南北直隶、山东、浙江等地大疫，五六月间益盛，“一巷百余家，无一家仅免，一门数十口，无一仅存者”。医生们都用伤寒法治疗，毫无效果。吴又可亲历了每次疫情，积累了丰富的资料，推究病源，潜心研究，依据治验所得，撰写成了全新的《瘟疫论》一书，开我国传染病学研究之先河。他以毕生的治疫经验和体会，大胆提出“疠气”致病之学说，在世界医传染病学史上也是一个伟大的创举，因此赢得后人的广泛称赞。

《瘟疫论》中所载传染病，包括伤寒、感冒、疟疾、痘疹（水痘、天花）、绞肠痧（霍乱）、疙瘩瘟（腺鼠疫）、虾蟆瘟（腮腺炎）、大头瘟、探头瘟、大麻风、鼠瘘（颈淋巴结核）、流火丹毒、目赤肿痛（眼结膜炎、砂眼）、病瘅发黄（肝炎、黄疸）、斑疹、咽肿、疮疥疔肿等，内容广泛，是他亲历瘟疫流行，临床经验的总结。

《瘟疫论》是中医发展中一次重大突破，为以后温病学派开辟了道路。他的创新精神受到广泛赞扬。吴有性实际上已走到细菌病原说的面前，他所谓的戾气，有质、有特异性、有偏中性、有特殊致病性，只需沿着它再前进，寻找出这种物质本体，便会做出历史的突破。一则受当时物质技术条件的限制，二则受传统思维方式的影响，他的后继者们在这方面明显退步了。

吴氏尚有《伤寒实录》，已佚。又有《瘟疫合璧》，系清代王嘉谟在吴氏原著基础上，增删补辑而成。

喻昌传

喻昌，字嘉言，江西新建[①]人。幼能文，不羁[②]，与陈际泰游[③]。明崇祯[④]中，以副榜贡生入都上书言事[⑤]，寻诏征[⑥]，不就，往来靖安间。披剃为僧，复蓄发游江南。顺治[⑦]中，侨居常熟，以医名，治疗多奇中[⑧]。才辩纵横，不可

---

① 江西新建：地名，即今江西省南昌市新建区。

② 不愿受到拘束。

③ 与陈际泰游：和陈际泰是关系较好的学友。陈际泰（1567—1641）：字大士，号方城，江西临川鹏田陈坊村人。明末古文家。"临川四大才子"之一。其父仪生，号西园，流寓于福建汀州武平，教书为业，陈际泰生于该地。崇祯七年（1634）陈际泰 68 岁才中进士，任行人。其著述多阐发经籍，有《易经说意》（又名《读易正义》）七卷、《周易翼简捷解》十六卷、《群经辅易说》一卷、《五经读》五卷、《四书读》十卷，均存目于《四库全书总目》经部。文集有《太乙山房集》十五卷、《已吾集》十四卷。清人辑《临川文选》《临川文献》和《江西五家稿》分别选入一卷。散文风格多样，有一定艺术价值。

④ 崇祯（1628—1644）是明思宗朱由检的年号，共十七年。明思宗朱由检（1611—1644）：明朝第十六位皇帝，亦是明朝作为全国统一政权的最后一位皇帝。天启二年（1622）被册封为信王，天启七年（1627）登基，改元崇祯（1628—1644），后世称为崇祯帝。崇祯帝继位后大力铲除阉党，勤于政事，生活节俭，曾六下罪己诏，是位年轻有为的皇帝。可惜其生性多疑，无法挽救衰微的大明王朝。在位期间爆发农民起义，关外后金政权虎视眈眈，已处于内忧外患的境地。1644 年，李自成军攻破北京时，于煤山自缢身亡，终年 34 岁，在位 17 年。四月四日，昌平州吏赵一桂等人将崇祯帝与皇后葬入昌平县田贵妃的墓穴之中，清朝以"帝体改葬，令臣民为服丧三日，葬于十三陵思陵"。

⑤ 以副榜贡生入都上书言事：以副榜贡生的身份入都上书言事。副榜，科举时代一种不同于正式录取的榜示，即于正式录取的正榜外，再选若干人列为副榜。贡生，科举时代，挑选府、州、县生员（秀才）中成绩或资格优异者，升入京师的国子监读书，称为贡生。意谓以人才贡献给皇帝。明代有岁贡、选贡、恩贡和纳贡；清代有恩贡、拔贡、副贡、岁贡、优贡和例贡。清代贡生，别称"明经"。

⑥ 不久，朝廷征召喻昌为官。

⑦ 顺治（1638—1661）：是清世祖爱新觉罗·福临的年号，共十八年。

⑧ 凡是他治病大多都很精准。

一世。著《伤寒尚论篇》，谓林亿、成无己过于尊信王叔和[①]，惟方有执作条辨[②]，削去叔和序例[③]，得尊经之旨；而犹有未达者，重为编订，其渊源虽出方氏[④]，要多自抒所见。惟《温证论》中，以温药治温病，后尤怡、陆懋修并著论非之[⑤]。

又著《医门法律》[⑥]，取风、寒、暑、湿、燥、火六气及诸杂证，分门著论。次法，次律[⑦]。法者，治疗之术，运用之机；律者，明著医之所以失[⑧]，而判定

① 谓林亿、成无己过于尊信王叔和：他认为林亿、成无己过于尊重信任王叔和。林亿，宋代人，官阶五品。精医术。嘉祐二年（1057）政府设立校正医书局，与掌禹锡、苏颂等校定《嘉祐补注神农本草》二十卷。又于神宗熙宁年间（1068—1077）与高保衡、孙兆等共同完成《素问》《灵枢》《难经》《伤寒论》《金匮要略》《脉经》《诸病源候论》《千金要方》《千金翼方》《外台秘要》等唐以前医书校订刊印，为保存古代医学文献和促进医药传播做出了贡献。其治学严谨，如校《素问》，采数十家之长，端本寻支，溯流清源，改错六千余字，增注两千余条。成无己（1063—1156）：宋朝著名医学家，在平老城人。成是中国最早注释《伤寒论》的医学家，他是以《内经》《难经》经旨来辨析《伤寒论》的医学家。东汉医学家张仲景的《伤寒论》，可谓药方之祖，但缺乏理论阐述，未得广泛传播。成无己的《注解伤寒论》，从理论上阐述了各种症状的病机、病变及处方用药，阐明了辨证论治的实质，提示了《伤寒论》的隐奥，增强了理论色彩。他的《伤寒明理论》五十论，每一论证，均包括释义、病因、病理、分型、鉴别及不同治法。《伤寒明理药方论》则选取常用二十方，每方包括方义、方制、药理、加减及注意事项等。成无己对张仲景的辨证与方义有所阐发，形成了系统的中医理论体系。他在中医发展史上，占有重要的历史地位。王叔和：晋代医学家，名熙，以字行，高平（今属山东）人。生于东汉建安十五年，即公元210年。他学识渊博，为人诚实，做了当时的太医令。在中医学发展史上，他做出了两大重要贡献，一是整理《伤寒论》，一是著述《脉经》。王叔和性格沉静，博好经方，且熟悉修身养性之术，尤擅长于脉学之理。著有《脉经》，总结汉以前有关脉学之成就，系现存我国最早脉学专书，书中总结脉象 24 种，又论述三部九候、寸口脉等，对古代的脉学影响甚大。另对汉代张仲景《伤寒杂病论》一书进行整理，该书因战乱而散佚零乱，几至失传。王氏重新加以编次，将《伤寒杂病论》析为《伤寒论》与《金匮要略》，始于王氏，使之不可湮没。后世虽有人对他的整理加以非议，但多数人认为其功不可没，张仲景之学借王氏之编修整理才得以保存下来。另著有《论病》六卷，未见传世。

② 只有方有执对《伤寒论》逐条辨析。方有执：字中行，别号九龙山人，明代歙县人（即今安徽歙县）。生于明代嘉靖二年（1523），卒年不详，他的妻儿共 7 人皆因伤寒而死。他本人也以大病幸愈而复生，因而发愤钻研《伤寒论》。“笃志专此，锐力愤敏，涉苦万端”，方有执认为王叔和、成无己整理的《伤寒论》，有较多窜乱之处，对后世医家学习《伤寒论》造成误导，首次提出《伤寒论》错简之说，故自明万历十年，着手写《伤寒论条辨》对伤寒论逐条考订、重新编次，并予以注释，以求合于仲景之原意。方氏认为：伤寒应以六经为纲，六经应以太阳为纲，太阳篇应以风伤卫、寒伤营、风寒两伤营卫为纲。其学术思想对伤寒学术研究有很大的贡献。其后喻昌、张璐、吴仪洛、程应旄、周扬俊、黄元御、章楠等医学家继承其学，形成《伤寒论》错简重订学派。

③ 删除王叔和《伤寒序例》。序例，即《伤寒序例》，为王叔和编次张仲景《伤寒论》原文所附加之个人见解。

④ 喻昌所著《伤寒尚论篇》，其学术思想虽然源自方有执所著《伤寒论条辨》。

⑤ 后尤怡、陆懋修并著论非之：后世尤怡、陆懋修对此观点提出不同看法。

⑥《医门法律》，全书共分六卷，卷一阐述四诊、《内经》及仲景学说法律，卷二至卷六分中寒六、中风门、热湿暑三气门、伤燥门、疟证门、痢疾门、痰饮门、咳嗽门、关格门、消渴门、虚劳门、水肿门、黄瘅门及痈肺痿门论述，每门之下先论病因病机及证治，再出法律，最后附方。法是讨论辨证施治的原则和灵活性，律是指出医疗差错的原因和医生所负的罪责。法律，此指医生治病救人应遵循的行为规范。法，即治疗疾病的技法；律，即诊疗差错及医生应负的责任。

⑦ “门”下面是“法”，“法”下面是“律”。

⑧ 明著医之所以失：就是指出医疗差错的原因和医生所负的责任。

其罪，如折狱然。昌此书，专为庸医误人而作，分别疑似[①]，使临诊者不敢轻尝，有功医术。

后附《寓意草》[②]，皆其所治医案。凡诊病，先议病，后用药，又与门人定议病之式，至详审。所载治验，反复推论，务阐审证用药之所以然[③]，异于诸家医案但泛言某病用某药愈者[④]，并为世所取法。

昌通禅理，其医往往出于妙悟。《尚论后篇》及《医门法律》，年七十后始成。昌既久居江南，从学者甚多。

——赵尔巽·清史稿卷五百二·列传二百八十九·艺术一

译文

喻昌，字嘉言，江西新建县人。幼年时就善写文章，才学不可限量，与文坛名人陈际泰有交往。明朝崇祯年间，喻昌以副榜贡生的身份进京向皇帝上书谈论政事。不久皇帝下诏书征用他，但他没有赴任，而是往来于京都靖安之间，披起袈裟剃去头发做了和尚，后来又蓄起头发到江南游历。顺治年间，他客居在常熟，因治疗疾病多有奇妙的疗效而出名。喻昌才智机辨，文章雄健奔放，无与伦比。他著有《伤寒尚论篇》，认为林亿、成无己过于尊奉和相信王叔和。只有方有执写的《伤寒论条辨》删去了王叔和的序例，掌握并遵守了《伤寒论》的要领，但是尚有未阐明之处。因此喻昌对方有执的《伤寒论条辨》重新加以编订，而著有《伤寒尚论篇》。该著虽源自方有执，但是大多重要的内容表达的都是喻昌自己的观点。只有在《温证论》中，用温药治温病的做法，后来被尤怡、陆懋修共同写书评击。

他还著有《医门法律》，取风、寒、暑、湿、燥、火六气以及各种杂证，分门别类加以论证，而后介绍法（讲治疗的方法、运用的要领）、介绍律（阐明医生之所以出错，判定其罪，就如同是判决诉讼案件一样）。喻昌这本书，是专门为庸医误治病人而写的，他把一些似是而非的东西分辨清楚，让临床诊

① 分别疑似：把一些似是而非的东西分别清楚。
② 该书最后附有《寓意草》。
③ 其目的，就是务必阐述清楚审证用药的要求及原因。
④ 这和其他医家的医案，只是泛泛而谈某人、某病、用某药治愈不一样。

病的人，不敢轻易尝试用药，该书有功于医学。

《医门法律》后附有《寓意草》，都是他治验的医案。他认为，凡是诊病，首先要讨论病情，弄清疾病的真实情况，然后再用药，之后再与弟子一起商定议病的程序，过程非常详细审慎。书中记载的治疗验方，经过反复推论，务求阐明审证用药的原因依据，与其他医家只是简略地叙述某种病、用某种药治愈的医案不同，《医门法律》和《寓意草》因其严谨的态度，被世人所效法。

喻昌通晓禅理，他的医术往往出自他奇妙的悟性。《尚论后篇》和《医门法律》是他70岁以后，通过大量实证、通过领悟才写成的。喻昌在江南居住的时间长久，跟他学医的人很多。

评 析

喻昌（1585—1664），明末清初著名医家，字嘉言，号西昌老人，江西新建（今江西南昌）人。喻昌少年读书，以治举子业。崇祯年间，以选送贡生进京，但无所成就。后值清兵入关，于是转而隐于禅，后又出禅攻医。往来于南昌、靖安等地。清代初期（1644—1661年间），喻氏又移居江苏常熟，医名卓著，冠绝一时。喻昌在中医学理论研究方面颇有贡献，不仅于《伤寒论》的研究独有体会，倡导三纲学说，而且对于中医基础理论问题颇有建树。其大气论、秋燥论的观点亦为后世所称许。此外，其强调辨证施治，倡导诊治规范，亦很有学术价值。至于其临床经验亦十分丰富，治痢用活人败麦散以逆流挽舟，治关格用进退黄连汤升降阴阳等，都被后人所推崇。成为明末清初著名医家，与张路玉、吴谦齐名，号称清初三大家。著有《寓意草》《尚论篇》《尚论后篇》《医门法律》等。故而，喻氏成为清初三大医家之一，名噪一时。

张璐传

张璐，字路玉，自号石顽老人，江南长洲[①]人。少颖悟，博贯儒业，专心医药之书。自轩、岐迄近代方法[②]，无不搜览。遭明季之乱[③]，隐于洞庭山中十余年[④]，著书自娱，至老不倦。仿明王肯堂《证治准绳》[⑤]，汇集古人方论、近代名言，荟萃折衷之，每门附以治验医案，为《医归》一书，后易名《医通》。

璐谓仲景书衍释日多[⑥]，仲景之意转晦[⑦]。后见《尚论》《条辨》诸编[⑧]，又广搜秘本[⑨]，反复详玩，始觉向之所谓多歧者，渐归一贯，著《伤寒缵论》《绪论》[⑩]。缵者，祖仲景之文[⑪]；绪者，理诸家之纷纭而清出之[⑫]，以翼仲景之法[⑬]。

其注《本草》，疏《本经》之大义，并系诸家治法，曰《本经逢原》；论脉法大义，曰《诊宗三昧》：皆有心得。又谓唐孙思邈治病多有奇异[⑭]，逐方研求药性，详为疏证，曰《千金方释义》，并行于世。

璐著书主博通[⑮]，持论平实，不立新异。其治病，则取法薛己、张介宾为

---

① 江南长洲：即今江苏省苏州市。

② 轩岐：即黄帝轩辕氏与其臣岐伯的并称。他们被视作中国医药的始祖，也是中医药文化的代称。

③ 张璐所处年代正逢明末乱局。

④ 他隐居于洞庭山中十多年。洞庭山位于江苏省苏州市西南，太湖东南部。

⑤ 仿明王肯堂证治准绳：他曾仿照明代王肯堂所著《证治准绳》。王肯堂（1549—1613）：字宇泰，一字损仲，号损庵，自号念西居士，金坛（今属江苏）人。王肯堂出身于官宦之家，父王樵是进士出身，官至刑部侍郎。王肯堂博览群书，因母病习医。万历十七年（1589）中进士，选为翰林检讨，官至福建参政。与传教士利玛窦有往来。万历二十年（1592）因上书直言抗倭，被诬以“浮躁”降职，遂称病辞归。重新精研医理，能做眼窝边肿瘤切除手术，又能治愈疯疾。历11年编成《证治准绳》四十四卷，凡220万字。另著有《医镜》四卷、《新镌医论》三卷、《郁冈斋笔尘》等，辑有《古代医统正脉全书》。今人辑有《王肯堂医学全书》。

⑥ 璐谓仲景书衍释日多：张璐认为张仲景的书作，后人演绎注释日益增多。

⑦ 把张仲景所要表达的含义变得更加晦涩难懂。

⑧ 后见尚论、条辨诸编：后来见到喻昌《尚论篇》、方有执的《伤寒论条辨》等诸编著。

⑨ 张璐又广泛收集各种研究《伤寒论》的秘本。

⑩ 著伤寒缵（zuǎn）论、绪论：于是编著《伤寒缵论》《伤寒绪论》。

⑪ 就是以张仲景《伤寒论》原文为主，予以辑编、注释。

⑫ 就是清理历代医家对《伤寒论》的注释，若有不准的地方则予以纠正、清除。

⑬ 以使“仲景之法，了无凝滞”，使读者易学易用。

⑭ 又谓唐孙思邈治病多有奇异：张璐又说过，唐代孙思邈治病大多很奇特。

⑮ 璐着书主博通：张璐著书主张广博占有资料，通晓其中要点。

多[①]。年八十余卒。圣祖南巡[②]，璐子以柔进呈遗书，温旨留览焉[③]。子登、倬，皆世其业。

登，字诞先，著《伤寒舌鉴》[④]；倬，字飞畴，著《伤寒兼证析义》[⑤]：并著录四库[⑥]。

——赵尔巽·清史稿卷五百二·列传二百八十九·艺术一

译文

张璐，字路玉，自号石顽老人，江苏苏州人。年轻时就很聪明，理解力很强。他博览贯通了儒家的学说，又专心于医药方面书籍的研读，从《黄帝内经》到近代讲述医法方药的著作，他都尽力搜集阅读。后因明朝末年社会动乱，他就在太湖的洞庭山中隐居了十几年，以写书来自我娱乐，到老都不知道疲倦。他仿照王肯堂的《证治准绳》，收集了古今一些名家的方论名言，将其汇集到一起，选出其中的精华，每类后都附上治病验方和医案，写成《医归》，后来改名叫《医通》。

张璐认为对张仲景的书进行推演注释的人越来越多，使张仲景的真意变得

① 则取法薛己、张介宾为多：以学习借鉴薛己、张介宾的治法最多。薛己（1487—1559）：明代医学家。字新甫，号立斋。吴县（今属江苏苏州）人。父薛铠曾为太医院医士。薛己自幼继承家训，精研医术，兼通内、外、妇、儿各科，名著一时。正德元年（1506）补为太医院院士，九年提为御医，十四年授南京太医院院判，嘉靖九年以奉政大夫南京太医院院使致仕归里。薛己治学极为刻苦，论著很多，除自著的《外科枢要》《内科摘要》《女科撮要》《疠疡机要》《正体类要》《口齿类要》之外，还有许多校订书，薛己校订书的特点，选注名著，附以己见，如他校订有《妇人良方大全》《小儿药证直诀》《明医杂著》《外科精要》等数十种。这些校本中不少附有医案，以临床验证来说理法方药依据。学术思想受张元素、李杲、钱乙等影响最大。薛己以外科见长。张介宾：即张景岳（1563—1640），明代著名医学家。会稽（今浙江绍兴）人，名介宾，字会卿，号景岳，因其室名通一斋，故别号通一子。同时因为他善用熟地，有人又称他为"张熟地"。张景岳是古代中医温补学派的代表人物。时人称他为"医术中杰士""仲景以后，千古一人"，其学术思想对后世影响很大。著有《类经》《类经图翼》《类经附翼》《景岳全书》（含《新方八阵》）、《质疑录》等中医学经典著作。

② 圣祖：清圣祖康熙（1662—1722），是清朝皇帝爱新觉罗·玄烨的年号，共六十一年。爱新觉罗·玄烨（1654—1722），清朝第四位皇帝年号康熙，后世称呼为康熙帝。康熙帝 8 岁登基，14 岁亲政，在位 61 年，是中国历史上在位时间最长的皇帝。少年时就挫败了权臣鳌拜，成年后先后取得了对三藩、明郑、准噶尔的战争胜利，驱逐沙俄侵略军，以尼布楚条约确立中国在黑龙江流域的领土主权，举行"多伦会盟"取代战争，怀柔招抚喀尔喀蒙古。康熙帝是中国统一的多民族国家的捍卫者，奠定了清朝兴盛的根基，开创出康乾盛世的局面，有学者将其尊为"千古一帝"，庙号圣祖，葬于景陵。

③ 圣祖温和恳切地诏谕道，要留下来好好阅览。

④ 登，字诞先，著《伤寒舌鉴》：张登，字诞先，著有《伤寒舌鉴》。

⑤ 倬（zhuō），字飞畴，著伤寒兼证析义：张倬，字飞畴，著有《伤寒兼证析义》。

⑥ 这些著作都被录入《四库全书》。

越来越隐晦。后来他看到喻昌写的《尚论篇》和方有执写的《伤寒论条辨》等书后，又广泛收集了一些《伤寒论》的秘藏版本，经过反复详细地玩味，开始感悟，并将以前那些分歧，用张仲景的理论逐一论证，著成《伤寒缵论》和《伤寒绪论》。缵，就是要继承张仲景的学说；绪，就是梳理各家繁杂的说法从而清理出个头绪来，用来作为仲景学说的辅助。

张璐注释的《本草》，既诠释本草经的大义，又结合各家的说法，写成《本经逢原》。他的《诊宗三昧》阐述了脉法大义。这些书都包含了他的个人见解和经验体会。他还认为唐朝孙思邈治病有很多神奇的药方和卓越的治法，就一个一个方地研究其药性，加以注释考证，写成《千金方释义》，流传于世。

张璐写书主张广通博览，所持观点稳妥严实，不主张标新立异。他治疗疾病，多数取法于薛己、张介宾的医书。张璐活到80多岁才去世。康熙皇帝南巡时，张璐的儿子张以柔向皇帝递呈了其遗书，皇上特意下诏留下来供自己阅览。张璐的儿子张登、张倬都继承了他的事业。

张登，字诞先，著有《伤寒舌鉴》；张倬，字飞畴，著有《伤寒兼证析义》。这两部书都被《四库全书》收录。

评析

张璐（1617—1699），清初著名医学家，字路玉，晚号石顽老人，江南长州人（今江苏苏州）。少颖悟，习儒而兼攻医。明亡后弃儒业医，隐居洞庭山十余年，行医著书，至老不倦。离乡十六年，辑医书一帙携归故里，故名之曰《医归》。将其中《伤寒绪论》《伤寒缵论》刻行。康熙中，取《医归》残稿，从头检点，并易名《医通》（《张氏医通》）。另著有《诊宗三昧》一卷（1680），专明脉理；《本经逢原》四卷（1695），《千金方衍义》三十卷等。后世汇辑成《张氏医书七种》（又名《张氏医通》）。张璐研究伤寒，又重视对于几种温病的辨识，并注重舌诊在伤寒辨治方面的应用，对以后温病学的发展，产生一定的影响。对杂病的治疗，重视辨证，擅长温补，成为明清时期温补学派的医家之一。与喻昌、吴谦齐名，被称为我国清初三大医家。

张志聪传

张志聪，字隐庵，浙江钱塘[①]人。明末，杭州卢之颐、繇父子著书[②]，讲明医学，志聪继之。构侣山堂[③]，招同志讲论其中，参考经论，辨其是非。自顺治中至康熙之初[④]，四十年间，谈轩、岐之学者咸归之[⑤]。注《素问》《灵枢》二经[⑥]，集诸家之说，随文衍义[⑦]，胜明马元台本[⑧]。

又注《伤寒论》《金匮要略》，于《伤寒论》致力尤深，历二十年，再易稿始成。用王叔和原本，略改其编次。首列六经病[⑨]，次列霍乱易复并湿、暍汗、吐下[⑩]，后列辨脉、平脉，而删叔和序例[⑪]，以其与本论矛盾，故去之以息辨。

---

① 浙江钱塘：即今浙江省杭州市。

② 杭州卢之颐、繇（yáo）父子著书：此句疑误，因“子繇”为卢之颐的自号，非指其儿子。此句应为“杭州卢之颐著书”。意思是“杭州人卢之颐著书立说”。卢之颐（约 1598—1664）：明清间医学家。字子繇、繇生、子萦，号晋公、芦中人，钱塘（今浙江杭州）人，系名医卢复之子。之颐幼承家学。青年时已善于处方用药。初，其父嘱著《金匮要略摸象》，因不够成熟而焚之，并云十年后再著书。其治病辨证认真入微，每善疗奇疴，有时效如桴鼓，诸前辈亦皆叹服。当时因仕途坎坷，遂潜心研究医理，并专心著述。曾以十八年之精力著述《本草乘雅》，计收药 355 种，每药之下，以四目释之。此书不幸为兵火焚毁，后又以记忆中的材料重新整理，仅及原稿之半，遂题之为《本草乘雅半偈》，刊行于世。卢氏深研《周易》，并以之与医理互参。著作甚丰，尚有《学古诊则》四卷、《仲景伤寒论疏钞金鎞》《摩索金匮》《遐引曲譬》。尚有《痎疟论疏》，对《内经》之疟论亦颇有发明。后因积劳而致双目先后失明。

③ 构侣山堂：创建了“侣山堂书院”。侣山堂书院，坐落在杭州吴山（古称胥山）脚下，由钱塘医派中坚人物张志聪于康熙三年（1664）创建。它不仅是浙江省首家中医民间教育讲学书院，也是钱塘医派重要活动场所。钱塘医家在此讲论轩辕、仲景之道，交流心得，为民坐诊，名噪一时。

④ 顺治（1638—1661）：清世祖爱新觉罗·福临的年号，共十八年。

⑤ 谈轩、岐之学者咸归之：谈论轩岐之术的学者都集中到张志聪这儿。轩、岐，即黄帝轩辕氏与其臣岐伯的并称。他们被视作中国医药的始祖，也是中医药文化的代称。

⑥ 《素问》《灵枢》均为医经著作，合之而为《黄帝内经》。

⑦ 随文衍义：根据文字推演其中的要义，最终著有《素问集注》九卷、《灵枢集注》九卷。

⑧ 胜明马元台本：超过了明代马元台所著《黄帝内经素问注证发微》及《黄帝内经灵枢注证发微》。马元台即马莳。马莳为明代医家，字玄台、元台（一说字仲化），会稽（今浙江绍兴）人。他根据班固《汉书·艺文志》记载《黄帝内经》十八卷以及《黄帝内经素问·离合真邪论》所载“九针九篇”的说法，认为《内经》应分为《黄帝内经素问》《黄帝内经灵枢》各九卷，并认为王冰等人的注解卷数与古书记载不合，《黄帝内经灵枢》文字古奥，自古无注，于是对《黄帝内经素问》《黄帝内经灵枢》重新分卷，加以注解，编注成《黄帝内经素问注证发微》及《黄帝内经灵枢注证发微》（最早全注本）各九卷。前者的注释错误较多；后者的注释较好，尤其是经络穴道方面较为详明，多为后世医家所参考。

⑨ 首列六经病：首列太阳、阳明、少阳、太阴、少阴、厥阴等六经病的原文。

⑩ 次列霍乱易复并湿、暍汗、吐下：次列《霍乱》《阴阳易》《差后劳复》《痉湿暍》《汗吐下后》诸篇。

⑪ 而删叔和序例：而删除王叔和《伤寒序例》。序例，即《伤寒序例》，为王叔和编次张仲景《伤寒论》所附加、非张仲景《伤寒论》原文。删除王叔和《序例》的原因，按张志聪《医学全书·凡例》的解释是“叔和序例，理应删去。以泯叔和立言之非，以息后人辩驳之衅”。

驳辨成无已旧注[①]，谓："风伤卫[②]，寒伤营，脉缓为中风，脉紧为伤寒。伤寒，恶寒无汗，宜麻黄汤[③]；中风[④]，恶风有汗，宜桂枝汤[⑤]：诸说未尽当。而风、寒两感，营、卫俱伤，宜大青龙汤为尤谬[⑥]。其注，分章以明大旨，节解句释，兼晰阴阳血气之生始出入，经脉藏府之贯通循行，使读论者取之有本，用之无穷，不徒求之糟粕[⑦]，庶免终身由之而不知其道也。"

又注《本草》，诠释《本经》，阐明药性，本五运六气之理[⑧]。后人不经臆说，概置勿录[⑨]。

其自着曰侣山堂类辨、针灸秘传。志聪之学，以《素》《灵》《金匮为归》[⑩]，生平著书，必守经法，遗书并行于世[⑪]，惟针灸秘传佚。

——赵尔巽·清史稿卷五百二·列传二百八十九·艺术一

---

① 驳辨成无已旧注：张志聪辩驳成无已的旧注（即《注解伤寒论》）。成无已（1063—1156）：宋朝著名医学家，在平老城人。成是中国最早注释《伤寒论》的医学家，他是以《内经》《难经》经旨来辨析《伤寒论》的医学家。东汉医学家张仲景的《伤寒论》，可谓药方之祖，但缺乏理论阐述，未得广泛传播。成无已的《注解伤寒论》，从理论上阐述了各种症状的病机、病变及处方用药，阐明了辨证论治的实质，提示了《伤寒论》的隐奥，增强了理论色彩。他的《伤寒明理论》50论，每一论证，均包括释义、病因、病理、分型、鉴别及不同治法。《伤寒明理药方论》则选取常用20方，每方包括方义、方制、药理、加减及注意事项等。成无已对张仲景的辨证与方义有所阐发，形成了系统的中医理论体系。他在中医发展史上，占有重要的历史地位。

② 风伤卫：风则伤卫。营卫，指营气与卫气。按李经纬、邓铁涛《中医大辞典》：营气和卫气的合称。两气同出一源，皆水谷精气所化生。营行脉中，具有营养周身的作用；卫行脉外，具有捍卫躯体的功能。

③ 宜麻黄汤：应该使用"麻黄汤"。麻黄汤，中医方剂名。为解表剂，具有发汗解表，宣肺平喘之功效。主治外感风寒表实证。恶寒发热，头身疼痛，无汗而喘，舌苔薄白，脉浮紧。临床常用于治疗感冒、流行性感冒、急性支气管炎、支气管哮喘等属风寒表实证者。

④ 中风：中医病名，有外风和内风之分，外风因感受外邪（风邪）所致，在《伤寒论》名曰中风（亦称桂枝汤证）；内风属内伤病证，又称脑卒中、卒中等。现代一般称中风，多指内伤病证的类中风，多因气血逆乱、脑脉痹阻或血溢于脑所致。以突然昏仆、半身不遂、肢体麻木、舌蹇不语、口舌歪斜、偏身麻木等为主要表现的脑神疾病。并具有起病急、变化快，如风邪善行数变之特点。

⑤ 宜桂枝汤：应该用"桂枝汤"。桂枝汤，中医方剂名。为解表剂，具有辛温解表、解肌发表、调和营卫之功效。主治头痛发热、汗出恶风、鼻鸣干呕、苔白不渴、脉浮缓或浮弱者。临床常用于治疗感冒、流行性感冒、原因不明的低热、产后或病后低热、妊娠呕吐、多形红斑、冻疮、荨麻疹等属于营卫不和者。

⑥ 宜大青龙汤为尤谬：成无已提出应该使用"大青龙汤"更是谬误。大青龙汤，中医方剂名。为解表剂，具有辛温解表之功效。主治外感风寒，兼有里热，恶寒发热，身疼痛，无汗烦躁，脉浮紧。亦治溢饮，见上述症状而兼喘咳面浮者。临床常用于治疗流感、暑热、急性肾炎、瘾疹、小儿夏季外感高热。

⑦ 不徒求之糟粕：而不会在学习《伤寒论》中，因王叔和所附序例或者其他医家的谬注影响，而白白索取到糟粕。

⑧ 本五运六气之理：本着五运六气之理。和前人不一样，张志聪在注解《神农本草经》时，创立"五运六气之原，明阴阳消长之理"的药性理论，解释详备，尤其重视格物用药原则。这不仅是张志聪《本草崇原》一书的最大特点，也是他药物研究的一大创新。对后世影响较大。

⑨ 概置勿录：这是本末倒置，可以暂时把它摆在一边不要录用。

⑩ 以《素问》《灵枢》《金匮要略》为依归。

⑪ 张志聪去世后，他所著《本草崇原》并没有完成，后由其弟子高世栻续成，并得以刊行于世。

译 文

张志聪，字隐庵，浙江钱塘人。明朝末年，杭州的卢复、卢之颐父子著书立说，讲解阐明医学理论。张志聪继承了他的这一做法，建造侣山堂，招集志同道合的人在此讲论医学，参考古代经典论述，交流借鉴彼此的研究心得，辨别其中的正误是非。从顺治中期到康熙初期的四十年间，谈论轩岐之术的学者都集中到张志聪这儿。他注释的《素问》《灵枢》二部经书，就收集了众多医家的解说。两书按照经典的文字推衍其含义，其学术价值超过了明代马元台所著《黄帝内经素问注证发微》及《黄帝内经灵枢注证发微》。

志聪还对《伤寒论》《金匮要略》进行了注释。尤其在《伤寒论》的注解上，志聪所花功夫最深。前后历时20年，数易其稿，最终写成《伤寒论宗印》一书。在该书编著过程中，志聪使用了王叔和《伤寒论》和《金匮要略》的原本，只是略微改变了书的编排顺序。首先列出的是六经病，次列《霍乱》《阴阳易》《差后劳复》《痉湿暍》《汗吐下后》诸篇，最后列出辨脉法、平脉法，但是删去了王叔和的序例，因为王叔和的《伤寒序例》与张仲景的《伤寒论》原文有矛盾，所以删除以平息争论。他驳正成无己旧有的注释，说“风邪伤害卫气，寒邪伤害营气，脉缓属中风，脉紧属伤寒。伤寒，恶寒无汗，适宜用麻黄汤；中风，恶寒有汗，适宜用桂枝汤。”这些说法未必都正确。而“风邪、寒邪都感染到，营气、卫气俱受伤害，适宜用大青龙汤”的说法更是荒谬。张志聪注解经书，先分出篇章来，阐明每个篇章的主旨要义，然后逐个段落、逐个句子地解释；同时，说明阴阳血气的生始出入，经脉脏腑的贯通循行，让读《伤寒论》的人，选取它有根有据，使用它无穷无尽，不光是指出前人注释中的错误，而且希望读《伤寒论》的人，能避免一生都顺从其错误说法而不了解其真实意义。

张志聪还注释过《本草》。注释本草经，阐明药物的性能，都是本着五运六气学说。后人认为其注不符合经书本义，纯属个人想象的说法，因此一概弃置而不予收录。

张志聪自己写的书还有《侣山堂类辨》《针灸秘传》。志聪的学问，以《素问》《灵枢》《金匮要略》作为归属。他一生中著书立说，一定要遵循这些经典著作的理论。他留下的书都在社会上流行着，只有《针灸秘传》佚失了。

评 析

张志聪（1616—1674），清代著名医家，字隐庵，钱塘（今浙江杭州）人。世业医，师事名医张卿子，建侣山堂。招弟子讲学。其学宗《内经》、张仲景。著有《黄帝内经素问集注》《灵枢经集注》《伤寒论宗印》《金匮要略注》《侣山堂类辨》《本草崇原》等行于世，《针灸秘传》今佚。晚年又著《伤寒论纲目》九卷（1673）、复集《伤寒论》各家注而为《伤寒论集注》，书未成而卒，由门人续纂为六卷。他的《黄帝内经素问集注》一书，是他和他的门徒集体智慧的结晶，仿宋明理学家注释经书的做法，按《素问》原文，逐句注释，对研究《内经》有较大的参考价值，为《素问》注述中较好之作。

吴其濬传

吴其濬，字瀹斋，河南固始[①]人。父烜，兄其彦，并由翰林官至侍郎，屡司文柄[②]。其濬初以举人纳赀为内阁中书[③]。嘉庆二十二年[④]，成一甲一名进士，授修撰[⑤]。二十四年，典试广东，其彦亦督顺天学政[⑥]，词林称盛事[⑦]。道光[⑧]初，直南书房[⑨]，督湖北学政，历洗马、鸿胪寺卿、通政司副使[⑩]，超迁内阁学士[⑪]。十八年，擢兵部侍郎，督江西学政，调户部。二十年，偕侍郎麟魁

---

① 河南固始：即今河南省固始县。

② 屡司文柄：多次参与主持考选文士工作。司，管理。文柄，考选文士的权柄。

③ 其濬初以举人纳赀（zī）为内阁中书：吴其濬最初以举人的身份，通过“纳赀”而成为内阁中书。纳赀，又名“捐纳”或“捐官”，就是士民向国家捐资纳粟以取得官职。内阁中书，清代官名。掌撰拟、记载、翻译、缮写，或由举人考授，或由特赐。清代在内阁中设中书，定额为满洲中书 70 人，蒙古中书 16 人，汉军中书 8 人，汉中书 30 人，官阶为从七品，掌管撰拟、记载、翻译、缮写之事。清代在进士参加朝考以后，除择优任翰林院庶吉士者外，较次者部分用为内阁中书，经过一定的年限，可外补同知或直隶州知州，或保送充任军机处章京，一般很受重视。

④ 嘉庆二十二年：即公元 1817 年。嘉庆（1796—1820），清朝第七位皇帝（入关后第五位）清仁宗爱新觉罗·颙琰的年号，共 25 年。

⑤ 授修撰：被授予翰林院修撰职务。翰林院修撰，官名，从六品，主要职责为掌修国史，掌修实录、记载皇帝言行、进讲经史，以及草拟有关典礼的文稿。古代的翰林院是封建皇帝的秘书机构，各个皇朝的翰林院的组织机构和作用大同小异。

⑥ 其彦亦督顺天学政：吴其濬哥哥吴其彦也担任顺天府（即今北京市）学政。学政为古代学官名，提督学政，主管一省教育科举，简称学政，俗称学台，是由朝廷委派到各省主持院试、岁科两试，并督察各地学官和生员的官员。学政由翰林院或进士出身的官员担任。无固定品级，各带在京时的官衔品级。

⑦ 词林称盛事：翰林们都称这是吴家的美事。词林，翰林或翰林院的别称。盛事，指大事、美事。

⑧ 道光（1821—1850）：清宣宗爱新觉罗·旻宁的年号，共使用三十年。清宣宗爱新觉罗·旻宁（1782—1850）：原名绵宁，即位后改为旻宁，是清朝第八位皇帝，也是清朝定都北京后的第六位皇帝。

⑨ 直南书房：入职南书房。南书房是清朝皇帝设的一个机构，相当于皇帝的秘书处。

⑩ 洗马，又称太子洗马，为辅佐太子，教太子政事、文理的官员，从五品。鸿胪寺，明清两代掌管朝会、筵席、祭祀赞相礼仪的机构。其主官为鸿胪寺卿。通政司，官署名，掌内外章奏和臣民密封申诉之件。俗称“银台”。置有通政使，设满、汉各一人；副使，满、汉各一人，官阶与明朝同。

⑪ 超迁内阁学士：后被越级提拔为内阁学士。内阁学士为明、清朝官制之一，品等为从二品。朱元璋仿宋制设置华盖殿、谨身殿、武英殿、文渊阁、东阁等大学士，为皇帝顾问。又置文华殿大学士以辅太子，品秩都是正五品。1659 年，清政府将文馆与内三院统一且更名为内阁，其内阁设学士。在数量上，内阁大学士中，满人六人，汉人四名。大学士于 1730 年代乾隆朝时，成为三殿三阁定制。普通内阁学士，数量达到几十人之多。

赴湖北按事[①]，总督周天爵嫉恶严[②]，用候补知县楚镛充督署谳员[③]，制非刑逼供，囚多死，为言官论劾，大冶知县孔广义列状讦之[④]，讯鞫皆实[⑤]，复得楚镛榷盐税贪酷[⑥]，及天爵子光岳援引外委韩云邦为巡捕事[⑦]，天爵论褫职戍伊犁，革光岳举人，镛荷校[⑧]，期满发乌鲁木齐充苦役，巡抚伍长华以下降黜有差[⑨]。命其濬署湖广总督[⑩]，寻授湖南巡抚。

二十二年[⑪]，崇阳逆匪钟人杰作乱[⑫]，进窥巴陵，其濬偕署提督台涌赴岳州防剿[⑬]，檄镇筸兵分布临湘、平江诸隘[⑭]，其濬移驻湘阴，贼袭平江，击却之。

---

① 偕侍郎麟魁赴湖北按事：与刑部侍郎麟魁赶赴湖北查案，弹劾湖北总督周天爵滥施酷刑。麟魁（1791—1862）：索绰罗氏，字梅谷，满洲镶白旗人，晚清大臣。道光六年二甲一名进士，选庶吉士，散馆改刑部主事，迁中允。历庶子、侍讲学士、詹事、通政使、左副都御史。十七年，出为盛京刑部侍郎。十八年，召授刑部侍郎，兼镶红旗汉军副都统。

② 总督周天爵嫉恶严：总督周天爵嫉恶如仇，对下属严厉。周天爵（1775—1853）：字敬修（一作敬脩），清朝大臣，山东东阿人。道光二十年（1840）冬，周天爵之子周光岳代人说情，天爵未经查实而予允准，被以庇护罪革职查办，遣戍伊犁。

③ 用候补知县楚镛充督署谳员：任用候补知县楚镛充任总督府办案人员。楚镛：生卒事迹不详。谳员，审理案件的官员。

④ 大冶知县孔广义列状讦（jié）之：其中，大冶（即今湖北省大冶市）知县孔广义因曾被周天爵处理过，怀恨在心，积极写状检举周天爵。孔广义，生卒事迹不详。

⑤ 讯鞫（jū）皆实：吴其濬和麟魁通过审讯，证实举报周天爵所列罪状属实。

⑥ 复得楚镛榷盐税贪酷：而且又查实楚镛在征收榷盐税中存在贪腐、滥刑等问题。榷盐税，中国古代对食盐采取垄断专卖，把盐税并入盐价征收，称之为榷盐税。

⑦ 及天爵子光岳援引外委韩云邦为巡捕事：还查实了周天爵的儿子周光岳违规荐举低级别武官韩云邦担任巡捕一事。即黄云邦任巡捕时，肆意捏造罪名诬陷并抓捕良民。相关举报韩云邦的状子报到周天爵处，周天爵因听信儿子周光岳说情，继而把举报韩云邦的案子压下等等情况。

⑧ 镛荷校：楚镛被戴上枷锁。

⑨ 巡抚伍长华以下降黜有差：巡抚伍长华及以下官员均根据其犯法情节或被降职，或被罢官。伍长华（1779—1840）：字实生，号云卿，江苏上元县（南京市）人。历任广西右江道、广东、长芦盐运使、甘肃按察使、云南布政使和湖北巡抚。在周天爵一案中，巡抚伍长华虽与此案毫无关联，却以“审讯不力”被革职，归老家乡，翌年去世。

⑩ 命其濬署湖广总督：朝廷任命吴其濬暂时代理湖广总督。

⑪ 二十二年：道光二十二年（1837）。

⑫ 崇阳逆匪钟人杰作乱：崇阳（即今湖北省崇阳县）钟人杰率领农民起义。钟人杰（1803—1842）：清代农民起义领袖，又名钟九，崇阳白霓桥人，秀才。县文生，家贫，以教书为业。为人耿直，不畏强暴。清道光年间，钟人杰曾因领导矿工争取采煤权利，被崇阳知县通缉。遂与陈宝铭、汪敦族等组织天地会员约三千人于1842年初（道光二十一年底）攻占崇阳县城，称钟勤王，竖都督大元帅旗，起义队伍迅速发展到万余人。起义军后又攻克通城，围攻蒲圻。清政府慌忙调集各路营兵四面防堵。湖南巡抚吴其濬惧义兵入湘，调常德协副将哈丰阿，泉司苏彰阿率兵赴平江防堵。1842年（道光二十二年）2月22日，起义军攻入平江北界之上塔市，袭击清军。次日又乘敌不备，复从西山泉水洞突袭清军，哈丰阿败退。后因湖北清军围攻崇阳，起义军乃回师湖北救援，退出湖南。二十一日，崇阳失陷，起义失败。钟人杰等被俘，解送北京杀害。

⑬ 吴其濬与提督台涌驰赴岳州（即今湖南省岳阳市）防剿农民起义军。台涌，时任湖南省提督，生卒事迹不详。

⑭ 檄镇筸（gān）兵分布临湘、平江诸隘：制发檄文，调镇筸兵分布临湘（即今湖南省岳阳市临湘市）、平江（即今湖南省岳阳市平江县）等地的险要位置。镇筸，湖南凤凰县南，地方在湖南原属湘西边远落后县份。地方多外来商人屯丁和苗民混合居住，由习惯上的歧视和轻视，历来都一例被省中人叫作“镇筸苗子”。镇筸兵骁勇善战，自明代闻名，清朝绿营中一枝独秀，镇压太平天国时驻守长沙。

及人杰就擒，余党窜湖南者以次捕诛，被优叙。部议裁冗兵[①]，其濬疏言："湖南地逼苗疆[②]，人情易扰。裁者无多，徒生骄卒之疑，而启苗、瑶之伺。"总督裕泰寻定议苗疆近地并仍旧额[③]。二十三年，调浙江，未行，武冈匪徒聚众阻米出境，戕知州，捕治如律。奏请于洪崖洞设巡卡[④]，编保甲[⑤]，以靖祸萌。寻调云南巡抚，署云贵总督[⑥]。二十五年，调福建，又调山西，兼管盐政。奏裁公费一万两，严捕烟贩，时称其清勤。二十六年，乞病归。寻卒，赠太子太保，照例赐恤。寻复以其浚在山西裁革盐规[⑦]，洁己奉公。特加恩子孙以彰清节：子元禧主簿，崇恩知县，荣禧通判，皆即选[⑧]；又赐其子承恩、洪恩及孙樽让举人。

——赵尔巽·清史稿卷三百八十一·列传一百六十八

译 文

吴其濬，字季深，一字瀹斋，河南固始人。父亲名叫吴烜，他的兄长名叫吴其彦，都从翰林官升到侍郎，多次参与主持考选文士工作。吴其濬最初以举人的身份，通过"纳赀"而成为内阁中书。嘉庆二十二年（1817），吴其濬通过殿试，被录取为一甲一名进士，被授予翰林院修撰职务。嘉庆二十四年（1819），主持广东考试。其兄吴其彦也担任顺天府学政，同僚们都称这是吴家的美事。道光初年，吴其濬入职南书房，督办湖北省学政，后又任洗马、鸿胪寺卿、通政司副使等职，后被越级提拔为内阁学士。道光十八年（1833），吴其濬被提

① 时值朝廷开展洋务运动，决定整饬营伍，裁汰冗兵，练兵自强，以内弭"暴乱"。而其中，就要裁撤一部分"湘军"。

② 湖南地逼苗疆：湖南靠近苗疆。苗疆是指中国西南部的地方，包括云南、四川、贵州、湖南、重庆、广西等各省市自治区部分地区。

③ 总督裕泰寻定议苗疆近地并仍旧额：湖广总督裕泰听从吴其濬的建议，不久就确定湖南凡靠近苗疆之地不用裁军，仍维持原定的兵员数额。裕泰：即裕谦（1793—1841），原名裕泰，字鲁山、衣谷，号舒亭，蒙古镶黄旗（今锡林郭勒盟商都镶黄旗）人。一等公班第曾孙，察哈尔都统巴禄之孙，出身于将门世家。嘉庆二十二年（1817）进士，选为庶吉士，先后任礼部主事、礼部员外郎、湖北荆州知府、武昌知府、荆宜施道、江苏按察使、江苏巡抚、两江总督，鸦片战争时，裕谦守卫定海，壮烈殉国。追赠太子太保，谥靖节。

④ 奏请于洪崖洞设巡卡：然后奏请朝廷，建议于洪崖洞（位于重庆直辖市，处于长江、嘉陵江两江交汇的滨江地带）处设置巡卡。

⑤ 保甲，旧时代统治者通过户籍编制来统治人民的制度。若干家编作一甲，若干甲编作一保。保设保长，甲设甲长。以便统治者对人民实行层层管制。

⑥ 云贵总督，清朝九位最高级的封疆大臣之一，总管云南、贵州两省的军民政务。

⑦ 吴其濬去世后，他在山西省推行的盐政改革被废除，又恢复成改革前盐政制度。

⑧ 皆即选：他们都是吴其濬刚死就立即被选任。

拔为兵部侍郎，督办江西省学政。后来又被调到户部任职。道光二十年（1835），吴其濬与刑部侍郎麟魁赶赴湖北查办湖广总督周天爵滥施酷刑一案。周天爵嫉恶如仇，对下属十分严厉，任用候补知县楚镛充任总督府办案人员，其在办案过程中刑讯逼供，囚犯大多都死于非命。也因为这样，周天爵被言官弹劾。其中，大冶（即今湖北省大冶市）知县孔广义因曾被周天爵处理过，怀恨在心，积极写状检举周天爵。吴其濬和麟魁通过审讯，证实举报周天爵所列罪状属实，也查实了楚镛在征收榷盐税中存在贪腐、滥刑等问题；还查实了周天爵的儿子周光岳违规荐举低级别武官韩云邦担任巡捕一事。因此，周天爵被撤职，迁戍伊犁；其子周光岳也被革除举人功名；楚镛戴上枷锁发配到新疆乌鲁木齐充当苦役。此案中巡抚伍长华及以下官员均根据其犯法情节或被降职，或被罢官。后来朝廷任命吴其濬暂时代理湖广总督，不久被任命为湖南巡抚。

道光二十二年（1837），崇阳（即今湖北省崇阳县）钟人杰率领农民起义。钟人杰所率农民起义军占领崇阳后，又准备攻打巴陵（即今湖南省岳阳市岳阳县）。吴其濬与提督台涌驰赴岳州（即今湖南省岳阳市）防剿农民起义军。他们制发檄文，调镇筸兵分布临湘（即今湖南省岳阳市临湘市）、平江（即今湖南省岳阳市平江县）等地的险要位置。吴其濬也率部移驻湘阴（即今湖南省岳阳市湘阴县）。农民起义军袭击平江县，吴其濬率部击退起义军并抓获了钟人杰，其余逃窜到湖南境内的起义军，也被吴其濬陆续捕杀。吴其濬也因此从优叙功，晋升官职。时值朝廷开展洋务运动，决定整饬营伍，裁汰冗兵，练兵自强，以内弭“暴乱”。而其中，就要裁撤一部分“湘军”。吴其濬上疏建议道：湖南靠近苗疆，民众情绪容易受到干扰。裁军不多，却会徒增那些骄横不听指挥的士卒之疑心，进而为苗、瑶等族人提供可乘之机。湖广总督裕泰听从吴其濬的建议，不久就确定湖南凡靠近苗疆之地不用裁军，仍维持原定的兵员数额。道光二十三年（1843），吴其濬调任浙江。他还没有出发，武冈（即今湖南省邵阳市武冈市）就发生了匪徒聚众阻止大米运输出境的事件，知州被杀。吴其濬立即作出安排，依法逮捕并治罪匪徒，然后奏请朝廷，建议于洪崖洞（位于重庆直辖市，处于长江、嘉陵江两江交汇的滨江地带）处设置巡卡，编制保甲，把祸乱消除在萌芽状态。不久，吴其濬调任云南巡抚，代理云贵总督。道光二十五年（1845），吴其濬又被调任福建巡抚，再被调任山西巡抚，兼管山西盐政。他向朝廷上奏，建议裁减公费一万两用于严捕烟贩。当时，社会都称他清廉勤政。道光二十六年（1846），吴其濬称病请求退休回家，不久就去世了，后被朝廷封赠为太子太保，按照巡抚级别，给家属抚恤金。吴其濬去世后，他在山西省推行的盐政改革被废除，恢复原制。因为吴其濬为官克己奉公，朝廷在他刚刚去世后，就特别加恩其子孙以表彰他的廉洁清正：其子吴元禧，被实授主簿官职；吴崇恩，被实授知县官职；吴荣禧，被实授通判官职。后来，朝廷又赐吴其濬的儿子吴承恩、吴洪恩以及孙子吴樽让三人举人出身。

评析

吴其濬（1789—1847），清代植物学家，字季深，一字瀹斋，别号吉兰，号雩娄农。吴其濬从小好学，21岁时考中举人，28岁时考中状元，先后任翰林院修撰、礼部尚书、兵部侍郎等职。以后又出任湖北、江西学政，湖南、湖北、甘肃、浙江、广东、云南、贵州、福建、山西等省的巡抚或总督，还兼任过盐政等高级官员，所以说他“宦迹半天下”。吴其濬不同于清代一般官吏，他对植物学与矿产学有深厚的造诣，著有《植物名实图考》《植物名实图考长编》《滇南矿厂图略》和《滇行纪程集》等书，这些书都有很高的学术价值。

所著《植物名实图考》，学术界对此书作了高度评价。德国人E·毕施奈德(Brelschneider)在所著《中国植物学评论》中说其附图“刻绘极为精审”，“其精确者往可以鉴定科和目”，有些还可以鉴定到“种”，“欧美植物学者研究中国植物学必须一读《植物名实图考》”。该书于1890年由日本人伊藤圭介翻印出版。伊藤圭介评论为“辨论精博，综古今众说，析异同，纠纰缪，皆凿凿有据。图写亦甚备，至其疑似难辨者，尤极详细精密”。1919年商务印书馆在铅印《植物名实图考》时，西欧学者竞相争购。美国B.劳弗(Laufer)、F.D.米瑞(Merrill)和E.H.沃克(Walker)等人的著作对《植物名实图考》也有所援用和推重。世界上许多国家图书馆收藏此书。以上足以说明《植物名实图考》对世界学术界的影响。该书对我国古代中药本草学之发展，亦具有重要之地位。

余霖传

余霖，字师愚，安徽桐城[①]人。乾隆[②]中，桐城疫，霖谓病由热淫[③]，投以石膏[④]，辄愈。后数年，至京师，大暑，疫作[⑤]，医以张介宾法者多死[⑥]，以有性法亦不尽验[⑦]。鸿胪卿冯应榴姬人呼吸将绝[⑧]，霖与大剂石膏，应手而痊，踵其法者，活人无算。霖所著曰《疫疹一得》，其论与有性有异同，取其辨证，而以用达原饮及三消、承气诸方[⑨]，犹有附会表里之意云[⑩]。

——赵尔巽·清史稿卷五百二·列传二百八十九·艺术一

---

① 安徽桐城：地名，即今安徽省安庆桐城市。

② 乾隆（1736—1796）：清代高宗爱新觉罗·弘历年号，共六十年。清高宗爱新觉罗·弘历（1711—1799）：清朝第六位皇帝，入关之后的第四位皇帝。年号“乾隆”，寓意“天道昌隆”。

③ 热淫，热邪过盛。《素问·至真要大论》：“热淫所胜，平以咸寒，佐以苦甘，以酸收之。”

④ 石膏：中药名，为含水硫酸钙（$CaSO_4 \cdot 2H_2O$）的矿石。生用具有清热泻火，除烦止渴之功效；煅用具有敛疮生肌、收湿、止血之功效。常用于外感热病、高热烦渴、肺热喘咳、胃火亢盛、头痛、牙痛。

⑤ 据史载，乾隆五十八年（1793），京师爆发大规模的鼠疫。此次鼠疫从云南开始，两年时间传遍大半个中国，造成1300万人死亡。

⑥ 当时的医生按张介宾方法来治疗，病人大多都死掉了。

⑦ 按吴有性的方法也不完全有效。

⑧ 鸿胪卿冯应榴小妾感染瘟疫病重，呼吸即将停止。冯应榴（1741—1800）：字诒会，一字贻曾，号星实，晚号踵息居士，浙江桐乡人，御史冯浩长子。生于清高宗乾隆六年，卒于仁宗嘉庆六年，年六十一岁。清乾隆二十五、二十六年（1760、1761）联捷成进士。三十年，乾隆南巡召试，得一等第四名，官授内阁中书。后历任军机处行走，主持湖北乡试，提督四川学政，累迁吏部郎中。四十四年，参加抢修黄河决口，草行露宿，心力交瘁。公毕，升御史，转通政司参议、鸿胪寺卿，擢江西布政使。适值旱灾，民生艰危，而吏治腐败，应榴禁属吏馈赠贪冒，吏治为之一清。又令各州县买补常平仓积谷。次年歉收，幸赖平粜以度饥荒。旋因巡抚事牵连罢官。后复任御史，升给事中。五十四年，累充山东乡试正考官，主持山东乡试。再由参议复任鸿胪寺卿。为人仁厚，刚直沈毅，为官清正，遇事敢言，曾平反冤狱。沉浮仕途30年，曲折坎坷，屡蹶屡起，所任大多有政绩。后以父母年老陈情告归。自幼秉承家学，博闻强识，才华横溢。尤潜心于诗学研究。好苏轼作品，请人绘《梦苏图》，并以苏东坡诗词注本疏舛过多，重作注疏，成《苏文忠公诗合注》五十卷，附录五卷。嘉定钱大昕为之作序，称其注本兼有永嘉王氏、吴兴施氏、海宁查氏三家注本之长。嘉庆五年（1800），纂修《嘉兴府志》。另著有《金檀高青丘诗笺注》《学语草》（或作《学语稿》）、《湖上题襟集》《踵息居士诗文集》等，均与《清史列传》并行于世。

⑨ 而以用达原饮及三消、承气诸方：而以达原饮、三消汤、承气汤等方剂进行治疗。达原饮原名达原散，为明朝中医吴又可所创，载于《瘟疫论》。由槟榔、厚朴、草果、知母、芍药、黄芩、甘草七味药组成。用于瘟疫或疟疾邪伏膜原，憎寒壮热，每日一至三发者。三消汤是一剂中药方剂，配方主要有真台党、白术、当归、茯苓、生地各3克，黄柏、知母、黄连、麦冬、天花粉、黄芩各2.1克，甘草1.5克。承气汤，中医方剂名。出自《痘科类编释意》卷三，具有攻下热结之功效。主治痘疮发热腹痛，大渴烦躁，大便闭，狂妄者；痘疮焦黑，烦渴顿闷，喘促而厥逆，大便不通者；胃腑实热，口噤胸满，卧不着席，脚挛急，大便闭结不通。

⑩ 余霖还强调在诊治过程中一定要注重表、里相联系的观点。

译文

余霖，字思愚，安徽桐城人。乾隆年间，桐城出现疫情，余霖认为该病是热淫造成，就使用石膏治疗。凡经他治疗的患者都能痊愈。十二年后，他来到京师，又遇到京师气温酷热，因而发生瘟疫。当时的医生都用张介宾的方法治疗，病人大多都死了，用吴有性的方法治疗也不能获得完全的疗效。鸿胪卿冯应榴的妾染病，快要死了，余霖给她用大剂量的石膏，很快就痊愈了。后来医生按照他的方法治疗，救活了无数的病人。余霖所著《疫疹一得》，其理论和吴有性的有同有异，吸取了吴有性的辨证治疗观点；而在使用达原饮和三消饮、承气养营汤上，仍然有附会吴有性关于表里之说的观点。

评析

余霖（1724—1795），清代医家，字师愚，安徽桐城人。少年习儒。以后弃儒攻医，乾隆二十九年（1764）其父染疫，由于被当地医生所误治，以致不救，使余霖抱恨不已。此后，则侧重于疫疹的研究。在其学习中医本草著作时，见书中记载石膏的作用，其性大寒，大清胃热，而味淡而薄，能解肌热，同时体沉而寒，又能泻实热，认为温热之疫非石膏不能治，因此在临床上遂用石膏重剂以试治瘟疫，并取得满意疗效。在其三十年临证中，著有《疫疹一得》，创制重用石膏的清瘟败毒饮治疫三十年，活人无数。吴氏之瘟疫属湿热之性，故易阻碍病机，疏利分消自然为法。而余氏之疫疹则侧重于热毒疫邪，故以清热解毒为治。余霖与吴又可对于瘟疫性疾病的辨治，丰富了祖国医学温热病辨治的内容，对明清时期温病学派的形成产生了深远的影响。

刘奎传

刘奎，字文甫，山东诸城[①]人。乾隆末，著《瘟疫论类编》及《松峰说疫》二书，松峰者，奎以自号也。多为穷乡僻壤艰觅医药者说法[②]。有性论瘟疫，已有大头瘟、疙瘩瘟疫、绞肠瘟、软脚瘟之称，奎复举北方俗谚所谓诸疫证名状，一一剖析之。又以贫寒病家无力购药，取乡僻恒有之物可疗病者[③]，发明其功用，补《本草》所未备，多有心得。同时昌邑黄元御治疫[④]，以浮萍代麻黄，即本奎说。所著书流传日本，医家著述，亦有取焉[⑤]。

——赵尔巽·清史稿卷五百二·列传二百八十九·艺术一

译文

刘奎，字文甫，山东诸城人。乾隆末年，撰写了《瘟疫论类编》及《松峰说疫》两部书。松峰，是刘奎给自己起的号。他常常为穷乡僻壤不易寻觅到医药的人讲说医理。吴有性论述瘟疫，已经有大头瘟、疙瘩瘟、绞肠瘟、软脚瘟这些名称，刘奎又列举了北方俗语谚语中所谈到的各种疫证名称，一一加以分析解释。另外，他还因为贫穷人家没钱购药，选取偏僻山乡常见的能够治病的药物，阐明其治病的功用，弥补《本草》书中的缺失和不足，很有心得。当时山东昌邑的黄元御治疗疫病，用浮萍代替麻黄，就是依据了刘奎的说法。刘奎所著的医书还流传到了日本。其他医家在自己著述中，也引用了刘奎的许多观点。

---

① 山东诸城：地名，即今山东省诸城市。

② 多为穷乡僻壤艰觅医药者说法：刘奎之所以自号“松峰”，其含义就是在穷乡僻壤苦寻医药者的意思。

③ 取乡僻恒有之物可疗病者：故尽量选取在穷乡僻壤就能寻找的平常、且能治病的药物。

④ 同时昌邑黄元御治疫：与刘奎同时代的昌邑（即今山东省潍坊昌邑市）人黄元御也善于治疗瘟疫。黄元御（1705—1758）：清代著名医学家。名玉璐，字元御，一字坤载，号研农，别号玉楸子。尊经派的代表人物；乾隆皇帝的御医，乾隆皇帝亲书“妙悟岐黄”褒奖其学识，亲书“仁道药济”概况其一生。他继承和发展了博大精深的祖国医学理论，对后世医家影响深远，被誉为“黄药师”“一代宗师”，清军四川军医馆——久真堂的祖师爷。

⑤ 刘奎所著的医书流传到日本。其他医家在自己著述中，也引录了刘奎的许多观点。

评 析

刘奎，清代著名医家，生卒年不详，又名刘复明，字文甫，号松峰，山东潍坊诸城人。刘奎自幼习儒，为清朝监生。因自身患病，发愤学医，曾跟叔父刘统勋去北京，学医于郭右陶。他对《内经》《难经》精研深究，对金元四家及张景岳等人的名著，勇于探索，融古出新，在治疗瘟疫症方面独树一帜。

他一生多奔波于京师、长安、广东等地，晚年隐居五莲松朵山下，自号松峰老人。其二子亦善医。与其子秉锦合著成《松峰说疫》《瘟疫论类编》等书。其中《松峰说疫》六卷，载病症 140 余种、方剂 200 个，主要内容有“述古”“论治”“杂疫”“辨疑”“诸方”“运气”六个方面。在其论著中，遵张仲景《伤寒论》六经证治之说，结合临床经验，独创瘟疫六经治法，发展了仲景学说。对历代瘟疫名家张景岳、吴又可等前辈理论，能择其善而从之。比如，历代医家认为瘟疫属热者多，治尚寒凉，而他却施以温药，他认为对瘟疫防应重于治。他对孕妇、小儿瘟疫的治疗、护理及病后调理的有效方法，值得后人借鉴。

周学海传

周学海，字澂之，安徽建德①人，总督馥子②。光绪十八年进士③，授内阁中书④，官至浙江候补道⑤。潜心医学，论脉尤详，著《脉义简摩》《脉简补义》《诊家直诀》《辨脉平脉章句》。引申旧说，参以实验，多心得之言。博览群籍，实事求是，不取依托附会。慕宋人之善悟，故于史堪、张元素、刘完素、

---

① 安徽建德：地名，即今浙江省杭州建德市。

② 总督馥子：周学海是两江总督周馥的长子。周馥（1837—1921），字玉山，号兰溪，谥悫慎。安徽至德（今安徽东至）人。早年因多次应试未中，遂投笔从戎，在淮军中做了一名文书。后又升任县丞、知县、直隶知州留江苏补用、知府留江苏补用。清同治九年（1870），以道员身份留直隶补用，其间积极筹划建立北洋海军事宜，同时还创办了中国第一所武备学堂——天津武备学堂。光绪三年（1877）任永定河道；七年（1881）任津海关道；九年又兼任天津兵备道；十年，奉李鸿章之命到渤海编练民船团练；十四年（1888）升任直隶按察使。十九年（1904），署理两江总督，期间曾筹办渔业公司，查勘东三省矿务，招商试办。甲午战争爆发后，被任命为前敌营务处总理。马关议和后，以身体病弱自请免职。

③ 周学海为光绪十八年（1903）进士。光绪（1875—1908）是清德宗皇帝爱新觉罗·载湉年号，共三十四年。

④ 内阁中书：清代官名，掌撰拟、记载、翻译、缮写，或由举人考授，或由特赐。清代在内阁中设中书，定额为满洲中书70人，蒙古中书16人，汉军中书8人，汉中书30人，官阶为从七品，掌管撰拟、记载、翻译、缮写之事。清代在进士参加朝考以后，除择优任翰林院庶吉士者外，较次者部分用为内阁中书，经过一定的年限，可外补同知或直隶州知州，或保送充任军机处章京，一般很受重视。

⑤ 候补道，清制，职官称谓。通常，此官职是以几种情形体现。一种情形是，高级职官丁忧后再请职者，正常任用，提升任用为道员职时会作为“候补道”；边封疆任职积绩者也会得以提升为“候补道”。这两种基本都是候得实务。另外就是纯粹以捐纳方式，所获文职最高级之职道员，捐纳得官后，赴吏部报到，等候吏部依法选用，称为候选。吏部再分发某部或某省，听候委用，称为候补。道员实缺有限，捐纳道员一般无缺可补，仅能得到或长或短的临时差委，故称为即补道，绝对是不完全同于候补道。因为后者含可得实务的官员，即补道才属于终难得补缺的最低一种。

滑寿及近世叶桂诸家书[①]，皆有评注。自言于清一代名医，服膺张璐、叶桂两家[②]。证治每取璐说，盖其学颇与相近。宦游江、淮间[③]，时为人疗治，常病不异人，遇疑难，辄有奇效。刻古医书十二种，所据多宋、元旧椠藏家秘籍[④]，校勘精审，世称善本云。

——赵尔巽·清史稿卷五百二·列传二百八十九·艺术一

译文

周学海，字澂之，安徽建德人，是两广总督周馥的儿子。光绪十八年考中进士，授以内阁中书之职，官至浙江候补道。他用心研究医学，对脉学的论述尤其详细，著有《脉义简摩》《脉简补义》《诊家直诀》《辨脉平脉章句》。他的书延展推广了古人的学说，融会了自己的实际经验，写的大多数是自己的体会。他博览群书，实事求是，既不假托圣贤之名也不盲目地随从。他羡慕宋人善于思考领悟，所以对史堪、张元素、刘完素、滑寿以及近代的叶桂等医家的书都做了评注。自称对于清朝名医，打心眼里佩服张璐、叶桂二人。周学海

① 故于史堪、张元素、刘完素、滑寿及近世叶桂诸家书：所以，对史堪、张元素、刘完素、滑寿及近代叶桂等诸位医家的著作。史堪：宋代医家。生卒不详。尝官至郡守，精于医药。治病以法炮制用药，审证精当，常三四服药即效。不愈即重新审证，检讨其由，改用他法，以符病情。尝治一同邑人，恶闻食臭，神倦消瘦，医莫能愈。史氏依《内经》诊为"食挂"，予以调治而愈。又蔡京患便秘，史氏以紫菀清其肺气调治而愈。著有《史载之方》行世，全书凡三十一门，多论述内、妇科病，另有《史载之指南方》，或云即《史载之方》。张元素：金代医学家。字洁古，人称易水先生，易州（今河北易县）人。初习儒，因犯讳而落第，遂弃儒而习医，通晓医理。后医术高明，相传曾为刘完素治疗伤寒证获愈，完素折服。有革新精神，首先提出"运气不齐，古今异轨，古方新病，不相能也"。故善于化裁，探讨新方法，自成一家，多有创见。其用药均有独到之处，能辨药物性味之厚薄阴阳、升降浮沉，提出药物有归经、引经报使之说，又拟定"脏腑虚实标本用药式"，甚有特色，影响深远，故李时珍赞其"大相医理"，评价至高。所著有《医学启源》《洁古珍珠囊》《洁古叔和脉诀》《脏腑标本药式》。尚有《医方》《产育保生方》《洁古本草》《洁古家珍》《药注难经》。后书疑为伪托，亦未见行世。由于其革新思想，且多有创见，后世以其学说自成一派，称"易水学派"，亦有较大影响。叶桂（1667—1746）：清代著名医学家，字天士，号香岩，晚号上津老人、南阳先生。吴县（今属江苏）人。出身世医家庭，祖叶时、父叶朝采皆以儿科出名。桂于十二岁开始从父学医，后因父殁，十四岁从其父门生朱某学，聪颖善解，且每能出其师之上。桂极喜学习，不耻下问。至十八岁，已拜十七师，王子接、周相俊均为其师授。除专长于家传儿科外，兼通内科杂病及其他各科，尤专长于温病，其代表作《温热论》虽为其门徒顾景文所录之材料整理而成，但其思想则完全代表叶桂之温热证思想。其名言"温邪上受，首先犯肺，逆传心包"及"卫之后方言气，营之后方言血"，乃温病学派中重要原则，是温病卫气营血辨证的辨证体系的依据，叶桂是明清以来温病学派的主要创始人之一。其于杂病则注重脾胃，强调要辨证论治，不可偏执于一己之见，一家之言。其著作主要皆由其弟子整理而成，其中有《临证指南医案》《叶案存真》等，其后代、门生，亦皆有医名。

② 服膺张璐、叶桂两家：我只服张璐、叶桂两个人。

③ 周学海在江淮间宦游。宦游，泛指离乡求官奔波在外。

④ 所据多宋、元旧椠（qiàn）藏家秘籍：大多都是来自宋、元时期刻本或藏家的秘籍。

的辨证论治常常取自张璐的学说，是因为张璐的学术观点和自己很相近。周学海因做官往来于江、淮之间，时常给人治病，他治疗日常疾病和其他医生没有什么区别，但遇到疑难病证，他的治疗却很有效果。周学海刻印了古医书12种，依据的大多是宋、元旧刻本收藏家收藏的秘籍，他校勘得很精细准确，世人称为善本书。

评 析

周学海（1856—1906），清代医学家，字澂之，一字健之，浙江建德人。光绪十八年（1892）进士，授内阁中书，官至浙江候补道。儒而通医，尤精脉学。著有《脉义简摩》八卷，《脉简补义》《诊家直诀》《辨脉平脉章句》各两卷（后人合刊为《周氏医学丛书脉学四种》）。仰慕宋元诸家，对史堪、张元素、刘完素、滑寿之说，皆有评注。服膺张璐、叶桂，证治每取张说，曾评注叶著《温热论》《幼科要略》《叶案存真类编》。宦游江淮间，治疑难症多有奇效。博览群书，广采百家，历时三十年（1891—1921），汇刻成《周氏医学丛书》三集，共收医籍三十二种，一百八十八卷，为中医丛书之佳作。

高世栻传

高世栻，字士宗。与志聪同里[①]。少家贫，读时医通俗诸书，年二十三即出疗病，颇有称[②]。后自病，时医治之，益剧；久之，不药[③]，幸愈。翻然悔曰："我治人，殆亦如是，是草菅人命也。"乃从志聪讲论轩、岐、仲景之学，历十年，悉窥精奥。遇病必究其本末，处方不同流俗。志聪著《本草崇原》，未竟[④]，世栻继成之。又注《伤寒论》。晚著《医学真传》，示门弟子。自述曰："医理如剥蕉，剥至无可剥，方为至理。以之论病，大中至正[⑤]，一定不移。世行分门别类之方书，皆医门糟粕，如薛己、赵献可辈[⑥]，虽有颖悟变通，非轩、岐、仲景一脉相传之大道。古人云：'不知十二经络，开口举手便错；不明五运六气，读尽方书无济。病有标有本，求其标，只取本，治千人，无一损。'故示正道，以斥旁门，使学者知所慎。"

——赵尔巽·清史稿卷五百二·列传二百八十九·艺术一

译 文

高世栻，字士宗，和张志聪是同乡。高世栻小时家中贫寒，读了一些当时

① 与志聪同里：高世栻和张志聪是同乡。
② 颇有称：还很有名气。
③ 不药：没有吃药。
④ 未竟：还未写完，张志聪就去世了。
⑤ 大中至正：既要博大精深，又要回归正统。
⑥ 如薛己、赵献可辈：如薛己、赵献可等辈。薛己（1487—1559）：明代医学家，字新甫，号立斋，吴县（今江苏苏州）人。父薛铠曾为太医院医士。薛己自幼继承家训，精研医术，兼通内、外、妇、儿各科，名著一时。正德元年（1506）补为太医院院士，九年提为御医，十四年授南京太医院院判，嘉靖九年以奉政大夫南京太医院院使致仕归里。薛己治学极为刻苦，论著很多，除自著的《外科枢要》《内科摘要》《女科撮要》《疠疡机要》《正体类要》《口齿类要》之外，还有许多校订书，薛己校订书的特点，选注名著，附以己见，如他校订有《妇人良方大全》《小儿药证直诀》《明医杂著》《外科精要》等数十种。这些校本中不少附有医案，以临床验证来说理法方药依据。学术思想受张元素、李杲、钱乙等影响最大。薛己以外科见长。赵献可：明代医家。字养葵，号医巫闾子，鄞县（今属浙江）人。好学博览，曾游学陕西、山西等地，精医理，推崇薛己，谓"命门"是人身脏腑之主，其意义甚至重于心，命门之火为人身之至宝，性命之本。人体生机之盛衰与命门之火的强弱关系重大。故养生、治病重在养命门之火。于古方六味丸、八味丸运用颇有心得。但理论上表现一定的局限性，受到后世医家非议。著有《医贯》六卷（1617），《邯郸遗稿》《内经抄》《素问注》《经络考》等。子贞观，承其业。

社会流行的医学通俗读物，23 岁时就为人治病，有一些名气。

后来因为自己生病，医生为他治疗，病情反而更加严重了；过了一段时间，停药之后，他的病反而莫名其妙痊愈了。世栻顿时幡然悔悟："我给人治病，大概和这个医生差不多，这是在草菅人命啊！"于是他跟随张志聪听讲黄帝、岐伯、张仲景的学说。经过十年，完全了解掌握了其中的奥秘。他诊疗疾病一定要研究其源本，所开处方也不流于世俗。张志聪著有《本草崇原》，但没有写完就去世了，高世栻继续编写最终完成了这本著作。他还编辑了《伤寒论集注》。他晚年著有《医学真传》，用以教导门下的弟子。他在自述中说："医理如同剥香蕉，剥到无法可剥，才能得到最好的理论。用它来论病，坚持中正之道，决不能偏移。社会上通行的那些分门别类的方书，都是医学的糟粕。像薛己、赵献可这些人，虽然聪明，理解力强，且善于变通，但也没有真正掌握黄帝、岐伯、张仲景一脉相传的最高法则。古人说：不知十二经络，开口举手便错；不明五运六气，读尽方书无济。病有标有本，求其标，只取本，治千人，无一损。所以要教之以正确理论，排斥旁门左道，让学医的人知道哪些是要慎重对待的。"在他之后还有张锡驹，字令诏，也是钱塘人，著有《伤寒论直解》《胃气论》，他的学说都来源于张志聪。

评 析

高世栻（1644—1911），清代著名医学家，字士宗，钱塘（今浙江杭州）人。高世栻年少时家贫，自觉研读通俗医书。后从师于张志聪。张氏撰《本草崇原》，未竟而卒，世栻继之，并曾纂集张志聪所注解的《伤寒论集注》。此外，对《内经》加以注解而成《素问直解》一书（1695）。晚年有《医学真传》（1699），是与弟子论学之辑录。尚有《灵枢直解》《金匮集注》诸书，未见传世。

陈念祖传

陈念祖，字修园，福建长乐[①]人。乾隆五十七年举人[②]。著《伤寒金匮浅注》，本志聪、锡驹之说[③]，多有发明，世称善本。嘉庆中，官直隶威县知县，有贤声[④]。值水灾，大疫，亲施方药，活人无算。晚归田，以医学教授，门弟子甚众，著书凡十余种，并行世。

——赵尔巽・清史稿卷五百二・列传二百八十九・艺术一

译文

陈念祖，字修园，福建长乐人，是乾隆五十七年的举人。陈念祖著有《伤寒金匮浅注》，源自张志聪、张锡驹的学说，且多有建树，世称善本。嘉庆年间，陈念祖官任直隶威县知县，享有很好的名声。凡遭遇大灾，爆发大的疫情，他就亲自施用医药，救活的人不计其数。陈念祖晚年回归田里，教授医学，弟子非常多，著的书共计有十多种，都流行在世上。

评析

陈念祖（1766—1833）：清代医学家，字修园、良有，号慎修，福建长乐人。幼时家贫，攻举子业，并兼习医学。尝随泉州名医蔡宗玉（茗庄）学医，颇有心得。尝于京师治愈一偏瘫患者而誉满京师，后常于任内救治疾病。后归里于嵩山井山草堂讲学。平生著述甚丰，其医学思想皆本自《内经》《伤寒论》《金匮要略》，撰成《金匮要略浅注》《金匮方歌括》《伤寒论浅注》《伤寒医诀

① 福建长乐：地名，即今福建省福州市长乐市。

② 乾隆五十七年（1792）中举人。乾隆（1736—1796）是清代高宗清高宗爱新觉罗・弘历年号，共六十年。清高宗爱新觉罗・弘历（1711—1799）：清朝第六位皇帝，入关之后的第四位皇帝。年号“乾隆”，寓意“天道昌隆”。

③ 本志聪、锡驹之说：陈念祖的医学源于张志聪、张锡驹。张锡驹（1644—？），清初医家，生卒不详，字令韶，浙江钱塘（今杭州市）人。曾学医于名医张志聪，钻研伤寒学。著有《伤寒论直解》《胃气论》两书。

④ 陈念祖为官有贤明的名声。

串解》《神农本草经读》。于仲景之学，他反对错简论，其治学严谨，力求“深入浅出，返博为约”“由浅入深，从简及繁”，致力于医学之通俗化，著有《医学三字经》《医学实在易》等，为初学门径书，流传极广。其他著作尚有《灵素节要浅注》《女科要旨》《神农本草经读》《时方歌括》《十药神书注解》。后世将其医书合刊为《南雅堂医书全集》或称《陈修园医书十六种》；尚有《陈修园医书》二十一种、六十种、七十二种等等。念祖吸收古代医学精华，结合自己临床经验加以应用、补充，对医学通俗化、大众化做出了重要贡献。林则徐在《金匮要略注序》中说：“近者业医者，无出其右。”但其尊经崇古思想较深，对张景岳、李时珍等著名医家，均有激烈之抨击，其言论亦为医家所非议。

柯琴传

柯琴，字韵伯，浙江慈溪[①]人。博学多闻，能诗、古文辞。弃举子业，矢志医学。家贫，游吴[②]，栖息于虞山[③]，不以医自鸣[④]，当世亦鲜知者。著《内经合璧》，多所校正[⑤]，书佚不传。

注《伤寒论》，名曰《来苏集》。以方有执、喻昌等各以已意更定[⑥]，有背仲景之旨[⑦]，乃据论中有太阳证、桂枝证、柴胡证诸辞以证名篇，汇集《六经诸论》，各以类从[⑧]。自序略曰："伤寒论经王叔和编次[⑨]，已非仲景之旧，读者必细勘何者为仲景言，何者为叔和笔。其间脱落、倒句、讹字、衍文，一一指破，顿见真面。且笔法详略不同，或互文见意，或比类相形，因此悟彼，见微知著，得于语言文字之外，始可羽翼仲景。自来注家，不将全书始终理会[⑩]，先后合参，随文敷衍，彼此矛盾，黑白不分。三百九十七法[⑪]，不见于仲景序文，又不见于叔和序例，林氏倡于前[⑫]，成氏和于后[⑬]，其不足取信，王安

① 浙江慈溪：地名，即今浙江省宁波市慈溪市。

② 吴：东吴地区（相当于现在江苏南部、浙江、安徽南部地区）。

③ 虞山：位于江苏省常熟市，古称乌目山，横卧于常熟城西北，北濒长江，南临尚湖。

④ 从不以医术高明而得意。

⑤ 对《黄帝内经》有很多校正之处。

⑥ 以方有执、喻昌等各以已意更定：他认为，以方有执、喻昌等为代表的一部分医家，以自己的观点来更改确定《伤寒论》。

⑦ 有背仲景之旨：有违背张仲景《伤寒杂病论》要旨之嫌。

⑧ 各以类从：把相关内容分门别类，编著《伤寒论注》。

⑨ 柯琴在《伤寒论注·序》中说道，《伤寒杂病论》经王叔和编次。

⑩ 不将全书始终理会：不理会张仲景《伤寒杂病论》全文。

⑪ 后人总结出所谓《伤寒杂病论》的 397 条文。

⑫ 林氏倡于前：397 条文的说法，最早由林亿提倡。林氏，即林亿，宋代人，官阶五品。精医术。嘉祐二年（1057）政府设立校正医书局，与掌禹锡、苏颂等校定《嘉祐补注神农本草》二十卷。又于神宗熙宁年间（1068—1077）与高保衡、孙兆等共同完成《素问》《灵枢》《难经》《伤寒论》《金匮要略》《脉经》《诸病源候论》《千金要方》《千金翼方》《外台秘要》等唐以前医书校订刊印，为保存古代医学文献和促进医药传播作出贡献。其治学严谨，如校《素问》，采数十家之长，端本寻支，溯流清源，改错六千余字，增注两千余条。

⑬ 成氏和于后：成无己在后边符合。成氏，即成无己（1063—1156），宋朝著名医学家，茌平老城人。

道已辨之矣[①]。继起者[②]，犹琐琐于数目，亦何补于古人？何功于后学哉？大青龙汤[③]，仲景为伤寒中风无汗而兼烦燥者设，即加味麻黄汤耳。而谓其伤寒见风、伤风见寒[④]，因以麻黄汤主寒伤营、桂枝汤主风伤卫、大青龙汤主风寒两伤营卫[⑤]，曲成三纲鼎立之说[⑥]，此郑声之乱雅乐也[⑦]。且以十存二三之文[⑧]，而谓

---

① 王安道已辨之矣：对这个问题，王安道早已做过辨别。王安道，即王履（1332—？）：元末明初医学家、画家、诗人。字安道，号畸叟，又号抱独老人。明洪武十六年（1383）尚在，昆山（今属江苏）人，祖籍魏博（今河北境内）。学医于朱丹溪，是其门人，尽得朱氏之学。《古今医统》称王安道“学究天人，文章冠世，极深医源，直穷奥妙”。《四库全书提要》称其“实能贯彻源流，非漫为大言以夸世者”。充分说明王氏之学于医学理论颇有造诣，其探讨医理强调对临床实践的指导作用，治学严谨，立论有据。著有《医经溯洄集》《百病钩玄》《医韵统》等，现唯有《医经溯洄集》行于世，是其代表著作。

② 王安道以后，历代继续研究《伤寒杂病论》之学者。

③ 大青龙汤，中医方剂名。为解表剂，具有辛温解表之功效。主治外感风寒，兼有里热，恶寒发热，身疼痛，无汗烦躁，脉浮紧。亦治溢饮，见上述症状而兼喘咳面浮者。临床常用于治疗流感、暑热、急性肾炎、瘾疹、小儿夏季外感高热。

④ 而谓其伤寒见风、伤风见寒：他们医家却把它当作治疗“伤寒见风”“伤风见寒”的主打药方。所谓“伤寒见风”“伤风见寒”，按明代医学家徐春甫的解释，伤寒见风就是“外证是伤寒，诊其脉是伤风，脉浮而缓也，故曰伤寒见风，见风脉也。外证寒多热少，不烦，手足微厥是也。”伤风见寒就是“外证是伤风，诊其脉则是伤寒，脉浮而紧者是也。其证恶风发热多烦，或手足微温。”

⑤ 因以麻黄汤主寒伤营、桂枝汤主风伤卫、大青龙汤主风寒两伤营卫：这些医家于是以麻黄汤主治“寒伤营”、桂枝汤主治“风伤卫”、大青龙汤主治“风寒两伤营卫”。“寒伤营”，也称“寒伤营证”，即麻黄汤证。《伤寒论·辨太阳病脉证并治》：“太阳病，头痛发热，身疼腰痛，骨节疼痛，恶风，无汗而喘者，麻黄汤主之。”成无己注云：“此太阳伤寒也，寒则伤荣。”（《注解伤寒论》卷三）荣，通营。寒伤荣则寒伤营。《张氏医通·诸伤门》：“如见恶寒发热，头疼、骨节痛、无汗而喘，脉浮紧者，寒伤营证也。以寒为阴邪，故直伤于营分，营伤，所以腠理固闭，无汗而喘，身疼、骨节痛，而脉不柔和。”关于寒伤营证，方有执、喻嘉言又在前人基础上有所补充（详见《伤寒论条辨》及《尚论篇》）。“风伤卫”，病证名。疟疾之一。一名温疟、风疟。《症因脉治》卷四：“风伤卫疟，《内经》亦名温疟。风疟之症，《内经》云：风伤卫气，先热后寒。此言先后者，言多少也，言热多寒少之疟，是以不曰恶寒，而曰恶风、自汗、烦躁、伸欠也。不恶寒则寒少也；发热直至烦躁，热多也。若头痛背痛，发于午前者，太阳也；目痛鼻干，发于午后者，阳明也；发于寅卯者，少阳也。风疟之因，《内经》云，暑邪既伏，秋气收之，汗出遇风，与卫气并居，阴阳分争，内外相搏，而风邪伤卫之疟作矣。”脉弦或浮缓、洪长。治法如疟在太阳有汗，桂枝石膏汤；在阳明，白芷石膏汤；在少阳，小柴胡汤；三阳俱见症者，《证治准绳》和解汤等方。“风寒两伤营卫”，病证名。风寒之邪伤于卫分、营分。指大青龙汤证。《伤寒论·辨太阳病脉证并治》：“太阳中风，脉浮紧，发热，恶寒，身疼痛，不汗出而烦躁者，大青龙汤主之。”《注解伤寒论》卷三注云：“此中风见寒脉也。浮则为风，风感则伤卫；紧则为寒，寒则伤荣。荣卫俱病，故发热，恶寒，身疼痛也。”《伤寒论条辨》卷三：“中风者，单只卫中于风而病也；伤寒者，单只荣伤于寒而病也；若风寒俱有而中伤，则荣卫皆受而俱病。”风寒两伤营卫等说，后世医家持有异议。

⑥ 曲成三纲鼎立之说：将张仲景《伤寒杂病论》曲解成“三纲鼎立”之说。三纲鼎立，是宋代以来，历代研究《伤寒杂病论》的医家们对太阳病篇麻黄汤、桂枝汤、大青龙汤三方证的病因病机的阐述中形成的。即“风伤卫，则用桂枝汤；寒伤营，则用麻黄汤；风寒两伤营卫，则用大青龙汤。”此论被后世称之为“三纲鼎立”说。

⑦ 此郑声之乱雅乐也：这就像“郑声”扰乱高雅音乐一样。郑声，春秋战国时郑国音乐。《论语·卫灵公》：“放郑声，远佞人。郑声淫，佞人殆。”刘宝楠《正义》：“《五经异义·鲁论》说郑国之俗，有溱、洧之水，男女聚会，讴歌相感，故云郑声淫。”南朝·梁·刘勰《文心雕龙·乐府》：“《韶》响难追，郑声易启。”明·杨慎《升庵经说·淫声》：“郑声淫者，郑国作乐之声过于淫，非谓郑诗皆淫也。”清·陈廷焯《白雨斋词话》卷五：“此《关雎》所以不作也，此郑声所以盈天下也。”

⑧ 且以十存二三之文：况且在这些医家关于《伤寒杂病论》注解的著作中，大概仅收集张仲景《伤寒杂病论》十分之二三的原文。

之全篇，手足厥冷之厥[①]，或混于两阴交尽之厥[②]，其间差谬，何可殚举[③]？此愚所以执卷长吁[④]，不能已也！”

又著《伤寒论翼》，自序略曰：“仲景著《伤寒杂病论》，合十六卷，法大备[⑤]。其常中之变，变中之常，靡不曲尽[⑥]。使全书俱在，尽可见论知源。自叔和编次《伤寒杂病论》[⑦]，分为两书，然本论中杂病留而未去者尚多，虽有伤寒论之专名，终不失杂病合论之根蒂也。名不副实，并相淆混，而旁门歧路，莫知所从，岂非叔和之谬以祸之欤？夫仲景之言六经为百病之法，不专为伤寒一科[⑧]，伤寒、杂病，治无二理，咸归六经之节制[⑨]。治伤寒者，但拘伤寒，不究其中有杂病之理；治杂病者，复以伤寒论无关于杂病，而置之不问。将参赞化育之书，悉归狐疑之域，愚甚为斯道忧之[⑩]。”论者谓琴二书，大有功于仲景[⑪]。

——赵尔巽·清史稿卷五百二·列传二百八十九·艺术一

译文

柯琴，字韵伯，浙江慈溪县人。他博学多闻，能做诗、写古文辞句。柯琴放弃科举考试的学业，发誓要从事医学。他因家中贫穷，在东吴地区漂泊游历，

① 手足厥冷之厥：如因患“手足厥冷”导致的昏厥。手足厥冷，证名。手足厥冷指手足冷至肘膝的征象，又称手足逆冷、手足厥逆、四逆等。有寒热之分：寒证由于阳气衰微，阴寒内盛所致，常伴有怕冷、下利清谷、脉沉微等，治宜回阳救逆，祛寒，方用四逆汤、大乌头煎等方；热证多因热邪郁遏，阳气不能通达四肢，伴有胸腹烦热、口渴等证，治宜宣透郁热，方用四逆散、白虎汤、承气汤等。

② 或混于两阴交尽之厥：有人就混同于因患“两阴交尽”导致的昏厥。两阴交尽，证名。即“厥阴”，《灵枢·阴阳系日月》：“此两阴交尽，谓之厥阴。”按：十二月与足之左右各六经相合，七、八两月为少阴，十一、十二两月为太阴，九、十两月于其间为阴气交会之时，故称厥阴。

③ 何可殚（dān）举：类似的例子没办法全部举出来。

④ 对于这种昧于事理的错漏，柯琴只得手拿书籍长时间叹息。

⑤ 合十六卷，法大备：共十六卷，对伤寒的治法论述得已很详备。

⑥ 靡（mí）不曲尽：已没有不竭尽全力的。

⑦ 自叔和编次《伤寒杂病论》：自王叔和编次《伤寒杂病论》，将其分解为《伤寒论》和《金匮要略》两本书。

⑧ 不专为伤寒一科：而不仅只是专门治疗伤寒一科。柯琴此话，实际上反映了自王叔和将张仲景《伤寒杂病论》编次后，历代医家长期认为《伤寒论》中的六经辩证理论只适于指导外感伤，尤其是随着温病学说总结出“三纲鼎立说”后，六经辨证更是降为只适于风寒性质的外感病。这几乎成为传统经典说法。柯琴对此提出不同意见，他认为六经辨证不仅适用于伤寒，更适用于所有疾病。柯琴这种观点无疑是一次大的飞跃。可惜，由于其违反传统，因而不被多数医家接受。

⑨ 都是归于六经辨证的管辖范围。

⑩ 我将参考那些所谓能使人教化培育的书籍，全部归入让我怀疑的地方，我实在是为仲景医学之道的传承担忧。

⑪ 论者谓琴二书，大有功于仲景：评论家认为柯琴《伤寒论注》《伤寒论翼》两书，对仲景学说的传承有很大功劳。

住在虞山。因为他不以医术高明来自我显摆，所以当时很少有人知道他精通医学。柯琴写有《内经合璧》一书，对《内经》校正之处很多，可惜该书已佚失。

他注释的《伤寒论》叫《来苏集》，他认为方有执、喻昌等人各自都是按照自己的意愿来改定《伤寒论》，有违背张仲景本义之处，于是根据《伤寒论》中有太阳证、桂枝证、柴胡证等词，用证来冠以篇名，汇集了六经各论，分别按照类别排列，编著成《伤寒论注》。他在自序中大略说道："《伤寒论》经过王叔和的编辑整理，已经不再是张仲景《伤寒杂病论》的原文，所以读者一定要仔细斟酌，哪些地方是张仲景说的，哪些地方是王叔和写的。而在文中，存在许多遗漏、错字、附加的文字等，都需要一一指出，马上就能使张仲景原著《伤寒杂病论》的真面目显现出来；而且张仲景、王叔和他俩的笔法、详略都不相同。或者通过上下文联系而得出本意，或者将它们分别归类进行比较、对照，由此处领悟彼处，看到微小的苗头，就知道可能会发生显著的变化；尤其是要领会语言文字以外的引申含义，这样才可以维护张仲景的学说，真正掌握他的内涵。自古以来的注家，不领会张仲景《伤寒杂病论》全文，不对前后各种版本对照检查，只是根据文字敷衍注解，而且注解前后矛盾、不辨是非、不分好坏。后人总结出所谓《伤寒杂病论》的 397 条文，最早由林亿提倡，成无己在后边附和，既没有出现在张仲景《伤寒杂病论》序文中，也没有在王叔和的序例中见到，因此皆不足以取信。对这个问题，王安道早已做过辨别，王安道以后，历代继续研究《伤寒杂病论》的学者还是在数目上犹疑不定，这样做对古人学问的继承和发扬又有什么贡献？对后学者有何功劳？所谓'大青龙汤'，就是张仲景为治'伤寒中风无汗而兼烦燥者'而创设，也就不过是在'麻黄汤'基础上加几味药而已，他们医家却把它当作治疗'伤寒见风''伤风见寒'的主打药方，于是他们以麻黄汤主治'寒伤营'、桂枝汤主治'风伤卫'、大青龙汤主治'风寒两伤营卫'，将张仲景《伤寒杂病论》曲解成'三纲鼎立'之说，这是用歪理邪说扰乱了张仲景的正宗理论，这就像'郑声'扰乱高雅音乐一样。况且在这些医家关于《伤寒杂病论》注解的著作中，大概仅收集张仲景《伤寒杂病论》十分之二三的原文，却认为是原文的全篇了。如因患'手足厥冷'导致的昏厥，有人就混同于因患'两阴交尽'导致的昏厥，两者之间差错太大了，类似的例子举不胜举。对于这种昧于事理的错漏，柯琴只得手拿书籍长时间叹息，他认为，不能再这样下去了。”

他又著有《伤寒论翼》。在自序中他大致说道：“张仲景写的《伤寒论》共计十六卷，治病之法已经论述得很详尽了。其中既论述了常态之中有变化，变化中又蕴含着常态，治疗的方方面面都十分详尽，如果张仲景的《伤寒杂病论》全书内容都在。就能完全看清他的医学理论和医学渊源了。自王叔和编次《伤寒杂病论》，将其分解为《伤寒论》和《金匮要略》两本书，但是在《伤寒论》中保留了杂病而没有删除的地方还有很多，虽然有了‘伤寒论’的专名，终究没有失去杂病合论的根本，名称和实际内容不符合，并且相互混淆，使没有掌握正宗医学的人，不知该遵循什么，这难道不是由于王叔和的错误而留下的祸患吗？张仲景认为六经辨证是治疗百病的法则，不是专门为伤寒这一科设定的，伤寒、杂病的医治没有两个治疗法则，都受六经辨证的制约。治疗伤寒的人，却被伤寒所束缚，不研究这里面还蕴含着杂病的道理；治疗杂病的人，又因为《伤寒论》中没有关于杂病的论述，从而将其置于不闻不问的程度。把一部助天地之化生的书，全部置于让我怀疑的地方，我实在是为张仲景医学之道的传承担忧。”评论家认为柯琴《伤寒论注》《伤寒论翼》两书，对仲景学说的传承有很大功劳。

评 析

柯琴（1662—1735），清代伤寒学家点，字韵伯，号似峰，浙江慈溪人。柯琴博学多闻，能诗、古文辞。弃举子业，矢志医学。家贫，游吴，栖息于虞山，不以医自鸣，当世亦鲜知者。他一生潜心研究岐黄之术，平实低调，清贫度日。读《内经》《伤寒论》颇具心得。著医书及整理注释之典籍颇丰。撰《内经合璧》，已佚。另有《伤寒论注》《伤寒论翼》《伤寒附翼》。《伤寒论注》四卷、《伤寒论翼》二卷、《伤寒附翼》二卷，合称《伤寒来苏集》，为伤寒学派的重要著作，为学习和研究《伤寒论》的范本之一。

尤怡传

尤怡，字在泾，江苏吴县[①]人。父有田千亩，至怡中落。贫甚，鬻字于佛寺[②]。业医，人未之异也。好为诗，与同里顾嗣立、沈德潜游[③]。晚年，学益深造，治病多奇中，名始著[④]。性淡荣利，隐于花溪[⑤]，自号“饲鹤山人”，着书自得。其注《伤寒论》，名曰《贯珠集》[⑥]。谓后人因王叔和编次错乱[⑦]，辨驳改订，各成一家言，言愈多而理愈晦。乃就六经[⑧]，各提其纲，于正治法之外[⑨]，

---

① 江苏吴县：今江苏省苏州市吴中区。

② 在佛寺里卖字画。

③ 与同里顾嗣立、沈德潜游：和同乡的顾嗣立、沈德潜友好。顾嗣立（1665—1722）：清代学者，字侠君，号闾丘，江苏长洲（今常熟）人。康熙五十一年进士，曾预修《佩文韵府》，授知县，以疾归，喜藏书，尤耽吟咏，性豪于饮，有酒帝之称。博学有才名，喜藏书，尤工诗，著有《秀野集》《闾丘集》。沈德潜（1673—1769）：字确（què）士，号归愚，长洲（今江苏苏州）人，清代诗人。乾隆元年（1736）荐举博学鸿词科，乾隆四年（1739）进士，曾任内阁学士兼礼部侍郎。为叶燮门人，论诗主格调，提倡温柔敦厚之诗教。其诗多歌功颂德之作，但少数篇章对民间疾苦有所反映。所著有《沈归愚诗文全集》。又选有《古诗源》《唐诗别裁》《明诗别裁》《清诗别裁》等，流传颇广。

④ 名始著：声名才开始显现出来。

⑤ 花溪，位于浙江省金华市磐安县境内，浙江省磐安县中南部。

⑥ 其注《伤寒杂病论》，名曰《伤寒贯珠集》：他注解张仲景的《伤寒杂病论》，把著作名为《贯珠集》。

⑦ 谓后人因王叔和编次错乱：尤怡认为后人由于王叔和编次张仲景的《伤寒杂病论》错乱。

⑧ 乃就六经：于是尤怡针对六经病。六经病，病名，即太阳病、阳明病、少阳病、太阴病、少阴病、厥阴病六经病症。太阳病为《伤寒论》六经病之一，是太阳所主肤表与经络感受外邪，正邪交争于体表，营卫功能失调而发生的疾病，分太阳伤寒、太阳中风，太阳温病三大类。太阳病变证最多，是太阳病篇的特点之一，也最能体现辨证论治精髓的内容，包括太阳病本证、兼证、变证、类似证等四大病证。阳明病，伤寒六经病之一。为阳气亢盛，邪从热化最盛的极期阶段的伤寒。证候性质属里实热。少阳病，《伤寒论》六经病之一，是指以口苦、咽干、目眩、往来寒热、胸胁苦满、不欲饮食、心烦喜呕、脉弦为主症的病变，属于病位既不在表，又未入里的半表半里证，临床上常兼太阳表证或阳明里证。治疗应以和解为原则，小柴胡汤为其代表方。太阴病为《伤寒论》六经病之一，主要由脾阳素虚，或内有寒湿，复感外邪，致脾虚不运，寒湿内停。或是三阳病误治，伤及脾阳，致脾虚不运，寒湿内停；或邪陷脾络，脾络不通。所以太阴病的性质以脾脏的虚、寒、湿为特点，证见腹满而吐、下利、食不下、腹痛。少阴病，六经病之一，是指以心肾两脏虚衰为特征的病变。可从三阳病传变而来，也可以因外邪直中少阴而引起。由于心肾阳虚，阴寒内盛，其主要症状有脉微细，但欲寐，恶寒蜷卧，下利清谷，四肢逆冷，甚至汗出亡阳等。厥阴病。六经病之一，从证候分析，属于六经病阴阳胜复、寒热错杂的证情。治宜清上温下，乌梅丸为治疗厥阴病的代表方剂。厥阴病发厥者，当辨析其寒热以决定治法。厥阴病之厥，由阴阳气不相承接所致。如热邪传入厥阴，症见烦满消渴、舌卷囊缩、谵语便秘、手足乍温乍凉、脉沉有力者，可用大承气汤急下之。

⑨ 于正治法之外：除了正治法之外。正治法，即逆治，出自《素问·至真要大论》，论曰：“逆者正治”。张介宾注曰：“以寒治热，以热治寒，逆其病者，谓之正治。”如寒者热之、热者寒之、虚则补之、实则泻之、坚者削之、客者除之、劳者温之、结者散之、留者攻之、燥者濡之、急者缓之、散者收之、损者温之、逸者行之、惊者平之等均属正治法范畴。

太阳有权变法、斡旋法、救逆法、类病法[①]；阳明有明辨法[②]、杂治法[③]；少阳有权变法[④]；太阴有藏病、经病法[⑤]，经、藏俱病法[⑥]；少阴、厥阴有温法、清法[⑦]。凡病机进退微权[⑧]，各有法以为辨[⑨]，使读者先得其法，乃能用其方。分证甚晰，于少阴、厥阴、温清两法，尤足破世人之惑。注《金匮要略》，名曰《心典》。别撰《集诸家方书》《杂病治要》，足以羽翼仲景者，论其精蕴，曰《金匮翼》。又著《医学读书记》，于轩、岐以下诸家[⑩]，多有折衷，徐大椿称为得古人意[⑪]。怡著述并笃雅，世以《贯珠集》与柯琴《来苏集》并重焉。

——赵尔巽·清史稿卷五百二·列传二百八十九·艺术一

① 权变法：尽管都属于太阳病，但因为“人体气血有虚实之殊，藏府有阴阳之异”，虽同为伤寒之候，不得竟从麻桂之法，而分别有小建中汤、炙甘草汤、大小青龙汤等，是为太阳权变法。斡旋法：太阳病中，若汗出不彻而传变他经及发黄、蓄血，或汗出过而并伤阳气，乃有更发汗及用真武汤、苓桂甘枣汤等，是为斡旋法。救逆法：太阳病中，或当汗而反下，或既下而复汗，致有结胸、痞满、胁热下利诸变，乃用大小陷胸汤、诸泻心汤等，是为救逆法。类病法：至于太阳受邪，而见风温、温病、风湿、中湿、湿温、中暍、霍乱等诸证，形似伤寒，而治法迥异，是为类病法。

② 阳明有明辨法：阳明病，如经腑相连，虚实交错，或可下或不可下，或可下而尚不能下，及不可大下，故有脉实、潮热、转失气、小便少等之异，以及外导润下之别，是为明辨法。

③ 杂治法：阳明病，如病变发黄蓄血诸证，非复阳明胃实及经邪留滞之可比拟，或散或下，当随证而异其治，是为杂治法。

④ 少阳有权变法：少阳有汗下之禁，而和解却有兼汗下之法，如柴胡加桂枝汤、柴胡加芒硝汤、大柴胡汤、柴胡桂枝汤之类，是少阳的权变法。

⑤ 太阴有藏病、经病法：治疗太阴病有脏病法、经病法。太阴脏病法，太阴脏病为病证名，指寒邪直中太阴或邪传太阴寒证。亦称太阴脏证。见《通俗伤寒论·伤寒本证》。“邪传太阴脏证，口淡胃钝，呕吐清水，大腹痞满，满而时痛，自利不渴，渴不喜饮，小便短少色白。……此太阳寒邪，直入足太阴脏证也。法当温健脾阳，香砂理中汤主之；重则热壮脾肾，附子理中汤主之。”太阴经病法，太阴经病为病名，六经病之一，多因三阳病传经入里；或素体脾虚寒，发病即现太阴证候，为直中太阴；或因误治属太阴寒湿为患的里虚寒证。其主要症状，有腹满而吐、食不下、自利、口不渴、时腹自痛。治以温里为主，宜理中汤、四逆汤等方。

⑥ 经、藏俱病法：太阴经脏并受寒邪之证。下利腹胀满，里有寒也。身体疼痛，表有寒也。然必先温其里，而后攻其表，所以然者。脏气不充，则外攻无力，阳气外泄，则里寒转增，自然之势也。而四逆用生附，则寓发散于温补之中，桂枝有甘芍，则兼固里于散邪之内。用法之精如此。

⑦ 少阴、厥阴有温法、清法：治疗少阴病、厥阴病有温法和清法。尤怡在《伤寒贯珠集》中记载了少阴温法 15 条、清法 7 条；厥阴温法 10 条、清法 5 条。

⑧ 凡病机进退微权：凡是少阴病、厥阴病，要根据它们的发展变化而在治法上也要做相应机变。

⑨ 各有法以为辨：所有六经病都有相应的治疗法则，但要注意辨证施治，决不能一成不变。

⑩ 又着《医学读书记》：后来尤怡又著有《医学读书记》。于轩、岐以下诸家：这本书对于岐黄以来的诸位医家的观点。

⑪ 徐大椿（1693—1771）：清代著名医学家。原名大业，字灵胎，号洄溪，江苏吴江人。性通敏，喜豪辩。自《周易》《道德》《阴符》家言，以及天文、地理、音律、技击等无不通晓，尤精于医。初以诸生贡太学。后弃去，往来吴淞、震泽，专以医活人。大椿精勤于学，平生著述甚丰，皆其所评论阐发，如《医学源流论》《医贯砭》《兰台轨范》《慎疾刍言》等，均能一扫成见，别树一帜，实中医史上千百年独见之医学评论大家。又著《难经经释》《神农本草经百种录》《伤寒类方》等以及后人整理的《洄溪医案》及《乐府传声》，虽曰遵经诠释之作，其中真知灼见亦颇不少。后人将其所著辑为《徐氏医学全书六种》等板行，流传甚广影响极大。

译文

尤怡，字在泾，江苏吴县人。父亲那一代时家中有田千亩，到了尤怡这一代时家境中途衰落。尤怡十分穷困，只得在寺庙中卖字为生。尤怡从事医学，当时人们没有看出他有什么特异之处。尤怡喜欢写诗，和当时的顾嗣立、沈德潜有交往。到了晚年，尤怡学问更加精深，治起病来多有神奇的疗效，他的名字开始被人们所传闻。他生性淡泊名利，隐居在花溪，自称饲鹤山人，他著书立说，悠然自得。

尤怡注解张仲景的《伤寒杂病论》，起名为《贯珠集》。尤怡认为后人由于王叔和编次张仲景的《伤寒杂病论》错乱，对王叔和的《伤寒论》进行辩驳校正。他说，后人因为王叔和对《伤寒论》编辑整理得十分错乱，各自都形成一家之说，可是学说越多，张仲景的学说就愈加隐晦。于是他针对六经病，分别提炼出其纲领，在正治法之外，太阳病还有权变法、斡旋法、救逆法、类病法；阳明病还有明辨法、杂病法；少阳病有权变法；太阴病有藏病法、经病法、藏俱病法；少阴病、厥阴病有温法、清法。所有六经病都有相应治疗法则，但要注意辨证施治，决不能一成不变。尤怡这些观点，就是要使读者先掌握其中的规律和要领，才能使用《伤寒杂病论》中的药方。尤怡的分析证明非常清晰，尤其是提出了治疗少阴病、厥阴病的温法、清法的观点，特别能够破解世人的疑惑。他把注释的《金匮要略》取名为《金匮要略心典》。他还编撰有《集诸家方书》《杂病治要》，世人都称尤怡这些著作完全可以辅佐张仲景，帮张仲景论述清楚他理论的深奥道理。后来尤怡又著有《医学读书记》，对轩辕、岐伯以后的医家，多有取正。徐大椿认为该书掌握了古代医家的精髓。尤怡的著作都是厚重典雅，世上的人把他的《贯珠集》和柯琴的《来苏集》放在同等的位置上看重。

评析

尤怡（1650—1749），清代医家，字尤泾，号饲鹤山人，别号拙吾，吴县

（今属江苏）人。自幼性格沉静，工诗善书，尝因家贫鬻字谋生。后转攻医学，就学于名医马俶，医术益精，后隐居于花溪，潜心著书立说。其于仲景之学钻研尤深。其说认为仲景著作因王叔和之编次错乱而受影响，遂以伤寒六经为纲，重新编次，并于正治法之外，再列各经之变治法；且对伤寒之分证甚为明确，提出以温、清两法分别治疗伤寒；少阴及厥阴两证，以使学者先明治法，由法而方药，始能掌握伤寒之实质。此论对于后世伤寒学发展，颇有影响。其著作皆为阐发仲景之学，计有《伤寒贯珠集》八卷，此书与柯琴之《伤寒来苏集》为后世所并重。另有《金匮要略心典》八卷，《医学读书记》三卷、《续记》一卷，《金匮翼》八卷，及《静香楼医案》等。徐大椿评价尤怡说他“得古人意”。

叶桂传

叶桂，字天士，江苏吴县人。先世自歙迁吴①，祖时、父朝采，皆精医②。桂年十四丧父，从学于父之门人，闻言即解，见出师上，遂有闻于时。切脉望色，如见五藏。治方不出成见③，尝曰："剂之寒温视乎病，前人或偏寒凉，或偏温养，习者茫无定识。假兼备以幸中④，借和平以藏拙。朝用一方，晚易一剂，讵有当哉⑤？病有见证，有变证，必胸有成竹，乃可施之以方。"

其治病多奇中，于疑难证，或就其平日嗜好而得救法；或他医之方，略与变通服法；或竟不与药，而使居处饮食消息之；或于无病时预知其病；或预断数十年后，皆验。当时名满天下，传闻附会，往往涉于荒诞，不具录。卒，年八十。临殁，戒其子曰："医可为而不可为⑥。必天资敏悟，读万卷书，而后可以济世。不然，鲜有不杀人者，是以药饵为刀刃也。吾死，子孙慎勿轻言医！"

桂神悟绝人⑦，贯彻古今医术，而鲜著述。世传所注本草，多心得。又许叔微《本事方释义》《景岳发挥》⑧。殁后，门人集医案为《临证指南》，非其自著。附《幼科心法》一卷，传为桂手定，徐大椿谓独精卓⑨，后章楠改题曰《三时伏气外感篇》⑩；又附《温证证治》一卷，传为口授、门人顾景文

---

① 其祖先从歙县（位于安徽省南部）迁居江苏吴县居住。

② 叶桂祖父叶时、父亲叶朝采，皆以儿科出名。叶朝采，字进生，名医叶桂之父。精医，兼工书、画。

③ 治方不出成见：叶桂的治方从来不一成不变。

④ 假兼备以幸中：假如兼用寒凉、温补之药幸运治好了病。这句话的意思就是，社会上有些医生，不知道究竟选择寒凉药还是温补药，一个处方洋洋洒洒三四十味药，如果认真研读该方，诸法兼备，诸药杂投，其原因就在于胸无定见，只好漫天撒网，冀能偶获一效。

⑤ 讵（jù）有当哉：怎么妥当啊？

⑥ 医可为而不可为：医生有可以做的事情，也有不可以做的事情。

⑦ 叶桂理解力远远超过一般人。

⑧ 又许叔微《本事方释义》《景岳发挥》：叶桂又注解过许叔微的《本事方释义》《景岳发挥》。许叔微（1079—1154）：宋代医家，字知可，真州（今属江苏）人。幼时家贫，加之父母双亡，遂发愤攻读经书，尤精于医学。常治难症怪症，每辞酬谢，尝精研伤寒之学，强调治伤寒端在辨识虚实寒热。后著《伤寒百证歌》《伤寒发微论》《伤寒九十论》等，对伤寒学有较多发展，不仅继承张仲景之思想，且有所阐发。后又于晚年著《类证普济本事方》十卷，甚行于世。此外尚著有《仲景脉法三十六图》《翼伤寒论》，均未见行世。尝官至集贤殿学士，故人称其"许学士"。

⑨ 徐大椿谓独精卓：徐大椿评论叶桂的《幼科心法》为"独、精、卓"。

⑩ 章楠：清末医家，字虚谷，浙江会稽人。少多病，潜心研究医理二十余年，曾游广东、河北、苏州等地，拜访名家。遂精医术，以医闻名。于温病证治颇有研究，推崇叶天士、薛生白。对刘河间、李东垣、朱震亨、张景岳等，善于撷取精粹，并提出评论。著有《医门棒喝》四卷（1825）。

者①，楠改题曰《外感温证篇》。二书最为学者所奉习。

同里薛雪②，名亚于桂，而大江南、北，言医辄以桂为宗，百余年来，私淑者众③。最著者，吴瑭、章楠、王士雄④。

——赵尔巽·清史稿卷五百二·列传二百八十九·艺术一

译文

叶桂，字天士，江苏吴县人。祖先是从歙县迁居到吴县的。其祖父叶时，父亲叶朝采，都精通医学。叶桂 14 岁时，父亲就去世了，他便跟着父亲的弟子学医。叶桂聪慧过人，一点就通，其见识有时还超过师父，因而在当时有些名气。叶桂切脉望色，如同能见到脏腑一样，十分精准，配制方药从不一成不变。他曾说："药剂的寒热要根据病情，前人有的偏重寒凉，有的偏重温养，学习的人心中茫然没有一定的主意，只好兼用不同的药，抱着侥幸的心理希望治愈疾病，或者借助性味平和的药来掩盖自己的水平低下。早上用一个药方，到晚上就又换了一个药方，这怎么能行呢？须知疾病有可看得见的证候，有不断发展变化的证候，一定要做到胸有成竹，才可以把方子用在病人身上。"

---

① 又附《温证证治》一卷，传为口授、门人顾景文者：又附上《温证证治》一卷。《温证证治》传说是叶桂口授、其弟子顾景文记录。顾景文：叶桂弟子，生卒事迹不详。

② 薛雪（1661—1750）：清代医家。字生白，号一瓢、槐云道人、磨剑道人、牧牛老朽，江苏吴县人。初习诗文，并与名医叶燮交往甚密，后因母病而专心攻医，遂精于医。与同邑叶桂齐名。二人不睦，其居之屋室取名"扫叶山庄"。著作甚丰，精于湿热症。尝著《医经原旨》《湿热条辨》《扫叶庄医案》《温疟论》及《日讲杂记》等。其后代亦多名医。

③ 私淑者众：尽管没有得到叶桂的亲身教授，而又敬仰他的学问并尊之为师、受其影响的医者很多。

④ 吴瑭（1758—1836）：清代著名医学家，字鞠通，江苏淮阴人。十九岁其父亲患病，四处求医，医治无效，终于卧病不起而死去。这深深地触动了吴瑭，他为自己不懂医术，眼看着病魔夺取父亲的生命，感到非常难过，于是产生了学医的强烈愿望。经过数年的努力，他终于探索出一些规律和医治方法，并于 1798 年著成《温病条辨》一书。他的这部书，是祖国治疗温热病较有系统的一部温病学著作，对后世影响很大。他还著有《吴鞠通医案》等著作，他的著作对叶桂的温病著作做了丰富和提高，使温病学更加完整和系统化，他成为清代著名的温病医学家之一。王士雄（1808—1868）：清代著名医学家。字孟英，号梦隐（一作梦影），又号潜斋、半痴山人、随息居士、睡乡散人、华胥小隐。盐官（今浙江海宁市）人。出身世代医家，祖国祥、父王升均为良医。十四岁起父亡后，开始学医，后寓居常山县行医，尤擅长温病，曾屡起沉疴，医名遂大振。后于咸丰中徙居上海。根据《内经》《伤寒》等有关典籍，他深研有关温病的理论，又深研其前代及同时代有关温病各家学说，包括叶桂、薛雪。其著作甚丰，重要者有《温热经纬》《霍乱论》等。其《温热经纬》是温病学派中重要著作，经纬意指以《黄帝内经》《伤寒论》等为经，叶、薛诸家之说为纬，而以伏邪、新感为两大辨证纲领；其《霍乱论》则是以当时流行之霍乱症为背景，详辨时疫之霍乱及非时疫霍乱，提出时疫霍乱与环境中三毒邪有关。此外，又撰《随息居饮食谱》一卷、《归砚录》四卷、《重庆堂随笔》，还有《潜斋简效方》等多种。其中，《随息居饮食谱》系营养及食疗方面专书，在这方面颇有影响；《重庆堂随笔》《归砚录》等为平时临证之心得，其间或采西说以议论，亦多医案报告。

叶桂治病大多都很精准，疗效神奇，对于疑难杂证，有时从病人平时的嗜好来考虑救治办法；有时用其他医生的方剂，只是略微改变下服法，都会根据病患的情况而灵活变通地运用；有时竟然不给病人服药，而是让病人改变一下居住环境和饮食就能治好病；有时对没有病的人能预知其病情；有时能预测病人几十年以后的身体状况，他的话和治疗都很灵验。叶桂当时名满天下，以致各种传闻牵强附会，往往显得荒诞不经，这里就不再一一记录了。叶桂80岁去世，临死时他告诫儿子："医生有可以做的事情，也有不可以做的事情，但做医生必须天资聪明，精读万卷医书，而后才可以去治病救人，不然的话，很少有不误杀人命的，只不过医生杀人是用药物做刀刃而已！我死以后，子孙千万不要轻易从事医学！"

叶桂具有远超常人的理解力，医术贯通了古今，可是却很少著书立说。在世上流行的有他注释的《本草翼》，书中大多是他的经验体会。他还著有《许叔微本事方释义》《景岳发挥》。叶桂死了以后，他的学生搜集他的医案写成了《临证指南》一书，书后附有《幼科心法》一卷，传说是他亲手写完。徐大椿认为此书有独到的精粹卓越之处，后来章楠改标题叫作《三时伏气外感篇》，还附有《温证证治》一卷，据说是叶桂口授给他的学生顾景文的，章楠又将标题改为《外感温证篇》。这两部书最为学者所推崇和学习。

与叶桂同乡的薛雪，名声次于叶桂，而大江南北，说起医学来总是把叶桂当作一代宗师，一百多年来，尽管没有得到叶桂的亲身教授，而又敬仰他的学问并尊之为师、受其影响的医者很多，最著名的有吴瑭、章楠、王士雄。

评 析

叶桂（1666—1745），清代著名医家、四大温病学家之一，字天士，江苏吴县人。祖籍安徽歙县，其高祖叶封山从安徽歙县蓝田村迁居苏州，居上津桥畔，故叶桂晚年又号上津老人。叶桂的祖父、父亲皆精医。叶桂年十四丧父，从学于父亲的弟子，闻言即解，见出师上，遂有闻于时。切脉望色，如见五藏，治方不出成见。叶桂信守"三人行必有我师焉"，凡是遇见比自己高明的医生，他都愿意行弟子拜师之礼，虚心学习。从十二岁到十八岁，他先后拜过师的名医就有十七人。无怪于后人称其“师门深广”。

叶桂本来就聪明绝世，加之求知如渴、广采众长，且能融会贯通，因此在医术上突飞猛进，不到三十岁就医名远播。除精于家传儿科，在温病一门独具慧眼、富于创造之外，叶桂可谓无所不通，并在许多方面有其独到的见解和方法。在杂病方面，他补充了李东垣《脾胃论》详于脾而略于胃的不足，提出“胃为阳明之土，非阴柔不肯协和”，主张养胃阴；在妇科方面，阐述了妇人胎前产后、经水时来时断之际所患温病的证候和治疗方法；他对中风一症有独到的理论和治法；他还提出久病入络的新观点和新方法，如此等等，不一而足。由于精研古籍，他还十分善于运用古方。

叶桂最擅长治疗时疫和痧痘等症，是中国最早发现猩红热的人。在温病学上的成就尤其突出，是温病学的奠基人之一。清代乾隆以后，江南出现了一批以研究温病著称的学者。他们以叶天士为首，总结前人的经验，突破旧杠杠，开创了治疗温病的新途径。叶桂著的《温热论》，为我国温病学说的发展提供了理论和辨证的基础。他首先提出“温邪上受，首先犯肺，逆传心包”的论点，概括了温病的发展和传变的途径，成为认识外感温病的总纲；还根据温病病变的发展，分为卫、气、营、血四个阶段，作为辨证施治的纲领；在诊断上则发展了察舌、验齿、辨斑疹、辨白痦等方法。清代名医章虚谷高度评价《温热论》，说它不仅是后学指南，而且弥补了仲景书之残缺。其功劳很大。

叶桂医学著作，除《温热论》外，还有《临证指南医案》《未刻本叶桂医案》。叶桂去世后，后人收集其家藏处方验案，编成《临证指南》《叶桂医案存真》《医效秘传》《叶桂医衡》《叶桂名医论》《叶天士家传秘诀》《女科症治秘方》《叶评伤寒全生集》《柯氏来苏集评批》《眉寿堂方案选存》《三家医案合刻》《南阳医案》等等。世间所传叶桂注释的《本草》，其中颇有心得之言。

在整个中国医学史上，叶桂都是一位具有巨大贡献的伟大医家。后人称其为“仲景、元化一流人也”。他首先是温病学派的奠基人物，又是一位对儿科、妇科、内科、外科、五官科无所不精、贡献很大的医学大师。史书称其“贯彻古今医术”，他是当之无愧的。无论其医学理论，还是治学态度都是值得后人珍惜和学习的宝贵遗产。特别是他那种谦恭好学、改名换姓求师学艺的精神永远是后世习医者的光辉典范。

薛雪传

薛雪，字生白，自号一瓢。少学诗于同郡叶燮[①]。乾隆初，举鸿博[②]，未遇。工画兰，善拳勇，博学多通，于医时有独见。断人生死不爽，疗治多异迹。生平与桂不相能[③]，自名所居曰扫叶庄[④]，然每见桂处方而善，未尝不击节也[⑤]。著《医经原旨》，于灵、素奥旨，具有发挥。世传《湿温篇》，为学者所宗，或曰非雪作。其医案与桂及缪遵义合刻[⑥]。

——赵尔巽·清史稿卷五百二·列传二百八十九·艺术一

译文

薛雪，字生白，自己起的号叫一瓢。年轻时跟着同郡名叫叶燮的人学诗。乾隆初年，薛雪参加博学鸿词科的考试，没有考中。他擅长画兰花，精于拳术，广泛学习，精通多种学科，在医学上时常有独到的见解。他诊断人的生死没有

① 少学诗于同郡叶燮（xiè）：少年时向同乡人叶燮学诗。叶燮（1627—1703）：清初诗论家，字星期，号已畦，吴江人。晚年定居江苏吴江之横山，世称横山先生。叶绍袁、沈宜修幼子。康熙九年进士，十四年任江苏宝应知县。任上，参加镇压三藩之乱和治理境内被黄河冲决的运河。不久因耿直不附上官意，被借故落职，后纵游海内名胜，寓佛寺中诵经撰述。主要著作为诗论专著《原诗》，此外尚有讲星土之学的《江南星野辨》和诗文集《已畦集》。

② 举鸿博：参加科举博学鸿词科考试。

③ 生平与桂不相能：他生平和叶桂相互看不起。

④ 自名所居曰扫叶庄：他把自己的居处命名为“扫叶庄”。传说，薛雪和叶桂齐名，有一次一个更夫患水肿病，更夫先到薛雪处求诊，薛雪认为更夫已病入膏肓，便推辞不治。更夫回家时，晕倒在路旁。正巧被叶桂发现，经过诊查，认为该病是因为更夫常年受有毒的蚊香熏染而成，经精心调治后病愈。更夫将此事告之众人，一时间州城里人人皆晓。薛雪得知后，对叶天士又嫉妒又恼火，深感体面有失，声誉受毁，遂决计与叶桂比个雌雄，以挽回面子。为此，自名所居为“扫叶庄”，并手书匾额悬挂门首。此事被叶桂得知，极为愤怒，本来二人就互不相让，此时更是怒火上冲，立即应战，草书横匾“踏雪斋”于书斋门首，以表对薛雪绝不示弱。正在两者跃跃欲试，准备争个高低的时候，叶桂的老母忽然病倒，虽经叶桂精心医治，仍不见好转，叶桂深为焦虑。薛雪的家弟与叶桂平日要好，便将叶母的病情告诉了薛雪，薛雪详知病情后，认为其病毒阳明经证，非重用白虎汤不能扑灭其熊熊之火，生石膏须用至二斤方能奏效。薛弟将哥哥的意见告与叶天士，叶桂方恍然大悟，急煎重剂白虎汤，服后果然病痊。事后，叶桂非常佩服薛雪的医术，便将往日的积怨一抛，主动登门拜访薛雪，薛雪备受感动，深感内疚，当即摘下“扫叶庄”那块横匾，表示了歉意。从此，两位名家互相学习，共同研究，共同为祖国医学的温病学说做出了重大贡献。

⑤ 未尝不击节也：为叶桂的处方，他何尝不想与叶桂击掌叫好！

⑥ 薛雪的医案，与叶桂、缪遵义的医案合订在一起，刊印发行。缪遵义（1710—1793）：清代著名医家，字方彦，又字宜亭，号松子居士，江南苏州府吴县人。缪遵义于乾隆二年（1737）中式癸卯恩科二甲第二十名进士，即用知县。缪遵义因母亲患病，倾心医学。与叶桂、薛雪并称“吴中三名医”。著有《温热朗照》《缪宜亭医案》《伤寒方集注》《松心笔记》等。

差错，治病疗伤常有神异的疗效。薛雪一生当中和叶桂不能相容，他给自己的住处起名叫扫叶庄，但是每当看到叶桂开出了好的药方，他却总是要大加赞扬。他写的《医经原旨》对《灵枢》《素问》中深奥的理论，都有所发挥。世传薛雪编著《湿热篇》一书，为学者所推崇，但也有人说该书不是薛雪写的。薛雪的医案，与叶桂、缪遵义的医案合订在一起，刊印发行。他同叶桂、缪遵义一起被人称为“吴中三家”。

评 析

薛雪（1661—1750），清代著名医学家，字生白，号一瓢，又号槐云道人、磨剑道人、牧牛老朽，江苏吴县人，与叶桂同时而齐名。早年游于名儒燮之门，诗文俱佳，又工书画，善拳技。后因母患湿热之病，乃肆力于医学，技艺日精。薛雪一生为人，豪迈而复淡泊，年九十岁卒。薛雪并非专一业医者，但他于湿热证治特称高手，所著《湿热条辨》即成传世之作，于温病学贡献甚大。又尝选辑《内经》原文，成《医经原旨》六卷（1754）。唐大烈《吴医汇讲》录其《日讲杂记》八则，阐述医理及用药；另有《膏丸档子》（专刊稿）、《伤科方》《薛一瓢疟论》（抄本）等，亦传为薛雪著作。《薛生白医案》《扫叶庄医案》则系后人所编。

薛雪对湿热病的研究，突出了湿邪与热邪相合为病的特点，抓住了湿热二邪轻重不同的要害，并结合脏腑、三焦、表里等辨证方法，使之融为一体，解决了湿热病的证型辨析问题，有利于临床应用。在治疗上，虽然有温化、清泻、清热祛湿诸大法，同时又有补阳、益气、养阴、生津诸法的配伍，然其用药时注意到清热不碍湿，祛湿不助热，扶正不碍祛邪，祛邪当注意扶正等方面。治疗不拘泥于固定成方，体现了湿热病治疗的特点，成为后世治疗湿热病的规矩，影响极其深远。

吴瑭传

吴瑭，字鞠通，江苏淮阴[①]人。乾、嘉之间游京师，有名。学本于桂[②]，以桂立论甚简，但有医案散见于杂证之中，人多忽之。著《温病条辨》，以畅其义，其书盛行。

同时归安吴贞，著《伤寒指掌》，亦发明桂医案之旨，与瑭相同。

——赵尔巽·清史稿卷五百二·列传二百八十九·艺术一

译文

吴瑭，字鞠通，江苏淮阴县人。在乾隆和嘉庆年间，他游历京师，并为人治病，很有名气。他的学问来源于叶桂。他认为叶桂的医论很简洁，只是有些医案散见于叶桂的杂证著作中，人们常常忽略了他，于是，吴瑭著有《温病条辨》，以宣扬叶桂的医理，这部书在世间非常盛行。与吴瑭同一时期的归安人吴贞，著《伤寒指掌》一书，也是传承弘扬叶桂医学思想精髓的著作，与吴瑭相同。

评析

吴瑭（约1757—1836），清代著名医学家，字鞠通，号配珩，淮安府山阳县人士。幼业儒，年十九，父病，久治不愈，愤而弃儒习医。1783年走京师，在《四库全书》馆以抄书为业，得以阅读大量医典。总结伤寒与温病治疗理论，考察叶桂治温实践，以十年时间，“进与病谋，退与心谋”，提出以明理为要，创三焦理论，奠定了温病学说。著《温病条辨》七卷，于1813年刊刻行世，丰富了祖国医学宝库。又见当时庸医谬妄太多，复著《医医病书》72篇，用以医治庸医之病，兼以补论《温病条辨》所未能详论的一些医学问题。此外尚有《问心堂医案》四卷。

① 江苏淮阴：今江苏省淮安市淮阴区。
② 学本于桂：他的学问来源于叶桂。

吴瑭是中国医学史上不可多得的具有建设性的代表人物之一。他对中医学的贡献，在于对中医立法上的革新和理论上的完善，尤其对于温热性疾病的治疗，他对于理论的发挥和留下的诸多方剂，可以说使得中医的基本治法在外感病和热性病方面得到了进一步的完善。他对于温病学说渊源于叶桂，叶桂的学说当时未被医家采纳，他对此深表惋惜，所以他说叶天士持论平和，立法精细。但叶天士所治多为南方证，立法甚简，所有的医案散见于杂证中，人们多忽略而未能深究，并且一般医生又因门户之见，仍沿用辛温、苦寒一类的方剂治疗外感热病，结果误治甚多。他为了将叶天士的学说发扬光大，结合自己治疗温病的体会和经验，著成《温病条辨》一书，刊于嘉庆三年（1798），系统地阐述了温病的三焦病机，总结了治温大法和汇集了许多名方，对温病学说的发展做出了贡献。

在划分中医“四大经典”的时候，有一种划法，就是将吴氏的《温病条辨》与汉代的《黄帝内经》《伤寒论》和《神农本草经》并列为中医必读的“四大经典”，可见该书在中医理论发挥上的重大意义。

王士雄传

王士雄，字孟英，浙江海宁①人。居于杭，世为医。士雄读书砺行②，家贫，仍以医自给。咸丰③中，杭州陷，转徙上海。时吴、越避寇者麕集④，疫疠大作⑤，士雄疗治，多全活。旧著《霍乱论》⑥，致慎于温补，至是重订刊行⑦，医者奉为圭臬⑧。又著《温热经纬》，以轩、岐、仲景之文为经，叶、薛诸家之辨为纬⑨，大意同章楠注释⑩。兼采昔贤诸说，择善而从，胜楠书。所著凡数种，以二者为精详⑪。

同时浙西论医者，平湖陆以湉、嘉善汪震、乌程汪曰桢⑫，宗旨略同。

---

① 浙江海宁：今浙江省嘉兴海宁市。

② 王士雄读书认真刻苦，而且不断磨炼自己的节操与德行。

③ 咸丰（1851—1861）：清朝入关后第七位皇帝清文宗爱新觉罗·奕詝的年号，前后共使用十一年。

④ 时吴、越避寇者麕（jūn）集：当时在江浙一带聚集大量因躲避战乱（太平天国起义）之人民。

⑤ 疫疠大作：即指江浙一带传染病流行严重。据史料记载，从1854年至1861年江浙一带先后发生霍乱、疟疾、菌痢、类霍乱和天花等等传染性疫病就达6次。据复旦大学曹树基教授研究报告提出，在太平天国战争时期，苏浙皖三省在战争中死亡人数只占人口死亡总数的30%，而死于霍乱却占70%。据曹树基教授分析，战争期间，江南人口损失为57%，霍乱的疫死率至少为四成。以嘉庆二十五年江南人口3810万计，死于霍乱的就达1500万以上。这实在是一个极为可怕的数字。

⑥ 旧著《霍乱论》：王士雄认为，他的旧著《霍乱论》。《霍乱论》共二卷，是王士雄撰于道光十八年（1838），为《潜斋医学丛书》之一。卷一论病情及治法，举伤寒、时疫截然不同之理及寒热辨证之要点论之；卷二列各家及王氏治霍乱的医案、方剂。

⑦ 他于（1862）重新修订更名为《随息居重订霍乱论》，并刊印发行。

⑧ 医者都把这本书奉为治疗霍乱的标准。

⑨ 叶、薛诸家之辨为纬：以叶桂、薛雪等诸家的明辨注解为纬（横向）。

⑩ 大意同章楠注释：主要参考借鉴章楠的注释。章楠：清末医家，生卒不详，字虚谷，清代上虞道墟人。自幼体弱多病，因病自学医道。初学十年，不知端倪，后读吴县叶天士医案，深受启迪。章力攻叶桂医学，犹如画龙点睛，由此入门，医术大进。尝去江苏、广东、河北等地遍访名医；复游吴门，求教众名家，对刘河间、朱丹溪、张景岳、李东垣等医著，钻研尤深。自此医术日精，熔铸百家，自成一家之言，对温病之说卓然独见，一时名震医坛。章楠注重医学理论修养，反对以章句曲解医理，对前人医典敢于发表己见，大胆诊治疑难杂症。其行事磊落，医德高超，医术精湛，常评人业务不精，庸医误人。撰有《医门棒喝》四卷，并收《六气阴阳论》《人体阴阳体用论》《伤寒传经论》等27篇。

⑪ 以二者为精详：然而以《随息居重订霍乱论》《温热经纬》两书最为精彩和详备。

⑫ 平湖陆以湉、嘉善汪震、乌程汪曰桢：还有平湖（今浙江嘉兴市平湖市）陆以湉、嘉善（今浙江嘉兴市嘉善县）汪震、乌程（今浙江湖州市）汪曰桢。陆以湉（1802—1865）：清代医家，字敬安，号定圃，浙江桐乡县人。尝于道光年间先后中举人及进士，并以知县分发湖北，后以父命改从教职，并选授杭州府教授。后以母老请辞回乡，家境不佳。嗣后又赴上海、杭州执教讲学，不久即辞世。其著为《冷庐医话》，载医范、医鉴、慎疾、保生等内容。全书多以病名为纲，叙述杂症之治疗及亲身所见所闻，且多有医史文献资料，颇有历史价值。另又有丰富的个人经验，叙述其切身体验，诊断强调望、闻、切、问，并要求四诊互参，治病主张全面分析病症，机变活用，反对一己之偏，滥用或喜用某种药物，其议论亦多中肯，切中时弊。汪震：清代浙江医家，生卒事迹不详。汪曰桢（1813—1881）：清代史学家、诗人、数学家和医学家。字仲雍，一字刚木，号谢城，又号薪甫，浙江乌程（今湖州）人。咸丰四年（1854）举人，官会稽教谕。少时受母赵氏之教，矢志于学，博览群书。平生酷爱书籍，著述自娱。

阳湖张琦、曜孙，父子皆通儒[①]，以医鸣，取黄元御扶阳之说[②]，偏于温。曜孙至上海，或劝士雄往就正，士雄谢之[③]。号叶桂学者[④]，要以士雄为巨擘，惟喜用辛凉，论者谓亦稍偏云。

——赵尔巽·清史稿卷五百二·列传二百八十九·艺术一

译文

王士雄，字孟英，浙江海宁县人，居住在杭州，世代行医。王士雄读书认真刻苦，而且不断磨炼自己的节操与德行，他家庭贫穷，但仍以从医养活自己。咸丰年间，杭州被太平军攻破，他就辗转而迁徙到上海居住。当时江苏、杭州一带的人们躲避战争都聚居在一起，导致疫气大肆流行。王士雄积极参与治疗，被他救活的人很多。他以前写的《霍乱论》对温补的论述过于慎重，于是他又重新修订更名为《随息居重订霍乱论》，并于1862年刊印发行，同行们都把它奉为典范。王士雄还著有《温热经纬》，以《内经》《伤寒》的理论为经，

① 阳湖张琦、曜（yào）孙，父子皆通儒：另外还有阳湖（今江苏常州）张琦、张曜孙，父子俩都通晓儒学。张琦（1764—1833）：初名翊，字翰风，号宛邻，江苏阳湖人，嘉庆十八年举人。历知章丘、馆谷等县。善医术，民有病者，设局自诊之。琦工诗词古文及分隶，尤精舆地之学，与兄惠言齐名。著有《宛邻诗文集》四卷，《战国策释地》二卷，《素问释义》十二卷，均与《清史列传》及《立山词古诗录》等，并传于世。张曜孙（1808—1863）：字仲远，号升甫，晚号复生，武进人。其兄早逝，张琦中年复得曜孙，故宠爱甚加，教授诗文，片刻不令离膝下。及长，乃驱驰南北，淹阻京师。张琦以珏孙误于庸医，故工医术，曜孙得其之传，有《重订产孕集》《产孕集》。

② 黄元御（1705—1758）：清代著名医学家，名玉璐，字元御，一字坤载，号研农，别号玉楸子，尊经派的代表人物；乾隆皇帝的御医，乾隆皇帝亲书"妙悟岐黄"褒奖其学识，亲书"仁道药济"概况其一生。他继承和发展了博大精深的祖国医学理论，对后世医家影响深远，被誉为"黄药师""一代宗师"，清军四川军医馆——久真堂的祖师爷。

③ 士雄谢之：王士雄没有答应，婉转辞谢了。据史料记载，张曜孙治学广博，但临床也有不尽如人意的地方。王士雄在他《随息居重订霍乱论·跋》中曾这样记载过张曜孙："随余赴申时过石门，吴君仁山在濮院，承其关切曰：毗陵张仲远观察，秀水杨啸溪孝廉，皆已自楚至申，勾当公事，君可往访也。余感其意，唯唯而谢，缘久闻张氏家学渊源，虽闺阁皆通翰墨，然向见其宛邻书屋医书数种，似偏尚温补者。曾与故人太仓王子能参军言之，子能亦善医。叹曰：人之才识学力，各有能至不能至，不可强也。王半山不入相，即是伊川一流，若张氏者，何必谈医，世人信其学问，而并信而贻误者实多。余弟季旭，仲远之妹婿也。即为其所误。噫！言犹在耳，子能已下世十余年矣。于扶正祛邪之说，犹之寇来不战，但知守城，卒以自毙耳。秋间仲远亦亡，后蒋寅大理信来，颇以余求书不与为是。昔某侍郎督学吾浙，亦以上工自命，尝浼邵位西枢部求书，余亦不与。所谓道不人谈免俗讥，备录为案，愿世人毋轻言医，事必量而后入也。"王士雄的著作以精深的学术造诣和丰富的临床经验著称，论同时医学家较为中肯。他婉转表达了对张曜孙的批评，但也从另外一方面说明张曜孙才识学力于同代人中还是被得到认可的。从王孟英的批评中我们可以推断张曜孙临证应用温补药较多，强调扶正祛邪。张琦学术多来源于御医黄元御，黄元御的医学观点是温阳抑阴。当瘟疫和温病来袭时，一味鼓舞阳气时一定要记得保护营阴。王孟英作为临证的温病学家，对张曜孙有一些反感可以理解。但温阳抑阴的治则运用于妇女产后，可谓正得所宜。

④ 张曜孙号召学习叶桂医术的人。

以叶桂、薛雪各家的学说为纬，主要参考借鉴章楠的《温病大旨》。他同时还收集了前代一些名医的论述，择取精华，他的《温热经纬》超过了章楠的专著《温病大旨》。他的著作很多，而以《随息居重订霍乱论》《温热经纬》的内容最为精深，阐述最为详细。

当时在浙西讲论医学的还有平湖的陆以湉、嘉善的江震、乌程的汪日程，他们的医学宗旨大致相同。

另外还有阳湖（今江苏常州）张琦、张曜孙父子俩，二人都通晓儒学，又以医术出名。父子俩传承黄元御扶阳学说，偏向温补学派。张曜孙到上海，有时也请求王士雄给予指导纠正，王士雄都婉言谢绝了。张曜孙号召学习叶桂医术的人都要以王士雄为学习榜样。只是他喜欢使用辛凉之剂，评论家也认为他稍微偏离了叶桂之说。

评 析

王士雄（1808—1868），清代著名医学家，字孟英，号梦隐（一作梦影），又号潜斋，别号半痴山人、睡乡散人、随息居隐士、海昌野云氏（又作野云氏），祖籍浙江海宁盐官，迁居钱塘（杭州）。其毕生致力于中医临床和理论研究，对温病学说的发展做出了承前启后的贡献，尤其对霍乱的辨证和治疗有独到的见解。重视环境卫生，对预防疫病提出了不少有价值的观点。著有《霍乱论》《王氏医案》《潜斋医话》《温热经纬》《归砚录》《随息居饮食谱》《随息居重订霍乱论》等。

温病学说到王士雄时代已有相当大的发展。王士雄在大量临床实践的基础上，采取“以轩、岐、仲景之文为经，叶薛诸家之辨为纬”的编纂原则，辑集各家医论，阐发自己的见解，于1852年著成《温热经纬》。使温病学说形成系统，蔚为大观，可称集温病学之大成者，后世称他为温病大家。

清道光年间，江浙一带霍乱流行，王士雄不避秽恶，尽力救治，并于1838年写就《霍乱论》书稿。1862年，他旅居沪地，又遇霍乱猖獗，而“司命者罔知所措，死者实多”，于是，王士雄将原著《霍乱论》重订，更名为《随息居重订霍乱论》，精心阐发前人有关理论，辑集生平经验，议病情、论治法、附医案、创新方，对霍乱的病因、病机、辨证、防治做出了系统论述。曹炳章评价其书“实为治霍乱最完备之书”。王士雄重视环境卫生，对预防疫病提出了不少有价值的观点。

徐大椿传

徐大椿，原名大业，字灵胎，晚号洄溪，江苏吴江[①]人，翰林检讨釚孙[②]。生有异禀，长身广颡[③]，聪强过人。为诸生[④]，勿屑[⑤]，去而穷经，探研易理，好读黄老与阴符家言[⑥]。凡星经、地志、九宫、音律、技击、句卒、嬴越之法，靡不通究，尤邃于医，世多传其异迹。然大椿自编《医案》，惟剖析虚实寒温，发明治疗之法，归于平实，于神异者仅载一二[⑦]。其书世多有，不具录。

乾隆二十四年[⑧]，大学士蒋溥病[⑨]，高宗命征海内名医，以荐召入都。大椿奏溥病不可治，上嘉其朴诚，命入太医院供奉，寻乞归[⑩]。后二十年复诏征，年已七十九，遂卒于京师，赐金治丧。

大椿学博而通，注《神农本草经》百种，以旧注但言其当然，不言其所以然[⑪]，采掇常用之品，备列经文，推阐主治之义，于诸家中最有启发之功。

注《难经》曰《经释》，辨其与《灵枢》《素问》说有异同。注《伤寒》曰《类方》，谓："医家刊定伤寒论[⑫]，如治尚书者之争洪范、武成[⑬]，注大学

① 江苏吴江：今江苏省苏州市吴江区。

② 翰林检讨釚（qiú）孙：是翰林检讨徐釚的孙子。徐釚（1636—1708）：清代词人，字电发，号虹亭、鞠庄、拙存，晚号枫江渔父，吴江（今属江苏苏州）人。康熙十八年（1679）召试博学鸿词，授翰林院检讨，入史馆纂修明史。因忤权贵，二十五年归里后，东入浙闽，历江右，三至南粤，一至中州。游历所至与名流雅士相题咏。康熙皇帝南巡，两次赐御书，诏原官起用，不肯就。卒年七十三。

③ 长身广颡（sǎng）：身材高挑额头宽广。

④ 诸生，古代经考试录取而进入中央、府、州、县各级学校，包括太学学习的生员。

⑤ 看不起生员的身份。

⑥ 好读黄老与阴符家言：喜欢阅读道家书籍和兵书。"黄"，指道教始祖黄帝；"老"，指道教教祖老子。后世道家奉为鼻祖。"黄老"，也称黄老学说或黄老教派，古代一种宗教流派。"黄老"，也称黄老道，为道教早期重要教派之一。阴符，泛指兵书。

⑦ 如果一定要说有什么奇特的治疗方法，在《医案》中记载的不过就是一二个罢了。

⑧ 乾隆二十四年：即公元 1759 年。

⑨ 蒋溥（1708—1761）：字质甫，号恒轩，江苏常熟人，清朝大臣，画家，善画花卉，深得家传。雍正八年二甲第一名进士，官至东阁大学士兼户部尚书。性情宽厚而警敏，任职后，精心奉职，勤于政事，是乾隆时期的重臣，亦是蒋派花鸟画艺术的重要代表。乾隆二十六年（1761）四月，病逝于任上。乾隆皇帝亲临祭奠，加赠太子太保，谥曰文恪，入祀贤良祠。

⑩ 不久，徐大椿就请求回家。

⑪ 他专门注解《神农本草经》所记载的一百种药，命名为《神农本草经百种录》。他认为自古以来有关《神农本草经》注解的书籍只说应当是这样，而没有阐述为什么应当是这样。

⑫ 注《伤寒》曰《类方》：他又注解《伤寒论》而名为《论伤寒类方》。徐大椿说，《伤寒论》自王叔和编次后，历代医家屡有刊定。

⑬ 如治尚书者之争洪范、武成：但医家对《伤寒论》内容始终存有争论。犹如经学家对《尚书》中的《洪范》《武成》篇目是原著，还是后人附加的伪作，存有争论一样。

者之争古本、今本，终无定论。不知仲景本论[①]，乃救误之书，当时随证立方，本无定序。”于是削除阴阳六经门目，但使方以类从[②]，证随方定，使人可案证以求方，而不必循经以求证。一切葛藤[③]，尽芟去之[④]。所著《兰台轨范》，凡录病论，惟取《灵枢》《素问》《难经》《金匮要略》《伤寒论》、隋巢元《方病源》、唐孙思邈《千金方》、王焘《外台秘要》而止。录方亦多取诸书，宋以后方，则采其义可推寻、试多获效者，去取最为谨严。于疑似出入之间，辨别尤悉。

其论医之书曰《医学源流论》，分目九十有三。谓：“病之名有万[⑤]，而脉之象不过数十，是必以望、闻、问三者参之[⑥]。如病同人异之辨，兼证兼病之别[⑦]，亡阴亡阳之分[⑧]。病有不愈不死，有虽愈必死，又有药误不即死。药性有古今变迁，内经司天运气之说不可泥[⑨]。针灸之法失传[⑩]。”诸说并可取。

---

① 不知仲景本论：他们都不知道张仲景写《伤寒杂病论》的本来的目的。

② 但使方以类从：把全书中所论及的 112 方分为桂枝汤、麻黄汤、葛根汤、柴胡汤、栀子汤、承气汤、泻心汤、白虎汤、五苓散、四逆汤、理中汤、杂方共 12 类。

③ 《伤寒论》中的一切枝枝蔓蔓。

④ 尽可以割除，而保留《伤寒论》的精华。

⑤ 徐大椿论述医理的书名叫《医学源流论》，该书分为九十三目。他认为，疾病之名有上万个。

⑥ 所以必须把脉象与望、闻、问三个手段珍视的结果相互参考，综合运用。

⑦ 兼证兼病之别：即有兼证兼病的分别。兼证，多种证候并存，分清主次，其次要者，即为兼证。兼病，多种疾病并存。

⑧ 亡阴亡阳之分：如何分辨亡阴亡阳。亡阴又称“阴脱”，为病机，指阴液在短时间内大量亡失，脏腑功能突然严重衰竭，因而导致生命垂危的病理变化。亡阴证多由高热、汗吐泻、出血或其他慢性消耗发展所致。临床表现为身体干瘪、皮肤皱褶或眼眶深陷，精神烦躁或昏迷谵妄。本证与亡阳之别在于：虽有汗出但身热、手足温，口渴而喜冷饮，呼吸气粗，唇舌干红，脉虚数或细数。治宜滋阴增液或养津固气。《医学源流论·亡阴亡阳论》：“经云：夺血者无汗，夺汗者无血。血属阴，是汗多亡阴也。……亡阴之汗，身畏热，手足温，肌热汗亦热而味咸，口渴喜凉饮，气粗，脉洪实，此其验也。”亡阳为病机，又称“阳脱”，是亡阴的进一步发展，为阳气衰竭的危重证候。亡阳指阳气在短时间内大量亡失，脏腑功能突然严重衰竭，因而导致生命垂危的病理变化。阳气失亡，可引起亡阳证。以汗出不止为主症。主要症状有大汗淋漓、汗出如珠、畏冷踡卧、四肢厥冷、精神萎靡、面色苍白、呼吸微弱、渴喜热饮、脉微欲绝或浮而中空等。治宜回阳固脱。一般亡阴是亡阳的必要条件，亡阳是亡阴的必然结果。两者是同一疾病的不同发展阶段。《伤寒论·辨少阴病脉证并治》：“病人脉阴阳俱紧，反汗出者，亡阳也。”《张氏医通·杂门》：“汗出不止，名曰亡阳。以附子理中加黄芪，外用温粉扑之。”

⑨ 内经司天运气之说不可泥：内经司天运气的说法不可拘泥。司天，运气术语。见《素问·至真要大论》等篇。司，主持、掌管；天，气候、天象。在运气学说中，司天象征在上，主上半年的运气情况。所谓运气就是生命运动气化规律的简称。人体生物节律学表明，人体的生命运动气化规律的基本运动形式就是四柱太阳律月亮律。在运行中、某种事件发生的概率微小、随机性强、无法计算且不可控制的情况下，事件结果产生后恰好与某人的猜想或个人情况决定一致，并且在现实中发生一般为不可思议或完全不可能存在的背景下发生的事件。

⑩ 针灸之法失传：徐大椿认为《灵枢》《素问》两经，其详论脏腑经穴疾病等说，为针法言者，十之七八，为方药言者，十之二三，上古之重针法如此。然针道难而方药易，病者亦乐于服药，而苦于针。所以后世方药盛行，而针法不讲。今之为针者，其显然之失有十，而精微尚不与焉。

又慎疾刍言，为溺于邪说俗见者痛下针砭，多惊心动魄之语。医贯砭[①]，专斥赵献可温补之弊[②]。诸书并行世。

大椿与叶桂同以医名吴中，而宗旨异[③]。评桂医案，多所纠正。兼精疡科，而未著专书，谓世传《外科正宗》一书，轻用刀针及毒药[④]，往往害人，详为批评，世并奉为善本。

——赵尔巽·清史稿卷五百二·列传二百八十九·艺术一

译文

徐大椿，原名大业，字灵胎，晚年号洄溪，江苏吴江人，是翰林检讨徐釚的孙子。徐大椿天赋过人，身材高大，强闻博记，超过常人。他经考试成为诸生，但却对此丝毫没有兴趣。于是他放弃了科举，转而潜心研读经书，探究《周易》的义理；他还喜欢读道家和兵家之书，凡是天文、地理、算术、音乐、舞刀弄棒、布阵作战的方法，没有不广泛研究的。他尤其精通医学，社会上流传着很多关于他行医当中不同寻常的特异事迹。然而徐大椿自己编写的《洄溪医案》，只是详细地分析虚实寒热，阐明治疗方法，全都是平平淡淡、实实在在，对于那种神乎其神的事情只记载了一两件。徐大椿写的书流传于世的有很多，这里

① 医贯砭：他还著有《医贯砭》。

② 专斥赵献可温补之弊：专门斥责赵献可温补学说的弊病。赵献可：明代医家，字养葵，号医巫闾子，鄞县（今属浙江）人。好学博览，曾游学陕西、山西等地，精医理，推崇薛己，谓“命门”是人身脏腑之主，其意义甚至重于心，命门之火为人身之至宝，性命之本。人体生机之盛衰与命门之火的强弱关系重大。故养生、治病重在养命门之火。于古方六味丸、八味丸运用颇有心得。但理论上表现一定的局限性，受到后世医家非议。著有《医贯》六卷（1617），《邯郸遗稿》《内经抄》《素问注》《经络考》等。子贞观，承其业。

③ 大椿与叶桂同以医名吴中，而宗旨异：徐大椿和叶桂同时以医术闻名吴中地区，但他俩的医学思想不同。

④ 轻用刀针及毒药：轻易使用刀针及毒药。关于外科使用刀针及毒药的问题，徐大椿在《慎疾刍言》中做过精辟论述。他说：“治外科，始起欲其不大，将成欲其不痛。大则伤肌烂肤，腐骨穿筋，难以收口；痛则冲心犯胃，耗血亡津，恶症丛生矣。故始起之时最重围药，束其根盘，截其余毒，则顶自高而脓易成，继则护心托毒治其内，化腐提脓治其外，自然转危为安。乃始则不能束毒使小，又无护心定痛之方，惟外用五灰、三品，内服桂、附热毒等药，必至腐肠烂肉，更轻用刀针。割肉断筋，以致呼号瞀乱，神散魂飞，宛转求死，仁人之所不忍见也。况痈疽用刀太早，最难生肌收口。凡毒药刀针，只宜施于顽肉老皮，余者自有提头呼脓之法，至于恶肉，自有消腐化水之方，故能使患者绝无痛苦，收功速而精神易复。乃此等良法，一切不问。岂传授之不真，抑或别有他念也。更可骇者，疮疡之症最重忌口，一切鲜毒，毫不可犯，无书不载。乃近人反令病者专服毒物，以为以毒攻毒。夫解毒尚恐无效，岂可反增其毒，种种谬误，不可殚述。间有患外症之人，若用安稳治法，全不以为妙，用毒药刀针者，血肉淋漓，痛死复活，反以为手段高强，佩服深挚，而遍处荐引。因知疾痛生死，皆有定数，非人所能自主，而医者与病患以苦楚，亦病者有以召之也。”

不再一一记录。

乾隆二十四年，大学士蒋溥患病，高宗下令征集国内名医为其治病，徐大椿经推荐后被召进京城。经过诊视，徐大椿上奏说蒋溥的病已无法医治。皇帝嘉奖他的淳朴和诚实，让他到太医院任职。不久他就向皇帝请求回归故里。20年后徐大椿又一次被征召入朝，当时年纪已经79岁，不久就死在了京城。皇帝赏给他家银两以治办丧事。

徐大椿的学问既广博又精深，他专门注解《神农本草经》所记载的一百种药，命名为《神农本草经百种录》，由于旧有的注释只是阐述药物如何使用，而不说明其为什么这样使用，他就选取一些常用的品种，一一地列出经文，研究阐明其主治的意义，在所有的注释者中是最具有启发功劳的。

徐大椿注解《难经》而名为《难经经释》，在书中，他辨明《难经》与《灵枢》《素问》的异同。他对《伤寒论》注释，著有《伤寒类方》。他说："医家修改审定《伤寒论》，如同研究《尚书》的人为《洪范》《武成》的真伪而争辩，研究《大学》的人为它是古本还是今本而争论，是始终不会有定论的。他们都不知道张仲景写《伤寒杂病论》的本来目的，是把它当作一本救误之书，张仲景在编写《伤寒杂病论》时，就跟随证候而确立处方，本来就没有一定的顺序。"于是他就删除了阴阳六经的门类，只是把方剂按照类别排列，病证随方剂来定，让人能够按照病证来寻找方剂，而不用按照六经来寻求病证。过去所有纠缠不清的，全都删去了。他写的《兰台轨范》一书，凡是收录有关疾病的论述，只取自于《灵枢》《素问》《难经》《金匮要略》《伤寒论》、隋代巢元方的《病源》、唐代孙思邈的《千金方》、王焘的《外台秘要》书中。他录用的方剂也大多取自于以上这些书中，宋朝以后的方剂，则挑选那些在理论上经得住推敲，临床试验大多获得疗效的，取舍非常地严格谨慎。对疑惑不定之处，辨别得尤其详细。

徐大椿论述医学的书叫《医学源流论》，分出的细目有九十三个。他说："病名有上万种，可脉象不过几十种。这就必须要将望诊、闻诊、问诊三种诊法与脉诊结合起来相互参照。比如同病不同人的辨析，兼证兼病的辨别，亡阴亡阳的区别。有的病人，病虽治不好，却也死不了；有的病人，病虽然治愈了，人却死了；还有的病人，误服了药物，却没有立刻造成死亡。就药性而言，古时和现在是有变化的。《内经》虽是经典，但不能被书中的五运六气学说束缚。古代的针灸疗法现在已经失传。”他的这些说法，都是很可取的。

另外，他还写有《慎疾刍言》一书，对那些沉溺于歪理邪说的人狠狠刺了一下，书中有很多惊心动魄的语言。

徐大椿和叶桂同时以医术闻名吴中地区，但他俩的医学思想不同。他评论叶桂的《临证指南》，帮叶桂纠正了很多地方。他还精通外科，但是没有写出专著。他认为世上流传的《外科正宗》一书，在使用刀针和烈性药上十分轻率，常常给病人造成伤害，于是就详细地给以评点批注，社会上都把它看作是一部好书。

评 析

徐大椿（1693—1771），清代著名医学家，原名大业，字灵胎，号洄溪，江苏吴江人。性通敏，喜豪辩。自《周易》《道德》《阴符》家言，以及天文、地理、音律、技击等无不通晓，尤精于医。初以诸生贡太学。后弃去，往来吴淞、震泽，专以医活人。大椿精勤于学，平生著述甚丰，皆其所评论阐发，如《医学源流论》《医贯砭》《兰台轨范》《慎疾刍言》等，均能一扫成见，别树一帜，实中医史上千百年独见之医学评论大家。又著《难经经释》《神农本草经百种录》《论伤寒类方》等以及后人整理的《洄溪医案》及《乐府传声》，虽曰遵经诠释之作，其中真知灼见亦颇不少。后人将其所著辑为《徐氏医学全书六种》等板行，流传甚广影响极大。

吴谦传

吴谦，字六吉，安徽歙县[①]人。官太医院判[②]，供奉内廷，屡被恩赉[③]。乾隆中，敕编医书，太医院使钱斗保请发内府藏书[④]，并征集天下家藏秘籍，及世传经验良方，分门聚类，删其驳杂，采其精粹，发其余蕴，补其未备，为书二部。小而约者，以为初学诵读；大而博者，以为学成参考。既而征书之令中止，议专编一书，期速成，命谦及同官刘裕铎为总修官[⑤]。

谦以古医书有法无方，惟《伤寒论》《金匮要略》《杂病论》始有法有方。灵、素而后，二书实一脉相承。义理渊深，方法微奥，领会不易，遂多讹错。旧注随文附会，难以传信。谦自为删定，书成八九，及是[⑥]，请就谦未成之书，更加增减。于二书讹错者，悉为订正，逐条注释，复集诸家旧注实足阐发微义者[⑦]，以资参考，为全书之首，标示正轨。次删补名医方论，次四诊要诀，次诸病心法要诀，次正骨心法要旨。书成，赐名《医宗金鉴》，虽出众手编辑，而订正《伤寒》《金匮》，本于谦所自撰。

其采引清代乾隆以前医说凡二十余家，张璐、喻昌、徐彬、张志聪、高世栻、张锡驹、柯琴、尤怡[⑧]，事具本传。

① 歙（shè）县：即今安徽省黄山市歙县。

② 太医院判：即太医院院判。元、明、清三代官名。元至治二年（1322）始设院判一职，共二人，官阶正五品，位在院使、同知、佥院、同佥之下。

③ 吴谦因为医术高明，多次被皇上赏赐。

④ 太医院使钱斗保请发内府藏书：太医院使钱斗保请求皇上同意调拨内府所藏医书。钱斗保，时任太医院院使加光禄寺卿衔。但其医术平平。乾隆曾评价钱斗保说："在内廷行走。于诊脉治病等事，亦无用处。"

⑤ 命谦及同官刘裕铎为总修官：于是，太医院经报请皇上同意，任命吴谦和刘裕铎为医书编撰总修官。刘裕铎（1686—1757）：清代著名医家，字铺仁，回族，清雍正、乾隆年间的御医。他为宫廷服务了20多年，在雍正年间历任太医院吏目、御医，在乾隆年间升任右院判、院使。他医术精湛，受到雍正帝的信任，被誉为"第一医官"。乾隆四年，奉朝廷之命，与吴谦共同担任了《医宗金鉴》的总修官。刘裕铎医术水平颇高，他治病善于应用古方，随证化裁而不拘泥，药味精当药量轻灵而疗效颇佳。他为皇帝、王公、大臣等看病，屡受皇帝嘉奖。雍正帝称他为"京中第一好医官"。

⑥ 及是：到这时。

⑦ 复集诸家旧注实足阐发微义者：又汇集诸注家之阐发。撰成《订正仲景全书·伤寒论注》十七卷、《订正仲景全书·金匮要略注》八卷。

⑧ 张璐、喻昌、徐彬、张志聪、高世栻、张锡驹、柯琴、尤怡：这二十余位医家，首先是张璐、喻昌、徐彬、张志聪、高世栻、张锡驹、柯琴、尤怡。徐彬：清代医家，生卒不详，秀水（今浙江嘉兴）人。师从李士材、喻嘉言，尊《伤寒论》《金匮要略》为医中之"六经"。著有《伤寒方论》一卷（一作《伤寒一百十三方发明》，1667），以析仲景立方深义。其余尚有《金匮要略论注》二十五卷（1671）、《伤寒图说》《注许氏伤寒百证歌》等。

其次者：林澜，著《伤寒折衷》《灵素合钞》，兼通星象、堪舆之学；汪琥，著《伤寒论辨注》；魏荔彤，著《伤寒金匮本义》；沈明宗，著《伤寒金匮编注》；程应旄，著《伤寒后条辨》；郑重光，著《伤寒论条辨续注》；周扬俊，著《伤寒三注》《金匮二注》；程林，着《金匮直解》《圣济总录纂要》；闵芝庆，着《伤寒阐要编》①。而遗书湮没无考者，尚六七家云②。

——赵尔巽·清史稿卷五百二·列传二百八十九·艺术一

译文

吴谦，字六吉，安徽歙县人。吴谦官至太医院判，在宫廷内供职，因医术

① 其次是林澜、汪琥、魏荔彤、程应旄、郑重光、周扬俊、程林、闵芝庆：林澜（1627—1691）明末清初医家，字观子，杭州（今属浙江）人。清顺治初（约1645）补诸生，后弃儒研医，尤邃于医经。以《灵枢》早于《素问》，互为表里，故纂《灵素合钞》十五卷。仿滑寿《素问钞》，自摄生至运气，分十二类。又集中外历代医籍数千卷，考辨参订，辑为《伤寒折衷》十二卷，附以《伤寒类证》八卷。评述伤寒诸证，备列诊治方药。名医张卿子、沈亮辰、卢子由等皆重其书。汪琥：清代医家，字苓友，号青溪子，江苏长州人。于伤学有造诣，博览前人关于伤寒之各种著作，著有《伤寒论辨证广注》《中寒论辨证广注》《痘疹广金镜录》《养生君主编》等多种著作行世。魏荔彤：清代医家，字庚虞，号念庭、怀舫，河北柏乡县人。早年攻儒，并颇有发展，任职至漳州知府、崇明兵备道等。中年患痿痹疾，更潜心医学，遂成饱学之士，医学上著述亦多，有《伤寒论本义》《金匮要略本义》行于世；另有《素问通解》《灵枢经通解》，惜未见流传。程应旄：清初医家，字郊倩，新安（今安徽徽州地区）人。推崇仲景学说，生平精研《伤寒论》，提出应以“表里脏腑”四学读伤寒，诊法关键在于脉。他汲取喻嘉言、方有执研究整理伤寒条文之长，再行归类条理，阐发己见，著成《伤寒论后条辨》（又名《伤寒论后条辨直解》）十五卷（1670），并将《伤寒论》原文、方有执《伤寒论条辨》、喻嘉言《尚论篇》三书附于书后，甚便于参检。1672年又著《伤寒论赘余》一卷，以补前书之遗。另有《医径句测》二卷（1670）介绍《松崖医经》之脉图与图内之方。门人玉钰继其术。郑重光（1638—1716）：清代医家，字在辛，号素圃，晚号完夫，安徽歙县人。康熙元年（1662）父病重，久侍汤药，后亦患病。叹时医之术不精，遂博览《内经》以下诸医书，彻悟医理，治病有奇效。临证详慎周密，于伤寒、温病尤多发明。尝取方有执《伤寒论条辨》，删其繁复，增入喻昌、张璐、程郊倩诸家之说，附以己见，撰《伤寒论条辨续注》十二卷（1705）以补方氏之未备。复撰《伤寒论证辨》三卷（1711），就证分经，病情详于各证之中。又参校柯琴《伤寒论翼》两卷。注释《瘟疫论》，撰成《瘟疫论补注》两卷（1710）。另著《素圃医案》四卷（1707）。后世将以上五书合刊为《郑素圃医书五种》行世。尝重刊先世之作《集验简便诸方》。卒后乡里私谥“贞悫先生”。子钟蔚，承父业。周扬俊：清代医家，字禹载，苏州府（今江苏苏州）人。少攻举子业，屡试不第，年近四十，乃弃儒习医，钻研仲景书十余年。康熙十年（1671）至京师，有医名。撰《温热暑疫全书》四卷（1679），依次论温、热暑、疫诸病，选辑《伤寒论》《瘟疫论》原文，详加阐释。康熙十六年（1677）取《伤寒论条辨》《尚论篇》，附以己见，编成《伤寒论三注》十六卷。又补注《金匮方论衍义》而成《金匮玉函经二注》二十二卷（1687）。治血证，疗效甚著。推崇《十药神书》，康熙二十六年予以加注刊行。程林：清代医家，字云来，安徽休宁人。其先叔祖程敬通为安徽名医。承家学，复博搜深研医籍。搜得宋代《圣济总录》传本，遂留居维扬（今江苏扬州），专事删繁去芜，撮其要旨，编为《圣济总录纂要》二十六卷。又于断简残篇中，搜得杜光庭《玉函经》，予以刊行（1647）。另撰有《伤寒论集》《金匮要略直解》《即得方》《程氏续即得方》《医暇卮言》等。尝师事喻嘉言与之论伤寒，以问答形式，载于《伤寒抉疑》中，亦以《问答附篇》为名缀于《尚论后篇》中。闵芝庆：清代医家，号松筠馆主人，江苏吴县人。于医学颇有深研，尤其是对伤寒，更有研究，尝著《伤寒明理论删补》《伤寒阐要编》，现在日本有刊本。

② 而有书籍却无法考证作者的医家，还有六七位。

高明，多次受到皇上的恩赏。乾隆年间，皇上下令编修医书，太医院使钱斗保请求开启官府中收藏的医书，同时收集全国私人收藏的秘籍，以及世代相传的经验良方，进行分门别类，删除其错杂，保留其精华，使蕴藏于其中的深刻含义得以彰显，弥补其缺漏之处，编成两部书。一部体量小且内容简单，一部体量较大且内容广博。前者，供给初学者阅读；后者，供给学有所成的人作参考。不久，皇上征集医书的命令中止了，朝廷商议决定只专门编撰一部医书，要求太医院迅速完成。于是，太医院经报请皇上同意，任命吴谦和刘裕铎为该医书编撰总修官。

吴谦认为古医书中只讲述了医理而没有方剂，只是从《伤寒论》《金匮要略》开始，才既有理论又有方剂。这两部书源于《灵枢》《素问》，彼此一脉相承，理论十分渊博，方法微妙而深奥。领会起来很不容易。因此，各种注解《灵枢》《素问》的医书错漏很多。这些旧注根据文字牵强附会地注解，难以表达出作者真实的意图，于是，吴谦亲自承担删定工作。工作完成十之八九的时候，太医院又另外安排其他人继续完成吴谦没有完成的修订工作，而吴谦重心放在了对《伤寒论》《金匮要略》的订正和逐条注解上。在注解过程中，吴谦注意吸收其他医家旧注中确实能够阐发《伤寒论》《金匮要略》其精微含义的内容，最终编著成《订正伤寒论注》《订正金匮要略注》。二书作为新编医书的第一部分，放在全书的前面，并标明此为正途。新编医书的第二部分是补名医方论，第三部分是四诊要诀，第四部分是诸病心法要诀，第五部分是正骨心法要诀。书编撰成后，呈送给皇上，皇上赐名为《医宗金鉴》（一名《御纂医宗金鉴》）。《医宗金鉴》的编辑虽出自众人之手，但在订正《伤寒论》《金匮要略》过程中，吴谦所做贡献最大。他选用清乾隆以前的医家学说共计 20 多家，张璐、喻昌、徐彬、张志聪、高世栻、张锡驹、柯琴、尤怡，他们的事迹都记载在他们自己的传记中。

往下还有，林澜著《伤寒折衷》《灵枢合钞》，他还通晓星象学、风水学；汪琥著《伤寒论辨注》；魏荔彤著《伤寒金匮本义》；沈明宗著《伤寒金匮编注》；程应旄著《伤寒后条辨》；郑重光著《伤寒论条辨续注》；周扬俊著《伤寒三注》《金匮二注》；程林著《金匮直解》《圣济总录纂要》；闵芝庆著《伤寒阐要编》。而遗留下来已经被埋没无法考证的医书，还有六七家。

评析

吴谦（1689—1748），清代著名医学家，字六吉，安徽歙县人。与张璐、喻昌并称为清初三大名医。清朝乾隆年间，吴谦为宫廷御医，1736年以后任太医院判（太医院副院长、官阶正五品）。由于吴谦医术精湛，医德高尚，受到朝廷上下广泛赞誉，加之又屡屡治愈皇亲国戚们的顽疾，乾隆皇帝对其十分赏识和器重。乾隆帝曾经对身边的大臣们说："吴谦品学兼优，非同凡医，尔等皆当亲敬之。"

乾隆四年（1739），朝廷下诏太医院编撰一部大型综合性医书。太医院使接旨后，决定由吴谦、刘裕铎为总修官，其他七十多名太医组建编写班子，拟定执行办法。经报请乾隆皇帝批准后，下令将皇宫珍藏的所有医学书籍全部交于太医院整理，并在全国征集各地家藏的医书和民间验方。根据编写计划，吴谦等"分门聚类，删其驳杂，采其精粹，发其余蕴，补其未备"（卷首奏疏），采取历代各家论述之长，系统加以整理，前后历时三年时间，于乾隆七年（1742）将医书编写完成，乾隆皇帝亲自为该书赐名为《医宗金鉴》（一作《御纂医宗金鉴》）。

作为总修官，吴谦为《医宗金鉴》的成书做出了重要贡献。在编撰《医宗金鉴》的同时，吴谦更精研《伤寒论》《金匮要略》，对之逐条进行订释，收集各家疏注，订其舛误，加以阐发，撰成《订正伤寒论注》及《订正金匮要略注》。这两本书后来被收进、并被列为《医宗金鉴》之首。

《医宗金鉴》全书包括医学各科共十五种，九十卷。书的内容丰富完备，叙述系统扼要，议论精确，有叙说、有图谱、有验方、有议论，便于学者记诵，力求学以致用，为内、外、妇、儿、眼、伤、针灸各科之完备的巨著，集我国古代医籍文献之大成。《医宗金鉴》于1742年一经刊行，深受当世与后代中医界的重视，盛赞此书："酌古以准今，芟繁而摘要，古今医学之书，此其集大成矣。"清廷曾将此书作为太医院的必修教材。俞慎初在《中国医学简史》中赞扬《医宗金鉴》为"一部很好的入门书，200年来一直沿用。至今还是医者必备的重要参考文献"。

陆懋修传

陆懋修，字九芝，江苏元和[①]人。先世以儒显，皆通医。懋修为诸生[②]，世其学。咸丰中，粤匪扰江南[③]，转徙上海，遂以医名。研精《素问》，著《内经运气病释》。后益博通汉以后书，恪守仲景家法[④]，于有清一代医家，悉举其得失。所取法在柯琴、尤怡两家[⑤]，谓得仲景意较多。吴中叶桂名最盛[⑥]，传最广，懋修谓桂医案出门弟子，不尽可信。所传温病证治，亦门人笔述。开卷揭“温邪上受、首先犯肺、逆传心包[⑦]”一语，不应经法，误以胃热为肺热，由于不识阳明病，故著《阳明病释》一篇，以阐明之。又据《难经》“伤寒有五”之文，谓：“仲景撰用《难经》，温病即在伤寒中，治温病法不出《伤寒论》外[⑧]。”又谓：“瘟疫有温、有寒，与温病不同，医者多混称。吴有性、戴天章为治疫专家[⑨]，且不免此误。”著论辨之，并精确，有功学者。

懋修既弃举业，不求仕进，及子润庠登第[⑩]，就养京邸，著述至老不倦。光绪[⑪]中，卒。润庠亦通医，官至大学士，自有传。

——赵尔巽·清史稿卷五百二·列传二百八十九·艺术一

---

① 江苏元和：地名，即今江苏省吴县及昆山县一带。

② 懋修为生员出身。诸生：古代经考试录取而进入中央、府、州、县各级学校，包括太学学习的生员。

③ 指天平天国农民起义军攻陷江浙一带。

④ 恪守仲景家法：他恪守仲景医学法则。

⑤ 所取法在柯琴、尤怡两家：陆懋修所效法的医术，就是柯琴和尤怡两位医家。

⑥ 吴中叶桂名最盛：还是数吴中地区的叶桂名气最大、其学问传播得也最广。

⑦ 在叶桂医案的开卷就说“温邪上受、首先犯肺、逆传心包”。

⑧ 所以温病法没有超出《伤寒论》的范围。

⑨ 吴有性、戴天章为治疫专家：就算吴有性、戴天章为瘟疫治疗专家。戴天章：清代医家，生卒不详，字麟郊，晚号北山，出生于江苏上元。其所著《广瘟疫论》，又名《广温热论》，并有《佛崖验方》等，现有刊本行世。另撰《咳论注》《疟论注》等，未见行世。

⑩ 及子润庠登第：到他的儿子陆润庠参加科举考试被录取。陆润庠（1841—1915）：字凤石，号云洒、固叟，元和（今江苏苏州）人。同治十三年（1874）状元，历任国子监祭酒、山东学政。以母疾归苏州，总办苏州商务。光绪庚子（1900）八国联军入侵，慈禧太后西行途中，代言草制。后任工部尚书、吏部尚书，官至太保、东阁大学士、体仁阁大学士。宣统三年（1911）皇族内阁成立时，任弼德院院长。辛亥后，留清宫，任溥仪老师。民国四年卒，赠太子太傅，谥文端。其书法清华朗润，意近欧、虞。然馆阁气稍重。

⑪ 光绪（1875—1908）：清德宗景皇帝爱新觉罗·载湉年号，共三十四年。

译文

陆懋修，字九芝，江苏省元和县人。他的祖上凭着研习儒学而闻名，并且都通晓医术。懋修考中过诸生，继承了祖上的学业。咸丰年间，太平天国农民起义军在江南一带活动，他就辗转迁居到了上海，因为医术精湛逐渐有了名气。他精心研究《素问》，写了《内经运气病释》一书。后来更进一步广泛研究了汉代以后的医书，他严格遵守张仲景创立的学说，对于清朝医家，一一点评，列举他们的得失。在采用治法上，他认为柯琴、尤怡二家算是真正继承掌握了张仲景学说。江苏一带，叶桂的名气最大，传授医学最广，陆懋修认为叶桂的医案都出自他门下弟子，不能完全让人信服。叶桂写的《温病证治》，也是他的门人用笔记述下来的。书的开头说“温邪上受，首先犯肺，逆传心包”这一句，不符合张仲景经书上的理论，误把胃热当作了肺热，这就是由于不懂阳明病造成的。所以陆懋修专门写了《伤寒论阳明病释》一书，来阐明这一问题。他还根据《难经》中“伤寒有五”这样的话，认为：“张仲景撰写《伤寒论》采用了《难经》的理论，温病就在伤寒之中，治温病的方法不超出《伤寒论》之外。”他还说：“瘟疫有温、有寒，与温病的概念是不一样的，医家大多混在一起称呼。吴有性、戴天章是治疗疫病的专家，尚且难免对此有错误的理解。”他写出论著对此辨析，十分精确，有功于学医之人。

陆懋修既然放弃了科举道路，也就不再寻求做官，等到他的儿子陆润庠考中了进士，他就随儿子住进了京城的府邸，在那里写书，一直到老也不感觉厌倦。陆懋修于光绪十二年去世。其子陆润庠也通晓医学，官至内阁大学士，《清史稿》中有其传记。

评析

陆懋修（1811—1886），清代著名医家，字九芝、勉旃，号江左下工、林屋山人，元和（今江苏苏州），家为世医。懋修少攻举子业，因累试不售而承家业，竟以医名，于柯琴与尤怡两家最为折服，常以两家结论为依据而评述他家之观点得失，平时著述甚多。著成《世补斋医书》，包括《文集》《不谢方》《伤寒论阳明病释》《内经运气病释》《内经运气表》《内经难字音义》。且重订及校正《傅青主女科》《广温热论》《理虚元鉴》《校正王朴庄伤寒论注》，合为《世补斋医书续集》。

邹澍传

邹澍，字润安，江苏武进[①]人。有孝行，家贫绩学，隐于医。道光初，诏举山林隐逸[②]，乡人议以澍名上，固辞。澍通知天文推步、地理形势沿革，诗古文亦卓然成家，不自表襮[③]。所著书，医家言为多。《伤寒通解》《伤寒金匮方解》《医理摘要》《医经书目》，并不传[④]。所刊行者，《本经疏证》《续疏证》《本经序疏要》。谓明潜江刘氏《本草述》[⑤]，贯串金、元诸家说，反多牵掣[⑥]，故所注《悉本伤寒》《金匮》，疏通证明，而以《千金》《外台》副之[⑦]。深究仲景制方精意[⑧]，成一家之言。

——赵尔巽·清史稿卷五百二·列传二百八十九·艺术一

译文

邹澍，字润安，江苏武进县人。邹澍很有孝行，他家庭贫穷但学问渊博，隐迹于医务界。清朝道光初年，皇上下诏书让举荐在山林中有学问的隐逸之士，乡里人都提议推荐邹澍，被他坚决谢绝了。邹澍通晓天文推步、地理形势沿革，诗和古文也写得很好，自成一家，但他从不自我炫耀。他写的书，涉及医学方

① 江苏武进：今江苏省常州市武进区。
② 朝廷下诏征举隐于山林的特殊人才。
③ 不自表襮：但他从不显摆。
④ 并不传：这些书并没有刊印发行。
⑤ 谓明潜江刘氏《本草述》：他认为，明末清初潜江人刘若金的《本草述》。刘若金（1585—1665）：明末官吏、医家，字云密，安徽潜山人。后来奔波福建沿海一带，见政权下移，知事不可为，即坚决辞官归来。自号蠡园逸叟，隐居30年。生平涉猎很广，尤其喜好医学，竭30年之力，编著成《本草述》三十二卷，载药六百九十一种。它的分部和先后次序，多与《本草纲目》不同。分水火土金等30部，权度药物生成之时以及五气、五味、五色，以明阴阳升降之理；虽然有似凭空杜撰，但是义理畅通，实际阐发神农、陶弘景本草著作的奥秘。与卢复、卢之颐父子互相补充，为注释药性家之祖。较之前人属火属水、入心入肾之说，大相径庭。书中之所以称为“述”，是因为要说明他只是编采诸家方论，权衡上下，曲畅旁通，而不是作者。他年登八十，而精神不衰。曾说：“不佞壮而病，以医药自辅，看题处方，良用娱慰，虽古人之好锻，好屐，诚弗若也。”卒于康熙四年乙巳（1665），享年八十余岁。其书后节录成《本草述录》及杨时泰复编而成《本草述钩玄》，现均有多种刻本行世。
⑥ 反多牵掣：反而让自己受到很多掣肘。
⑦ 副：附在后面。
⑧ 深究仲景制方精意：邹澍深究仲景制方的精妙奥义。

面的多。他写成的《伤寒通解》《伤寒金匮方解》《医理摘要》《医经书目》都没有刊印。刊印发行的书，有《本草疏证》《续疏证》《本经序疏要》。他认为明代潜江县的刘若金写的《本草述》，贯穿了金代、元代一些医家的学说，反而多有牵制，所以邹澍的注释完全以《伤寒论》《金匮要略》为根本，进行剖析阐释，据实以明真伪，而把《千金方》《外台秘要》作为参考。他深入研究了张仲景配制方剂的精妙奥义，终成一家之言。

评 析

邹澍（1790—1844），清代著名药物学家、医学家，字润安，江苏武进人。有孝行，家贫绩学，隐于医。道光初，诏举山林隐逸，乡人议以澍名上，固辞。邹澍通晓天文、推步、地理，尤喜攻医术。清道光十二年至二十年（1832—1840）间，他从事本草著述，编成《本经疏证》（内含《本经疏证》十二卷、《本经续疏》六卷、《本经序疏要》八卷）。在此书中取《本经》《别录》为经，《伤寒论》《金匮要略》《千金方》为纬，交互参证，"疏其文而证其解"。书中采用笺疏之例，辨证之体，重在讨论药性及其在古方中的运用。另著有《明典》五十四卷，《伤寒通解》四卷，《伤寒金匮方解》六卷，《医理摘抄》四卷，《医经书目》八卷等。

费伯雄传

费伯雄，字晋卿。与澍同邑，居孟河[①]，滨江[②]。咸、同间以医名远近[③]，诣诊者踵相接，所居遂成繁盛之区[④]。持脉知病，不待问。论医，戒偏戒杂。谓古医以“和缓”命名[⑤]，可通其意。著书曰《医醇》，毁于寇[⑥]。撮其要[⑦]，成《医醇剩义》，附《方论》。大旨谓常病多，奇病少，医者执简，始能驭繁，不可尚异[⑧]。享盛名数十年，家以致富，子孙皆世其业。伯雄所著，详于杂病，略于伤寒，与懋修、澍宗旨并不同[⑨]。清末江南诸医，以伯雄为最，用附载焉[⑩]。

——赵尔巽·清史稿卷五百二·列传二百八十九·艺术一

译文

费伯雄，字晋卿。和邹澍是同一个县里的人，家住长江边的孟河堡。咸丰、同治年间，他凭着高超医术而远近闻名，到他家里就医的人络绎不绝，以至他所居住的小镇也因此成为繁华之所。他不用询问病人通过诊脉就能了解病情。

① 孟河，是江苏武进（今属常州市新北区）长江边上的一个乡村小镇。这个地区出过许多名人，于南朝时期和清朝时期最为鼎盛。

② 滨江：今浙江省杭州市滨江区。

③ 咸（咸丰）、同（同治）年间，费伯雄以医术闻名远近。

④ 他所居住的地方也因此成为繁华之地。

⑤ 谓古医以“和缓”命名：他认为，古代名医以“和缓”命名。和缓，即上古名医医和、医缓的合称。医和：春秋时期秦国医家。适晋侯有疾，秦国使医和诊之，医和谓晋侯之疾不可为，认为是由于近女色，惑而丧志，其疾如蛊，非鬼神或饮食所致。晋侯又问其故，医和进一步阐释：“天有六气，淫生六疾，过则为灾，阴淫寒疾，阳淫热疾，风淫未疾，雨淫腹疾，晦淫惑疾，明淫心疾。”这是我国古代最早提出六淫致病的论述，也反映当时对疾病病因的认识水平。医缓：春秋时秦国名医。据《左传》载：曾为晋侯治病，指出病在“膏之上，肓之下””，针灸不能，汤药不到，无法治疗。这是史书中关于使用针灸治病的早期记载。晋景公有疾，求医于秦，秦桓公使医缓治之。缓为之治，谓：疾不可为也。其病在肓之上、膏之下，攻之不可，达之不及，药不至焉，不可为也。这是早期对病情的理解，有一定的理论基础。医缓和医和均为当时著名医家的代表。后世常把和缓并称，作为当时名医之代表。

⑥ 在太平天国战争时期被损毁。

⑦ 撮（cuō）其要：后来他通过回忆，摘录原书的最主要的内容。

⑧ 大概的内容是说，作为医生所医治的绝大多数都是日常疾病，疑难杂症较少，所以，医生要坚持简单明了，才能驾驭繁杂的疾病，不可以一味追求特殊治法。

⑨ 与懋修、澍宗旨并不同：他与陆懋修、邹澍的医学思想不同。

⑩ 用附载焉：费伯雄善于用附子治病，在很多书籍中都有记载。

他的医学主张是切忌偏离正道，切忌繁杂不纯。他说，古代的医家用“医和、医缓”来命名，便可以懂得其含义。他写的书叫《医醇》，在太平天国战争时期被损毁。后来他通过回忆，摘取原书的最主要的内容，编撰了《医醇剩义》，并附有方论。这本著作最主要的观点说：作为医生所遇到的绝大多数都是日常疾病，疑难杂症较少。因此，医生只要能掌握简要的治则，就能够应对繁杂的疾病，不可一味偏重特异。费伯雄享有盛名达几十年，家里也因为他行医而致富，他的子孙都继承了他的事业。费伯雄写的书，对杂病讲述得很详细，对伤寒讲述得很简略。他与陆懋修、邹澍的医学思想不同。清朝末年，江南一带的医家们，以费伯雄最为著名。费伯雄善用附子治病，在很多书籍中都有记载。

评析

费伯雄（1800—1879），清代著名医学家，字晋卿，号砚云子，书室名“留云山馆”，发江苏省武进县孟河镇人。费伯雄生长在世医家庭，家学渊源，先儒后医。悬壶执业不久，即以擅长治疗虚劳驰誉江南。道光年间曾两度应召入宫廷治病。先后治疗皇太后肺痈和道光皇帝失音证，均取得显效。为此获赐匾额和联幅，称道其“是活国手”。至咸丰时，费氏医名大振，远近求医者慕名而至，门前时常舟楫相接，孟河水乡小镇此时也以医药业发达而成为一个繁盛地区。费氏博学通儒，医术精湛，人称其以名士为名医，蔚然为医界重望。费伯雄行医名传大江南北，一生治人以万计。所著医书，尤于杂病最详，略于伤寒，最初著有《医醇》（二十四卷），毁于战火，后撮其要义，辑成《医醇剩义》（四卷），总结了他一生治疗杂病的学术经验。其余有《食鉴本草》（一册）、《医方论》（四卷）、《怪疾奇方》（十卷）和《留云山馆文诗钞》等。

综观费氏医学思想，以“醇正”“缓和”为特色。其学术源于历代各家学术，由博返约，取各家之长补偏救弊。《清史稿》有传，评曰：“清末江南诸医，以伯雄最著。”其子孙继承家学，以医名世。孟氏费氏作为著名医学世家和学术流派蜚声近代医坛。